全国少数民族古籍工作“十四五”规划重点项目
中央民族大学“双一流”建设项目

中国少数民族古文字文献选读丛书
主编　张铁山

布依古文字文献选读

周国炎　编著

商务印书馆
创于1897　The Commercial Press

图书在版编目（CIP）数据

布依古文字文献选读 / 周国炎编著. -- 北京：商务印书馆，2025. --（中国少数民族古文字文献选读丛书）. -- ISBN 978-7-100-24833-4

Ⅰ. H268

中国国家版本馆 CIP 数据核字第 2025EC3993 号

中国少数民族古文字文献选读丛书

布依古文字文献选读

周国炎　编著

商　务　印　书　馆　出　版

（北京王府井大街36号　邮政编码 100710）

商　务　印　书　馆　发　行

三河市春园印刷有限公司印刷

ISBN 978-7-100-24833-4

2025年5月第1版　　开本 787×1092　1/16

2025年5月第1次印刷　　印张 22

定价：198.00元

中国少数民族古文字文献选读丛书
编　委　会

总　序

我国是统一的多民族国家。在中华民族的形成和发展过程中，各族人民和睦相处，互学互鉴，相互融通，共同创造了灿烂的中华文化，共同铸就了辉煌的中华文明，留下了卷帙浩繁的书面古籍和口耳相传的口碑文献。作为中华古籍的重要组成部分，少数民族古籍真实记录了各族人民共同缔造伟大祖国的历史进程，全面再现了各民族交往交流交融的生动事实，丰富发展了中华优秀传统文化的璀璨宝库，是学习掌握民族古文字的重要载体，是研究中华民族整体发展历程的第一手资料，也是铸牢中华民族共同体意识的重要资源。

中国少数民族古籍，是指中国少数民族在历史上形成的文献典籍和碑刻铭文及口头传承资料等。其时间范畴的下限原则上与汉文古籍相同，以 1911 年为限，但考虑到各少数民族的历史特点和古籍的存世差异，其下限可适当延伸至 1949 年。少数民族古籍主要由三部分组成：第一部分，少数民族古文字古籍，即用民族文字记录的古籍。它是民族古籍的重点部分，也是民族古籍中最有代表性的部分。第二部分，用汉文记载的有关少数民族内容的古籍。少数民族作为中华民族的一员，历来受到各王朝和文人墨客的关注。无论正史或野史，大都或多或少有涉及少数民族的内容，可弥补民族文字古籍的不足，也可相互印证，扩大文献视野。第三部分，少数民族口碑文献。有的民族在历史上没有创制文字，他们以口传形式来传承民族历史文化。其实，从产生的规律来看，古籍的形成经历了从口述到书面的发展过程，记录口传资料并收录于历史文献本来就是古籍形成与发展的重要环节。比如，司马迁写作《史记》时就整理了很多口述资料。这些口碑文献大都可以追溯到相关民族的起源、早期历史和最初的宗教信仰、原始的文学形式等，是民族古籍不可忽视的重要部分。

我国古代各民族创造的文字总数不少于30种。这30余种民族古文字从形式来看，主要有四类：一是象形文字，如东巴文、尔苏沙巴文；二是音节文字，如哥巴文、彝文；三是字母文字，如吐火罗文、佉卢文、于阗文、粟特文、如尼文、回鹘文、蒙古文、满文、锡伯文、察合台文、古藏文、八思巴文、傣文等十多种文字；四是汉字系民族文字，如契丹文、女真文、西夏文、水文、方块壮字、方块白文、方块侗文、方块布依文、方块哈尼文、方块苗文、方块瑶文等。各民族都用上述古文字创作、记录、翻译了大量古籍。

我国各民族有着悠久的历史和灿烂的文化。由民族文字保留下来的民族古籍，是历史的记录。如汉文史籍记载的《敕勒歌》虽无原始语言记载，但“天苍苍，野茫茫，风吹草低见牛羊”的汉译文，至今仍脍炙人口。很多人不知道吐火罗文《弥勒会见记》是现存中国历史上最早的原始剧本，很多人更不知道回鹘文《真理的入门》、古彝文《宇宙人文论》向人们展现了古代先哲对真理、宇宙的认识和看法。民族古籍也是民族文化的综合体现，其内容包罗万象，涉及历史、哲学、宗教、文学、科技、医学、民俗、语言、文字等各方面，构成了各民族文化的总体系。如《格萨尔》《玛纳斯》《江格尔》三大英雄史诗弥补了汉文典籍中没有史诗的缺憾，可与《荷马史诗》媲美。民族古籍中也有很多关于各民族医疗实践的记载和总结，如藏医、蒙医、苗医、维医等，它们都是中华传统医学的组成部分和分支。少数民族大多分布在我国边疆地区，其古籍对于这些地区人文、地理、民俗、宗教等方面的记载弥足珍贵，如《大唐西域记》《交州外域志》《蒙古秘史》《青史》《红史》《白史》《王统世系明鉴》《满文老档》等，记载了各民族居住区的多学科知识。

保护、整理、研究民族古籍，挖掘其优秀传统，取其精华，去其糟粕，推陈出新，古为今用，可以更好地丰富中华文化的百花园。同时，民族古籍更是中华传统文化的重要组成部分，是各民族在几千年历史发展过程中创造的重要文明成果。保护民族古籍，有利于继承和弘扬中华优秀传统文化，推动精神文明建设；有利于促进文化交流，加强民族团结，维护祖国统一；有利于凝聚各族人民力量共同推动中华民族伟大复兴。

中华人民共和国成立后，党和国家十分重视民族古籍工作。二十世纪五六十年代，全国范围内组建了多个少数民族社会历史调查组，赴内蒙古、新疆、广西、云南、西藏、青海、甘肃等省区开展工作，搜集了许多的文献古籍和口碑文献。此后的六七十年代陆续出版了大批古籍成果，其中包括《格斯尔传》《八大苗歌》《侗族大歌》《玛纳斯》《格萨尔》《帕尔哈德与西琳》《创世纪》等。在实际工作中，大家意识到民族古籍人才的缺乏，于是于 1957 年和 1960 年在中央民族学院分别开办了古代突厥语班和藏语班，其他各省区民族院校也纷纷设立了民族古籍教研室、研究所等教学和研究机构，为搜集、整理和研究民族古籍培养了一大批专门人才。

20 世纪民族古籍工作的蓬勃发展与党和国家领导人及政府各部门对这项工作的重视是分不开的。1982 年我国老一辈革命家李一氓时任国务院古籍整理出版规划领导小组组长，他在《人民日报》上发表了题为《论古籍与古籍整理》的文章，指出“对于少数民族语文古籍，自亦为中国古籍，如藏、蒙古、满、回鹘、西夏、契丹等文字，都应加以整理”。这是第一次由国家官方提出整理少数民族古籍。1984 年，国务院设立了由国家民委牵头，教育部、文化部、国家档案局、社科院等单位共同参与的全国少数民族古籍整理出版规划小组，办公室设在国家民委，履行“组织、协调、联络、指导”全国少数民族古籍工作的职能，并提出“救书、救人、救学科”的工作方针。随后，各省区市纷纷建立健全少数民族古籍整理机构的设置，以开展各地民族古籍工作。各地高等院校、研究机构也参与其中，为培养古籍人才、出版研究成果做出了积极贡献。

党的十八大以来，党和国家高度重视古籍工作。习近平总书记关于“让书写在古籍里的文字都活起来”“要运用现代科技手段加强古籍典藏的保护修复和综合利用”等重要论述都成为我们工作的重要指南。尤其是 2019 年 7 月，总书记在内蒙古大学考察时强调，“要加强对蒙古文古籍的搜集、整理、保护，挖掘弘扬蕴含其中的民族团结进步思想内涵，激励各族人民共同团结奋斗、共同繁荣发展”。这一重要论述，为新时代少数民族古籍工作提供了根本遵循。

2022年4月11日，中共中央办公厅、国务院办公厅印发了《关于推进新时代古籍工作的意见》（以下简称《意见》），强调“做好古籍工作，把祖国宝贵的文化遗产保护好、传承好、发展好，对赓续中华文脉、弘扬民族精神、增强国家文化软实力、建设社会主义文化强国具有重要意义”。《意见》特别强调，要“围绕铸牢中华民族共同体意识，深入整理反映各民族交往交流交融历史的古籍文献，挖掘弘扬蕴含其中的民族团结进步思想，引导各族群众树立正确的中华民族历史观”。《意见》高屋建瓴，是推进新时代民族古籍工作的纲领性文件，不仅从国家层面规划了民族古籍工作的目标，还为民族古籍学科的建设发展和人才培养指明了前进的方向，如明确提出要“加强省级古籍保护中心、少数民族古籍整理研究部门等古籍工作专业机构建设”“推动少数民族文字古籍文献的抢救保护”“鼓励有条件的院校设立民文古籍与汉文古籍兼修的古文献相关学科专业”“健全少数民族古文字人才传承机制，建设少数民族文字古籍专业人才学术交流平台”等。

但是，由于受到全球化、互联网、经济浪潮等多种客观因素的影响，国内目前尚无一套民族古文字古籍文献系列读本，以至于能够识读少数民族古文字的人越来越少，民族古文字成为“冷门绝学”。

为了弘扬中华民族优秀传统文化，加强民族团结，挖掘作为中华文化重要载体的古籍文献，培养民族古籍研究人才，我校计划组织专家编写此套“中国少数民族古文字文献选读丛书”。这在国内尚属首次。此套丛书体例统一，开民族古文字古籍文献选读系列丛书的先例。我们计划以我校专家为主，补充校外专家，协同组队完成这一光荣而艰巨的任务。这套丛书的对象为本专业的本科生、研究生，还为其他相关学科人员学习民族古籍文献提供学习依据。此套丛书拟收入20本民族古文字古籍文献选读，每本选读20万字左右，内容包括某一文种的不同形式的古籍，有图片、原文、转写（国际音标标注）、汉译、注释等，书末附词汇表、参考文献。我们相信，此套丛书的出版必将对加强中国古典文献学专业，特别是中国少数民族古典文献学的学科建设起到有力的促进作用，为培养我国少数民族古文字古籍研究人才做出贡献。

中央民族大学中国少数民族语言研究院教授、博士生导师　张铁山

目　录

第一章

序言

第一节 布依族古籍文献类型

目前所发现的以布依族古文字作为传承载体的古籍文献主要体现在宗教方面。经过 1949 年以来几十年的调查，我们发现布依族分布的各个地区，无论聚居还是散居，都流传着用布依族古文字记录的摩经抄本，其中绝大部分是在丧葬活动中的各种仪式上吟诵的经文，另有一部分用于其他宗教场合。近几年，在贵州省黔南布依族苗族自治州荔波县发现了大规模用布依族古文字传承的傩书唱本，其中有一部分在内容和功能上与宗教类古籍摩经有交叉。以下从摩经古籍抄本、傩书及其他类古籍抄本和收集整理本三个方面对布依族文字传承的古籍进行简要介绍。

一、摩经古籍抄本

摩经古籍是布依族文字传承的古籍中规模最多、流传最广的一种，但 20 世纪 50 年代以前，国内很少有人注意到，更没有人去收集整理。50 年代以后，随着布依族社会历史文化及语言调查的深入开展，一些地区的布依族古籍得到发掘，但限于当时的社会历史条件和科研水平，未能从文字学、文献学的角度得到充分的收集、整理和研究，仅有其中的一部分作为布依族民间文学资料被翻译成汉语。因此，迄今为止，民间到底有多少布依族摩经古籍流传，保存现状如何，还没有任何一个研究机构或研究者个人能提供确切的数据信息。笔者自 21 世纪初开始着手布依族摩经古籍的调查，收集到了部分布依族地区近百种用汉字及类汉字或其他文种抄写的摩经抄本的原件、影印件或图片资料。

二、傩书及其他类古籍抄本

傩书是目前发现于贵州省荔波县的一种用汉字及类汉字抄录的布依族古籍，据荔波县政协文史办统计，目前全县约有傩书 3000 册以上，均采用汉字型文字传承，其中约有 300 字为自创的“土俗字”，即类汉字。

傩书是记录傩祭、傩戏的书籍。傩戏源于古代的傩祭，与古代的图腾崇拜和原始宗教有密切的联系。史料记载，傩戏出现距今已有 2000 多年。荔波布依族傩戏产生于唐宋年间，是布依族崇拜自然、崇拜图腾、崇拜祖先和神灵的综合体现，涉及布依族的民俗、音乐、舞蹈、美术、服饰、戏曲等方方面面。傩书是傩戏的唱本。柏果成、黎汝标所著《贵州荔波县布依族傩戏》一文对一部分傩书的内容及其功能作了较详细的介绍，转引如下：

（1）开坛歌。由开道歌、开箱歌、敬坛歌、沟通歌、护坛歌、用笔歌、发誓歌等 7 部组成，一般安排在“请神”“开坛”和“敬坛”活动中穿插演唱，内容主要是宣读仪式，召唤神、人，驱鬼除邪，保护人丁安居乐业和发誓的顺利进行。全文约 20 万字，5000 余行。

（2）请神经。由请灶王、请广凡、请公弱、请芒雅、请花林、请门神、请经本等 7 部组成，内容是把应该请的神，一个个通通请到坛上来，各就各位，各司其职，是开坛时使用的傩书，10 万余字，2000 余行。

（3）唱诸神。由唱范许、唱婆王、唱九娘、唱三元、唱花林、唱茶荣、唱盘古、唱托生、唱六桥、唱三界公爷、唱六宫、唱五位公曹、唱仲定、唱仙干、唱芒然、唱欧官、唱染吴、唱雷王、唱白马、唱冯敖老爷、唱仙爷、唱对光、唱关沱寡妇、唱行天行地、唱花卡等 30 余部组成。内容主要叙述各神的地位、作用、功能和由来。全文有 50 余万字，10000 余行。

（4）献茶献酒歌。由献茶、献酒、添粮歌等 3 部组成，内容主要是向诸神敬茶敬酒和向人间“添粮祝寿”。在“请神”“还愿”和“撤坛”等活动中穿插念唱。全文 10 万余字，近 3000 行。

（5）送花茶。由外家送花歌、外家送牲畜种和禽种歌、蛋魂引花歌、米魂引花歌、粽魂引花歌等 5 部组成，内容主要是主人即女婿向外家求子的仪式。全文约 3 万字，近 700 行。

（6）古老歌。由十二个太阳、洪水朝天、兄妹结婚、十二月歌、开天辟地等部分组成，内容主要叙述人类繁衍、生产生活情形。全文约 3 万字，700 余行。

（7）十二花王歌。由卖柴、凡龙、丁兰、范郎与氓星、英台与山伯、罕庞（即百鸟衣）、明京、董永、王仙、冬川、官信、跃安等 12 部组成，内容主要是叙述各式各样的爱情悲剧和孝敬父母的故事。全文 60 余万字，13000 余行。

（8）撤坛歌。由撤坛、烧愿歌、点牲歌等 3 部组成，内容主要是在还愿结束时，请各位神仙到坛上领取各自的供品。全文 2 万余字，近 500 行。

（9）古摩古改歌。全文 2 万余字，400 余行，内容主要为还愿期间突然发生意外而准备应急的经文，正常情况下不使用。

贵州省黔西南布依族苗族自治州望谟县渡邑村发现的说唱文学抄本《王玉连》是宗教领域以外发现的为数不多的布依族文字古籍之一。该抄本用毛笔在当地自产的白棉纸上抄写而成，仅 1 本，70 余页。

除布依族宗教摩经文献和傩书以及文学抄本以外，在各地还流传着不少用汉文抄录的道教经文抄本。尽管这种文献流传于布依族地区，但由于以汉文为载体，用汉语念唱，其内容主要是汉族道教文化，因此，不在本文介绍之列。

三、收集整理本(1)

以上所列仅仅只是布依族古文字所记载的文献古籍中的一部分，其中的绝大部分未经翻译整理，甚至连最简单的文字介绍都没有，另外还有不少文献尚散落在民间，有待于我们进一步地挖掘和整理，但同时也有相当一部分文献经过整理翻译，自 20 世纪 80 年代中期以来陆续以各种形式出版或在资料集中登载，为学界对布依族的全方位深入研究提供了宝贵的文献资料。相关出版物有(2)：

(1) 这里只介绍通过民间手抄本翻译整理出版的古籍，而翻译整理的民间口传文献，如《安王与祖王》，未做介绍。

(2) 这里只列举用布依族传统文字记录并传承下来的那部分文献。

（1）《牛经书》，共 12 卷。搜集地：贵州省贵阳市花溪区把火寨。由韦廉舟、吴启禄、赵焜编译，载中国民间文艺研究会贵州分会内部编印的《民间文学资料》第 65 集，有新创布依文（拉丁字母）和汉语直译对照，并附汉语意译，未附方块布依字（即原文）。

（2）《古谢经》，共 8 卷。搜集地：贵州省镇宁布依族苗族自治县普里村。由王芳礼、韦绍熙、杨开佐翻译整理，贵州省安顺地区民族事务委员会、镇宁布依族苗族自治县民族事务委员会编，贵州民族出版社 1992 年出版。这套摩经在民间有手抄本，现由镇宁县民宗局保存。整理本有方块布依字（即原文）、国际音标和汉语直译三行对照，并附汉语意译。

（3）《布依族古歌》，搜集地：贵州省荔波、独山、平塘、都匀、三都、贵定、惠水、长顺、罗甸、望谟、册亨、贞丰等县（市）。由贵州省民族事务委员会古籍办、黔南州民族事务委员会编，黎汝标、黄义仁编译整理，贵州民族出版社 1998 年出版。分造物古歌、风俗古歌和爱情古歌三个部分，其中一部分为方块布依字（即原文）、新创布依文（拉丁字母）、国际音标和汉语直译四行对照，并附汉语意译，另一部分缺少原文。

（4）《布依摩经——母祝文》，搜集地：贵州省望谟县蔗香镇林楼村。由贵州大学西南少数民族语言文化研究所黄镇邦与世界少数民族语文研究院研究员霍冠伦（Stephen Hoff）合作翻译整理，贵州人民出版社 2006 年出版。全书分三部分，第一部分为方块布依字、新创布依文和英文逐词对译，第二部分为汉语自由翻译，第三部分为英文逐句对译和注解。全书共 12 万字。

（5）布依族祭祀经《留伞歌》，搜集地：贵州省安顺市平坝区羊昌布依族苗族乡蒙古村四甲。由贵州民族出版社郭堂亮收集整理并翻译，载于其专著《布依族语言与文化》，贵州民族出版社 2009 年出版。全文近 200 行，不分节，采用方块布依字（即原文）、新创布依文、汉语逐词翻译及汉语意译四行对照的形式。

（6）《布依嘱咐经》，搜集地：贵州省望谟县蔗香镇里平村。由贵州省博物馆黄镇邦收集、翻译、整理，贵州人民出版社 2011 年出版。全文共 3400 行，30 余万字。不分节，根据内容空一行表示分段。采用方块布依字（即原文）、国际音标、新创布依文、汉语逐词翻译和意译五行对照形式。

第二节　布依族古籍文献载体类型及古方块布依文的特点

一、布依族古籍文献的载体类型

各地布依族布摩[(1)]记录的文字符号，根据目前掌握的资料，大致有三种类型。

第一种类型以方块汉字为主，并在此基础上仿造汉字“六书”自创一部分类汉字。过去习惯称为“方块布依字”或“布依土俗字”。该类型通行范围最广，在布依族三个土语区均有发现。主要流行于宗教职业者当中，部分民间歌手也用来记录和创作民间歌谣。这类文字早就引起了人们的关注，20世纪中期以来，布依族文化工作者在很多地方发现并搜集了不少资料。21世纪初，贵州省荔波县有关部门首次将其作为布依族古籍上报并于2006年被列入“国家珍贵古籍名录”，因此，这一类型也被学者称为“荔波类型”。

第二种类型为择吉书古文字，是一套由部分古汉字、象形字、未识读字符和抽象符号构成的文字体系。这类文字中的部分字符与水书属于同一个文字类型，部分字符与广西平果甘桑石刻文字中的一些字符相同或相似，有专家认为布依、壮、水三个民族都是古骆越后裔，因此这三个民族中都同时存在的这套文字体系是古骆越文字的遗存。能识读的字符主要是古汉字部分，其书写与早期汉字（秦统一前的汉字）甲骨文、金文有共同特点，如在同一典籍文献中，同一个字笔画数可多可少，可正写、可反写或横着写。如在赫

---

(1)　布依语 $pu^{31}mo^{24}$ 一词的音译，布依族日常社会民俗活动和丧葬活动的主持者，熟悉所在地本民族的习俗文化，通常掌握用古布依文记载的经文，通过师承关系世代传承。

章《白摩书》中，“五”有的写成“五”，也有的倒着写（上下颠倒）；“丑”有的写成“丑”，也有的反写（左右方向变换）；“吉”字上面的“士”有的写成一横，也有的写成两横、三横，有的正写，也有的倒写，甚至斜着写。象形文字如“鸟”“鱼”“虫”“兽”“人”等，都按原物轮廓、形象进行描绘。毕节市赫章县发现和收集到的布依族《白摩书》是目前贵州境内发现的篇幅最长、内容最丰富的择吉书。内容包括择日、择方位、历书等。20 世纪 80 年代，在威宁县新发乡也发现此类古文字，但因掌握该套文字的老人去世而仅存部分内容。在云南，20 世纪 90 年代以来先后在东川、巧家、丽江、禄劝、宁蒗等县市发现此类择吉书古文字。其中以东川的文本（当地布依族群众称为“卡师书”）较为完整和丰富，其余文本都较单薄，如巧家县六合村发现的文本只有 40 页，与东川文本数百页相比，差距很大，可能在传承过程中发生了丢失。

第三种类型为变形拉丁字母文字，20 世纪 90 年代发现于贵州省六盘水市钟山区金盆苗族彝族乡，当时属于六盘水市水城县，故又被命名为“水城类型”。该类型文字属外来文字，借自通行于贵州省西部和云南省东北部苗族地区的“柏格里苗文”，系 20 世纪初英国传教士 Samuel Pollard（中文名为柏格里）为传教需要而创造的一种文字，也称“波拉文”（Pollard Scripts）。其基础是大写拉丁字母，多数字母系大写拉丁字母的变形，即将大写拉丁字母笔画延伸、添笔、减笔或转向而成，以此为声母。韵母为小写拉丁字母及其他符号，字形较小，位置居于声母之后，通过摆放的位置高低表示不同的声调。六盘水市钟山区金盆苗族彝族乡锁蒿村的布依族摩经（当地布依族称之为“白摩书”）是迄今为止所发现的唯一一部以这种文字为载体的布依族古籍文献。

布依族古籍文献的文字载体除上述三种主要类型外，还有 19 世纪末 20 世纪初外国传教士曾经用于记录和翻译布依语的纯拉丁字母文字。由于本书仅涉及第一种文字类型，因此，下文将重点对这一文字类型的来源和结构特征作系统的介绍。

二、古方块布依文的特点

第一种类型的布依族古文字，即荔波型布依族古文字是流行范围比较广的文字类型。这类文字的主要成分是汉字，但大多数跟汉字原义毫无关系，纯粹是标音符号。有一部分利用汉字偏旁部首按汉字“六书”造字法创制而成，此外，还有小部分属于比较抽象的符号。

据史料和布依族摩经的记载推测，荔波型布依族古文字至迟于唐宋时期就已出现，而到了明清时期，才普遍盛行起来。在布依族摩经的《殡亡经》中，有“罗甸国”“矩州”“广南西路”等历史地理概念。据《新唐书·地理志》载，矩州始置于唐高祖武德四年（621）。开始时为经制州，后玄宗天宝三年（744）降为羁縻州。其地在今安顺一带。罗甸国亦首建于唐代，辖地在今安顺市西部一带，广南西路则是宋代行政区划。唐代，布依族地区的社会生产已发展到领主经济阶段。唐朝初年，称雄于贵州南部和西南部的布依族大姓谢氏和宋氏率土归附于唐。虽然采取“以故俗治”的策略，建立了庄、琰、盘、矩等羁縻州，但却在黔州设立都督府以统之，因此，汉文化必然随着中央封建王朝对布依族地区统治的加强，以及布依族社会经济的发展和民族间交往的密切而传入布依族中。宋代，布依族地区与汉族地区的商业贸易很活跃。史载，当时布依族地区有名马、朱砂、苟酱、草豆蔻、山子、蜜蜡等特产，这些都通过各种渠道贩往中原各地。特别是布依族地区的马，中央王朝设在广西的买马司不仅到布依族地区买马，还取道自杞国（今兴义）和罗甸国（今安顺）一带到云南大理购买战马。布依族地区与内地商贸往来的加强和成为商贸通道，无疑为汉文化的传入提供了条件。当一部分布摩学会了汉语汉文后，便借用他们已掌握的汉字来书写、记录口耳相传的摩经，但由于当时汉文教育在布依族中尚未兴起，掌握汉字的主要是部分布依族上层，因此，能用汉字记录摩经的情况还比较少。布依族地区元代开始出现汉文学校教育，但入学的布依族子弟不会太多。明朝后，随着汉族军民大量进入布依族地区以及中央封建王朝对布依族直接统治的加强，加上明王朝力图通过入学教育对少数民族进行“教化”，布依族地区的汉文教育大量出现，并逐步发展，习汉语识汉文者日益增多。因而，布摩借用汉字记录和书写经文的情况也逐渐多起来。其借用的方式，开始时可能只借用与布依语词发音相同或相近的汉字来记音，在掌握了汉字结构规律后，就发展到利用汉字偏旁部首，主要按“六书”造字法中的“形声”“会意”等方法创造新的文字符号，并约定俗成地创造部分抽象文字符号。由于这种文字类型的主体是汉字，所以汉字的发展变化对它也发生着影响。例如，中华人民共和国成立后，一些布摩在对经文进行重新誊写时，使用的是简体汉字，而不再使用，或很少使用繁体汉字。

荔波型布依族古文字的特点，可从使用和文字结构两个方面来谈。

使用方面，不统一可以说是最突出的特点。同一个音，不同地区，甚至同一个地区不同的使用者用来记录和表述的汉字都可能不同。例如，表示布依语“来”（ma^1）这个词的汉字，有的用“妈”，也有用“骂”的；表示“得”（$ʔdai^4$）这个词，有的用“奶”，有的用“�”；表示“吃”这个词，有的用“根”或“庚”，有的用“更”，也有的用“艮”；表示“你”（$mɯŋ^2$）这个词，有的用“们”“门”或“蒙”，有的则用“忙”；表示“田”（na^2）这个词，有的用自创的形声字“䎏”，有的用通用汉字“纳”；等等。

各地在借用通用汉字的同时，都自己新创部分新字。而各地新创的字以及新创字在各地所占比例也是不同的。大致的情况是，贵州南部与广西毗邻的册亨、望谟、罗甸和荔波等地，自创字的比重略大些，其余地区则以借用通用汉字为主，兼创部分文字和抽象符号。无论是借用现成汉字，还是新创方块字，都是不同的“借用”方式，归纳起来有借音、借形义和借偏旁部首重构几种。

（一）借音

通过这种方式借用的文字成分很多。其特点是所借汉字的读音（贵州汉语实际读音）与用来代表的布依语词的读音相同或相似。所谓相同，是指被借汉字的读音与它用来表示的布依语词的读音相同或基本相同。例如，用汉字“拜”来表示布依语的“去”（pai^1）；用“妈”来表示布依语的“来”（ma^1）；用汉字“姑”或“古”来表示布依语的“我”（ku^1）[(1)]；用“然”来

(1) 第三土语（镇宁一带）用“勾”来表示，该土语“我”读作 $kəu^1$。

表示布依语的“家”（ðaːn²）(1)；用“绕”来表示布依语的“我们”（ðau²）；等等。读音相近是指被借汉字的读音与其所表示的布依语词的读音近似，而不是相同，布依语和汉语虽同属汉藏语系，语言类型也完全相同，均属孤立型语言，但语音上存在着较大差异。布依语中有些声母和韵母是汉语中所没有的，如先喉塞音声母、颚化音声母、舌面鼻音声母；韵母方面，布依语的鼻音韵尾 /-m/，塞音韵尾 /-p/、/-t/ 和 /-k/ 在现代汉语方言（西南官话）中也没有相同的语音形式。因此，布依语中带这些声母或韵母的词，只能用汉语中相近的字来记音。如布依语“得”（ʔdai⁴），声母为带先喉塞音浊音 /ʔd/，摩经中用语音形式接近的“奶”“乃”或“哷”来记音；布依语的“天”（ʔbɯn¹），声母为带先喉塞音的浊音 /ʔb/，贞丰摩经中用“闷”字来记音(2)；布依语的“鱼”（pja¹），声母为双唇颚化音 /pj/，第一土语摩经中用“岜”（通用汉字读作 pa³³）字来记音，同样记作“岜”的还有“雷”（pja³）一词；布依语的“兴起”（ɕaːu⁴），韵母主要元音为长元音 /aː/，摩经用“少”记音；布依语的“莓”（tum⁶），韵尾为双唇鼻音 /-m/，汉语中无相同语音形式，贞丰摩经中用“屯”字来记音。由于当地汉语方言中没有塞音韵尾，摩经中也只能用读音近似的汉字来表示，如布依语“蕨草”（kut⁷），记音汉字为“归”；“莱薹”（tuk⁸），记音汉字为“堵”；“早晨”（xat⁷），记音汉字为“罕”；“八”（pet⁷），记音汉字为“扁”；“（竹编的）饭盒”（ʔbip⁷），记音汉字为“敏”；等等。在一些早期的抄本中尚能发现记音汉字与布依语读音虽然存在差异，但通过考察汉字发音，可以找出其与布依语语音上的一些对应规律，如布依语中的促声韵字，摩经记音用字主要为阳平阳声韵字，这符合汉语语音的演变规律，即西南官话中的入声韵韵尾消失后，主要归并到阳平调。如布依语“木板”（taːp⁸），记音汉字为“塔”，古音属透母缉韵，拟音为 thəp，《广韵》吐盍切，拟音为 thap；布依语“儿子”（lɯk⁸），记音汉字为“勒”，古音属来母职韵，拟音为 lĕk，《广韵》卢则切，拟音为 lək；布依语的“卧室”（ðuk⁸），贞丰摩经记音汉字为“入”（西南官话现代读音为阳平调），古音为日母缉韵，拟音 ȵĭəp，《广韵》人执切，拟音为 ɽĭəp。语音上都与所记

(1) 第三土语（镇宁一带）用“元”来表示，该土语“家”读作 jɛn²。
(2) 荔波一带的摩经中用自创的古方块字记音，后文将专门作介绍。

录对象（布依语）比较接近。可见，早期的摩经在记音汉字的选择上还是比较考虑与所记录的布依语词在读音上的切合度的。但现代誊写的摩经在汉字的选择上则随意性比较大，上文所列举的布依语塞音韵尾词，所用的记音汉字大多为鼻音韵尾，如以“罕”记 hat^{7}“早晨”，以“扁”记 pet^{7}“八”，以“敏”记 ʔbip^{7}“饭盒”等。记音汉字与记录对象之间差别较大。

（二）音义皆借

摩经中的一部分字，不仅字音与布依语相同或相近，而且字义也与布依语词相同，这类摩经词汇绝大部分为早期汉语借词，如布依语 paːu^{5}“报”，记音汉字亦为“报”；ɕau^{4}“早”，记音汉字亦为“早”；ɕaːŋ^{6}“匠”，记音汉字亦为“匠”；θai^{1}“师”，记音汉字亦为“师”；kui^{6}“柜”，记音汉字亦为“柜”；θɔŋ^{5}“送”，记音汉字亦为“送”；ɕen^{2}“钱”，记音汉字亦为“钱”；ɕip^{8}“十”，记音汉字亦为“十”；θaːm^{1}“三”，记音汉字亦为“三”；θiːn^{1}“仙”，记音汉字亦为“仙”；等等。但也有个别记音汉字，虽然音义皆与所记录的布依语词相近，但仅仅是读音上偶合，实为布依语本族词，并非来自汉语。如布依语 ʔdaɯ^{1}“里边，内”，记音汉字为“内”；布依语 fɯə^{2}“荒芜”，记音汉字为“芜”；布依语 ʔbɯk^{7}“女孩”，记音汉字为“妹”；布依语 ʔbou^{5}“不”，记音汉字为“否”。这类字比较少。

（三）借义

各地摩经中都有一部分汉字不是作为记音符号出现的，也不是布依语中的早期汉语借词，而是与布依语词词义相同的字，用来翻译布依族文献中的词汇，布摩在诵经时，根据汉字的字义，读出布依语相应词汇的语音。如布依语 ɕut^{7}“淡”，对译的汉字为“清”；布依语 lɯk^{8}tɕa^{4}“孤儿”，对译的汉字为“孤”；布依语 pen^{2}“攀爬”，对译的汉字为“窜”；布依语 ði^{6}“地”，对译的汉字为“地”；布依语 ʔju^{5}“在”，对译的汉字为“在”；布依语 ða^{1}“找”，对译的汉字为“找”；等等。布依语这类字也很少。

（四）自创字

这类字是各地布摩利用汉字偏旁部首或汉字本身（多为独体字）为造字字元，按汉字“六书”造字法重新造的字，其中所用造字法主要为形声字（准确地说应该是义声字，即一个字或偏旁部首表示布依语词的词义，另一个字或偏旁部首表示布依语词的读音），少数字为会意字。其中义声字最多，会意字相对较少。

1. 义声字

义声字包括左义右声，右义左声、上义下声、下义上声和外义内声等几个小类。

（1）左义右声。这类字左边一个字符表示字义，右边一个字符表示该词的读音。例如：

汉语	布依语读音	方块布依文字	义符	声符
脚	tin^1	⿰足丁	足	丁
饭，米	hau^4	⿰米后、⿰米毫、⿰米厚 (1)	米	后、毫、厚
鱼	pja^1	⿰鱼岜	鱼	岜
身体	ʔdaːŋ^1	⿰身當	身	當
石头	ðin^1	⿰石寅	石	寅

（2）右义左声。与前一类字的造字顺序不同，这类字左边一个字符表示字音，右边一个字符表示字义。例如：

汉语	布依语读音	方块布依文字	义符	声符
鸟	ðɔk^8	⿰若鳥、⿰奴鳥 (2)	鳥	若、奴
秧鸡（专称）	kan^1	鳱	鳥	干
看见	ðan^1	⿰寅见	见	寅
鸡	kai^5	⿰盖鳥	鳥	盖

相较于左义右声，这类字的数量要少一些。

（3）上义下声。即上一个字符表义，下一个字符表声，这一类自创字数量也比较少，目前仅发现少量几个。例如：

汉语	布依语读音	方块布依文字	义符	声符
天	ʔbɯn^1	⿱天门	天	门

(1) 第三土语（镇宁）的摩经文献中用“⿱大好”来记录该词。
(2) “⿰奴鳥”出现在荔波一带的古籍文献中，记录当地布依语“鸟”的读音 nok^8。

续表

汉语	布依语读音	方块布依文字	义符	声符
脚	tin^{1}	⿱天丁	天	丁
根部	kɔk^{7}	⿱竹共	竹	共
植物茂盛	pɔk^{8}	⿱艹奔	艹	奔（不完整）

（4）下义上声。这类字上边一个字符表示该字在布依语中的读音，下边的字符表示字义。例如：

汉语	布依语读音	方块布依文字	义符	声符
田	na^{2}	⿱那田	田	那
血	liat^{8}	⿱列血	血	列
重	nak^{7}	⿱那重	重	那

（5）半包围型。这一类是从字形结构上来看的，其中多数也是义声字。如布依语“去”pai^{1}，记音汉字为“⿺辶去”；布依语“毛”pɯn^{1}，记音汉字为“⿺毛本”；布依语“丢、掉、落”tɔk^{7}，记音汉字为“⿺辶托”；布依语“飞”ʔbin^{1}，记音汉字为“⿺毛品”；等等。

（6）全包围型。这一类也是从字形结构上考察的，主要也是义声字。如布依语“里边”ʔdaɯ^{1}，记音符号为“⿴囗乃”，外边的方框表义，中间的“乃”是声符，表音；布依语“中间”tɕaːŋ^{1}，记音符号为“⿴囗江”，外边的方框表义，中间的“江”为声符，表音。这类字目前发现的数量较少。

（7）多音节义声字

部分布依族地区的文献中存在多音节的义声字，即一个以义声造字法组成的字在布依语中表示一个双音节词，这类字在布依族文献中并不普遍。荔波一带的文献中存在如下义声字：布依语“官员”pu^{4}hak^{7}，记音符号为“⿰黑斈”，该字从“黑”从“斈”，汉字“黑”的读音与布依语“hak^{7}”的语音相近，以之作为音符，标记后一个音节“hak^{7}”，“斈”是汉字“学”的俗字，表示布依语词 pu^{4}hak^{7} 的意义类属。布依语“幺儿”lɯk^{8}lun^{2}，记音符号为“婨”，从“女”，从“侖”，在布依语中，“幺”为 lun^{2}，指辈分相同的亲属中排行最小者，“儿子”为 lɯk^{8}，该字以“侖”表示与之读音相近的布依语词 lun^{2}，以汉字“女”表示布依语词 lɯk^{8}lun^{2} 的意义类属。布依语“露水”ðam^{4}ða:i^{2}，记音符号为“⿰氵乃”，从“氵”从“乃”，在布依语中，“露水”为 ðam^{4}ða:i^{2}，荔波一带的布依语中读作 nam^{4}na:i^{2}，以汉字“乃”注后一个音节，以偏旁“氵”表示布依语词 ðam^{4}ða:i^{2} 的意义类属。布依语“小孩”lɯk^{8}nai^{6}，记音符号为“⿺児能”，从“児”，从“能”，“児”在古汉语中同“儿”，是“儿”的俗字，布依语中，“小”读作 nɛ^{5} (ni^{5}) 或 nai^{6}，“小孩”读为 lɯk^{8}nɛ^{5} 或 lɯk^{8}nai^{6}，自创字“⿺児能”以“児”表示“lɯk^{8}nɛ^{5} 或 lɯk^{8}nai^{6} 的意义类属，以读音近似 nai^{6} 的汉字“能”标记布依语的读音。

2. 会意字

会意是用两个或两个以上已有的字组构新字并会出新字义的构形方法，其字义会合了所有构成汉字的字义，字音与其记录的布依语词同而与构成它的汉字字音无关。布依族文献中的会意字数量不多。例如布依语“左”θoi^{4}，记音符号为“⿰左手”，“右”kwa^{2}，记音符号为“⿰右手”，其中的造字元素“手”与它们各自的意义相联系；布依语“名望，名字”ɕo^{6}，记音符号为“⿰名门”，从“名”从“门”，有名望的门第，“门”与整字意义相关，以此来表示“名望”的意义；布依语“外边”ðo^{6}，记音符号为“⿵门外”，从“门”，从“外”，其中“门”与整字意义相关，以此来表示“外边”的意义；布依语“陡”liŋ^{5}，记音符号为“⿱不平”，是连读成句的会意字，从“不”从“平”，整个句子就是对字义“陡”的解释。其他的会意字还有“日”ŋɔn^{2}，记之以“⿱天日”；“月”ʔdiən^{1}，记之以“⿱天月”；“跨，迈”ʔja:m^{5}，记之以“⿱大步”；等等。

布依族方块文字文献中，自创字除上述“义声”和“会意”两种主要的造字法以外，还有些类似以象形和指事两种造字法自创的符号，如布依语“一”ʔdeu^{1}，贞丰摩经文献中记作“⿻天丶”，该字主体部分“天”与 ʔdeu^{1}，中间加一点表示“一”，类似“指事”造字。象形符号主要出现在一些占卜、择吉的文献中，本书所收文献未出现。

第二章

布依族温经

本章改编自《布依族温经》中的四个部分。原书《布依族温经》2013年由民族出版社出版，系中央民族大学“985工程”中国少数民族语言文化教育与边疆史地研究创新基地文库“中国少数民族非物质文化遗产研究系列”丛书之一。“温”为布依语weanl的音译，根据各地布依语语音的不同，也有音译为“欢”的，义为“歌”或“歌唱”。《布依族温经》是布依族宗教祭祀文献《布依族摩经》中的一个重要组成部分，广泛存在于北盘江流域布依族地区的宗教祭祀文献中，仅用于丧葬活动。“温”不是正式的祭祀经文，而是在庄严的祭祀仪式之余，于晚间由布摩在灵柩前唱诵。内容涉及范围较广，有唱述布依族男女青年之间谈情说爱的，有唱述亡人在去世之前经历病痛以及家人的关怀、照顾等方面的，有的唱述亡人离世到阴间创建家业的艰辛过程，有的唱述鳏寡孤独者人世间生活的艰难，有的唱述丧葬活动中各种生活禁忌。但更多的是唱述男女青年之间的爱情生活，包括从相识、相知、互相倾诉爱慕之情，到相约逃婚，乃至逃婚不成相互贬抑等。《布依族温经》作为庄严的丧葬活动中唱诵的经文内容，其作用主要是缓解亡人家属悲伤的情绪和丧葬活动参与者压抑的心情。2013年出版的《布依族温经》由贵州省贵阳学院布依族学者周国茂教授在贵州省贞丰县北盘江镇岜浩村的摩经“温”的基础上整理翻译，原书为国际音标记录的原文和汉文直译、意译三行对照，经我们改编后，增加了用布依族古文字（方块布依文）记音的原文和规范布依文，共五行对照。其中第一行为布依族古文字（方块布依文），第二行为新创布依文，第三行为布依族古文字的国际音标注音，第四行为汉语直译，第五行为汉语意译。在改编过程中，我们对《布依族温经》原书个别地方的翻译进行了校正和调整。贞丰岜浩村摩经时间较长，最早以方块汉字为记音符号记录摩经内容，用毛笔抄写于白棉纸上，装订成册。原书收藏于布摩师父家中，后经多次转抄，原书不知所终。现存抄本一部分抄写仍以白棉纸为材料，一部分则抄写在旧书本上，字迹潦草，版式为自右向左纵向竖排，内容上重复的地方多以省略号替代，或者重复的内容为单列，不同的内容纵向并列。文字多为现行通用汉字，个别字为繁体字，少数字为自创土俗字，即以汉字偏旁部首或汉字本身为字元，采用形声、会意等汉字造字方法重新造字，个别字还保留了第二版简化字方案的写法。贞丰县岜浩村布依语属布依语第一土语（也称黔南土语），与标准音点望谟复兴镇（即望谟县城周边）布依语比较接近，但也存在一些差别，因此，正文部分第三行我们保留了原文的实际读音，即贞丰岜浩村布依语的读音，与规范布依文不同的词汇形式，我们在该词的右上角加星号，以示区别。词汇表部分标的是每个词在标准音点的实际读音。

第一节　建家歌

一、文献说明

建家歌，布依语为 Weanl Xaaux Raanz [van³³ saːu⁵³ ðaːn³¹]。weanl，音译为“温”，义为“歌”，也可做动词用，义为“歌唱”。xaaux raanz，义为“起家、建家”。本节选自《布依族温经》的第四部分。歌词中所谓的“建家”并非一般意义上的起房盖屋，建立家庭，在丧葬活动中吟唱的“建家歌”是指寄望给亡人的灵魂建一个永久的居所。歌词通过对丧葬活动中的一些用品、用具（如棺材、米箩、马刀、桌子、纸伞、牛、背篓、锅和纸袜等）在世俗中的用途和在丧葬仪式上的用途的不同，表达了人们对死者的哀悼之情，反映了布依族的宗教和伦理观念。虽然丧葬仪式活动中的一些用品、用具与它们在世俗中有很大的不同，但在布依族先民观念中，对死者来说，这些用品、用具也是阴间生活所必需的。如所谓“箱子”（指棺材）就是死者在阴间的房屋，具有遮风避雨的功能。因此，这些用具、用品也就是亡灵在阴间建家的必需品，本节歌名即由此而来。

二、文献译注

温 少 然

Weanl Xaaux Raanz

van^{33} saːu^{53} ðaːn^{31}

歌 建 家

建家歌

未来 温 断 记乃 儒

Fihlaiz weanl doodt jis naail ruc,

vi^{11}lai^{31} van^{33} tuat^{35} tɕi^{24} naːi^{33} ðu^{35}

没有 歌 脱 枝 问候 穗

前人未唱稻抽穗，

亥 绕 温 断 记乃 儒

Haec rauz weanl doodt jis naail ruc,

ɣai^{35} ðau^{31} van^{33} tuat^{35} tɕi^{24}

让 我们 歌 脱 枝

naːi^{33} ðu^{35}

问候 穗

我们来唱稻抽穗，

未来 温 断 多 乃 散

Fihlaiz weanl doodt ndos naail saanl,

vi^{11}lai^{31} van^{33} tuat^{35} ʔdo^{35} naːi^{33} θaːn^{33}

没有 歌 脱 花 问候米

前人未唱穗结米，

亥 绕 温 断 多

Haec rauz weanl doodt ndos

乃 散

naail saanl,

ɣai^{35} ðau^{31} van^{33} tuat^{35} ʔdo^{35}

让 我们 歌 脱 花

naːi^{33} θaːn^{33}

问候 米

我们来唱穗结米 (1)，

未来 温 少 然

Fihlaiz wean xaaux raanz

盖 卜 （乜）

gaais boh (meeh),

vi^{11}lai^{31} van^{33} saːu^{53} ðaːn^{31}

没有 歌 建 家

kai^{24} po^{11}(me^{11})

个 父（母）

前人未唱父（母）建家 (2)，

亥　绕　温　少　然
Haec rauz weanl xaaux raauz
盖　卜　（乜）
gaais boh (meeh).
ɣai^{35} ðau^{31} van^{33} saːu^{53} ðaːn^{31}
让　我们　歌　建　家
kai^{24} po^{11} (me^{11})
个　父　（母）
我们来唱父（母）建家。

未来　温　断　记 乃　儒
Fihlaiz weanl doodt jis naail ruc,
vi^{11} lai^{31} van^{33} tuat^{35} tɕi^{24}
没 有　歌　脱　枝
naːi^{33} ðu^{35}
问候　穗
前人未唱稻抽穗，

亥　绕　温　断　记
Haec rauz weanl doodt jis
乃　儒
naail ruc,
ɣai^{35} ðau^{31} van^{33} tuat^{35} tɕi^{24}
让　我们　歌　脱　枝
naːi^{33} ðu^{35}
问候　穗
我们来唱稻抽穗，

未来　温　断　多
Fihlaiz weanl doodt ndos
乃　亡
naail faangz,
vi^{11}lai^{31} van^{33} tuat^{35} ʔdo^{35}
没有　歌　脱　花
naːi^{33} vaːŋ^{31}
问候　亡人
前人未唱慰灵歌，

亥　绕　温　断　多
Haec rauz weanl doodt ndos
乃　亡
naail faangz,
ɣai^{35} ðau^{31} van^{33} tuat^{35} ʔdo^{35}
让　我们　歌　脱　花
naːi^{33} vaːŋ^{31}
问候　亡人
我们来唱慰灵歌，

未来　温　少　旁
Fihlaiz weanl xaaux beangz
盖　卜　（乜）
gaais boh (meeh),
vi^{11}lai^{31} van^{33} saːu^{53} paŋ^{31}
没有　歌　造　地方
kai^{24} po^{11} (me^{11})
个　父　（母）
前人未唱亡父（母）造地的歌，

亥　绕　温　少
Haec rauz weanl xaaux
旁　盖　卜（乜）
beangz gaais boh (meeh).

ɣai^{35} ðau^{31} van^{33} saːu^{53} paŋ^{31}
让 我们 歌 造 地方
kai^{24} po^{11} (me^{11})
个 父 （母）

我们来唱亡父（母）造地的歌。

些 郎 温 断 记
Xih lengc weanl doodt jis
乃 儒
naail ruc,
ɕi^{35} laŋ^{35} van^{33} tuat^{35} tɕi^{24}
于是 才 歌 脱 枝
naːi^{33} ðu^{35}
问候 穗

今人歌唱稻抽穗(3)，

亥 绕 温 断 记
Haec rauz weanl doodt jis
乃 儒
naail ruc,
ɣai^{35} ðau^{31} van^{33} tuat^{35} tɕi^{24}
让 我们 歌 脱 枝
naːi^{33} ðu^{35}
问候 穗

我们也唱稻抽穗，

些 郎 温 断 多
Xih lengc weanl doodt ndos
乃 散
naail saanl,
ɕi^{35} laŋ^{35} van^{33} tuat^{35} ʔdo^{35}
于是 才 歌 脱 花
naːi^{33} θaːn^{33}
问候 米

今人歌唱花结果，

亥 绕 温 断 多
Haec rauz weanl doodt ndos
乃 散，
naail saanl
ɣai^{35} ðau^{31} van^{33} tuat^{35} ʔdo^{35}
让 我们 歌 脱 花
naːi^{33} θaːn^{33}
问候 米

我们也唱花结果，

些 郎 温 少 然
Xih lengc weanl xaaux raanz
盖 卜（乜）
gaais boh (meeh),
ɕi^{35} laŋ^{35} van^{33} saːu^{53} ðaːn^{31}
于是 才 歌 造 家
kai^{24} po^{11} (me^{11})
个 父 （母）

今人唱亡父（母）造屋的歌，

亥 绕 温 少 然
Haec rauz weanl xaaux raanz
盖 卜（乜）
gaais boh (meeh).

ɣai^{35} ðau^{31} van^{33} saːu^{53} ðaːn^{31}
让 我们 歌 造 家
kai^{24} po^{11} (me^{11})
个 父 （母）
我们也唱亡父（母）造屋的歌。

些 郎 温 断 记
Xih lengc weanl doodt jis
乃 儒
naail ruc,
ɕi^{35} laŋ^{35} van^{33} tuat^{35} tɕi^{24}
于是 才 歌 脱 枝
naːi^{33} ðu^{35}
问候 穗
今人歌唱稻抽穗，

亥 绕 温 断 记
Haec rauz weanl doodt jis
乃 儒
naail ruc,
ɣai^{35} ðau^{31} van^{33} tuat^{35} tɕi^{24}
让 我们 歌 脱 枝
naːi^{33} ðu^{35}
问候 穗
我们来唱稻抽穗，

些 郎 温 断 多
Xih lengc weanl doodt ndos
乃 亡
naail faangz,

ɕi^{35} laŋ^{35} van^{33} tuat^{35} ʔdo^{35}
于是 才 歌 脱 花
naːi^{33} vaːŋ^{31}
问候 亡人
今人唱歌慰亡灵，

亥 绕 温 断 多
Haec rauz weanl doodt ndos
乃 亡
naail faangz,
ɣai^{35} ðau^{31} van^{33} tuat^{35} ʔdo^{35}
让 我们 歌 脱 花
naːi^{33} vaːŋ^{31}
问候 亡人
我们唱歌慰亡灵，

些 郎 温 少 旁
Xih lengc weanl xaaux beangz
盖 卜（乜）
gaais boh (meeh),
ɕi^{35} laŋ^{35} van^{33} saːu^{53} paŋ^{31}
于是 才 歌 造 地方
kai^{24} po^{11}（me^{11}）
个 父（母）
今人唱亡父（母）造地的歌，

亥 绕 温 少 邦
Haec rauz weanl xaaux beangz
盖 卜（乜）
gaais boh(meeh).

ɣai^{35} ðau^{31} van^{33} saːu^{53} paŋ^{31}
让 我们 歌 造 地方
kai^{24} po^{11}（me^{11}）
个 父（母）
我们也唱亡父（母）造地的歌。

爻贯 未 少 梈
Xeeuhgoons fih xaaux ndoongl,
çau^{11}kuan^{24} vi^{11} saːu^{53} ʔdoŋ^{33}
古代 未 造 林
古时未造林，

猤 未 乃 根 骂
Lingz fih ndaix genl mas,
liŋ^{31} vi^{11} ʔdai^{53} kɯn^{33} ma^{35}
猴 未 得 吃 果
猴没得果吃，

爻贯 未 少 答
Xeeuhgoons fih xaaux dah,
çau^{11}kuan^{24} vi^{11} saːu^{53} ta^{11}
古代 未 造 河
古时未造河，

㹘 未 乃 根 岜
Nah fih ndaix genl byal,
na^{11} vi^{11} ʔdai^{53} kɯn^{33} pja^{33}
水獭 未 得 吃 鱼
獭没得鱼吃，

爻贯 未 少 纳
Xeeuhgoons fih xaaux naz,
çau^{11}kuan^{24} vi^{11} saːu^{53} na^{31}
古代 未 造 田
古时未造田，

王 未 乃 根 好
Weangz fih ndaix genl haux,
waŋ^{31} vi^{11} ʔdai^{53} kɯn^{33} ɣaːu^{53}
王 未 得 吃 饭
王未得吃饭，

爻贯 未 少 舀
Xeeuhgoons fih xaaux eeux,
çau^{11}kuan^{24} vi^{11} saːu^{53} ʔjau^{53}
古代 未 造 粮仓
古时未造仓，

爻贯 未 少 然
Xeeuhgoons fih xaaux raanz,
çau^{11} kuan^{24} vi^{11} saːu^{53} ðaːn^{31}
古代 未 造 房屋
古时未造房，

未 少 舀 补潘
Fih xaaux eeux buxbaanl,
vi^{11} saːu^{53} ʔjau^{53} pu^{53} paːn^{33}
未 造 仓 （病人）
未造病人仓[4]，

未　少　　然　　补并
Fih　xaaux　raanz　buxbingh,
vi^{11}　saːu^{53}　ðaːn^{31}　pu^{53}piŋ^{11}
未　造　　房屋　病人
未建病人屋，

王　　　未　少　　并介
Weangz　fih　xaaux　bidtgais,
waŋ^{31}　vi^{11}　saːu^{53}　pit^{35}kai^{24}
王　　未　　造　　　鸭鸡
王未养家禽，

王　　　未　怪　　温好
Weangz　fih　goih　wanlhaux,
waŋ^{31}　vi^{11}　kuai^{11}　van^{33}ɣaːu^{53}
王　　未　　做　　　谷种
王未育谷种[5]，

王未　　少　温　　文
Weangz　fih　xaaux　wanlwenz,
waŋ^{31}　vi^{11}　saːu^{53}　van^{33}vɯn^{31}
王　　未　　造　　　人种
王未造人种，

得　未屯　涝　利　绕　到
Deel fih denz lauc ndil rauz daaus,
te^{33}　vi^{11}　tɯn^{31}　lau^{35}　ʔdi^{33}
他　　未　（造）　酒　　好
ðau^{31}　taːu^{24}
我们　回
他未给我们造好酒[6]，

得　未劳　涝　利　绕妈
Deel fih laauh lauc ndil rauz mal,
te^{33}　vi^{11}　laːu^{11}　lau^{35}　ʔdi^{33}
他　　未　　酿　　酒　　好
ðau^{31}　ma^{33}
我们　来
他未给我们酿美酒[7]，

涝　　糖　　系　未　帅
Lauc　diangz　sis　fih　xood,
lau^{35}　tiaŋ^{31}　θi^{24}　vi^{11}　suat^{11}
酒　　糖　　四　　未　　完成
甜酒未造出，

涝　　帅　　得　　未　界
Lauc　xood　deel　fih　jaail,
lau^{35}　suat^{11}　te^{33}　vi^{11}　tɕaːi^{33}
酒　　完成　他　　未　　衰
美酒难得寻，

得　　未　　到　　盘　　歪
Deel　fih　dauc　banz　waail
龙向
lungzsiangs,
te^{33}　vi^{11}　tau^{35}　pan^{31}　vaːi^{33}
他　　未　生　　成　　沟
luŋ^{31} θiaŋ^{24}
（超度）

酒具未造成(8)，

温 龙向 独亡
Weanl lungzsiangs duezfaangz,
van^{33} luŋ^{31} θiaŋ^{24} tɯ^{31}vaːŋ^{31}
歌 （超度） 个 鬼
歌超度亡魂(9)，

便 报光 （押郎）
Byangc bausgvaangl (yahnaangz)
拜 佃
bail dianh.
pjaŋ^{35} pau^{24}kwaːŋ^{33} (ja^{11} naːŋ^{31})
超度 公子 （小姐）
pai^{33} tian^{11}
去 野外
送灵登仙界(10)。

些 郎 妈 少 梇
Xih lengc mal xaaux ndoongl,
çi^{35} laŋ^{35} ma^{33} saːu^{53} ʔdoŋ^{33}
于是 才 来 造 林
后来才造林，

� 郎 乃 根 骂
Lingz lengc ndaix genl mas,
liŋ^{31} laŋ^{35} ʔdai^{53} kɯn^{33} ma^{35}
猴 才 得 吃 果
猴才有果吃，

些 郎 妈 少 答
Xih lengc mal xaaux dah,
çi^{35} laŋ^{35} ma^{33} saːu^{53} ta^{11}
于是 才 来 造 河
后来才造河，

獳 郎 乃 根 邑
Nah lengc ndaix genl byal,
na^{11} laŋ^{35} ʔdai^{53} kɯn^{33} pja^{33}
水獭 才 得 吃 鱼
獭才有鱼吃，

些 郎 妈 少 纳
Xih lengc mal xaaux naz,
çi^{35} laŋ^{35} ma^{33} saːu^{53} na^{31}
于是 才 来 造 田
后来才造田，

王 郎 乃 根 好
Weangz lengc ndaix genl haux,
waŋ^{31} laŋ^{35} ʔdai^{53} kɯn^{33} ɣaːu^{53}
王 才 得 吃 饭
王才有饭吃，

些 郎 妈 少 舀
Xih lengc mal xaaux eeux,
çi^{35} laŋ^{35} ma^{33} saːu^{53} ʔjau^{53}
于是 才 来 造 粮仓
后来才造仓，

些 郎 妈 少 然
Xih lengc mal xaaux raanz,
ɕi^{35} laŋ^{35} ma^{33} saːu^{53} ðaːn^{31}
于是 才 来 造 房屋
后来才造房，

郎 少 舀 补潘
Lengc xaaux eeux buxbaanl,
laŋ^{35} saːu^{53} ʔjau^{53} pu^{53}paːn^{33}
才 造 粮仓 病人
才造病人仓，

郎 少 然 补并
Lengc xaaux raanz buxbingh,
laŋ^{35} saːu^{53} ðaːn^{31} pu^{53}piŋ^{11}
才 造 房 病人
才造病人房，

王 郎 少 并介
Weangz lengc xaaux bidtgais,
waŋ^{31} laŋ^{35} saːu^{53} pit^{35}kai^{24}
王 才 造 鸭鸡
王才养家禽，

王 郎 怪 温好
Weangz lengc goih wanlhaux,
waŋ^{31} laŋ^{35} kuai^{11} van^{33}ɣaːu^{53}
王 才 做 谷种
王才育谷种，

王 郎 少 温文
Weangz lengc xaaux wanlwenz,
waŋ^{31} laŋ^{35} saːu^{53} van^{33}vɯn^{31}
王 才 造 人种
王才造人种，

得 郎 屯 涝 利 绕 倒
Deel lengc denz lauc ndil rauz daaus,
te^{33} laŋ^{35} tɯn^{31} lau^{35} ʔdi^{33} ðau^{31} taːu^{24}
他 才 （造） 酒 好 我们 回
才给我们酿出美酒，

得 郎 劳 涝 利 绕 妈
Deel lengc laauh lauc ndil rauz mal,
te^{33} laŋ^{35} laːu^{11} lau^{35} ʔdi^{33} ðau^{31} ma^{33}
他 才 酿 酒 好 我们 来
才给我们造出玉液，

涝 糖 系 郎 帅
Lauc diangz sis lengc xood,

lau^{35} tiaŋ^{31} θi^{24} laŋ^{35} suat^{11}
酒 糖 四 才 完成
美酒才出现，

涝 帅 得 郎 界
Lauc xood deel lengc jaail,
lau^{35} suat^{11} te^{33} laŋ^{35} tɕa:i^{33}
酒 完成 它 才 （衰）
绵绵永不绝，

得 郎 到 盘 歪
Deel lengc dauc banz waail
龙 向
lungzsiangs,
te^{33} laŋ^{35} tau^{35} pan^{31} va:i^{33}
它 才 出 成 沟
luŋ^{31} θiaŋ^{24}
（超度）
美酒敬亡魂，

温 龙 向 独 亡
Weanl lungzsiangs duezfaangz,
van^{33} luŋ^{31} θiaŋ^{24} tɯ^{31} va:ŋ^{31}
歌 （超度） 个 鬼
颂歌赞亡灵，

便 报 光 （押 郎）
Byangc bausgvaangl (yahnaangz)
拜 佃
bail dianh.
pjaŋ^{35} pau^{24}kwa:ŋ^{33} (ja^{11} na:ŋ^{31})
超度 公子 （小姐）
pai^{33} tian^{11}
去 野外
送灵登仙界。

堂 旁 尾 任 良
Dangz beangz feax ranh liangz,
taŋ^{31} paŋ^{31} vɯ^{53} ðan^{11} liaŋ^{31}
整个 地方 人家 裁 梁
人家备房梁，

良 尾 买 台 舀
Liangz feax maic daaiz eeux,
liaŋ^{31} vɯ^{53} ma^{35} ta:i^{31} ʔjau^{53}
梁 人家 要 抬 仓
备梁建粮仓，

良 尾 买 台 然
Liangz feax maic daaiz raanz,
liaŋ^{31} vɯ^{53} ma^{35} ta:i^{31} ða:n^{31}
梁 人家 要 抬 房屋
用梁盖高楼，

嘎 介 卜 （乜） 绕
Gah gaais boh (meeh) rauz

妈 任 良
mal ranh liangz,
ka11 kai24 po11 (me11) ðau31
只有 个 父 （母） 我们
ma33 ðan11 liaŋ31
来 裁 梁
唯有我父（母）备梁，

任 良 台 艢告
Ranh liangz daaiz ndaanglgaus,
ðan11 liaŋ31 taːi31 ʔdaːŋ33 kau24
裁 梁 抬 自己
裁梁抬己身，

台 艢告 拜 更
Daaiz ndaanglgaus bail genz,
taːi31 ʔdaːŋ33kau24 pai33 kɯn31
抬 自己 去 上
抬己身升天，

卜 尾 （乜尾） 得
Boh feax (meehfeax) dez
样 嘎
yiangh gah,
po11 vɯ53 (me11 vɯ53) tɯ31
父 别人 （母 别人） 带
jaŋ11 ka11
样 价
位尊如人父（母），

台 艢告 拜 上
Daaiz ndaanglgaus bail saangl,
taːi31 ʔdaːŋ33kau24 pai33 θaːŋ33
抬 自己 去 高
抬己身登仙，

报光 （押郎） 得
Bausgvaangl (yahnaangz) dez
样 嘎
yiangh gah.
pau24kwaːŋ33 (ja11naːŋ31) tɯ31
公子 （小姐） 带
jaŋ11 ka11
样 价
位尊如贵人。

堂 旁 尾 改 塔
Dangz beangz feax ges daab,
taŋ31 paŋ31 vɯ53 kɯ24 taːp11
整个 地方 别人 锯 板
别人来改板，

塔 尾 买 少 舀
Daab feax maic xaaux eeux,
taːp11 vɯ53 ma35 saːu53 ʔjau53
板 别人 要 造 仓
改板把房盖，

塔 尾 买 少 余
Daab feax maic xaaux yiz,

ta:p^{11} vɯ^{53} ma^{35} sa:u^{53} ji^{31}
板 别人 要 造 房
改板建谷仓，

嘎 介 卜（乜） 绕
Gah gaais boh (meeh) rauz
妈 改 塔
mal ges daab,
ka^{11} kai^{24} po^{11} (me^{11}) ðau^{31}
只 个 父（母） 我们
ma^{33} kɯ^{24} ta:p^{11}
来 锯 板
唯亡父（母）改板，

改 塔 余 艚 告
Ges daab yiz ndaanglgaus,
kɯ^{24} ta:p^{11} ji^{31} ʔda:ŋ^{33}kau^{24}
锯 板 盖 自己
改板盖己身，

余 艚 告 拜 更
Yiz ndaanglgaus bail genz,
ji^{31} ʔda:ŋ^{33}kau^{24} pai^{33} kɯn^{31}
遮 自己 去 上
盖己身升天，

卜 文 （乜 文） 得
Boh wenz (meehwenz) dez
样 嘎
yiangh gah,

po^{11} vɯn^{31} (me^{11} vɯn^{31}) tɯ^{31}
父 人 母 人 带
jaŋ^{11} ka^{11}
样 价
位尊如人父（母），

余 艚 告 拜 上
Yiz ndaanglgaus bail saangl,
ji^{31} ʔda:ŋ^{33}kau^{24} pai^{33} θa:ŋ^{33}
遮 自己 去 高
遮己身登仙，

报 光 （押 郎） 得
Bausgvaangl (yahnaangz) dez
样 嘎
yiangh gah.
pau^{24} kwa:ŋ^{33} (ja^{11} na:ŋ^{31}) tɯ^{31}
公子 （小姐） 带
jaŋ^{11} ka^{11}
样 价
位尊如贵人。

堂 旁 尾 惰 相
Dangz beangz feax dos siangl,
taŋ^{31} paŋ^{31} vɯ^{53} to^{24} θiaŋ^{33}
整个 地方 别人 制 箱
别人造箱子，

相 尾 买 数 告
Siangl feax maic xos gvaaus,

θiaŋ33　vɯ53　ma35　su24　kwaːu24
箱　别人　要　放　衣物
用来存嫁妆，

相　尾　买　数　旁
Siangl　feax　maic　xos　bangz,
θiaŋ33　vɯ53　ma35　su24　paŋ31
箱　别人　要　放　布
用来装布匹，

嘎　介　卜（乜）　绕　妈
Gah　gaais　boh (meeh)　rauz　mal
惰　相
dos　siangl,
ka11　kai24　po11　(me11)　ðau31
只　个　父　（母）　我们
ma33　to24　θiaŋ33
来　制　箱
唯亡父（母）做箱，

惰　相　江　艡　告
Dos　siangl　jangl　ndaanglgaus,
to24　θiaŋ33　tɕaŋ33　ʔdaːŋ33kau24
制　箱　装　自己
做箱存己身，

江　艡　告　拜　更
Jangl　ndaanglgaus　bail　genz,
tɕaŋ33　ʔdaːŋ33kau24　pai33　kɯn31
装　自己　去　上
存己身升天，

卜　文　（乜　文）　得
Boh　wenz　(meehwenz)　dez
样　嘎
yiangh　gah,
po11　vɯn31　(me11 vɯn31)　tɯ31
父　人　母　人　带
jaŋ11　ka11
样　价
位尊如人父（母），

江　艡　告　拜　上
Jangl　ndaanglgaus　bail　saangl,
tɕaŋ33　ʔdaːŋ33kau24　pai33　θaːŋ33
装　自己　去　高
装己身登仙，

报　光　（押　郎）　得
Bausgvaangl　(yahnaangz)　dez
样　嘎
yiangh　gah.
pau24kwaːŋ33　(ja11naːŋ31)　tɯ31
公子　（小姐）　带
jaŋ11　ka11
样　价
位尊如贵人。

堂　旁　尾　惰　柜
Dangz　beangz　feax　dos　guih,

taŋ³¹ paŋ³¹ vɯ⁵³ to²⁴ kui¹¹
整个 地方 别人 制 柜
别人打柜子，

柜 尾 买 数 旁
Guih feax maic xos bangz,
kui¹¹ vɯ⁵³ ma³⁵ su²⁴ paŋ³¹
柜 别人 要 放 布
打柜装布匹，

柜 尾 买 数 三
Guih feax maic xos saanl,
kui¹¹ vɯ⁵³ ma³⁵ su²⁴ θaːn³³
柜 别人 要 放 米
打柜来装米，

嘎 介 卜（乜） 绕
Gah gaais boh (meeh) rauz
妈 惰 柜
mal dos guih,
ka¹¹ kai²⁴ po¹¹ (me¹¹) ðau³¹
只 个 父（母） 我们
ma³³ to²⁴ kui¹¹
来 制 柜
唯亡父（母）打柜，

惰 柜 然 艪告
Dos guih raaml ndaanglgaus,
to²⁴ kui¹¹ ðaːm³³ ʔdaːŋ³³kau²⁴
制 柜 抬 自己
打柜抬己身，

然 艪告 拜 更
Raaml ndaanglgaus bail genz,
ðaːm³³ ʔdaːŋ³³kau²⁴ pai³³ kɯn³¹
抬 自己 去 上
抬己身升天，

卜 文（乜文） 得
Boh wenz (meehwenz) dez
样 嘎
yiangh gah,
po¹¹ vɯn³¹ (me¹¹ vɯn³¹) tɯ³¹
父 人（母人） 带
jaŋ¹¹ ka¹¹
样 价
位尊如人父（母），

然 艪告 拜 上
Raaml ndaanglgaus bail saangl,
ðaːm³³ ʔdaːŋ³³kau²⁴ pai³³ θaːŋ³³
抬 自己 去 高
抬己身登仙，

报光（押郎） 得
Bausgvaangl (yahnaangz) dez
样 嘎
yiangh gah.
pau²⁴kwaːŋ³³ (ja¹¹naːŋ³¹) tɯ³¹
公子（小姐） 带

jaŋ^{11} ka^{11}
样　价
位尊如贵人。

亚　卜（乜）礼　得　文
Nyas boh (meeh) lix dezwenz,
ja^{35} po^{11} (me^{11}) li^{53} tɯ^{31}vɯn^{31}
时　父　（母）还　个人
亡父（母）在世时，

又　介　然　松　瓮
Qyus gaais raanz soongl hoongs
三　瓮　唠　神
saaml hoongs nauz xanz,
ʔju^{24} kai^{24} ða:n^{31} θoŋ^{33} ɣoŋ^{24}
住　个　房　两　间
θa:m^{33} ɣoŋ^{24} nau^{31} san^{31}
三　间　说　窄
房屋三两间嫌窄，

喜　卜（乜）胎　盘　亡
Xix boh (meeh) daail banz faangz,
çi^{53} po^{11} (me^{11}) ta:i^{33} pan^{31} va:ŋ^{31}
现在父（母）死　成　鬼
如今父（母）亡故[11]，

烟　䑋　蒿　并亢
Ngeengl ndaangl hauc beensgab,
ŋeŋ^{33} ʔda:ŋ^{33} ɣau^{35} pen^{24} kap^{11}
侧　身　入　棺材
侧身进寿材，

煞　䑋　蒿　并谷
Sab ndaangl hauc beensguh,
sap^{11} ʔda:ŋ^{33} ɣau^{35} pen^{24}ku^{11}
塞　身　入　棺材
侧身挤棺木[12]，

囡　得　况　了　神
Ndael deel gvaangs leeux xanz,
ʔdai^{33} te^{33} kwa:ŋ^{24} leu^{53} san^{31}
里边　那　宽　或　窄
里面宽或窄，

囡　得　亨　了　用
Ndael deel hanl leeux rungs,
ʔdai^{33} te^{33} ɣan^{33} leu^{53} ðuŋ^{24}
里边　那　紧　或　松
里面紧或松，

况　了　神　密　若
Gvaangs leeux xanz miz rox,
kwa:ŋ^{24} leu^{53} san^{31} mi^{31} ðo^{53}
宽　或　窄　不　知
宽或窄不知，

亨　了　用　密　若
Hanl leeux rungs miz rox.
ɣan^{33} leu^{53} ðuŋ^{24} mi^{31} ðo^{53}
紧　或　松　不　知

紧或松不晓。

密 卡 们 蒿 鲁
Miz gah mengz hauc ndux,
mi^{31} ka^{11} mɯŋ^{31} ɣau^{35} ʔdu^{53}
不 只 你 入 先
把你入殓前，

到 囚 然 蒿 鲁
Dauh ndael raanz hauc ndux,
tau^{11} ʔdai^{33} ða:n^{31} ɣau^{35} ʔdu^{53}
灰 内 房屋 入 先
棺底先垫灰，

南 崙田 蒿 鲁
Naanl ndanldianh hauc ndux,
na:n^{33} ʔdan^{33}tian^{11} ɣau^{35} ʔdu^{53}
水麻柳 山上 入 先
山上水麻柳，

到 西纳 蒿 鲁
Dauh xiclaz hauc ndux,
tau^{11} ɕi^{35} la^{31} ɣau^{35} ʔdu^{53}
灰 （草木） 入 先
连同草木灰 (13)，

沙 闲文 蒿 鲁
Sal xeenzwenh hauc ndux,
θa^{33} sen^{31}ven^{11} ɣau^{35} ʔdu^{53}
纸 冥钱 入 先
冥纸钱几大捆，

旁 尾 姑 孬 乙
Bangz fez guc aul idt,
paŋ^{31} vɯ^{31} ku^{35} ʔau^{33} ʔit^{35}
布 箱 九 要 一
先放九箱布，

旁 尾 十 孬 贯
Bangz fez xib aul goons,
paŋ^{31} vɯ^{31} ɕip^{11} ʔau^{33} kuan^{24}
布 箱 十 要 先
先放十箱布 (14)，

孬 们 燕 兮躲
Aul mengz qyans sillangl,
ʔau^{33} mɯŋ^{31} ʔjan^{24} θi^{33} laŋ^{33}
拿 你 （放） 随 后
然后才放你，

孬 们 兮完 罗
Aul mengz sil hoob loh,
ʔau^{33} mɯŋ^{31} θi^{33} ɣuap^{11} lo^{11}
拿 你 随 （棺材）
放你进寿材 (15)，

孬 们 说 温才
Aul mengz soh wanlxaaiz,
ʔau^{33} mɯŋ^{31} θo^{11} van^{33}sa:i^{31}
拿 你 顺 棺材

放你进棺木，

孬　们　兮 完 连
Aul mengz sil hooblianh,
ʔau^{33} mɯŋ^{31} θi^{33} ɣuap^{11}lian^{11}
拿　你　顺（棺材）
把你装进棺，

孬　们　现　温 才
Aul mengz xians wanlxaaiz,
ʔau^{33} mɯŋ^{31} ɕan^{24} van^{33}saːi^{31}
拿　你　转　棺材
棺材即你家，

窝　兮 们　皃 開
Hoc xih mengz leg gaail,
ɣo^{35} ɕi^{35} mɯŋ^{31} lɯk^{11} kaːi^{33}
穷　就　你　别　卖
穷困你莫卖，

灾　了　们　皃 哈
Xaail leeux mengz leg has,
saːi^{33} leu^{53} mɯŋ^{31} lɯk^{11} ɣa^{24}
灾　了　你　别　嫁
有难莫转让，

温　刀　们　妈　平
Wenl dauc mengz mal bib,
vɯn^{33} tau^{35} mɯŋ^{31} ma^{33} pip^{11}
雨　下　你　来　躲
下雨你来避，

晚　刀　们　妈　又
Labt dauc mengz mal qyus.
lap^{11} tau^{35} mɯŋ^{31} ma^{33} ʔju^{24}
黑　来　你　来　住
天黑你来住。

盖　晚　礼　盖　晚
Gais foonx ndix gais foonx,
kai^{24} van^{53} ʔdi^{53} kai^{24} van^{53}
鸡　黑　和　鸡　黑
世上黑色鸡，

晚　沙 票　排 躴
Foonx sacbib baaihlangl,
van^{53} sa^{35}pip^{11} paːi^{11}laŋ^{33}
黑　（摹状词）后面
脊背黑漆漆，

盖　皓　礼　盖　皓
Gais haaul ndix gais haaul,
kai^{24} ɣaːu^{33} ʔdi^{53} kai^{24} ɣaːu^{33}
鸡　白　和　鸡　白
天下白色鸡，

皓　沙 票　排 纳
Haaul sacbib baaihnac,
ɣaːu^{33} sa^{35}pip^{11} paːi^{11}na^{35}
白　（摹状词）前面

胸前白如银，

冗 堂 吧 民书
Roongh dangz bas meenzxul,
ðoŋ^{11} taŋ^{31} pa^{35} men^{31}su^{33}
亮 到 口 珉州
亮到珉州口[16]，

冗 堂 书 晒任
Roongh dangz xul saisrumh,
ðoŋ^{11} taŋ^{31} su^{33} θai^{24}ðɯm^{11}
亮 到 州 税官
亮到税官地[17]，

盖 晚 礼 盖 晚
Gais foonx ndix gais foonx,
kai^{24} van^{53} ʔdi^{53} kai^{24} van^{53}
鸡 黑 和 鸡 黑
天下黑色鸡，

晚 时 外 得阿
Foonx sez fead duezal,
van^{53} sɯ^{31} vat^{11} tɯ^{31}ʔa^{33}
黑 如 翅 乌鸦
黑如乌鸦翅，

盖 皓 礼 盖 皓
Gais haaul ndix gais haaul,
kai^{24} ɣaːu^{33} ʔdi^{53} kai^{24} ɣaːu^{33}
鸡 白 和 鸡 白

世上白色鸡，

皓 时 多 芽 裳
Haaul sez ndos ngaz saangx,
ɣaːu^{33} sɯ^{31} ʔdo^{35} ŋa^{31} saːŋ^{53}
白 如 骨 牙 象
白如大象牙，

冗 堂 吧 民书
Roongh dangz bas meenzxul,
ðoŋ^{11} taŋ^{31} pa^{35} men^{31}su^{33}
亮 到 口 珉州
亮到珉州口，

冗 堂 书 晒任
Roongh dangz xul saisrumh.
ðoŋ^{11} taŋ^{31} su^{33} θai^{24}ðɯm^{11}
亮 到 州 税官
亮到税官地。

亚 卜（乜）礼 得文
Nyas boh (meeh) lix duezwenz,
ja^{35} po^{11} (me^{11}) li^{53} tɯ^{31}vɯn^{31}
时 父 （母） 还 个人
父（母）在世时，

灵 谁 花 里 嘮
Ninz soiz wal lix nauz
密 浪
miz ndagt,

nin^{31} θuai^{31} va^{33} li^{53} nau^{31}
睡 枕 花 还 说
mi^{31} ʔdak^{35}
不 着
枕花枕难眠，

喜 卜（乜）胎 盘 亡
Xix boh (meeh) daail banz faangz,
ɕi^{53} po^{11} (me^{11}) taːi^{33} pan^{31} vaːŋ^{31}
现在 父 （母） 死 成 鬼
如今父（母）亡故，

灵 谁动 欢 绕
Ninz soizdugt aangs rauh,
nin^{31} sui^{31}tuk^{35} ʔaːŋ^{24} ðau^{11}
睡 篾枕 高兴 些
枕竹篾也喜，

灵 更 刀 更 饶
Ninz genz dauh genz riuz,
nin^{31} kɯn^{31} tau^{11} kɯn^{31} ðiau^{31}
睡 上 灰 上 炭
身下垫灰炭，

来 先条 孟 杀
Laiz xansdiauz mozsah,
lai^{31} ɕan^{24}tiau^{31} mo^{31}sa^{11}
小块 布条 铺垫
小布条铺底[18]，

灵 更 刀 更 杀
Ninz genz dauh genz sal,
nin^{31} kɯn^{31} tau^{11} kɯn^{31} θa^{33}
睡 上 灰 上 纸
身下垫灰纸，

来 先花 孟 杀
Laiz xanswal mozsah.
lai^{31} ɕan^{24}va^{33} mo^{31} sa^{11}
小块 布片 铺垫
小布片铺底。

堂 旁 尾 山 孟
Dangz beangz feax saanl mbungl,
taŋ^{31} paŋ^{31} vɯ^{53} θaːn^{33} ʔbuŋ^{33}
整个 地方 别人 编 米箩
别人编米箩，

孟 尾 灵 好 架
Mbungl feax rib haux jas,
ʔbuŋ^{33} vɯ^{53} ðip^{11} ɣaːu^{53} tɕa^{24}
米箩 别人 收 谷 架
编来收炕谷[19]，

堂 旁 尾 山 孟
Dangz beangz feax saanl mbungl,

taŋ^{31} paŋ^{31} vɯ^{53} θaːn^{33} ʔbuŋ^{33}
整个 地方 别个 编 米箩
别人编米箩，

孟 尾 灵 好岩
Mbungl feax rib hauxngaaiz,
ʔbuŋ^{33} vɯ^{53} ðip^{11} ɣaːu^{53}ŋaːi^{31}
米箩 别人 收 早饭
编来装早饭，

卡 介 卜（乜）绕 妈
Gah gaais boh (meeh) rauz mal
山 孟
saanl mbungl,
ka^{11} kai^{24} po^{11}(me^{11}) ðau^{31}
只 个 父（母） 我们
ma^{33} θaːn^{33} ʔbuŋ^{33}
来 编 箩
唯我父（母）编箩，

山 孟 灵 好歹
Saanl mbungl rib hauxdaix,
θaːn^{33} ʔbuŋ^{33} ðip^{11} ɣaːu^{53}tai^{53}
编 米箩 收 供食
编来装供品，

灵 好歹 补墓
Rib hauxdaix buxmol,
ðip^{11} ɣaːu^{53}tai^{53} pu^{53}mo^{33}
收 供食 布摩
供品酬布摩[20]，

松 逢 约 香告
Soongl fengz qyol xanglgaaus,
θoŋ^{33} vuŋ^{31} ʔjo^{33} ɕaŋ^{33}kaːu^{24}
两 手 举 卦板
两手举卦板，

灵 好歹 补道
Rib hauxdaix buxdaauh,
ðip^{11} ɣaːu^{53}tai^{53} pu^{53}taːu^{11}
收 供食 道士
供品酬道士，

松 逢 报 交灵
Soongl fengz baaus jaucneengz.
θoŋ^{33} vuŋ^{31} paːu^{24} tɕau^{35} neŋ^{31}
两 手 报 头 顶
卦板高处落。

便 报光 （押郎）
Byangc bausgvaangl (yahnaangz)
拜 佃
bail dianh,
pjaŋ^{35} pau^{24}kwaːŋ^{33} (ja^{11} naːŋ^{31})
超度 公子 （小姐）

pai^{33} tian^{11}
去　野外
送亡灵登仙，

堂　旁　尾 使 僕
Dangz beangz feax xex qyaangx,
taŋ^{31} paŋ^{31} vɯ^{53} sɯ^{53} ʔjaːŋ^{53}
整个 地方 别人 买　马刀
世人买马刀，

僕　尾 买 拜 常
Qyaangx feax maic bail sag,
ʔjaːŋ^{53} vɯ^{53} ma^{35} pai^{33} sak^{11}
马刀 别人 要 去 入鞘
马刀要入鞘，

堂　旁　尾 使 僕
Dangz beangz feax xex qyaangx,
taŋ^{31} paŋ^{31} vɯ^{53} sɯ^{53} ʔjaːŋ^{53}
整个 地方 别人 买　马刀
世人买马刀，

僕　尾 买 拜 射
Qyaangx feax maic bail sebt,
ʔjaːŋ^{53} vɯ^{53} ma^{35} pai^{33} θep^{35}
马刀 别人 要 去 插
马刀身上挂，

卡 介 卜 （乜） 绕
Gah gaais boh (meeh) rauz
妈 使 僕
mal xex qyaangx,
ka^{11} kai^{24} po^{11} (me^{11}) ðau^{31}
只 个 父 （母） 我们
ma^{33} sɯ^{53} ʔjaːŋ^{53}
来 买 马刀
唯亡父（母）买刀，

使 僕　射 交 灵
Xex qyaangx sebt jauc ninz,
sɯ^{53} ʔjaːŋ^{53} θep^{35} tɕau^{35} nin^{31}
买 马刀 插 头 睡
买刀枕边插，

使 僕　心 花 戎
Xex qyaangx sinl wal loongs,
sɯ^{53} ʔjaːŋ^{53} θin^{33} va^{33} loŋ^{24}
买 马刀 （开天路）
买刀开天路(21)，

心 花 戎 拜 更
Sinl wal longs bail genz,
θin^{33} va^{33} loŋ^{24} pai^{33} kɯn^{31}
（开天路） 去 上
开天路升天，

卜 文 （乜 文） 得
Boh wenz (meeh wenz) dez
样 嘎
yiangh gah,
po11 vɯn31 (me11 vɯn31) tɯ31
父 人 （母 人） 带
jaŋ11 ka11
样 价
位尊如人父（母），

心 花 戎 拜 上
Sinl wal longs bail saangl,
θin33 va33 loŋ24 pai33 θa:ŋ33
（开天路） 去 高
开天路登仙，

报光 （押 郎） 得
Bausgvaangl (yahnaangz) dez
样 嘎
yiangh gah.
pau24kwa:ŋ33 (ja11na:ŋ31) tɯ31
公子 （小姐） 带
jaŋ11 ka11
样 价
位尊如贵人。

堂 旁 尾 惰 棹
Dangz beangz feax dos xoongz,
taŋ31 paŋ31 vɯ53 to24 soŋ31
整个 地方 别人 制 桌
世人来打桌，

惰 棹 尾 排 涝
Dos xoongz feax baaiz lauc,
to24 soŋ31 vɯ53 pa:i31 lau35
制 桌 别人 排 酒
打桌摆美酒，

惰 棹 尾 排 糯
Dos xoongz feax baaiz noh,
to24 soŋ31 vɯ53 pa:i31 no11
做 桌 别人 排 肉
打桌摆佳肴，

卡 介 卜 （乜） 绕 妈
Gah gaais boh (meeh) rauz mal
惰 棹
dos xoongz,
ka11 kai24 po11 (me11) ðau31
只 个 父 （母） 我们
ma33 to24 soŋ31
来 制 桌
唯我父（母）打桌，

惰 棹 墓 當 交
Dos xoongz mos dangc jauc,
to24 soŋ31 mo24 taŋ35 tɕau35
制 桌 新 立 头
放在灵柩前(22)，

棹　　当　交　卜（乜）郎
Xoongz dangc jauc boh (meeh) naangz,
$so\eta^{31}$　$ta\eta^{35}$　$t\c{c}au^{35}$　po^{11}　(me^{11})
桌　　立　　头　　父　（母）
$na{:}\eta^{31}$
小姐
放在亡灵前，

棹　　　当　　　髂　　　　卜
Xoongz　dangc　ndaangl　boh
（乜）　告
(meeh)　gaus,
$so\eta^{31}$ $ta\eta^{35}$ $ʔda{:}\eta^{33}$ po^{11} (me^{11}) kau^{24}
桌　立　身　　父（母）旧
紧靠亡父（母）头，

当　　交　告　拜　更
Dangc　jauc　gaus　bail　genz,
$ta\eta^{35}$　$t\c{c}au^{35}$　kau^{24}　pai^{33}　$k\mathrm{ɯ}n^{31}$
立　　头　　旧　　去　　上
送己身升天，

卜　文　（乜　文）　得
Boh　wenz　(meeh　wenz) dez
样　　嘎
yiangh gah,
po^{11}　$v\mathrm{ɯ}n^{31}$　$(me^{11}\ v\mathrm{ɯ}n^{31})$　$t\mathrm{ɯ}^{31}$
父　　人　　（母人）　　带
$ja\eta^{11}$　ka^{11}
样　　价
位尊如人父（母），

当　　交　告　拜　上
Dangc　jauc　gaus　bail　saangl,
$ta\eta^{35}$　$t\c{c}au^{35}$　kau^{24}　pai^{33}　$\theta a{:}\eta^{33}$
立　　头　　旧　　去　　高
送己身登仙，

报光　　　（押郎）　　得
Bausgvaangl　(yahnaangz)　dez
样　　嘎
yiangh　gah.
$pau^{24}kwa{:}\eta^{33}$　$(ja^{11}\ na{:}\eta^{31})$　$t\mathrm{ɯ}^{31}$
公子　　　（小姐）　　带
$ja\eta^{11}$　ka^{11}
样　　价
位尊如贵人。

流传地区：贵州省贞丰一带
演唱：周仕厚、罗大金
收集、翻译整理：周国茂
收集时间：1987—1996年

三、注释

（1）从第一句到第四句既是起兴，也是隐喻：水稻从长叶过渡到长出穗，谷子从开花到变成米，都表明了一种成熟；人在世时是蓬勃的枝叶，是盛开的花朵，而死后，就像水稻成熟到长出穗，像谷子变成了米。这反映了布依族摩教对人生不同阶段的认识。

（2）死者若是男性时念 po^{11} “父”，若是女性则念 me^{11} “母”。

（3）在布依语中，ɕi^{35} 多数情况下做副词，出现在动词之前，义为“就”，也可充当关联词，在语篇中起到承上启下的作用，即本文中的用法。该词在标准音点读作第六调，贞丰布依语读作第三调。

（4）文中 pu^{53}paːn^{33} 一词词义不详，但根据此歌唱诵的环境和与之对应的下一句 pu^{53}piŋ^{11} “病人”一词推测，该词也有可能是“病人”的意思。

（5）kuai^{11} 本指一种很粗俗的行为，尤指性行为，这里引申为“做”。

（6）te^{33} vi^{11} tɯn^{31} lau^{35} ʔdi^{33} ðau^{31} taːu^{24} 一句中的 tɯn^{31} 本无实义，是为了与上一句 vɯn^{31} 押韵而配用的音节。这里根据上下文译为“造”。

（7）te^{33} vi^{11} laːu^{11} lau^{35} ʔdi^{33} ðau^{31} ma^{33} 一句中的 laːu^{11}，本义为“游”，这里是为了与上一句的 taːu^{24} 押韵而借用。根据上下文译为“酿制”。

（8）te^{33} vi^{11} tau^{35} pan^{31} vaːi^{33} luŋ^{31} θiaŋ^{24} 一句中，luŋ^{31} θiaŋ^{24} 一词的具体词义不详，这里根据上下文解释为“超度”。

（9）lau^{35} tiaŋ^{31} θi^{24} vi^{11} suat^{11}，lau^{35} suat^{11} te^{33} vi^{11} tɕaːi^{33}，te^{33} vi^{11} tau^{35} pan^{31} vaːi^{33} luŋ^{31} θiaŋ^{24}，van^{33} luŋ^{31} θiaŋ^{24} tɯ^{31}vaːŋ^{31} 这四句根据字面不好理解，可能是古词语或语音发生变异的缘故，因此只能根据上下文推测其意思。

（10）布依族摩经中，pau^{24}kwaːŋ^{33} 和 ja^{11}naːŋ^{31} 分别是对男性和女性死者的尊称，死者为男性时，用 pau^{24}kwaːŋ^{33}，死者为女性用 ja^{11}naːŋ^{31}。

（11）ɕi^{53} po^{11} (me^{11}) taːi^{33} pan^{31} vaːŋ^{31} 一句中 ɕi^{53} 是 ɕɯ^{11}ni^{31} 的合音，义为“如今、现在”。

（12）sap^{11} ʔdaːŋ^{33} ɣau^{35} pen^{24}ku^{11} 一句中，pen^{24}ku^{11} 的 pen^{24} 义为“板”，ku^{11}，义为“双”，指棺材板为双数。

（13）tau^{11} $ɕi^{35}$ $la^{31}ɣau^{35}$ $ʔdu^{53}$ 一句中，$tau^{11}ɕi^{35}la^{31}$ 指一种草木灰。古代布依族装殓前先在棺材底部撒草木灰。现在多撒石灰。可能是为吸湿，避免遗体在家停放时间过长尸水溢出。

（14）$paŋ^{31}$ $vɯ^{31}$ ku^{35} $ʔau^{33}$ $ʔit^{35}$，$paŋ^{31}$ $vɯ^{31}$ $ɕip^{11}$ $ʔau^{33}$ $kuan^{24}$ “先放九筘布，先放十筘布”。“九筘布”“十筘布”指不同幅宽的家织布，老人去世，外嫁的女儿和家族中的儿媳要在死者入殓时送上自己织的土布一同装进棺材，因为是不同的人所送，所以布的幅宽也不同。

（15）$ʔau^{33}$ $mɯŋ^{31}$ $θi^{33}$ $ɣuap^{11}$ lo^{11} 和 $ʔau^{33}$ $mɯŋ^{31}$ $θi^{33}$ $ɣuap^{11}lian^{11}$ 两句中的 $ɣuap^{11}lo^{11}$ 和 $ɣuap^{11}lian^{11}$ 均指“棺材”。

（16）$ðoŋ^{11}$ $taŋ^{31}$ pa^{35} $men^{31}su^{33}$ 一句中的 $men^{31}su^{33}$ 为地名，指贞丰，因贞丰称 $men^{53}ku^{31}$，又曾置为州，故名。pa^{35} 义为“口”，这里指“城门口”。

（17）$ðoŋ^{11}$ $taŋ^{31}$ su^{33} $θai^{24}ðɯm^{11}$ 一句中 $su^{33}θai^{24}ðɯm^{11}$ 的 su^{33} 即“州”，$θai^{24}$ 即“官”，$ðɯm^{11}$ 即“税、租”，$θai^{24}ðɯm^{11}$ 即“负责收租税的官”，su^{33} $θai^{24}$ $ðɯm^{11}$ 指“收税官管辖的地区”。

（18）nin^{31} $kɯn^{31}$ tau^{11} $kɯn^{31}$ $ðiau^{31}$，lai^{31} $ɕan^{24}tiau^{31}$ $mo^{31}sa^{11}$ 此两句意思是：没什么好东西垫。

（19）$ʔbuŋ^{33}$ $vɯ^{53}$ $ðip^{11}$ $ɣaːu^{53}$ $tɕa^{24}$ 一句中的 $ɣaːu^{53}tɕa^{24}$ 指挂在炕架上的粮食。这里只是为了韵律上的谐调，没有特别的含义。

（20）$ðip^{11}$ $ɣaːu^{53}tai^{53}$ $pu^{53}mo^{33}$ 一句中的 $ɣaːu^{53}tai^{53}$ 指用来给布摩作报酬的粮食。其中 tai^{53} 义为“报酬、工价”。

（21）$sɯ^{53}$ $ʔjaːŋ^{53}$ $θin^{33}$ va^{33} $loŋ^{24}$ 一句中的 $θin^{33}va^{33}loŋ^{24}$ 意思不详，根据上下文，应该是亡灵进入极乐世界用来护身，或用来开辟通道。

（22）to^{24} $soŋ^{31}$ mo^{24} $taŋ^{35}$ $tɕau^{35}$ 一句中的 $tɕau^{35}$ 义为“头”，这里指“棺材头”。

四、词汇表（按音序排列）

aangs [$ʔaːŋ^{35}$] 高兴

aul [$ʔau^{24}$] 要，拿，用

baaihlangl [$paːi^{33}laŋ^{24}$] 后面

baaihnac [$paːi^{33}na^{53}$] 前面

baaiz [paːi^{11}] 摆放，排

baaus [paːu^{35}] 报

bail [pai^{24}] 去

banz [pan^{11}] 成，有

bas [pa^{35}] 口，嘴

bausgvaangl [pau^{35}kwaːŋ^{24}] 布依族摩经中对男性死者的尊称，相当于“公子，先生”

beangz [pɯəŋ^{11}] 地方，天下

beensgab [pen^{35}kap^{33}] 棺材

beensguh [pen^{35}ku^{33}] 棺材

bib [pip^{33}] ①（往里）折；②躲

bidtgais [pit^{35}kai^{35}] 鸡鸭

boh [po^{33}] 父亲

buxbaanl [pu^{31} paːn^{24}] 词义不清，从下一句的 buxbingh（病人）推测，可能也指“病人”

buxbingh [pu^{31}piŋ^{33}] 病人

buxdaauh [pu^{31}taːu^{33}] 道士

buxmol [pu^{31}mo^{24}] 布摩（摩师，摩公）

byal [pja^{24}] 鱼

byangc [pjaŋ^{53}] 办丧事，超度

daab [taːp^{33}] 板，木板

daail [taːi^{24}] 死

daaiz [taːi^{11}] 抬，托住

daaus [taːu^{35}] 回，返回，倒

dah [ta^{33}] 河

dangc [taŋ^{53}] 竖，立

dangz [taŋ^{11}] ①到；②全部，整个

dauc [tau^{53}] ①生，长；②来

dauh [tau^{33}] 灰

dauh xiclaz [tau^{33} ɕi^{53} la^{11}] 草木灰

denz [tɯn^{11}] 词义不清，可能是为与上句 vɯn^{11} 押韵而配用的音节。

dez [tɯ^{11}] ①带；②用

diangz [tiəŋ^{11}] ①糖；②蜜蜂

dianh [tiən^{33}] 野外

doodt[tot^{35}] 脱，脱落

dos [to^{35}] 制造，制作

duezal [tuə^{11}ʔa^{24}] 乌鸦

duezfaangz [tuə^{11}faːŋ^{11}] 词义同 faangz

duezwenz [tuə^{11}wɯn^{11}] 人

dugt [tuk^{35}] 篾

eeux [ʔeu^{31}] 粮仓，房子

faangz [faːŋ^{11}] 鬼，亡魂，亡灵（指死者）

fead [fɯət^{33}] 翅膀

feax [fɯə^{31}] 别人，他人，人家

fengz [fɯŋ^{11}] 手

fez [fɯ^{11}] 筘

fihlaiz[fi^{33}lai^{11}] 没有

foonx sacbib [fon^{31} sa^{53} pip^{33}] 黑，乌黑，黑漆漆

gaail [kaːi^{24}] ①卖；②街

gaais [kaːi^{35}] 个，块（泛化量词）；……的（相当于汉语的结构助词）

gah [ka^{33}] ①只有，只是；②价，价钱

gais foonx [kai^{35} fon^{31}] 黑鸡

gais haaul [kai^{35} xaːu^{24}] 白鸡

gaus [kau^{35}] 旧；自己

genl [kɯn^{24}] 吃

genz [kɯn^{11}] 上，上边

ges [kɯ^{35}] 锯

goih [koi^{33}] 做，制造［俗］

goons [kon^{35}] 从前，先

guc [ku^{53}] 九

guih [kui^{33}] 柜

gvaangs [kwaːŋ^{35}] 宽

gvaaus [kwaːu^{35}] 嫁妆（主要指衣物）

haaul [xaːu^{24}] 白

haaul sacbib [xaːu^{24} sa^{53} pip^{33}] 白花花

haec [xaɯ^{53}] 给，让

hanl [xan^{24}] 紧

has [xa^{35}] 嫁

hauc [xau^{53}] 进，进入

haux [xau^{31}] 饭，粮食；稻谷

hauxdaix [xau^{31} tai^{31}] 供食（顶雇佣金的粮食）

hauxngaaiz [xau^{31}ŋaːi^{11}] 早饭（实为中午饭）

hoc [xo^{53}] 穷

hoobliangh [xop^{33}liən^{33}] 棺材

hoobloh [xop^{33}lo^{33}] 棺材

hoongs [xoŋ^{35}] 间，房间

idt [ʔit^{35}] 一

jaail [tɕaːi^{24}] 衰，衰退

jangl [tɕaŋ^{24}] 装

jas [tɕa^{35}] 炕架

jauc [tɕau^{53}] 头

jaucneengz [tɕau^{53} neŋ^{11}] 顶部，高处

jis[tɕi^{35}] 枝，树枝

laauh [laːu^{33}] 本义为“逛，游荡”，文中只是为与上句的 daaus 押韵而配的一个音节，无实义。

labt [lap^{35}] 黑，黑暗

laiz [lai^{11}] 小块

lauc [lau^{53}] 酒

leeux [leu^{31}] 或者，还是

lengc [lɯŋ^{53}] 才，刚刚

liangz [liəŋ^{11}] 梁

lingz [liŋ^{11}] 猴子

lix [li^{31}] 仍然，还

lungzsiangs [luŋ^{11} θiəŋ^{35}] 词义不清，待考。

maic [mai^{53}] 要，必须

mal [ma^{24}] 来

mas [ma^{35}] 果子，水果

mbungl [ʔbuŋ^{24}] 米箩

meeh [me^{33}] 母亲

meenzxul [men^{11}ɕu^{24}] 珉州

mengz [mɯŋ^{11}] 你

miz [mi^{11}] 不

mos [mo^{35}] 新

mozsah [mo^{11}ɕa^{33}] 垫

myaec [mjaɯ^{53}] 别，不要（mizhaec

的合音）

naail [naːi^{24}] 问候

naanl [naːn^{24}] 水麻柳

nah [na^{33}] 獭

nauz [nau^{11}] 说，讲

naz [na^{11}] 田

ndaangl [ʔdaːŋ^{24}] 身体

ndaanglgaus [ʔdaːŋ^{24} kau^{35}] 自己，自身

ndael [ʔdaɯ^{24}] 内，里边

ndagt [ʔdak^{35}]（睡）着

ndaix [ʔdai^{31}] 得，得到

ndanldianh [ʔdan^{24}tiən^{33}] 山上，野外

ndil [ʔdi^{24}] 好

ndix [ʔdi^{31}] 和，跟，与

ndoongl [ʔdoŋ^{24}] 树林，森林

ndos [ʔdo^{35}] ①花，（一）朵（花）；②骨头

ndux [ʔdu^{31}] 首次，初次

ngaz [ŋa^{11}] ①芽；②牙

ngeengl [ŋeŋ^{24}] 斜着，侧着

ninz [nin^{11}] 睡

noh [no^{33}] 肉

nyas [ɳa^{35}] 时候，时段，季节

qyaangx [ʔjaːŋ^{31}] 马刀，大刀

qyans [ʔjan^{35}] 伸，放

qyol [ʔjo^{24}] ①举，抬；②竖起，立起

qyus [ʔju^{35}] 住，在

raaml [ðaːm^{24}] 抬

raanz [ðaːn^{11}] 家，房子

ranh [ðan^{33}]（用刀或锯）裁

rauh [ðau^{33}] 些

rauz [ðau^{11}] 我们

rib [ðip^{33}] 收

riuz [ðiu^{11}] 炭

roongh [ðoŋ^{33}] 亮，明亮

rox [ðo^{31}] 知道

ruc [ðu^{53}] 穗

rungs [ðuŋ^{35}] 松

saaml [θaːm^{24}] 三

saangl [θaːŋ^{24}] 高，高处

saangx [saːŋ^{31}] 大象

saanl [θaːn^{24}] ①米；②编

sag [ɕak^{33}] 刀鞘

saisrumh [θai^{35}ðum^{33}] 税官

sal [θa^{24}] 纸

sal xeenzwenh [θa^{24} ɕen^{11}vɯn^{33}] 冥纸钱

sebt [θep^{35}] 插

sez [θɯ^{11}] 像，如，好似

siangl [θiəŋ^{24}] 箱子

sil [θi^{24}] 顺着，沿着

sillangl [θi^{24}laŋ^{24}] 随后

sinl wal loongs [θin^{24} wa^{24} loŋ^{35}] 意思不详。根据上下文，应该是亡灵进入极乐世界用来护身，或用来开辟通道。

sis [θi^{35}] 四

soh [θo^{33}] 直，顺着

soiz [θoi^{11}] 枕头

soongl [θoŋ^{24}] 两，二

waail [waːi^{24}] 水坝

wal [wa^{24}] 花，花的

wanlhaux [wan^{24}xau^{31}] 谷种，谷魂

wanlwenz [wan^{24}wɯn^{11}] 人种

wanlxaaiz [wan^{24}ɕaːi^{11}] 棺材

weangz [wɯəŋ^{11}] 王，国王

weanl[wɯən^{24}] 歌，唱歌

wenl [wɯn^{24}] 雨

wenz [wɯn^{11}] 人

xaail [ɕaːi^{24}] 灾

xaaux [ɕaːu^{31}] 兴，造，建

xanglgaaus [ɕaŋ^{24}kaːu^{35}] 卦板

xans diauz[ɕan^{35}tiau^{11}] 物件，东西

xanz [ɕan^{11}] 窄

xeeuhgoons [ɕeu^{33}kon^{35}] 过去，从前，古代

xex [ɕɯ^{31}] 买

xians [ɕiən^{35}] 转

xib [ɕip^{33}] 十

xih [ɕi^{33}] 就

xix [ɕi^{31}] 现在（xeznix 的合音）

xood [ɕot^{33}] 结束，完成

xoongz [ɕoŋ^{11}] 桌子

xos [ɕo^{35}] 放，存放，放置

xul [ɕu^{24}] 州

yahnaangz [ja^{33} naːŋ^{11}] 布依族摩经中对女性死者的尊称，相当于“女士，小姐”

yiangh [jiəŋ^{33}] 种，样，类

yiz [ji^{11}] ①（小型）粮仓；②遮掩，掩盖，盖住

第二节　兴情侣歌

一、文献说明

“兴情侣歌”，布依语为 Weanl Xaaux Yux [van³³ saːu⁵³ju⁵³]。xaaux 本义为“造、制造”，这里有“兴起、倡导、提倡”之义。yux 借自汉语的“友”，这里指情侣。本节选自《布依族温经》第十部分，是布摩在丧葬活动中唱诵的与男女爱情有关的歌。布依族古代社会受中原封建礼教思想影响较大，子女的婚姻由父母包办，买卖婚姻、早婚等现象较为普遍，但男女青年之间社交又相对自由，由此便造成了通过社交产生爱情的情侣无法挣脱封建家庭束缚，结成终身伴侣。即使经过多重磨难，达到目的，女方父母也会向男方索要高额彩礼，迫使男方知难而退。“兴情侣歌”先唱述谈情说爱的习俗是如何兴起，然后是一对情侣间的对唱。扮演男方的布摩先唱述自己如何思念对方，希望对方冲出包办婚姻的束缚，来与情人相恋，并希望对方解除原有婚约，与自己组建家庭。这一愿望实现后，由于女方父母索价抬高，男方只得叹气，于是双方相约出逃。这组经文一般在丧葬活动期间的几个晚上反复吟诵。文中标有 A 的为头几个晚上吟唱，标有 B 的为出殡前一个晚上吟唱。

二、文献译注

温　少　友

Weanl Xaaux Yux

van[33] saːu[53]ju[53]

歌　兴　情侣

兴情侣歌

1. A：少　友　少　吉来
Xaaux yux xaaux geazlaez?
saːu[53] ju[53] saːu[53] kɯ[21]lai[21]
兴起　情人　兴起　哪里
谈情兴何处？

少　吉　共　闷　令
Xaaux geaz gogt mbenl ndingl,
saːu[53] kɯ[21] kɔk[55] ʔbɯn[33] ʔdiŋ[33]
兴起　处　根部　天　红
天边映红霞，

少　玎墙　妈拉
Xaaux dinlxiangz mallac.
saːu[53] tin[33]ɕiaŋ[21] ma[33]la[55]
兴起　墙脚　来下
兴起于墙脚。

少　江　书　伤又
Xaaux jaangl xul xangc*qyus?
saːu[53] tɕaːŋ[33] su[33] saŋ[55]ʔju[24]
兴起　中间　州　如何
兴起于城中？[(1)]

江　书　少　伤　又
Jaangl xul xaaux xangc*qyus?
tɕaːŋ[33] su[33] saːu[53] saŋ[55]ʔju[24]
中间　州　兴起　如何
城中怎样兴？

恨　少　友　拜　更
Henc xaaux yux bail genz,
ɣɯn[55] saːu[53] ju[53] pai[33] kɯn[21]
升　兴起　情人　去　上面
要追溯根源，

少　友　文　伤　又
Xaaux yux wenz xangc*qyus?
saːu[53] ju[53] vɯn[21] saŋ[55]ʔju[24]
兴起　情人　人　如何
是何人兴起？

恨　少　友　拜　上
Henc xaaux yux bail saangl,

ɣɯn^{55} saːu^{53} ju^{53} pai^{33} θaːŋ^{33}
升 兴起 情人 去 高
要追溯缘由，

少 友 亡 伤 又
Xaaux yux faangz xangc*qyus?
saːu^{53} ju^{53} vaːŋ^{21} saŋ^{55}ʔju^{24}
兴起 情人 鬼 如何
起始是何人？

B：少 友 少 吉 来
Xaaux yux xaaux geazlaez?
saːu^{53} ju^{53} saːu^{53} kɯ^{21}lai^{21}
兴起 情人 兴起 哪处
谈情兴何处？

少 吉 共 闷 令
Xaaux geaz gogt mbenl ndingl,
saːu^{53} kɯ^{21} kɔk^{55} ʔbɯn^{33} ʔdiŋ^{33}
兴起 处 根部 天 红
天边映红霞，

少 跕 墙 妈 拉
Xaaux dinlxiangz mallac,
saːu^{53} tin^{33}ɕiaŋ^{21} ma^{33}la^{55}
兴起 墙脚 来下
兴起于墙脚，

少 江 巴 妈 无
Xaaux jaanglbas mal fuz,
saːu^{53} tɕaːŋ^{33}pa^{24} ma^{33} vu^{21}
兴起 山间 来 浮
起始于山岗，

少 江 书 王 代
Xaaux jaangl xul Wangzdais,
saːu^{53} tɕaːŋ^{33} su^{33} vaŋ^{21}tai^{24}
兴起 中间 州 代王
城中“代王”兴，(2)

江 书 少 王 代
Jaangl xul xaaux Wangzdais,
tɕaːŋ^{33} su^{33} saːu^{53} vaŋ^{21}tai^{24}
中间 州 兴起 代王
州城“代王”起，

恨 少 友 拜 更
Henc xaaux yux bail genz,
ɣɯn^{55} saːu^{53} ju^{53} pai^{33} kɯn^{21}
升 兴起 情人 去 上面
要追溯根源，

少 友 文 拜 了
Xaaux yux wenz bail leeux?
saːu^{53} ju^{53} vɯn^{21} pai^{33} lɛu^{53}
兴起 情人 人 去 了
谈情何人兴？

恨 少 友 拜 上
Henc xaaux yux bail saangl,

ɣɯn^{55} saːu^{53} ju^{53} pai^{33} θaːŋ^{33}
升 兴起 情人 去 高
要追溯缘由，

少 友 亡 拜 了
Xaaux yux faangz bail leeux.
saːu^{53} ju^{53} vaːŋ^{21} pai^{33} lɛu^{53}
兴起 情人 鬼 去 了
已成过往事。

2. A：松 卜乜 若奶
Soongl bohmeeh roglaic,
θoŋ^{33} po^{11}mɛ^{11} ðɔk^{11}lai^{55}
两 父母 麻雀
麻雀两公母，

松 比侬 若燕
Soongl bixnuangx rogeens,
θoŋ^{33} pi^{53}nuaŋ^{53} ðɔk^{11}ʔɛn^{24}
两 兄弟 燕子
燕子两弟兄，

几 玎墙 玩罗
Jic dinlxiangz hob*loh*,
tɕi^{55} tin^{33} ɕiaŋ^{21} ɣɔp^{11}lo^{11}
几 墙脚 盘旋
在墙脚觅食，

吧 松 俊 乙拌
Bas soongl geengs* yidbadt,
pa^{55} θoŋ^{33} kɛŋ^{24} jit^{11}pat^{55}
口 两 把 扫帚
探食如扫地，

奶 松 能 三 命
Ndaix soongl nad saaml mbins.
ʔdai^{53} θoŋ^{33} nat^{11} θaːm^{33} ʔbin^{24}
得 两 粒 三 缺
得两粒三粒。[3]

印 少 友 拜 更
Ins xaaux yux bail genz,
ʔin^{24} saːu^{53} ju^{53} pai^{33} kɯn^{21}
印 兴起 情人 去 上面
要追溯根由，

少 友 文 伤 又
Xaaux yux wenz xangc*qyus?
saːu^{53} ju^{53} vɯn^{21} saŋ^{55}ʔju^{24}
兴起 情人 人 如何
何人来兴起？

印 少 友 拜 伤
Ins xaaux yux bail saangl,
ʔin^{24} saːu^{53} ju^{53} pai^{33} θaːŋ^{33}
印 兴起 情人 去 高
要追溯根源，

少 友 亡 伤 又
Xaaux yux faangz xangc*qyus?

saːu^{53} ju^{53} vaːŋ^{21} saŋ^{55}ʔju^{24}
兴起 情人 鬼 如何
起始是何人？

B：松 卜乜 若奶
Soongl bohmeeh roglaic,
θoŋ^{33} po^{11}mɛ^{11} ðɔk^{11}lai^{55}
两 父母 麻雀
麻雀两公母，

松 比侬 若燕
Soongl bixnuangx rogeens,
θoŋ^{33} pi^{53}nuaŋ^{53} ðɔk^{11}ʔɛn^{24}
两 兄弟 燕子
燕子两弟兄，

几 𧿒墙 玩罗
Jic dinlxiangz hob*loh*,
tɕi^{55} tin^{33} ɕiaŋ^{21} ɣɔp^{11}lo^{11}
几 墙脚 盘旋
在墙脚觅食，

吧 松 俊 乙拌
Bas soongl geengs* yidbadt,
pa^{55} θoŋ^{33} kɛŋ^{24} jit^{11}pat^{55}
口 两 把 扫帚
探食如扫地，

奶 松 能 三 半
Ndaix soongl nad saaml mbaans,
ʔdai^{53} θoŋ^{33} nat^{11} θaːm^{33} ʔbaːn^{24}
得 两 粒 三 缺
才得两三粒，

汉 少 友 拜 更
Haans* xaaux yux bail genz,
ɣaːn^{24} saːu^{53} ju^{53} pai^{33} kɯn^{21}
追寻 兴起 情人 去 上面
若要寻根源，

少 友 文 绕 玉
Xaaux yux wenz rauz ies,
saːu^{53} ju^{53} vɯn^{21} ðau^{21} ʔi^{24}
兴起 情人 人 我们 罢
是我们自己，

汉 少 友 拜 上
Haans* xaaux yux bail saangl,
ɣaːn^{24} saːu^{53} ju^{53} pai^{33} θaːŋ^{33}
追寻 兴起 情人 去 高
往上溯根源，

少 友 亡 绕 玉
Xaaux yux faangz rauz ies.
saːu^{53} ju^{53} vaːŋ^{21} ðau^{21} ʔi^{24}
兴起 情人 鬼 我们 罢
是眼前亡人。

3. A：更闷 盘 十 几
Genzmbenl banz* xib jic

棹　　肺
xongz　feec*,
kɯn21ʔbɯn33　pan11　ɕip11tɕi55
天上　　　　有　　十　几
sɔŋ21 vɛ55
丛（草）
天上多奇树，

肺　　来　盘　　歪　问
Feec*　laez　banz*　faix　uns?
vɛ55　lai21　pan11　vai53　ʔun24
（草）哪　有　　树　　嫩
哪丛有嫩枝？

更　闷　　　盘　　十　　几
Genzmbenl　banz　xib　jic
棹　　屯
xongz　dumh,
kɯn21ʔbɯn33　pan11　ɕip11　tɕi55
天上　　　　有　　十　　几
sɔŋ21　tɯm11
丛　　莓
天上多野莓，

屯　　来　盘　　歪　　箕
Dumh　laez　banz　mbael　jil?
tɯm11　lai21　pan11　ʔbai33　tɕi33
莓　　哪　有　　叶　　柏树
哪丛有嫩叶？

利　　少　　友　拜　更
Ndil*　xaaux　yux　bail　genz,
ʔdi33　saːu53　ju53　pai33　kɯn21
追寻　兴起　情人　去　　上面
由此溯根源，

少　　友　文　　伤　　又
Xaaux　yux　wenz　xangc*qyus?
saːu53　ju53　vɯn21　saŋ55ʔju24
兴起　情人　人　　如何
是何人兴起？

利　　少　　友　拜　上
Ndil*　xaaux　yux　bail　saangl,
ʔdi33　saːu53　ju53　pai33　kɯn21
追寻　兴起　情人　去　　上面
要去溯源头，

少　　友　亡　　伤　　又
Xaaux　yux　faangz　xangc*qyus?
saːu53　ju53　vaːŋ21　saŋ55ʔju24
兴起　情人　鬼　　如何
什么人兴起？

B：更　闷　　　盘　　十　　几
Genzmbenl　banz　xib　jic
棹　　肺
xongz　feec*,
kɯn21ʔbɯn33　pan11　ɕip11　tɕi55
天上　　　　有　　十　　几

sɔŋ^{21} vɛ^{55}
从（草）

天上多奇树，

肺 来 盘 歪 问
Feec* laez banz faix uns?
vɛ^{55} lai^{21} pan^{11} vai^{53} ʔun^{24}
（草）哪 有 树 嫩
哪丛有嫩枝？

更闷 盘 十几棹 屯
Genzmbenl banz xib jic xongz dumh,
kɯn^{21}ʔbɯn^{33} pan^{11} ɕip^{11} tɕi^{55}
天上 有 十 几
sɔŋ^{21} tɯm^{11}
从 莓

天上多野莓，

屯 来 盘 歪 龙
Dumh laez banz mbael luangz?
tɯm^{11} lai^{21} pan^{11} ʔbai^{33} luaŋ^{21}
莓 哪 有 叶 龙
哪丛有嫩叶？

完 少 友 拜 更
Ngoonz* xaaux yux bail genz,
ŋon^{21} saːu^{53} ju^{53} pai^{33} kɯn^{21}
追寻 兴起 情人 去 上面
要往前追寻，

少 友 文 绕 玉
Xaaux yux wenz rauz ies;
saːu^{53} ju^{53} vɯn^{21} ðau^{21} ʔi^{24}
兴起 情人 人 我们 罢
到我们为止；

完 少 友 拜 上
Ngoonz* xaaux yux bail saangl,
ŋon^{21} saːu^{53} ju^{53} pai^{33} θaːŋ^{33}
（追寻）兴起 情人 去 高
溯谈情根源，

少 友 亡 绕 玉
Xaaux yux faangz rauz ies.
saːu^{53} ju^{53} vaːŋ^{21} ðau^{21} ʔi^{24}
兴起 情人 鬼 我们 罢
到亡人作罢。

4. 少 友 少 吉 共
Xaaux yux xaaux geaz gogt
岜 摆
byal bad,
saːu^{53} ju^{53} saːu^{53} kɯ^{21} kɔk^{55}
兴起 情人 兴起 处 根部
pja^{33} pat^{11}
岩 佛

谈情起佛岩，

少 吉 共 岜 并
Xaaux geaz gogt byal beens,

saːu^{53} kɯ^{21} kɔk^{55} pja^{33} pɛn^{24}
兴起 处 根部 岩 片
兴起于岩脚，

少 吉 岩 岜 喜
Xaaux geaz reenz byal xiex,
saːu^{53} kɯ^{21} ðɛn^{21} pja^{33} ɕi^{53}
兴起 处 陡壁 岩 神
起于神崖前，

少 都 射 然 亡
Xaaux dul siecraanz faangz,
saːu^{53} tu^{33} θiɯ^{55}ðaːn^{21} vaːŋ^{21}
兴起 门 屋檐 鬼
起于亡人家，

少 江 旁 王 代
Xaaux jaangl beangz Wangzdais,
saːu^{53} tɕaːŋ^{33} paŋ^{21} vaŋ^{21}tai^{24}
兴起 中间 地方 代王
兴于“代王”朝，

晒 仙 㚢 王 唻
Sais sianl baz weangz ndaix,
θai^{24} θian^{33} pa^{21} vaŋ^{21} ʔdai^{53}
官 仙 妻 王 得
仙官代王妻，

盘 习友 孬 交
Banz xizyux aul jaul,
pan^{11} ɕi^{21}ju^{53} ʔau^{33} tɕau^{33}
有 情侣 要 活
成莫离情侣，(4)

莫说 绕 补 内
Mboc*soh* rauz bux noih.
ʔbo^{55} θo^{11} ðau^{21} pu^{53} noi^{11}
（莫说） 我们 人 一点
百姓也效仿。

5. 系 晒 少 莫 令
Sis xaaic xaaux mod ndingl,
θi^{24} saːi^{55} saːu^{53} mat^{11} ʔdiŋ^{33}
四 地方 兴起 蚂蚁 红
四方起红蚁，

都 跢 少 卖 聋
Dul dinl xaaux mod ndoongs,
tu^{33} tin^{33} saːu^{53} mat^{11} ʔdoŋ^{24}
门 脚 兴起 蚂蚁 亮
门脚起亮蚁，

棚 数 磨 高 习
Boongh xos mbos gaul xiez.
poŋ^{11} su^{24} ʔbo^{55} kau^{33} ɕi^{21}
跳跃 放 筒 角 黄牛
跳跃进牛角。(5)

利 少 友 拜 更
Ndil xaaux yux bail genz,

ʔdi^{33} sa:u^{53} ju^{53} pai^{33} kɯn^{21}
好 兴起 情人 去 上面
追溯情人源，

少 友 文 伤 又
Xaaux yux wenz xangc*qyus?
sa:u^{53} ju^{53} vɯn^{21} saŋ^{55}ʔju^{24}
兴起 情人 人 如何
什么人兴起？

棚 数 磨 高 外
Boongh xos mbos gaul waaiz.
poŋ^{11} su^{24} ʔbo^{55} kau^{33} va:i^{21}
跳跃 放 筒 角 水牛
跃进水牛角。

利 少 友 拜 上
Ndil xaaux yux bail saangl,
ʔdi^{33} sa:u^{53} ju^{53} pai^{33} θa:ŋ^{33}
好 兴起 情人 去 高
追溯谈情史，

少 友 亡 伤 又
Xaaux yux faangz xangc*qyus?
sa:u^{53} ju^{53} va:ŋ^{21} saŋ^{55}ʔju^{24}
兴起 情人 鬼 如何
兴起于哪朝？

6. 上 棵 歪 买 热
Sams golfaix mbael reeg,
θam^{24} ko^{33}vai^{33} ʔbai^{33} ðɛk^{11}
些 棵 树 叶 细
那些细叶树，

上 棵 歪 买 奶
Sams golfaix mbael laail,
θam^{24} ko^{33}vai^{33} ʔbai^{33} la:i^{33}
些 棵 树 叶 多
那些多叶树，

买 热 数 娅 外
Mbael reeg xos yah waaiz,
ʔbai^{33} ðɛk^{11} su^{24} ja^{11} wa:i^{21}
叶 细 放 妻 水牛
细叶放牛妻，

买 奶 数 娅 尾
Mbael laail xos yah feax,
ʔbai^{33} la:i^{33} su^{24} ja^{11} vɯ^{53}
叶 多 放 妻 别人
叶多放人妻，[6]

棵 得 都 必 柄 必 飚
Gol deel doc bilbimh* bilbyaauz*,
ko^{33} tɛ^{33} tu^{55} pi^{11}pim^{11} pi^{11}pja:u^{21}
棵 那 都 摇摇 摆摆

树枝在摇摆，

故　细　麦　几　五
Gul xih mbadt jic fex
好茗　密　根
hauxxauz miz genl,
ku33 ɕi55 ʔbat35 tɕi55 vɯ53
我　就　饿　几　顿
ɣaːu53sau21 mi21 kɯn33
晚饭　不　吃
我将饿几餐晚饭，

得　妈　窝八痕　们　内
Deel mal os bazhenz mengz noih,
tɛ33 ma33 ʔo35 pɯ21ɣɯn21
他　来　出　做梦
mɯŋ21 noi11
你　一点
他现你梦中，

得　妈　怪　八痕
Deel mal goih bazhenz
们　多
mengz dol.
tɛ33 ma33 kuai11 pɯ21ɣɯn21
他　来　（现）做梦
mɯŋ21 to33
你　多
他托梦给你。

上　棵歪　买　热
Sams golfaix mbael reeg,
θam24 ko33vai53 ʔbai33 ðɛk11
些　棵树　叶　细
那些细叶树，

上　棵歪　买　奶
Sams golfaix mbael laail,
θam24 ko33vai53 ʔbai33 laːi33
些　棵树　叶　多
那些多叶树，

买　热　数　娅　外
Mbael reeg xos yah waaiz,
ʔbai33 ðɛk11 su24 ja11 waːi21
叶　细　放　妻　水牛
细叶放牛妻，

买　奶　数　娅　尾
Mbael laail xos yah feax,
ʔbai33 laːi33 su24 ja11 vɯ53
叶　多　放　妻　别人
多叶放人妻，

棵　得　都　必柄
Gol deel doc bilbimh*
必飏
bilbyaauz*,
ko33 tɛ33 tu55 pi11pim11
棵　那　都　摇摇

pi^{11}pjaːu^{21}
摆摆

树枝在摇摆，

故 细 卖 几 五
Gul xih mbadt jic fex
好岩 密 根
hauxngaaiz miz genl,
ku^{33} ɕi^{55} ʔbat^{35} tɕi^{55} vɯ^{53}
我 就 饿 几 顿
ɣaːu^{53}ŋaːi^{21} mi^{21} kɯn^{33}
早饭 不 吃

我要饿几顿早饭，

得 妈 窝 八 痕 们 内
Deel mal os bazhenz mengz noih,
tɛ^{33} ma^{33} ʔo^{35} pɯ^{21}ɣɯn^{21}
他 来 出 做梦
mɯŋ^{21} noi^{11}
你 一点

他现你梦中，

得 妈 怪 八 痕
Deel mal goih bazhenz
们 多
mengz dol.
tɛ^{33} ma^{33} kuai^{11} pɯ^{21}ɣɯn^{21}
他来（现）做 梦
mɯŋ^{21} to^{33}
你 多

他托梦给你。

7. 少 友 少 吉 共
Xaaux yux xaaux geaz gogt
坡班
bolbaanz,
saːu^{53} ju^{53} saːu^{53} kɯ^{21} kɔk^{35}
兴 情人 兴 处 根部
po^{33}paːn^{21}
斜坡

谈情兴于斜坡下，

少 江然 娅卖
Xaaux jaanglraanz yahmaais,
saːu^{53} tɕaːŋ^{33}ðaːn^{21} ja^{11}maːi^{24}
兴起 堂屋 寡妇

兴于寡妇家，

四 排 四 佃 王
Sis baaih sis diab feangz.
θi^{24} paːi^{11} θi^{24} tiap^{11} vaŋ^{21}
四 面 四 踩 草

四面踩稻草。

少 年香 卡 尼
Xaaux ndianlxiangl gaabt ngih,
saːu^{53} ʔdian^{33}ɕiaŋ^{33} kaːp^{55} ȵi^{11}
兴起 正月 交 二

正二月交接，

腊　　哪　地　密　妈
Labt　nac　rih　miz　mal,
lap55　na55　ði11　mi21　ma33
黑　　面　　地　不　　来
天地混沌时，

腊　　哪　纳　密　倒
Labt　nac　naz　miz　daaus,
lap55　na55　na21　mi21　ta:u24
黑　　面　　田　不　　回
昼夜尚未分，

冒　　　认　哨　　密　　乃
Mbaaus　ranl　saaul　miz　ndaix,
ʔba:u24　ðan33　θa:u33　mi21　ʔdai53
小伙　　见　　姑娘　不　　得
郎不得见妹，

哨　　认　冒　　　密　乃
Saaul　ranl　mbaaus　miz　ndaix.
θa:u33　ðan33　ʔba:u24　mi21　ʔdai53
姑娘　见　　小伙　　不　　得
妹不得见郎。

少　　友　少　　　吉　共
Xaaux　yux　xaaux　geaz　gogt
坡　班
bolbaanz,
sa:u53　ju53　sa:u53　kɯ21　kɔk55
兴起　情人　兴起　处　　根部
po33pa:n21
斜坡
情侣兴于斜坡下，

少　　　江　　然　　娅　卖
Xaaux　jaangl　raanz　yahmaais,
sa:u53　tɕa:ŋ33　ða:n21　ja11ma:i24
兴起　中间　　家　　寡妇
兴于寡妇家，

四　排　　四　佃　　王
Sis　baaih　sis　diabt　feangz.
θi24　pa:i11　θi24　tiap11　vaŋ21
四　　面　　四　　踏　　稻草
四面踏稻草。

少　　　年　　香　　　卡　　尼
Xaaux　ndianlxiangl gaabt　ngih,
sa:u53　ʔdian33ɕiaŋ33　ka:p55　ȵi11
兴起　正月　　　　　交　　二
正二月交接，

腊　　哪　地　郎　　妈
Labt　nac　rih　lanagc　mal,
lap55　na55　ði11　laŋ55　ma33
黑　　面　　地　才　　来
混沌初开时，

腊　　哪　纳　浪　　倒
Labt　nac　naz　langc　daaus,

lap^{55} na^{55} na^{21} laŋ^{55} taːu^{24}
黑 面 田 才 回
昼夜始能分，

冒 认 哨 郎 乃
Mbaaus ranl saaul langc ndaix,
ʔbaːu^{24} ðan^{33} θaːu^{33} laŋ^{55} ʔdai^{53}
小伙 见 姑娘 才 得
郎才得见妹，

哨 认 冒 郎 乃
Saaul ranl mbaaus langc ndaix.
θaːu^{33} ðan^{33} ʔbaːu^{24} laŋ^{55} ʔdai^{53}
姑娘 见 小伙 才 得
妹才得见郎。

8. 更闷 多 订 多
Genzmbenl doc deengl doc,
kɯn^{21}ʔbɯn^{33} to^{55} teŋ^{33} to^{55}
天上 蹬 中 蹬
天地被撑开，

更闷 多 订 讨
Genzmbenl doc deengl daaux,
kɯn^{21}ʔbɯn^{33} to^{55} teŋ^{33} taːu^{53}
天上 蹬 中 抵
天空被抵住，[7]

拉样 坳 订 龙
Lacriangh aaux* deengl luangz,
la^{53}ðiaŋ^{11} ʔaːu^{53} teŋ^{33} luaŋ^{21}
地下 扳 中 龙
地下有龙撑，

未 少 龙 妈 磨
Fih xaaux luangz mal mbos,
vi^{11} saːu^{53} luaŋ^{21} ma^{33} ʔbo^{24}
未 兴起 龙 来 井
龙未现于井，

未 少 窝 当完
Fih xaaux os danglngonz,
vi^{11} saːu^{53} ʔo^{55} taŋ^{24}ŋon^{21}
未 兴起 出 太阳
日未出东方，

未 少 认 坡坝
Fih xaaux ranl bolbas,
vi^{11} saːu^{53} ðan^{33} po^{33}pa^{24}
未 兴起 见 山坡
未看见山岗，

腊 哪 地 未 妈
Labt nac rih fih mal,
lap^{55} na^{55} ði^{11} vi^{11} ma^{33}
黑 面 地 未 来
天地仍混沌，

腊 哪 纳 未 倒
Labt nac naz fih daaus,

lap^{55} na^{55} na^{21} vi^{11} ta:u^{24}
黑　面　田　未　回
日月尚无光，

冒　认　哨　未　乃
Mbaaus ranl saaul fih ndaix,
ʔba:u^{24} ðan^{33} θa:u^{33} vi^{11} ʔdai^{53}
小伙　见　姑娘　未　得
郎见不到妹，

哨　认　冒　未　乃
Saaul ranl mbaaus fih ndaix.
θa:u^{33} ðan^{33} ʔba:u^{24} vi^{11} ʔdai^{53}
姑娘　见　小伙　未　得
妹难见情郎。

更闷　多　订　多
Genzmbenl doc deengl doc,
kɯn^{21}ʔbɯn^{33} to^{55} tɛŋ^{33} to^{55}
天上　蹬　中　蹬
天地被撑开，

更闷　多　订　讨
Genzmbenl doc deengl daaux,
kɯn^{21}ʔbɯn^{33} to^{55} tɛŋ^{33} ta:u^{53}
天上　蹬　中　抵
天空被顶住，

拉样　坳　订　龙
Lacriangh aaux* deengl luangz,
la^{53}ðiaŋ^{11} ʔa:u^{53} tɛŋ^{33} luaŋ^{21}
地下　扳　中　龙
地下有龙撑，

郎　少　龙　妈　磨
Langc xaaux luangz mal mbos,
laŋ^{55} sa:u^{53} luaŋ^{21} ma^{33} ʔbo^{24}
才　兴起　龙　来　井
龙才现于井，

郎　少　窝　当完
Langc xaaux os danglngonz,
laŋ^{55} sa:u^{53} ʔo^{55} taŋ^{24}ŋɔn^{21}
才　兴起　出　太阳
日从东方出，

郎　少　认　坡坝
Langc xaaux ranl bolbas,
laŋ^{55} sa:u^{53} ðan^{33} po^{33}pa^{24}
才　兴起　见　山坡
山岗才现形，

拉　哪　地　郎　妈
Labt nac rih langc mal,
lap^{55} na^{55} ði^{11} laŋ^{55} ma^{33}
黑　面　地　才　来
人间才有地，

腊 哪 纳 郎 倒
Labt nac naz langc daaus,
lap^{55} na^{55} na^{21} laŋ^{55} taːu^{24}
黑 面 田 未 回
人间才有田，

冒 认 烧 郎 乃
Mbaaus ranl saaul langc ndaix,
ʔbaːu^{24} ðan^{33} θaːu^{33} laŋ^{55} ʔdai^{53}
小伙 见 姑娘 才 得
郎才得见妹，

哨 认 冒 郎 乃
Saaul ranl mbaaus langc ndaix.
θaːu^{33} ðan^{33} ʔbaːu^{24} laŋ^{55} ʔdai^{53}
姑娘 见 小伙 才 得
妹才得见郎。

9. 爻 贯 少 棚
Xeeuhgoons xaaux byoongc*
未 少 纳
fih xaaux naz,
ɕau^{11}kuan^{24} saːu^{53} pjoŋ^{55} vi^{11}
先辈 造 穿 未
saːu^{53} na^{21}
造 田
古时未造田，

少 岜 未 少 答
Xaaux byal fih xaaux dah,
saːu^{53} pja^{33} vi^{11} saːu^{53} ta^{11}
造 鱼 未 造 河
造鱼未造河，

未 少 送 外 拜
Fih xaaux xuangs waaiz bail
洞 拉 板 玩 高
dongh lac mbaanx fanz gaul,
vi^{11} saːu^{53} suaŋ^{24} vaːi^{21} pai^{33}
未 兴起 放 水牛 去
toŋ^{11} la^{55} ʔbaːn^{53} van^{21} kau^{33}
田坝 下 寨 磨 角
未兴寨下去放牛，

根 苕 未 捞 浪
Genl xauz fih laauh luangs,
kɯn^{33} sau^{21} vi^{11} laːu^{11} luaŋ^{24}
吃 晚饭 未 串 寨
饭后不串门，

冒 认 烧 未 乃
Mbaaus ranl saaul fih ndaix,
ʔbaːu^{24} ðan^{33} θaːu^{33} vi^{11} ʔdai^{53}
小伙 见 姑娘 未 得
郎见不到妹，

哨　认　冒　未　乃
Saaul ranl mbaaus fih ndaix.
θaːu33 ðan33 ʔbaːu24 vi11 ʔdai53
姑娘　见　小伙　未　得
妹见不到郎。

许　妈　少　棚
Xez mal xaaux byoongc*
郎　少　纳
langc xaaux naz,
sɯ21 ma33 saːu53 pjoŋ55 laŋ55
时　来　造　穿　才
saːu53 na21
造　田
后来才造田，

少　岜　郎　少　答
Xaaux byal langc xaaux dah,
saːu53 pja33 laŋ55 saːu53 ta11
造　鱼　才　造　河
造鱼才造河，

郎　少　送　外
Langc xaaux xuangs waaiz
拜　洞　拉　板　玩　高
bail dongh lac mbaanx fanz gaul,
laŋ35 saːu53 suaŋ24 vaːi21 pai33
才　兴起　放　水牛　去
tɔŋ11 la55 ʔbaːn53 van21 kau33
田坝　下　寨　磨　角
才兴放牛到寨下，

根　苕　郎　捞　浪
Genl xauz langc laauh luangs,
kɯn33 sau21 laŋ55 laːu11 luaŋ24
吃　晚饭　未　串　寨
饭后才串门，

冒　认　哨　郎　乃
Mbaaus ranl saaul langc ndaix,
ʔbaːu24 ðan33 θaːu33 laŋ55 ʔdai53
小伙　见　姑娘　才　得
郎才得见妹，

哨　认　冒　郎　乃
Saaul ranl mbaaus langc ndaix.
θaːu33 ðan33 ʔbaːu24 laŋ55 ʔdai53
姑娘　见　小伙　才　得
妹才得见郎。

10. 爻贯　未　少　奈
Xeeuhgoons fih xaaus nais*
连　苗
riangz myaus,
ɕau11kuan24 vi11 saːu53 nai24
前辈　未　造　耗子
ðiaŋ21 mɛu24
和　猫

古时未造鼠和猫，

奈 未 妈 屯 旁
Nais* fih mal dadt bangz
堂 入
dangz rug,
nai^{24} vi^{11} ma^{33} tat^{55} paŋ^{21}
耗子 未 来 截断 布
taŋ^{21} ðuk^{11}
到 卧室
卧室布匹未被咬，(8)

娅 管 夫 未 妈
Yah Goonc*wul* fih mal
少 多
xaaux ndol,
ja^{11} kuan^{55}vu^{33} vi^{11} ma^{33} saːu^{53}
女 关无 未 来 造
ʔdo^{33}
酒药
"关无"未把酒药造，(9)

未 少 多 故 涝
Fih xaaux ndol gueh lauc,
vi^{11} saːu^{53} ʔdo^{33} ku^{11} lau^{55}
未 造 酒药 做 酒
未知酒药能酿酒，

未 少 荮 补 事
Fih xaaux aul buxses,
vi^{11} saːu^{53} ʔau^{33} pu^{53}θɯ^{24}
未 兴起 要 媒人
媒人未兴起，

事 未 習 轮 化
Ses fih xiez leh fad,
θɯ^{24} vi^{11} çi^{21} lɯ^{11} vat^{11}
媒 未 约 换 腰带
未兴腰带作信物，

事 未 習 轮 干
Ses fih xiez leh ganl,
θɯ^{24} vi^{11} çi^{21} lɯ^{11} kan^{33}
媒 未 约 换 头巾
未兴头帕当信物，

旁 拉 嵛 未 很
Beangz lacndanl fih hens*.
paŋ^{21} la^{55}ʔdan^{33} vi^{11} ɣɯn^{24}
地方 人间 未 繁荣
人间未兴旺。

许 郎 妈 少 奈
Xez langc mal xaaux nais*
连 苗
riangz myaus,
sɯ^{21} laŋ^{55} ma^{33} saːu^{53} nai^{24}
时 才 来 造 耗子

ðiaŋ21 mɛu24
和 猫
后来才有鼠和猫，

奈 郎 妈 屯 旁
Nais* langc mal dadt bangz
堂 入
dangz rug,
nai24 laŋ55 ma33 tat55 paŋ21
耗子 才 来 截断 布
taŋ21 ðuk11
到 卧室
卧室布匹才被咬，

娅 管夫 郎 妈
Yah Goonc*wul* langc mal
少 多
xaaux ndol,
ja11 kuan55 vu33 laŋ55 ma33
女 关无 才 来
saːu53 ʔdo33
造 酒药
才有“关无”造酒药，

郎 少 多 故 涝
Langc xaaux ndol gueh lauc,
laŋ55 saːu53 ʔdo33 ku11 lau55
才 造 酒药 做 酒
才知酒药酿美酒，

郎 少 荮 补事
Langc xaaux aul buxses,
laŋ55 saːu53 ʔau33 pu53θɯ24
才 兴起 要 媒人
后来媒人才出现，

事 郎 習 轮 化
Ses langc xiez leh fad,
θɯ24 laŋ55 ɕi21 lɯ11 vat11
媒 才 约 换 腰带
才兴腰带作信物，

事 郎 習 轮 干
Ses langc xiez leh ganl,
θɯ24 laŋ55 ɕi21 lɯ11 kan33
媒 才 约 换 头巾
情侣才把头帕换，

旁 拉崙 郎 很
Beangz lacndanl langc hens*.
paŋ21 la55ʔdan33 laŋ55 ɣɯn24
地方 人间 才 繁荣
人间从此才发达。

11\. 板 谷 邓 些 荮
Mbaanx gueh deeb* xih aul
温 多
wanx*doc*,
ʔbaːn53 ku11 tɛp11 ɕi55 ʔau33
寨 做 草束 就 要

van^{53}to^{55}
棒槌
人做草把用棒槌，(10)

绕 谷 邓 密 孬
Rauz gueh deeb* miz aul
温 多
wanx*doc*,
ðau^{21} ku^{11} tɛp^{11} mi^{21} ʔau^{24}
我们 做 草束 不 要
van^{53}to^{55}
棒槌
咱做草把不用它，

板 歪梭 些 孬
Mbaanx woicros xih aul
得 堵
dez*dux*,
ʔbaːn^{53} vai^{55}ðo^{55} ɕi^{55} ʔau^{33}
寨 挂纱 就 要
tɯ^{21}tu^{53}
桩子
别人挂纱要钉桩，(11)

绕 歪梭 密 孬 得 堵
Rauz woicros miz aul dez*dux*,
ðau^{21} vai^{55}ðo^{55} mi^{21} ʔau^{33} tɯ^{21}tu^{53}
我们 挂纱 不 要 桩子
我们挂纱不用桩，

板 轮 友 些 孬
Mbaanx leh yux xih aul
补 事
buxses,
ʔbaːn^{53} lɯ^{11} ju^{53} ɕi^{55} ʔau^{33}
寨 换 情人 就 要
pu^{53}θɯ^{24}
媒人
人换信物要用媒，

绕 轮 友 些 密 孬
Rauz leh yux xih miz aul
补 事
buxses,
ðau^{21} lɯ^{11} ju^{53} ɕi^{55} mi^{21}
我们 换 情人 就 不
ʔau^{33} pu^{53}θɯ^{24}
要 媒人
咱换信物不用媒，

事 未 习 轮 化
Ses fih xiez leh fad,
θɯ^{24} vi^{11} ɕi^{21} lɯ^{11} vat^{11}
媒 未 约 换 腰带
未兴腰带做信物，

事 未 习 轮 干
Ses fih xiez leh ganl,
θɯ^{24} vi^{11} ɕi^{21} lɯ^{11} kan^{33}
媒 未 约 换 头巾

未兴头帕当信物，

旁 拉崙 未 很

Beangz lacndanl fih hens*.

paŋ^{21} la^{55}ʔdan^{33} vi^{11} ɣɯn^{24}

地方 人间 未 繁荣

人间尚未得繁荣。

板 谷 邓 些 芽 温 多

Mbaanx gueh deeb* xih aul wanx*doc*,

ʔbaːn^{53} ku^{11} tɛp^{11} ɕi^{55} ʔau^{33} van^{53}to^{55}

寨 做 草束 就 要 棒槌

人做草束用棒槌，

绕 谷 邓 郎 芽 温 多

Rauz gueh deeb* langc aul wanx*doc*,

ðau^{21} ku^{11} tɛp^{11} laŋ^{55} ʔau^{24} van^{53}to^{55}

我们 做 草束 才 要 棒槌

咱做草束才用它，

板 歪梭 些 芽 得 堵

Mbaanx woicros xih aul dez*dux*,

ʔbaːn^{53} vai^{55}ðo^{55} ɕi^{55} ʔau^{33} tɯ^{21}tu^{53}

寨 挂纱 就 要 桩子

别人挂纱要打桩，

绕 歪梭 郎 芽 得 堵

Rauz woicros langc aul dez*dux*,

ðau^{21} vai^{55}ðo^{55} laŋ^{55} ʔau^{33} tɯ^{21}tu^{53}

我们 挂纱 才 要 桩子

我们挂纱才打桩，

板 轮 友 些 芽 补 事

Mbaanx leh yux xih aul buxses,

ʔbaːn^{53} lɯ^{11} ju^{53} ɕi^{55} ʔau^{33} pu^{53}θɯ^{24}

寨 换 情人 就 要 媒人

人换信物用媒人，

绕 轮友 郎 芽补事

Rauz leh yux langc aul buxses,

ðau^{21} lɯ^{11} ju^{53} laŋ^{55} ʔau^{33}
我们 换 情人 才 要
pu^{53}θɯ^{24}
媒人
咱换信物也用媒，

事 郎 習 轮 化
Ses langc xiez leh fad,
θɯ^{24} laŋ^{55} ɕi^{21} lɯ^{11} vat^{11}
媒 才 约 换 腰带
腰带做信物，

事 郎 習 轮 干
Ses langc xiez leh ganl,
θɯ^{24} laŋ^{55} ɕi^{21} lɯ^{11} kan^{33}
媒 才 约 换 头巾
头帕做礼信，

旁 拉崙 郎 很
Beangz lacndanl langc hens*.
paŋ^{21} la^{55}ʔdan^{33} laŋ^{55} ɣɯn^{24}
地方 人间 才 繁荣
人间才繁盛。

12. 完 们 很 兮 同
Ngonz mengz henc sil dongh
拜 同
bail dongh,
ŋɔn^{21} mɯŋ^{21} ɣɯn^{55} θi^{33} tɔŋ^{11}
天 你 上 从 田坝
pai^{33} tɔŋ^{11}
去 田坝
今天你从田坝走，

完 们 很 兮 同
Ngonz mengz henc sil dongh
拜 更
bail genz,
ŋɔn^{21} mɯŋ^{21} ɣɯn^{55} θi^{33} tɔŋ^{11}
天 你 上 从 田坝
pai^{33} kɯn^{21},
上 去
今天你从田坝过，

完 们 神 兮 同
Ngonz meng xunz sil dongh
妈拉
mallac,
ŋɔn^{21} mɯŋ^{21} sun^{21} θi^{33} tɔŋ^{11}
天 你 游玩 从 田坝
ma^{33}la^{55},
下来
今天你把田坝游，

们 认 来 好 早
Mengz ranl raaih haux xaux
故 饿 了 密
gul ngog* leeu miz?
mɯŋ^{21} ðan^{33} ða:i^{11} ɣa:u^{53}
你 见 块 谷

sau^{53} ku^{33} ŋɔk^{11} lɛu^{53} mi^{21}
早 我 勾头 了 不
你看早稻熟了吗？

们 认 甩 友 共
Mengz ranl xoix yux gogt
故 当 了 密
gul dangs leeu miz?
mɯŋ^{21} ðan^{33} suai^{53} ju^{53} kɔk^{55}
你 见 位 情人 头
ku^{33} taŋ^{24} lɛu^{53} mi^{21}
我 嘱咐 了 不
我的情妹捎信否？

完 故 很 兮 同
Ngonz gul henc sil dongh
拜 同
bail dongh,
ŋɔn^{21} ku^{33} ɣɯn^{55} θi^{33} tɔŋ^{11}
天 我 上 从 田坝
pai^{33} tɔŋ^{11}
去 田坝
今天我从田坝走，

故 认 来 好 早
Gul ranl raaih haux xaux
们 饿 了 六
mengz ngog* leeu lu*!
ku^{33} ðan^{33} ðaːi^{11} ɣaːu^{53} sau^{53}
我 见 块 谷 早

mɯŋ^{21} ŋɔk^{11} lɛu^{53} lu^{21}
你 勾头 了 噜
你的早稻成熟了！

故 认 甩 友 共
Gul ranl xoix yux gogt
们 当 了 密
mengz dangs leeu miz!
ku^{33} ðan^{33} suai^{53} ju^{53} kɔk^{55}
我 见 位 情人 头
mɯŋ^{21} taŋ^{24} lɛu^{53} mi^{11}
你 嘱咐 了 没
你那情妹捎信了！

当 荪 降 余 拉
Dangs aul jobt yiez nac,
taŋ^{24} ʔau^{33} tɕap^{55} ji^{21} na^{55}
嘱咐 要 斗笠 遮 脸
说要斗笠去遮脸，

当 荪 沙 达 外
Dangs aul sac daz waais,
taŋ^{24} ʔau^{33} θa^{55} ta^{21} vaːi^{24}
嘱咐 要 纺车 纺 棉花
说要纺车去纺纱，

当 荪 乃 摱 逢
Dangs aul ndaaix mbanl* fengz,
taŋ^{24} ʔau^{33} ʔdaːi^{53} ʔban^{33} vɯŋ^{21}
嘱咐 要 麻 捻 手

说要麻捻手，(12)

当 芽灯 克 曼
Dangs aul denl* jeec manh*,
taŋ^{24} ʔau^{33} tɯn^{33} kɛ^{55} man^{11}
嘱咐 要 口弦 解 闷
要口弦解闷，

们 当 得 芽 化
Mengz dangs deel aul fad,
mɯŋ^{21} taŋ^{24} tɛ^{24} ʔau^{33} vat^{11}
你 嘱咐 她 要 腰带
你向她讨要腰带，

得 当 们 芽 干
Deel dangs mengz aul ganl,
tɛ^{33} taŋ^{24} mɯŋ^{21} ʔau^{33} kan^{33}
她 嘱咐 你 要 头巾
她跟你索要头巾，

哈 盘 崙 街市
Hax banz ndanl gaailxex!
ɣa^{21} pan^{21} ʔdan^{33} ka:i^{33}sɯ^{53}
要 成 个 卖 买
好似做买卖！

化 礼 又 外 崙
Fad lix qyus waais ndanl,
vat^{11} li^{53} ʔju^{24} va:i^{24} ʔdan^{33}
腰带 还 在 棉花 个
腰带还在棉桃里，(13)

干 礼 又 外 葵
Ganl lix qyus waais ngvih,
kan^{33} li^{53} ʔju^{24} wa:i^{24} ŋui^{11}
头巾 还 在 棉 核
头巾还在棉核里，

堂 年二 郎 达
Dangz ndianlngih langc daz,
taŋ^{21} ʔdian^{33}ȵi^{11} laŋ^{55} ta^{21}
到 二月 才 纺
到二月才纺，

堂 红纳 郎 赖
Dangz hoonglnaz langc rais,
taŋ^{21} ɣoŋ^{33}na^{21} laŋ^{55} ðai^{24}
到 活田 才 耙
栽秧季才耕棉田，

香 卡介 郎 芽 亥 记
Xiangl gacgais langc aul haec jis,
ɕiaŋ^{33} ka^{55} kai^{24} laŋ^{55} ʔau^{24} ɣai^{55} tɕi^{24}
节 杀 鸡 才 拿 给 朋友
过节时才给朋友，(14)

香　十四郎　孬亥　友
Xiangl xibsis langc aul haec yux.
ɕiaŋ^{33}　ɕip^{11}θi^{24}　laŋ^{55}　ʔau^{33}
节　十四　才　拿
ɣai^{55}　ju^{53}
给　情人
七月半才给情人。[15]

13. 吧　唠　故　密　许
Bas nauz gul miz xix*,
pa^{55}　nau^{21}　ku^{33}　mi^{21}　ɕi^{53}
口　说　我　不（思）
嘴说我不思，

吧　唠　故　密　𨈆
Bas nauz gul miz nagt,
pa^{55}　nau^{21}　ku^{33}　mi^{21}　nak^{55}
口　说　我　不（想）
口说我不想，[16]

𨈆　时　染　𨈆　纳
Nagt sez* ramx nagt naz,
nak^{55}　sɯ^{21}　ðam^{53}　nak^{55}　na^{21}
（想）如　水　（想）田
犹如水压田，

𨈆　时　岜　𨈆　磨
Nagt sez* byal nagt mbos.
nak^{55}　sɯ^{21}　pja^{33}　nak^{55}　ʔbo^{24}
（想）如　鱼　（想）井
好似鱼在井。

染　𨈆　纳　些　盘
Ramx nagt naz xih banz
吉　若
geaz roh,
ðam^{53}　nak^{55}　na^{21}　ɕi^{55}　pan^{21}
水　（想）田　就　有
kɯ^{21}　ðo^{11}
处　漏
水压田时有处渗，

岜　𨈆　磨　些　盘
Byal nagt mbos xih banz
吉　咪
geaz lail,
pja^{33}　nak^{55}　ʔbo^{24}　ɕi^{55}　pan^{21}
鱼　（想）井　就　有
kɯ^{21}　lai^{33}
处　流
鱼在井中有处游，

捞　们　啰　故　𨈆
Laaul mengz lox gul nagt
时　啇　来　摆
sez* ndanl raaiz bad.
laːu^{33}　mɯŋ^{21}　lo^{53}　ku^{33}　nak^{55}
怕　你　骗　我　（想）
sɯ^{21}　ʔdan^{33}　ðaːi^{21}　pat^{11}
如　个　写　佛

怕你骗我心沉如印模。[17]

崙 来摆 礼 茂
Ndanl raaizbad lix mbaul,
ʔdan^{33} ða:i^{21}pat^{11} li^{53} ʔbau^{33}
个 写佛 还 轻
印模还算轻，

双 绕 同跻 爱
Soongl rauz dungxaul ngaaih.
θoŋ^{33} ðau^{21} tuŋ^{53}ʔau^{33} ŋa:i^{11}
两 我们 结合 容易
我俩结合更容易。

吧 唠 故 密 许
Bas nauz gul miz xix,
pa^{55} nau^{21} ku^{33} mi^{21} ɕi^{53}
口 说 我 不 （思）
嘴说我不思，

吧 唠 故 密 躲
Bas nauz gul miz nagt,
pa^{55} nau^{21} ku^{33} mi^{21} nak^{55}
口 说 我 不 （想）
口说我不想，

躲 时 染 躲 纳
Nagt sez* ramx nagt naz,
nak^{55} sɯ^{21} ðam^{53} nak^{55} na^{21}
（想）如 水 （想）田
犹如水压田，

躲 时 岜 躲 磨
Nagt sez* byal nagt mbos.
nak^{55} sɯ^{21} pja^{33} nak^{55} ʔbo^{24}
（想）如 鱼 （想）井
好似鱼在井。

躲 时 友 崙 钱
Nagt sez* yux ndanl xeenz
密 又
mizqyus,
nak^{55} sɯ^{21} ju^{53} ʔdan^{33} sɛn^{21}
（想）如 情人 个 钱
mi^{21}ʔju^{24}
没有
想你就像你想钱，

神 亢 误 些 们
Xonz gaangc bius xih mengz
唠 喏
nauz lox,
san^{21} ka:ŋ^{55} piu^{24} ɕi^{55} mɯŋ^{21}
句 讲 空 就 你
nau^{21} lo^{53}
说 哄

讲空话说我哄你，

神　亢　卧　些　绕
Xonz gaangc hoc xih rauz
密　行
miz xieh.
san^{21} ka:ŋ^{55} ɣo^{55} ɕi^{55} ðau^{21}
句　讲　穷　就　我们
mi^{21} ɕi^{11}
不　信
话讲少了难取信。

14. 吧　唠　故　密　许
Bas nauz gul miz xix,
pa^{55} nau^{21} ku^{33} mi^{21} ɕi^{53}
口　说　我　不（思）
嘴说我不思，

吧　唠　故　密　躲
Bas nauz gul miz nagt,
pa^{55} nau^{21} ku^{33} mi^{21} nak^{55}
口　说　我　不（想）
口说我不想，

躲　们　数　记　坛
Nagt mengz xos jis dab*,
nak^{55} mɯŋ^{21} su^{24} tɕi^{24} tap^{11}
（想）你　放　枝　弯
想你放弯枝，

记　坛　你　哈　怪
Jis dab* nix hax ngvaaih;
tɕi^{24} tap^{11} ni^{53} ɣa^{21} ŋwa:i^{11}
枝　弯　这　要　下垂
弯枝被压垂；

躲　们　数　记　艾
Nagt mengz xos jis ngaaih,
nak^{55} mɯŋ^{21} su^{24} tɕi^{24} ŋa:i^{11}
（想）你　放　枝　艾
想你放艾叶，

记　艾　你　哈　若
Jis ngaaih nix hax roz;
tɕi^{24} ŋa:i^{11} ni^{53} ɣa^{21} ðo^{21}
枝　艾　这　要　干枯
艾叶也干枯；

躲　们　数　崙　坡
Nagt mengz xos ndanlbol,
nak^{55} mɯŋ^{21} su^{24} ʔdan^{33}po^{33}
（想）你　放　坡
想你放山坡，

崙　坡　你　哈　哰
Ndanl bol nix hax aanx*;

ʔdan^{33} po^{33} ni^{53} ɣa^{21} ʔaːn^{53}
个 坡 这 要 倒
山坡也会倒；

躲 们 数 江 坂
Nagt mengz xos jaangl mbaanx,
nak^{55} mɯŋ^{21} su^{24} tɕaːŋ^{33} ʔbaːn^{53}
（想）你 放 中间 寨
想你放寨中，

江 坂 你 哈 稂
Jaangl mbaanx nix hax lams*;
tɕaːŋ^{33} ʔbaːn^{53} ni^{53} ɣa^{21} lam^{24}
中间 寨 这 要 沉
寨中间也沉；

躲 们 数 地 降
Nagt mengz xos dih* jams*,
nak^{55} mɯŋ^{21} su^{24} ti^{11} tɕam^{24}
（想）你 放 丛（染米草）
想你放“绛”丛，(18)

地 降 你 哈 骂
Dih* jams* nix hax mac;
ti^{11} tɕam^{24} ni^{53} ɣa^{21} ma^{55}
丛 染米草 这 要 长
“绛”丛它要长；

躲 们 数 地 架
Nagt mengz xos dih* jac,
nak^{55} mɯŋ^{21} su^{24} ti^{11} tɕa^{55}
（想）你 放 丛 秧
想你放秧田，

地 架 你 哈 稂
Dih*jac nix hax ndaml;
ti^{11}tɕa^{55} ni^{53} ɣa^{21} ʔdam^{33}
丛秧 这 要 栽
秧苗要移栽；

躲 们 数 江 申
Nagt mengz xos jaangl ronl,
nak^{55} mɯŋ^{21} su^{24} tɕaːŋ^{33} ðan^{33}
（想）你 放 中间 路
想你放路中，

申 坤 马 哈 代
Ronl gunl max hax daıs;
ðan^{33} kun^{33} ma^{53} ɣa^{21} tai^{24}
路 兵 马 要 走
兵马要经过；

躲 们 数 耐 亮
Nagt mengz xos ndael riabt,
nak^{55} mɯŋ^{21} su^{24} ʔdai^{33} ðiap^{55}
（想）你 放 内 蚊帐

想你放帐中，

亮 补老 哈 龙
Riabt buxlaaux hax longz;
ðiap^{55} pu^{53}laːu^{53} ɣa^{21} lɔŋ^{21}
账 老人 要 笼
老人要挡蚊；

躲 们 数 崙 棹
Nagt mengz xos ndanlxoongz,
nak^{55} mɯŋ^{21} su^{24} ʔdan^{33}soŋ^{21}
（想）你 放 桌子
想你放桌子，

棹 排 涝 连 糯
Xoongz baaiz lauc lianz noh;
soŋ^{21} paːi^{21} lau^{53} lian^{21} no^{11}
桌子 摆 酒 和 肉
要摆酒和肉；

躲 们 数 耐 墓
Nagt mengz xos ndael mbos,
nak^{55} mɯŋ^{21} su^{24} ʔdan^{33} ʔbo^{24}
（想）你 放 里 井
想你放井中，

墓 挡 染 哈 涟
Mbos dagt ramx hax rianz;
ʔbo^{24} tak^{55} ðam^{53} ɣa^{21} ðian^{21}
井 舀 水 要 震动
井舀水会动；

躲 们 数 胧 练
Nagt mengz xos roonghndianl,
nak^{55} mɯŋ^{21} su^{24} ðoŋ^{11}ʔdian^{33}
（想）你 放 月亮
想你放月亮，

香 十五 补老 哈 绒
Xiangl xibhac buxlaaux hax roongh;
ɕiaŋ^{33} ɕip^{11}ɣa^{55} pu^{53}laːu^{53} ɣa^{21} ðoŋ^{11}
节 十五 老人 要 亮
中秋老人赏；

躲 们 数 耐 龚
Nagt mengz xos ndael joongs,
nak^{55} mɯŋ^{21} su^{24} ʔdai^{33} tɕoŋ^{24}
（想）你 放 里 竹篮
想你放竹篮，

龚 补老 哈 得
Joongs buxlaaux hax dez;
tɕoŋ^{24} pu^{53}laːu^{53} ɣa^{21} tɯ^{21}
竹篮 老人 要 用
竹篮老人用；

躲 们 数 耐 思
Nagt mengz xos ndael xel,
kak^{55} mɯŋ^{21} su^{24} ʔdai^{33} sɯ^{33}
（想）你 放 里 心
想你放心中，

郎 乃 而 褂 爻
Langc ndaix neh gvas xeeuh.
laŋ^{55} ʔdai^{53} nɯ^{21} kwa^{24} ɕau^{11}
才 得 想 过 辈
才想一辈子。

流传地区：贵州省贞丰一带
演唱：周仕厚、罗大金
收集、翻译整理：周国茂
收集时间：1987—1996 年

三、注释

（1）文中第一段 A：saːu^{53} tɕaːŋ^{33} su^{33} saŋ^{55}ʔju^{24} 一句中的 su^{33} 借自汉语“州”，亦指县城或较大的集镇。

（2）saːu^{53} tɕaːŋ^{33} su^{33} vaŋ^{21}tai^{24}，“城中‘代王’兴”。布依族文献中的“王”通常指某个区域或部落的首领，“代王”即“代”这个地方的首领或名叫“代”的首领。这一句指男女间谈情说爱是由“代”这个地方的首领倡导的。

（3）第二段从 θoŋ^{33} po^{11}mɛ^{11} ðɔk^{11}lai^{55} 到 ʔdai^{53} θoŋ^{33} nat^{11} θaːm^{33} ʔbin^{24} 这几句为起兴，暗喻追溯谈情说爱的起源，就像鸟雀觅食一样。

（4）从上下文分析，pan^{11} ɕi^{21}ju^{53} ʔau^{33} tɕau^{33} 一句似乎是说，谈情说爱关系到子孙繁衍，上层社会和平民百姓皆不能免俗。

（5）文中第五段开头这三句，即 θi^{24} saːi^{55} saːu^{53} mat^{11} ʔdiŋ^{33}，tu^{33} tin^{33} saːu^{53} mat^{11} ʔdoŋ^{24}，poŋ^{11} su^{24} ʔbo^{55} kau^{33} ɕi^{21} 为起兴，目的似仅在于引出话题，与下文在意思上并无联系。

（6）文中第六段 ʔbai^{33} ðɛk^{11} su^{24} ja^{11} waːi^{21}，ʔbai^{33} laːi^{33} su^{24} ja^{11} vɯ^{53} 两句中的 ja^{11} waːi^{21} “水牛妻”为虚构的角色，和 ja^{11} vɯ^{53} “别人妻”一样，均指对场的女方。此几句反映了布依族古代一种信仰，用叶多、叶细的树枝念咒后晚上放在人身上，据说可以进入其梦境。

（7）文中第八段 kɯn^{21}ʔbɯn^{33} to^{55} tɛŋ^{33} taːu^{53} 一句引自布依族神话，指太初

时宇宙混沌一片，力嘎将天地撑开，并用大楠竹将天抵住，形成天地。

（8）文中第十段 nai^{24} vi^{11} ma^{33} tat^{55} paŋ^{21} taŋ^{21} ðuk^{11} 一句中的 nai^{24} tat^{55} paŋ^{21}“鼠剪布”：指老鼠咬烂布匹。

（9）文中第十段 ja^{11} kuan^{55} vu^{33} vi^{11} ma^{33} saːu^{53} ʔdo^{33} 中的 ja^{11} kuan^{55} vu^{33}“关无”女指布依族传说中发明酒药的女先祖。

（10）文中第十一段 ʔbaːn^{53} ku^{11} tɛp^{11} ɕi^{55} ʔau^{33} van^{53}to^{55} 中的 tɛp^{11} 指用稻草捆成的草束，织布前牵线，裹线时用来隔开每一层线。

（11）文中第十一段 ʔbaːn^{53} vai^{55}ðo^{55} ɕi^{55} ʔau^{33} tɯ^{21}tu^{53} 中的 vai^{55}ðo^{55}，义为“牵线”，布依族织布纺织过程中的一道重要程序，将预先准备的纱线按既定的布匹长度牵直、理顺。

（12）文中第十二段中的 taŋ^{24} ʔau^{33} ʔdaːi^{53} ʔban^{33} vɯŋ^{21} 一句中的 ʔdaːi^{53} 义为“麻”，“麻”本来用作纺织，这里说用来“捻手”，是一种风趣的说法。

（13）文中第十二段 vat^{11} li^{53} ʔju^{24} vaːi^{24} ʔdan^{33} 一句直译为“腰带还在棉桃里”，指腰带还没有做出来。棉桃成熟后，才能将棉花加工成布匹，最后加工成腰带。

（14）文中第十二段 ɕiaŋ^{33} ka^{55} kai^{24} laŋ^{55} ʔau^{24} ɣai^{55} tɕi^{24} 一句义为“（过节时）杀鸡才拿给朋友”，因为这歌是在丧葬仪式上唱的，其功能之一是愉悦亡灵，是对亡灵说话。所以这两句话是安慰亡灵：你需要的东西，过节杀鸡祭供时会献给你的。

（15）文中第十二段 ɕiaŋ^{33} ɕip^{11}θi^{24} laŋ^{55} ʔau^{33} ɣai^{55} ju^{53} 一句中的 ɕiaŋ^{33} ɕip^{11}θi^{24} 指“七月半”，布依族传统节日，一般在农历七月十三、十四两天过，性质与汉族中元节相近，表现形式有诸多不同。

（16）文中第十三段 pa^{55} nau^{21} ku^{33} mi^{21} nak^{55} 中的 nak^{55} 本义为“重”，这里指重视、珍重、在乎，也含“想念”之义。

（17）文中第十三段 laːu^{33} mɯŋ^{21} lo^{53} ku^{33} nak^{55} sɯ^{21} ʔdan^{33} ðaːi^{21} pat^{11} 一句中的 ʔdan^{33} ðaːi^{21} pat^{11} 指一种专印佛像的铁制印模。

（18）文中第十四段 nak^{55} mɯŋ^{21} su^{24} ti^{11} tɕam^{24} 一句中的 tɕam^{24} 是一种野草，布依族在传统节日三月三和六月六用其汁来染花米饭。因汉语中无对应的名称，故音译为“绛”。

四、词汇表（按音序排列）

aanx* [ʔaːn^{31}] 倒

aaux* [ʔaːu^{31}] 扳

aul haec [ʔau^{24} xaɯ^{53}] 拿给

bailgenz [pai^{24} kɯn^{11}] 上去，往上

baz weangz [pa^{11} wɯəŋ^{11}] 王妻

bazhenz [pa^{11}xɯn^{11}] 做梦

beens [pen^{35}] 片

bilbimh* [pi^{11}pim^{11}]（摹状词）指树摇摆

bilbyaauz* [pi^{11}pjaːu^{21}]（摹状词）指树摇摆

bius [piu^{35}] 空

bixnuangx [pi^{31}nuəŋ^{31}] 兄弟（姊妹）

bohmeeh [po^{33}me^{33}] 父母

bolbaanz [po^{24}paːn^{11}] 斜坡

bolbas [po^{24}pa^{35}] 山坡

boongh [poŋ^{33}] ①（植物长势）茂盛；②（动物）跳跃

bux noih [pu^{31} noi^{33}] 平民百姓

buxlaaux [pu^{31}laːu^{31}] 老人，大人

buxses [pu^{31}θɯ^{35}] 媒人

byoongc* [pjoŋ^{53}]（刺）穿，（扎）穿

daaux [taːu^{31}] 抵

dadt [tat^{35}] 剪，截断

dagt [tak^{35}] 舀

dais [tai^{24}] 走，过，经过

danglngonz [taŋ^{24}ŋon^{21}] 太阳

dangs [taŋ^{35}] 捎口信，嘱咐

daz [ta^{11}] 纺（棉）

deeb* [tep^{33}] 草束

deel [te^{24}] ①那；②他、她、它

deengl [teŋ^{24}]（打）中，（打）着

denl* [tɯn^{24}] 口弦

dez*dux* [tɯ^{11}tu^{31}] 木桩

diab [tiəp^{33}] 踩

dih* jac [ti^{33} tɕa^{53}] 秧苗丛，秧田

dih* jams* [ti^{33} tɕam^{35}] 染米草丛

dinlxiangz [tin^{24}ɕiəŋ^{11}] 墙脚

doc [to^{53}] ①都；②钉，打桩

dongh [toŋ^{33}] 田坝

dul [tu^{24}] 门

dul dinl [tu^{24} tin^{24}] 门脚

dumh [tum^{33}] 野莓

dungxaul [tuŋ^{53}ʔau^{33}] 相互结合

fad [fat^{33}] 腰带

faix [fai^{31}] 树

fanz gaul [fan^{11}kau^{24}] 磨角

feangz [fɯəŋ^{11}] 稻草

feec* [fe^{53}] 一种野草

fih [fi^{33}] 没有，未

fuz [fu^{11}] 浮

gaabt [kaːp^{35}] 交接

gaailxex [kaːi^{24}ɕɯ^{31}] 买卖，生意

gac gais [ka^{53} kai^{35}] 杀鸡

ganl [kan^{24}] 头巾

gaul waaiz [kau^{24} waːi^{11}] 水牛角

gaul xiez [kau^{24} ɕiə^{11}] 黄牛角

geaz [kɯə^{11}] 处

geazlaez [kɯə^{11}laɯ^{11}] 哪里

geengs* [kɛŋ^{35}] 把（量词）

genzmbenl [kɯn^{11}ʔbɯn^{24}] 天上

gogt byal [kɔk^{35} pja^{24}] 山崖脚，山崖下

gogt mbenl [kɔk^{35} ʔbɯn^{24}] 天脚

gol [ko^{24}] 棵

golfaix [ko^{24}fai^{31}] 树

Goonc*wul* [kon^{53}wu^{24}] 关无（人名）

gueh lauc [kuə^{33} lau^{53}] 做酒，酿酒

gunl max [kun^{24} ma^{31}] 兵马

gvas xeeuh [kwa^{35} ɕeu^{33}] 过一辈子

haans* [xaːn^{35}] 追寻

haux xaux [xau^{31}ɕau^{31}] 早稻

hauxxauz [xau^{31}ɕau^{11}] 晚饭

henc [xɯn^{53}] 从下往上走，升

hens* [xɯn^{35}] 繁荣，兴旺

hob*loh* [xɔp^{33}lo^{33}] 盘旋，转悠

hoonglnaz [xɔŋ^{24}na^{11}] 田里的活路，种田季节

ins [ʔin^{35}] 回想，追溯

jaangl beangz [tɕaːŋ^{24} pɯəŋ^{11}] 地方

jaangl ronl [tɕaːŋ^{24} ðɔn^{24}] 路中间，半路

jaangl xul [tɕaːŋ^{24} ɕu^{24}] 城里，城市

jaanglbas [tɕaːŋ^{24}pa^{35}] 山间

jaanglraanz [tɕaːŋ^{24}ðaːn^{11}] 堂屋

jaul [tɕau^{24}] 活，活的

jeec manh* [tɕe^{53}man^{33}] 解闷

jic [tɕi^{53}] 几

jil [tɕi^{24}] 柏树

jis [tɕi^{35}] ①枝；②朋友

jis dab* [tɕi^{35} tap^{33}] 树枝弯，弯的树枝

jobt [tɕɔp^{35}] 斗笠

joongs [tɕoŋ^{35}] 竹篮

laail [laːi^{33}] 多

laauh luangs [laːu^{33} luəŋ^{35}] 串寨，串门

laaul [laːu^{24}] 怕

lacndanl [la^{53}ʔdan^{24}] 地上

lacriangh [la^{53}ðiəŋ^{33}] 地面，地下

laez [laɯ^{11}] 哪

lail [lai^{24}] 流

lams* [lam^{35}] 沉陷，下沉

langc [laŋ^{53}] 才

leh [lɯ^{33}] 换，交换

lianz [liən^{11}] 连，和，与

lix qyus [li^{31} ʔju^{35}] 还在

longz [lɔŋ^{11}] 罩，笼

lox [lo^{31}] 骗，哄骗

mac [ma^{53}] 长，长大

mallac [ma^{24}la^{53}] 下来，往下

mbaans [ʔbaːn^{35}]（镰刀）缺口（这

里指颗粒有缺损的谷粒）

mbaanx [ʔbaːn^{31}] 寨子，村寨

mbaaus [ʔbaːu^{35}] 小伙，情人（男）

mbadt [ʔbat^{35}] 饿

mbanl* [ʔban^{35}] 捻，搓

mbaul [ʔbau^{24}] 轻

mbins [ʔbin^{35}]（不饱满的）谷粒

mboc*soh* [ʔbo^{35}θo^{33}] 莫说

mizqyus [mi^{11}ʔju^{35}] 没有

mod ndoongs [mɔt^{33}ʔdoŋ^{35}] 亮蚁

modndingl [mɔt^{33}ʔdiŋ^{24}] 红蚁

myaus [mjau^{35}] 猫

nac naz [na^{53} na^{11}] 田里边

nac rih [na^{53} ði^{33}] 地里边

nad [nat^{33}] 粒（量词）

nagt [nak^{35}] 思考，想

nais* [nai^{35}] 耗子，老鼠

ndaaix [ʔdaːi^{53}] 麻

ndaml [ʔdam^{24}] 栽

ndanl [ʔdan^{24}] 个（量词）

ndanlbol [ʔdan^{33}po^{33}] 山坡

ndanlxoongz [ʔdan^{24}ɕoŋ^{11}] 桌子

ndianlngih [ʔdiən^{24}ŋi^{33}] 二月

ndianlxiangl [ʔdiən^{24}ɕiəŋ^{24}] 正月

ndingl [ʔdiŋ^{24}] 红

ndol [ʔdo^{24}] 酒曲，酒药

neh [nɯ^{33}] 想

ngaaih [ŋaːi^{33}] 容易

ngih [ŋi^{33}] 二（文中指二月）

ngog* [ŋɔk^{33}] 勾头

ngoonz* [ŋon^{21}] 看，追溯，追寻

ngvaaih [ŋwaːi^{33}] 歪，斜，倾斜

os [ʔo^{35}] 出

raaih [ðaːi^{33}] 块，片（田、地的计量单位）

rais [ðai^{35}] 耙（田）

ramx [ðam^{31}] 水

ranl [ðan^{24}] 见

reeg [ðek^{33}] 细

reenz byal [ðen^{11} pja^{24}] 陡崖，崖壁

riabt [ðiəp^{35}] 蚊帐

riangz [ðiəŋ^{11}] 和，跟，与

rianz [ðiən^{11}] 震动

rogeens [ðɔk^{33}ʔɛn^{35}] 燕子

roglaic [ðɔk^{33}lai^{53}] 麻雀

roh [ðo^{33}] 渗漏

roonghndianl [ðoŋ^{33}ʔdiən^{24}] 月亮

roz [ðo^{11}] 干，干枯

rug [ðuk^{33}] 卧室

saaul [θaːu^{24}] 姑娘，情人（女）

sac [θa^{53}] 纺车

sais [θai^{35}] 官

sams [θam^{35}] 些

ses [θɯ^{35}] 媒，做媒，媒人

siecraanz [θiə^{53}ðaːn^{11}] 屋檐

sis xaaic [θi^{35} ɕaːi^{53}] 四方，四面

soongl rauz [θoŋ^{24} ðau^{11}] 我俩

uns [ʔun^{35}] 嫩

waais ngvih [waːi^{35} ŋwi^{33}] 棉核，棉籽

waaisndanl [waːi^{35} ʔdan^{24}] 棉桃

Wangzdais [waŋ^{21}tai^{24}] 王代

wanx*doc* [wan^{31}to^{35}] 棒槌

woic ros [woi^{53}ðo^{35}] 牵线

xangc*qyus [ɕaŋ^{55}ʔju^{24}] 如何，怎样

xauz [ɕau^{11}] 晚饭

xeenz [ɕen^{11}] 钱

xel [ɕɯ^{24}] 心

xez [ɕɯ^{11}] 时

xiangl [ɕiəŋ^{24}] 节日

xiangl xibhac [ɕiəŋ^{24} ɕip^{33}xa^{53}] 中秋节（八月十五）

xiangl xibsis [ɕiəŋ^{24} ɕip^{33}θi^{35}] 中元节（七月十四,七月半）

xib jic [ɕip^{11}tɕi^{53}] 十几

xieh [ɕiə^{33}] 信，相信

xiex [ɕiə^{31}] ①神；②约，请

xix* [ɕi^{31}] 想，考虑

xizyux [ɕi^{11}ju^{31}] 情侣

xoix [ɕoi^{31}] 个，位（量词）

xongz [ɕɔŋ^{11}] 丛，窝，蔸

xonz gaangc [ɕɔn^{11}kaːŋ^{53}] 话，话语

xuangs waaiz [ɕuəŋ^{35}waːi^{11}] 放牛（水牛）

xunz [ɕun^{11}] 玩，游玩

yah [ja^{33}] 女人，妇女

yah waaiz [ja^{33} waːi^{11}] 放牛人的妻子

yahmaais [ka^{33}maːi^{35}] 寡妇

yidbadt [jit^{33}pat^{35}] 扫帚

yiez [jiə^{11}] 遮，遮盖，遮掩

第三节　逃婚歌

一、文献说明

“逃婚歌”，布依语为 Weanl Deeuz，其中 deeuz 义为“走、逃”，借自汉语“逃”。布依语中过去常有 deeuzmbaanx，直译“逃寨”，即“逃离本寨”；deeuzbeangz，直译“逃地方”，即“逃离本乡本土”的说法。多因天灾人祸，造成人们在本地无法生活而被迫远走他乡。古代社会中的布依族男女青年之间通过自由恋爱结成夫妻，但为了摆脱封建婚姻制度的束缚，免遭封建家庭的迫害，常常也被迫远离故乡，浪迹天涯。“逃婚歌”节选自《布依族温经》第十一部分，唱述了一对恋人因受买卖婚姻迫害不能结合而逃亡他乡。每到一处，当男方建议在那里安家时，均遭到女方反对。男方于是嘲讽：到哪里都不满意，那你干脆还是去跟原夫吧，好也夫，孬也夫，凑合过一辈子算啦！女方也反唇相讥：到哪里都不好，你还是找你原配去吧。好歹也是妻，照样会送饭到田里给你吃。这实际上也反映出生活在封建社会之中的男女青年面对顽固且强大的封建势力所表现出的无奈之情。布摩在丧葬活动中吟唱这首歌，主要用来缓解葬礼上过于严肃、压抑的气氛，具有娱人、娱神的双重作用。“逃婚歌”中出现了不少布依语地名，反映了地名所指地区的生计方式和风俗习惯，对研究古代布依族社会历史、民族风俗的发展与变迁，布依语地名的来源及发展等都是不可多得的宝贵材料。

二、文献译注

温　条

Weanl Deeuz

van^{33} tɛu^{11}

歌　逃

逃婚歌

绕　些　胎　密　又
Rauz xih daail miz qyus
旁　你
beangz nix,
ðau^{21} ɕi^{55} taːi^{33} mi^{21} ʔju^{24}
我们　就　死　不　在
paŋ^{21} ni^{53}
地方　这
宁死离此方，

礼　密　又　旁　卜
Lix miz qyus beangz boh,
li^{53} mi^{21} ʔju^{24} paŋ^{21} po^{11}
活　不　在　地方　父
远离父和母，

孖　盖　多　连　糯　拜
Aul gaais ndos lianz noh bail
舍　旁　尾
xeel beangz feax!
ʔau^{33} kai^{24} ʔdo^{55} lian^{21} no^{11} pai^{33}
拿　个　骨头　和　肉　去
sɛ^{33} paŋ^{21} vɯ^{53}
丢　地方　别人
宁把骨肉弃他乡！

剁　盘　崙　桑　你
Dos banz ndanl xangc*nix,
to^{24} pan^{21} ʔdan^{33} saŋ^{55}ni^{53}
做　成　个　这样
既然这样说，

白　盘　白　你　饶
Beeh* banz beeh*nix rauh,
pɛ^{11} pan^{21} pɛ^{11} ni^{53} ðau^{11}
既然　成　如此　些
既然如此讲，

绕　些　送　思　拜
Rauz xih xuangsxel bail,
ðau^{21} ɕi^{55} suaŋ^{24}sɯ^{33} pai^{33}
我们　就　放　心　去
我们安心去，

绕 些 达思 卧
Rauz xih daz*xel os.
ðau^{21} ɕi^{55} ta^{21}sɯ^{33} ʔo^{55}
我们 就 放心 出
我们放心走。

绕 些 胎 买 又
Rauz xih daail maic qyus
旁你
beangznix,
ðau^{21} ɕi^{55} taːi^{33} mə^{55} ʔju^{24}
我们 就 死 要 在
paŋ^{21}ni^{53}
地方 这
我们死要在这方，(1)

礼 买 又 旁 卜
Lix maic qyus beangz boh,
li^{53} mə^{55} ʔju^{24} paŋ^{21} po^{11}
活 要 在 地方 父
在父母身旁，

密 芛 多 连 糯 拜
Miz aul ndos lianz noh bail
舍 旁 尾
xeel beangz feax!
mi^{21} ʔau^{33} ʔdo^{55} lian^{21} no^{11}
不 要 骨头 和 肉
pai^{33} sɛ^{33} paŋ^{21} vɯ^{53}
去 丢 地方 别人
别把骨肉弃他乡！

拜 旁 尾 密 卜
Bail beangz feax miz boh,
pai^{33} paŋ^{21} vɯ^{53} mi^{21} po^{11}
去 地方 别人 无 父
去他乡无父，

拜 旁 尾 密 乜
Bail beangz feax miz meeh,
pai^{33} paŋ^{21} vɯ^{53} mi^{21} me^{11}
去 地方 别人 无 母
去他乡无母，

盖 得 嵛 哨舀
Gaais deel ndanl saaulnyaaux*
拜 说 补来
bail xoh buxlaez?
kai^{24} tɛ^{33} ʔdan^{33} θaːu^{33}ȵaːu^{53}
个 那 个 情妹
pai^{33} so^{11} pu^{53}lai^{21}
去 挨拢 谁
情妹你去投奔谁?

嵛 哨剁 拜 接
Ndanl saauldoh* bail jaec
补来
buxlaez?
ʔdan^{33} θaːu^{33}to^{11} pai^{33} tɕai^{55} pu^{53}lai^{21}
个 情妹 去 近 谁

情妹你去依靠谁？

一 故 买 哈 拜
Idt gul maic hax bail,
ʔit55 ku33 mə55 ɣa21 pai33
一 我 定 要 去
我已下决心，

尼 故 买 哈 条
Ngih gul maic haz deeuz!
ȵi11 ku33 mə55 ɣa21 tɛu21
二 我 定 要 逃
势必要出逃！

拜 旁 尾 密 卜
Bail beangz feax miz boh,
pai33 paŋ21 vɯ53 mi21 po11
去 地方 别人 无 父
去他乡无父，

拜 旁 尾 密 乜
Bail beangz feax miz meeh,
pai33 paŋ21 vɯ53 mi21 mɛ11
去 地方 别人 无 母
到他乡无母，

绕 些 拜 认 棵厄
Rauz xih bail renh goleedt
谷 报答
gueh bausdal,
ðau21 ɕi55 pai33 ðɯn11 ko33ʔet55
我们 就 去 认 巴芒草
ku11 pau24ta33
做 岳父
去认巴芒做外公，

拜 认 棵哈 谷 娅太
Bail renh golhaz gueh yahdaais,
pai33 ðɯn11 ko33ɣa21 ku11
去 认 茅草 做
ja11ta:i24
岳母
去认茅草做外婆，

拜 吖 棵艾 谷 卜龙
Bail ral golngaaih gueh bohlungz,
pai33 ða33 ko33ŋa:i11 ku11 po11luŋ21
去 找 艾草 做 舅父
去找艾草做舅父，

拜 吖 棵龚 谷 乜那
Bail ral goljungl gueh meehnax.
pai33 ða33 ko33tɕuŋ33 ku11
去 找 青杠 做
mɛ11na53
舅母
去找青杠做舅母。

棵 来 老 些 很 棵 来
Gol laez laaux xih henc gol laez,

ko^{33}lai^{21} laːu^{53} ɕi^{55} ɣɯn^{55} ko^{33} lai^{21}
棵 哪 大 就 上 棵 哪
哪棵大就靠哪棵，

棵 来 上 些 很 棵 来
Gol laez saangl xih henc gol laez,
ko^{33}lai^{21} θaːŋ^{33} ɕi^{55} ɣɯn^{55} ko^{33} lai^{21}
棵 哪 高 就 上 棵 哪
哪棵高就傍哪棵，

记 来 濑 些 吖 记 来
Jis laez laail xih ral jis laez,
tɕi^{24} lai^{21} laːi^{33} ɕi^{55} ða^{33} tɕi^{24} lai^{21}
枝 哪 多 就 找 枝 哪
树枝多的去依靠，

申 来 忙 些 傍 申 来
Sanc laez mangh xih bangh sanc laez.
θan^{55} lai^{21} maŋ^{11} ɕi^{55} paŋ^{11} θan^{55} lai^{21}
棵 哪 粗 就 靠 棵 哪
树干粗的去傍它。

崙 哨娇 拜 说 补 得
Ndanl saauljaaus* bail xoh bux deel,
ʔdan^{33} θaːu^{33}tɕaːu^{24} pai^{33} so^{11} pu^{53} tɛ^{33}
个 情妹 去 挨拢 人 那
小妹我就去跟他，

崙 哨剁 拜 接 补 得
Ndanl saauldoh* bail jaec bux deel.
ʔdan^{33} θaːu^{33}to^{11} pai^{33} tɕai^{55} pu^{53} tɛ^{33}
个 情妹 去 近 人 那
小妹我就去傍他。

一 故 买 哈 拜
Idt gul maic hax bail,
ʔit^{55} ku^{33} mə^{55} ɣa^{21} pai^{33}
一 我 定 要 去
我已下决心，

尼 故 买 哈 条
Ngih gul maic haz deeuz!
ȵi^{11} ku^{33} mə^{55} ɣa^{21} tɛu^{21}
二 我 定 要 逃
一定要出逃！

白 们 嗃 桑你
Beeh mengz haaus xangcnix,
pɛ^{11} mɯŋ^{21} ɣaːu^{24} saŋ^{55}ni^{53}
既然 你 话 如此

既然这样讲，

白　们　　唠　你　饶
Beeh mengz nauz nix rauh,
pɛ^{11} muɯŋ^{21} nau^{21} ni^{53} ðau^{11}
既然 你　　说　这　些
既然这样说，

绕　些　根　苗　告
Rauz xih genl meeuz gaus
密　了　　些　拜
miz leeux xih bail,
ðau^{21} ɕi^{55} kɯn^{33} mjau^{21} kau^{24}
我们 就　吃　　庄稼　旧
mi^{21} lɛu^{53} ɕi^{55} pai^{33}
不　完　就　走
陈粮没吃完就走，

绕　些　根　苗　　淹
Rauz xih genl meeuz heenc
苗　　夭　　密　了　些　条
meeuz yeeul miz leeux xih deeuz,
ðau^{21} ɕi^{55} kɯn^{33} mjau^{21} ɣen^{55}
我们 就　吃　　庄稼　黄
mjau^{21} jeu^{33} mi^{21} leu^{53} ɕi^{55} tɛu^{21}
庄稼　青　不　完　就　逃
青黄不接时就逃，

绕　些丹 好　淹　数 松
Rauz xih dadt haux heenc xos xongl,
ðau^{21} ɕi^{55} tat^{55} ɣaːu^{53} ɣen^{55}
我们　就　掐　谷　　青
su^{24} sɔŋ^{33}
塞　袋子
掐把青谷塞进袋，

盖　憨　少　　谷　岩
Gais hanl xaaux gueh ngaaiz,
kai^{24} ɣan^{33} saːu^{53} ku^{11} ŋaːi^{21}
鸡　叫　　开始　煮　　早饭
鸡鸣时分就做饭，

岜　　时　卯　　绕　卧
Byah xez mauc rauz os,
pja^{11} sɯ^{21} mau^{55} ðau^{21} ʔo^{55}
离　时　卯　　我们 出
卯时一过就动身，

蒿　时习 绕　拜
Hauc xezxiz rauz bail.
ɣau^{55} sɯ^{21} ɕi^{21} ðau^{21} pai^{33}
进入 辰时　　我们 去
进入辰时就启程。

带　拜　败　　习 岜
Dais bail baaih Xiz*byal*,
tai^{24} pai^{33} paːi^{11} ɕi^{21}pja^{33}
经 去　边　　习岜
从习岜经过，(2)

堂　　坡阿　耶耐
Dangz bolal iadtnaais,
taŋ^{21} po^{33}ʔa^{33} jat^{55}naːi^{24}
到　坡阿　歇气
到坡阿歇息，

堂　亭　赛　根　粮
Dangz diangz*saaih* genl ringz,
taŋ^{21} tiaŋ^{21}saːi^{11} kɯn^{33} ðiŋ^{21}
到　亭赛　吃　晌午
亭赛吃晌午，[3]

兵　好　金　妈　乙
Mbibt haux jiml mal yih,
ʔbip^{55} ɣaːu^{53} tɕim^{33} ma^{33} ji^{11}
饭盒　饭　金　来　解
把饭盒解开，

卡　盖　卖　当　粮
Gac gais mais daml ringz,
ka^{55} kai^{24} mai^{24} tam^{33} ðiŋ^{21}
杀　鸡　紫红　下　晌午
紫鸡拌午饭，

卡　盖　令　耀　多
Gac gais ndingl yeeus ndos,
ka^{55} ka^{24} ʔdiŋ^{33} jau^{24} ʔdo^{55}
杀　鸡　红　看　骨头
吃完看鸡骨，[4]

高　多　奶　盖麻
Gauc ndos ndaix gaaismaz?
kau^{55} ʔdo^{55} ʔdai^{53} kai^{24}ma^{21}
看　骨　得　什么
是吉还是凶？

高　多　奶　弯　熟
Gauc ndos ndaix wanl*xeeuh*,
kau^{55} ʔdo^{55} ʔdai^{53} van^{33}sɛu^{33}
看　骨　得　（吉卦）
鸡骨显吉卦，

松　绕　条　密　捞
巩　夺
Soongl rauz deeuz miz laaul
gungz*doh*.
θoŋ^{33} ðau^{21} tɛu^{21} mi^{21} laːu^{33}
两　我们　逃　不　怕
kuŋ^{21}to^{11}
（碰钉子）
我俩可平安。

衣　哈　捞　巩　夺
Is hax laaul gungz*doh*,
ʔi^{55} ɣa^{21} laːu^{33} kuŋ^{21}to^{11}
若　要　怕　（碰钉子）
若怕出麻烦，

夺　更　夺　卜那
Doh genz doh bohnax,

to^{11}　kɯn^{21}　to^{11}　po^{11}na^{53}
全　上　全　舅父
上边是舅舅，

夺　更　夺　卜龙
Doh genz doh bohlungz,
to^{11}　kɯn^{21}　to^{11}　po^{11}luŋ^{21}
全　上　全　舅爷
上边是舅爷，

捞　盖麻　巩夺
Laaul gaaismaz gungz*doh*?
laːu^{33}　kai^{24}ma^{21}　kuŋ^{21}to^{11}
怕　什么　（碰钉子）
我俩还怕啥？

衣哈　捞　巩夺
Is hax laaul gungz*doh*,
ʔi^{55}　ɣa^{21}　laːu^{33}　kuŋ^{21}to^{11}
若　要　怕　（碰钉子）
要是怕麻烦，

众布　翁　哨　驮
Jongsbeah hoongl saaul dogt*,
tɕoŋ^{24} pɯ^{11}　ɣoŋ^{33}　θaːu^{33}　tɔk^{55}
衣服　绸　姑娘　送
绸衣情妹送，

件　旁　挽　谷　个
Janh bangz foonx gueh gos,
tɕan^{11}　paŋ^{21}　van^{53}　ku^{11}　ko^{24}
段　布　黑　做　酬金
黑布做报酬，

绕　些　芽布　芽银
Rauz xih aul beah aul nganz
个　盖　哈　得　如
gos gaais Has dez ruez,
ðau^{21}　ɕi^{55}　ʔau^{33}　pɯ^{11}　ʔau^{33}
我们　就　要　衣　要
ŋan^{21}　ko^{24}　kai^{24}　xa^{55}　tɯ^{21}　ðu^{21}
银　雇　个　汉人　撑　船
衣和银酬谢划船的汉人，

绕　些　芽旁　芽银
Rauz xih aul bangz aul nganz
个　盖　哈　得　刷
gos gaais Has dez saz,
ðau^{21}　ɕi^{55}　ʔau^{33}　paŋ^{21}　ʔau^{33}
我们　就　要　衣　要
ŋan^{21}　ko^{24}　kai^{24}　xa^{55}　tɯ^{21}　θwa^{21}
银　雇　个　汉人　撑　筏
布和银酬谢撑筏的汉人，

得　松　绕　挂　答
Dez soongl rauz gvas dah,
tɯ^{21}　θoŋ^{33}　ðau^{21}　kwa^{24}　ta^{11}
撑　两　我们　过　河
带我俩过河，

挂 答 拜 立连

Gvas dah bail liz*laanz*,

kwa^{24} ta^{11} pai^{33} li^{21}laːn^{21}

过 河 去（摹状词）

匆忙过河去，

拜 盘 鲁 盘 然

Bail banz nduec* banz raanz

密 倒

miz daaus.

pai^{33} pan^{21} ʔduə^{55} pan^{21} ðaːn^{21}

去 成 家 成 室

mi^{21} taːu^{24}

不 回

去成家不回。

编 夭 很 根 岩

Byanc* ndeeul henc genl ngaaiz,

pjan^{55} ʔdɛu^{33} ɣɯn^{55} kɯn^{33} ŋaːi^{21}

遍 一 上 吃 早饭

唱完吃早饭，

败 夭 很 根 苕

Baaih ndeeul henc genl xauz,

paːi^{11} ʔdɛu^{33} ɣɯn^{55} kɯn^{33} sau^{21}

面 一 上 吃 晚饭

转眼吃晚饭，(5)

松 绕 拜 苗 良

Soongl rauz bail meeuz liangh,

θoŋ^{33} ðau^{21} pai^{33} mjau^{21} liaŋ^{11}

两 我们 去 年 个把

我俩去年把（一两年），

得 们 带 礼 垌

Dez mengz dais ndix* dongh

习 秧 拜拉

Xic*yaangl* baillac,

tɯ^{21} mɯŋ^{21} tai^{24} ʔdi^{53} tɔŋ^{11}

带 你 从 顺 田坝

ɕi^{55}jaːŋ^{33} pai^{33}la^{55}

习秧 下去

带你顺习秧田坝下去，

兮 依哑 拜更

Sil Ric*qyax bailgenz,

θi^{33} ði^{55}ʔja^{53} pai^{33}kɯn^{21}

顺 依哑 上去

顺依哑往上，(6)

习 秧 谷 然 沙

Xic*yaangl* gueh raanz xac,

ɕi^{55}jaːŋ^{33} ku^{11} ðaːn^{21} sa^{55}

习秧 做 家 等

习秧建房等，

依 哑 谷 然 半

Ric*qyax* gueh raanz banh*,

ði^{55}ʔja^{53} ku^{11} ðaːn^{21} pan^{11}

依哑 做 家 积累

依哑住家多，

谷　然　半　浪　拉
Gueh raanz banh* luangs lac,
ku^{11} ða:n^{21} pa^{11} luaŋ^{24} la^{53}
做　家　积累　寨　下面
下寨房子密，

谷　然　砂　浪　更
Gueh raanz xax luangs genz,
ku^{11} ða:n^{21} sa^{53} luaŋ^{24} kɯn^{21}
做　家　稀　寨　上面
上寨住户稀，

松　文　绕　秧　又
Soongl wenz rauz qyams* qyus;
θoŋ^{33} vɯn^{21} ðau^{21} ʔjam^{24}ʔju^{24}
两　人　我们　住　现在
我俩能安身；

谷　然　半　浪　拉
Gueh raanz banh* luangs lac,
ku^{11} ða:n^{21} pan^{11} luaŋ^{24} la^{55}
做　家　积累　寨　下面
下寨住户密，

谷　然　砂　浪　更
Gueh raanz xax luangs genz,
ku^{11} ða:n^{21} sa^{53} luaŋ^{24} kɯn^{21}
做　家　稀　寨　上面

上寨房子少，

半　然　沙　光棍
Banh* raanz xac guangygunq.
pan^{11} ða:n^{21} sa^{55} kuaŋ^{33}kun^{24}
积累　家　等　光棍
盖房等光棍。(7)

吉得　文　买妹　盘
Geazdeel wenz maixmbegt banz
纽　盘　裁
nyib banz xaaiz,
kɯ^{21}tɛ^{33} vɯn^{21} mai^{53}ʔbɯk^{55}
那里　人　妇女
pan^{21} ȵip^{11} pan^{21} sa:i^{21}
成　缝　成　裁
那里女人善裁缝，

文　补赛　盘　涝　盘　糯
Wenz buxsaail banz lauc banz noh,
vɯn^{21} pu^{53}θa:i^{33} pan^{21} lau^{55}
人　男人　有　酒
pan^{21} no^{11}
有　肉
男人酒肉从不断，

拜　帮　卜　帮　乜
Baex baangl boh baangl meeh
样　礼
yangh* lix,

pai^{53} pa:ŋ^{33} po^{11} pa:ŋ^{33} mɛ^{11}
媳妇 帮 父 帮 母
jaŋ^{11} li^{53}
也 有
媳妇孝公婆，

扫 搭 旁 样 又
Saaux das bangz yangh* qyus.
θa:u^{53} ta^{55} paŋ^{21} jaŋ^{11} ʔju^{24}
竹竿 晒 布 也 有
晾衣竿也有。

吉得 记 桑 薯
Geazdeel jis xangc* xux?
kɯ^{21}tɛ^{33} tɕi^{24} saŋ^{55} su^{53}
那里 友 该 肯
那里你愿去？

吉得 友 桑 呃
Geazdeel yux xangc* el*?
kɯ^{21}tɛ^{33} ju^{53} saŋ^{55} ʔɯ^{33}
那里 情人 该 中意
那里你中意？

思 哈 浪 哈 乖
Sams hax lams* hax lings.
sɯ^{33} ɣa^{21} lam^{24} ɣa^{21} liŋ^{24}
心 要 沉 要 陡
我心很忐忑。[8]

们 哈 吓 故 条
Mengz hax qyagt* gul deeuz,
mɯŋ^{21} ɣa^{21} ʔjak^{55} ku^{33} teu^{21}
你 要 怂恿 我 逃
你怂恿我逃，

们 哈 辽 故 卧
Mengz haz reeuz* gul os,
mɯŋ^{21} ɣa^{21} ðɛu^{21} ku^{33} ʔo^{55}
你 要 引 我 出
你要带我走，[9]

带 习 秧 拜拉
Dais Xic*yaangl* baillac,
tai^{24} ɕi^{55}ja:ŋ^{33} pai^{33}la^{55}
从 习秧 下去
从习秧下去，

带 依哑 拜奶
Dais Ric*qyax* bailndael,
tai^{24} ði^{55}ʔja^{53} pai^{33}ʔdai^{33}
从 依哑 进去
从依哑往里，

习 秧 密 然 沙
Xic*yaangl* miz raanz xac,
ɕi^{55}ja:ŋ^{33} mi^{21} ða:n^{21} sa^{55}
习秧 无 房 等
习秧没房等，

依哑　　密　然　　半
Ric*qyax*　miz　raanz　banh*,
ði^{55}ʔja^{53}　mi^{21}　ða:n^{21}　pan^{11}
依哑　　无　　房　　积累
依哑无余房，

密　然　　半　　浪　　拉
Miz　raanz　banh*　luangs　lac,
mi^{21}　ða:n^{21}　pan^{11}　luaŋ^{24}　la^{55}
无　家　　积累 寨　　下面
下寨无居所，

密　然　　沙　浪　　更
Miz　raanz　xax　luangs　genz,
mi^{21}　ða:n^{21}　sa^{53}　luaŋ^{24}　kɯn^{21}
无　家　　稀　寨　　上面
上寨无闲房，

松　　文　　密　奶　　又
Soongl　wenz　miz　ndaix　qyus.
θoŋ^{33}　vɯn^{21}　mi^{21}　ʔdai^{53}　ʔju^{24}
两　　人　　不　　得　　住
我俩无居所。

密　然　　半　　浪　　拉
Miz　raanz　banh*　luangs　lac,
mi^{21}　ða:n^{21}　pan^{11}　luaŋ^{24}　la^{55}
无　家　　积累 寨　　下面
下寨无余房，

松　　文　　密　奶　　有
Soongl　wenz　miz　ndaix　qyus,
θoŋ^{33}　vɯn^{21}　mi^{21}　ʔdai^{53}　ʔju^{24}
两　　人　　不　　得　　住
我俩无住处，

密　然　　半　　浪　　拉
Miz　raanz　banh*　luangs　lac,
mi^{21}　ða:n^{21}　pan^{11}　luaŋ^{24}　la^{55}
无　家　　积累 寨　　下面
下寨无闲房，

密　然　　砂　浪　　江
Miz　raanz　xax　luangs　jaangl,
mi^{21}　ða:n^{21}　sa^{53}　luaŋ^{24}　tɕa:ŋ^{33}
无　家　　稀　寨　　中间
中寨没空房，

密　然　　沙　光 棍
Miz　raanz　xac　guangygunq.
mi^{21}　ða:n^{21}　sa^{55}　kuaŋ^{33}kun^{24}
无　家　　等　光棍
光棍无居所。

吉 得　　文　　买 妹　　密
Geazdeel　wenz　maixmbegt　miz
纽　密　裁
nyib　miz　xaaiz,
kɯ^{21}tɛ^{33}　vɯn^{21}　mai^{53}ʔbɯk^{55}　mi^{21}
那里　　人　　妇女　　　不

ȵip^{11} mi^{21} saːi^{21}
缝 不 裁
那里妇女不裁缝，

文 补赛 密 涝 密 糯
Wenz buxsaail miz lauc miz noh,
vɯn^{21} pu^{53}θaːi^{33} mi^{21} lau^{55} mi^{21} no^{11}
人 男子 无 酒 无 肉
男人无酒肉，

摆 帮 卜 帮 乜
Baex baangl boh baangl meeh
密 礼
miz lix,
pai^{53} paːŋ^{33} po^{11} paːŋ^{33} mɛ^{11}
媳妇 帮 父 帮 母
mi^{21} li^{53}
没有
媳不帮公婆，

少 搭 旁 密礼
Saaux das bangz mizlix,
θaːu^{53} ta^{55} paŋ^{21} mi^{21}li^{53}
竹竿 晒 布 没有
没有晾衣竿，

吉 利 故 戈 若
Geaz ndil gul goc* rox,
kɯ^{21} ʔdi^{33} ku^{33} ko^{55} ðo^{53}
地方 好 我 就 知
好地我可知，

吉 卧 故 戈 觑
Geaz hoc gul goc* ranl,
kɯ^{21} ɣo^{55} ku^{33} ko^{55} ðan^{33}
地方 穷 我 就 见
穷地我见过，

踦 申 孝 然 答
Byaaic ronl xaus* ramx dah,
pjaːi^{55} ðan^{33} ɕau^{24} ðam^{53} ta^{11}
走 路 看见 水 河
走路蹚河水，

榜巴 礼 独额
Baangxbas lix dueznngeaz,
paːŋ^{24}pa^{24} li^{53} tɯ^{21}ŋɯ^{21}
山坡 有 老蛇
毒蛇满山爬，

思 窣 浪 密 乖
Saml miz lamc* miz lings.
θam^{33} mi^{21} lam^{55} mi^{21} liŋ^{24}
心 不 沉 不 陡
心里不忐忑。

吉 得 记 密 数
Geazdeel jis miz xux,
kɯ^{21}tɛ^{33} tɕi^{24} mi^{21} su^{53}
那里 友 不 肯

那里友不愿，

吉 得 友 密 呃
Geazdeel yux miz el*,
kɯ²¹tɛ³³ ju⁵³ mi²¹ ʔɯ³³
那里 情妹 不 中意
那里妹不喜，

那 得 拜 吉 墓
Nac* dez bail geazmos.
na⁵⁵ tɯ²¹ pai³³ kɯ²¹ mo²⁴
不如 带 去 处 新
不如去别处。

男：
带 习秧 拜 拉
Dais Xic*yaangl* baillac,
tai²⁴ ɕi⁵⁵jaːŋ³³ pai³³la⁵⁵
从 习秧 下去
从习秧下去，

濑 来 辣 些 芛 谷 纳
Raaih laez lag xih aul gueh naz,
ðaːi¹¹ lai²¹ lak¹¹ ɕi⁵⁵ ʔau³³
块 哪 深 就 拿
ku¹¹ na²¹
做 田
哪块深就拿做田，

濑 来 哈 些 芛 谷 利
Raaih laez haz xih aul gueh rih,
ðaːi¹¹ lai²¹ ɣa²¹ ɕi⁵⁵ ʔau³³
块 哪 茅草 就 拿
ku¹¹ ði¹¹
做 地
茅草坪开来做地，

摆 又 奶 吊 汪
Baiz qyus ndaix deeuh weangc,
pai²¹ ʔja⁵⁵ ʔdai⁵³ tiau¹¹ vaŋ⁵⁵
次 锄头 得 十斤 小米
一锄收十斤小米，

摆 莽 奶 吊 鲃
Baiz meangx ndaix deeuh byal,
pai²¹ maŋ⁵³ ʔdai⁵³ tiau¹¹ pja³³
次 网 得 十斤 鱼
一网捕十斤大鱼，

濑 纳 奶 千 尼
Raaih naz ndaix xianlngih,
ðaːi¹¹ na²¹ ʔdai⁵³ ɕian³³ ȵi¹¹
块 田 得 千 二
一块稻田收千二，

棵 兒 標 夭 奶
Gol legbyaauz ndeeul ndaix
担 尼
raabtngih,

ko^{33} lɯk^{11}pjaːu^{21} ʔdɛu^{33} ʔdai^{53}
棵 懒豆 一 得
ðaːp^{55}ȵi^{11}
担二
一棵懒豆收担二，

棵 兒必 夭 奶
Gol legbih ndeeul ndaix
担 三
raabtsaaml,
ko^{33} lɯk^{11}pi^{11} ʔdɛu^{33} ʔdai^{53}
棵 豌豆 一 得
ðaːp^{55}θaːm^{33}
担 三
一棵豌豆得担三，

棵 兒兰 夭 奶
Gol leglaanz* ndeeul ndaix
四 路
sis lueh.
ko^{33} lɯk^{11}laːn^{21} ʔdɛu^{33} ʔdai^{53}
棵 蓝靛 一 得
θi^{24} lu^{11}
四 坑
一棵蓝靛沤四坑。

得 们 拜 册 亨
Dez mengz bail Xiz*heengl*,
tɯ^{21} mɯŋ^{21} pai^{33} ɕi^{21}xɛŋ^{33}
带 你 去 册亨
带你去册亨，[10]

煞 菲 松 独 亥
Xaz feec* soongl duez hadt,
sa^{21} vɛ^{55} θoŋ^{33} tu^{21} ɣat^{55}
从 （草名）两 只 竹鼠
竹鼠满地跑，

煞 菲 三 独 亥
Xaz feec* saaml duez hadt,
sa^{21} vɛ^{55} θaːm^{33} tu^{21} ɣat^{55}
从 （草名） 三 只 竹鼠
搂草即可得，

棵 便 七 道 根
Gol byagt xadt daaus genl.
ko^{33} pjak^{55} sat^{55} taːu^{24} kɯn^{33}
棵 菜 七 次 吃
蔬菜吃不完。[11]

女：
得 故 拜 册 亨
Dez gul bail Xiz*heengl*,
tɯ^{21} ku^{33} pai^{33} ɕi^{21}xɛŋ^{33}
带 我 去 册亨
带我去册亨，

煞 菲 松 独 亥
Xaz feec* soongl duez hadt,

sa^{21} vɛ^{55} θoŋ^{33} tu^{21} ɣat^{55}
丛（草名）两 只 竹鼠
竹鼠满地跑，

煞 亥 三 独 亥
Xaz feec* saaml duez hadt,
sa^{21} vɛ^{55} θaːm^{33} tu^{21} ɣat^{55}
丛（草名）三 只 竹鼠
搂草即可得，

棵 便 七 道 根
Gol byagt xadt daaus genl.
ko^{33} pjak^{55} sat^{55} taːu^{24} kɯn^{33}
棵 菜 七 次 吃
蔬菜吃不完。

男：
得 们 拜 珉 谷
Dez mengz bail Meenx*guz,
tɯ^{21} mɯŋ^{21} pai^{33} mɛn^{53}ku^{21}
带 你 去 珉谷
带你去珉谷，[12]

吧 拱 刀 榔 墓
Basgongc dauc raangz muh*,
pa^{55}kɔŋ^{55} tau^{55} ðaːŋ^{21} mu^{11}
拱门口 生长 笋 短粗
城门长粗笋，

吧 都 刀 榔 艾
Basdul dauc raangz aais,
pa^{55}tu^{33} tau^{55} ðaːŋ^{21} ʔaːi^{24}
门口 生长 笋 壮硕
竹笋粗又壮，

四 败 歪 灯 笼
Sis baaih woic dangllongz,
θi^{24} paːi^{11} vai^{55} taŋ^{33}loŋ^{21}
四 面 挂 灯笼
四面挂灯笼，

洪 时 染 冬 单
Hoongz sez* ramx dogtdaadt,
ɣoŋ^{21} sɯ^{21} ðam^{53} tɔk^{35} taːt^{55}
响 如 水 落 悬崖
闹似水落崖，[13]

丹 时 染 更 为
Ndaadt sez* ramx genz fiz,
ʔdaːt^{55} sɯ^{21} ðam^{53} kɯn^{21} vi^{21}
热 如 水 上面 火
热似火上水，

斗 好 卡 些 奶 分 厘
Daux hauxgas xih ndaix fanl liz,
tau^{53} ɣaːu^{53}ka^{55} ɕi^{55} ʔdai^{53} van^{33} li^{21}
斗 谷子 就 得 分厘

斗谷挣几分，

糯 暮 必 些 干 钱 吊
Noh mul biz xih ganl xeenz deeuh.
no^{11} mu^{33} pi^{21} ɕi^{55} kan^{33} sɛn^{21}
肉 猪 肥 就 斤 钱
tiau^{11}
十斤
斤肉钱十吊。

女：
得 故 拜 珉谷
Dez gul bail Meenx*guz,
tɯ^{21} ku^{33} pai^{33} mɛn^{53}ku^{21}
带 我 去 珉谷
带我去珉谷，

吧拱 刀 榔 墓
Basgongc dauc raangz muh*,
pa^{55}kɔŋ^{55} tau^{55} ða:ŋ^{21} mu^{11}
拱门口 生长 笋 短粗
城门长粗笋，

吧都 刀 榔 艾
Basdul dauc raangz aais,
pa^{55}tu^{33} tau^{55} ða:ŋ^{21} ʔa:i^{24}
门口 生长 笋 壮硕
竹笋粗又壮，

四 排 歪 灯笼
Sis baaih woic dangllongz,
θi^{24} pa:i^{11} vai^{55} taŋ^{33}loŋ^{21}
四 面 挂 灯笼
四面挂灯笼，

洪 时 染 冬单
Hoongz sez* ramx dogtdaadt,
ɣoŋ^{21} sɯ^{21} ðam^{53} tɔk^{55} ta:t^{55}
响 如 水 落 悬崖
闹似水落崖，

丹 时 染 根 为
Ndaadt sez* ramx genz fiz,
ʔda:t^{55} sɯ^{21} ðam^{53} kɯn^{21} vi^{21}
热 如 水 上面 火
热似火上水，

斗 好咖 些 奶 分 厘
Daux hauxgas xih ndaix fanl liz,
tau^{53} ɣa:u^{53}ka^{55} ɕi^{55} ʔdai^{53}
斗 谷子 就 得
van^{33} li^{21}
分厘
斗谷挣几分，

糯 暮 必 些 干 钱 吊
Noh mul biz xih ganl xeenz deeuh.
no^{11} mu^{33} pi^{21} ɕi^{55} kan^{33} sɛn^{21}
肉 猪 肥 就 斤 钱

tiau^{11}
十斤
斤肉钱十吊。

男：
得　们　拜　廷康
Dez mengz bail Dingz*gangl*,
tɯ^{21} mɯŋ^{21} pai^{33} tiŋ^{21}kaŋ^{33}
带　你　去　顶江
带你去顶江，(14)

们　奶　冈　央常
Mengz ndaix gaml rianglxangh,
mɯŋ^{21} ʔdai^{53} kam^{33} ðiaŋ^{33}saŋ^{11}
你　得　握　尾秤
你得握秤杆，

们　奶　稂　拉舀
Mengz ndaix nangh laceeux
拉余
lacyiz*,
mɯŋ^{21} ʔdai^{53} naŋ^{11} la^{55}ʔjɛu^{53}
你　得　坐　仓下
la^{55}ji^{21}
屋下
坐在仓廪下，

们　奶　拜　觍　主
Mengz ndaix bail ranl suc
觍　赛
ranl sais.
mɯŋ^{21} ʔdai^{53} pai^{33} ðan^{33} θu^{55}
你　得　去　见　主
ðan^{33} θai^{24}
见　官
随时得见官。

女：
得　故　拜　廷康
Dez gul bail Dingz*gangl*,
tɯ^{21} ku^{33} pai^{33} tiŋ^{21}kaŋ^{33}
带　我　去　顶江
带我去顶江，

故　奶　冈　央常
Gul ndaix gaml rianglxangh,
ku^{33} ʔdai^{53} kam^{33} ðiaŋ^{33} saŋ^{11}
我　得　握　尾　秤
我得握秤杆，

故　奶　稂　拉舀　拉余
Gul ndaix nangh laceeux lacyiz*,
ku^{33} ʔdai^{53} naŋ^{11} la^{55}ʔjɛu^{53} la^{55}ji^{21}
我　得　坐　仓下　屋面
坐在仓廪下，

故　奶　拜　觍　主　觍　赛
Gul ndaix bail ranl suc ranl sais.

ku^{33} ʔdai^{53} pai^{33} ðan^{33} θu^{55}
我 得 去 见 主
ðan^{33} θai^{24}
见 官
随时得见官。

男：
得 们 拜 立印
Dez mengz bail Nyihidt*,
tɯ^{21} mɯŋ^{21} pai^{33} ȵi^{11}ʔit^{55}
带 你 去 岩鱼
带你去岩鱼，[15]

们 奶 敏 央常
Mengz ndaix mbidt rianglxangh,
mɯŋ^{21} ʔdai^{53} ʔbit^{55} ðiaŋ^{33}saŋ^{11}
你 得 扭 尾 秤
你得拎秤索，

们 奶 常 外 纳
Mengz ndaix xangh waais naz,
mɯŋ^{21} ʔdai^{53} saŋ^{11} vaːi^{24} na^{21}
你 得 称 棉 田
拎秤称好棉，

们 奶 达 外 半
Mengz ndaix daz waais banh*.
mɯŋ^{21} ʔdai^{53} ta^{21} vaːi^{24} pan^{11}
你 得 纺 棉花 赚钱
纺纱把钱挣。

女：
得 故 拜 立印
Dez gul bail Nyihidt*,
tɯ^{21} ku^{33} pai^{33} ȵi^{11}ʔit^{55}
带 我 去 岩鱼
带我去岩鱼，

故 奶 敏 央常
Gul ndaix mbidt rianglxangh,
ku^{33} ʔdai^{53} ʔbit^{55} ðiaŋ^{33} saŋ^{11}
我 得 扭 尾 秤
我得拎秤索，

故 奶 常 外 纳
Gul ndaix xangh waais naz,
ku^{33} ʔdai^{53} saŋ^{11} vaːi^{24} na^{21}
我 得 称 棉 田
拎秤称好棉，

故 奶 达 外 半
Gul ndaix daz waais banh*.
ku^{33} ʔdai^{53} ta^{21} vaːi^{24} pan^{11}
我 得 纺 棉花 赚钱
纺纱把钱挣。

男：
得 们 拜 波喜
Dez mengz bail Bolxix*,

tɯ^{21}　mɯŋ^{21}　pai^{33}　po^{33}ɕi^{53}
带　你　去　坡者
带你去坡者，

波喜　礼　又　更
Bolxix*　lix　qyus　genz,
po^{33}ɕi^{53}　li^{53}　ʔju^{24}　kɯn^{21}
坡者　还　在　上面
坡者在上方，

得　们　拜　答申
Dez　mengz　bail　Dazseml*,
tɯ^{21}　mɯŋ^{21}　pai^{33}　ta^{21}θɯm^{33}
带　你　去　打春
带你去打春，(16)

答申　礼　又　拉
Dazseml*　lix　qyus　lac.
ta^{21}θɯm^{33}　li^{53}　ʔju^{24}　la^{55}
打春　还　在　下面
打春在下游。

克沙　蒿　尽江
Jeexsax　hauc　jincjaangl,
kɛ^{53}θa^{55}　ɣau^{55}　tɕin^{55}tɕaːŋ^{33}
马场　赶　中间
马场赶中间，

高　波喜　礼　上
Gvaauc*　Bolxix*　lix　saangl,
kwaːu^{55}　po^{33}ɕi^{53}　li^{53}　θaːŋ^{33}
山岗　坡者　还　高
坡者有高山，

江　波喜　卧　磨
Jaangl　Bolxix*　os　mbos.
tɕaːŋ^{33}　po^{33}ɕi^{53}　ʔo^{55}　ʔbo^{24}
中间　坡者　出　井
寨中出水井。

带　拉　倒　妈　更
Dais　lac　daaus　mal　genz,
tai^{24}　la^{55}　taːu^{24}　ma^{33}　kɯn^{21}
从　下面　转　来　上面
从下转到上，

亥　仑　拜　得帅
Haec　lunz　bail　dezsaaih*.
ɣai^{55}　lɯn^{21}　pai^{33}　tɯ^{21}θwaːi^{11}
让　幺　去　清闲
情妹好清闲。

女：
得　故　拜　波喜
Dez　gul　bail　Bolxix*,
tɯ^{21}　ku^{33}　pai^{33}　po^{33}ɕi^{53}
带　我　去　坡者
带我去坡者，

波喜 礼 又 更
Bolxix* lix qyus genz,
po^{33}ɕi^{53} li^{53} ʔju^{24} kɯn^{21}
坡者 还 在 上面
坡者在上方，

得 故 拜 答申
Dez gul bail Dazseml*,
tɯ^{21} ku^{33} pai^{33} ta^{21}θɯm^{33}
带 我 去 打春
带我去打春，

答申 礼 又 拉
Dazseml* lix qyus lac.
ta^{21}θɯm^{33} li^{53} ʔju^{24} la^{55}
打春 还 在 下面
打春在下游。

克沙 蒿 尽江
Jeexsax hauc jincjaangl,
kɛ^{53}θa^{55} ɣau^{55} tɕin^{55}tɕaːŋ^{33}
马场 赶 中间
马场赶中间，[17]

高 波喜 礼 上
Gvaauc* Bolxix* lix saangl,
kwaːu^{55} po^{33}ɕi^{53} li^{53} θaːŋ^{33}
山岗 坡者 还 高
坡者有高山，

江 波喜 卧 磨
Jaangl Bolxix* os mbos.
tɕaːŋ^{33} po^{33}ɕi^{53} ʔo^{55} ʔbo^{24}
中间 坡者 出 井
寨中出水井。

带 拉 倒 妈 更
Dais lac daaus mal genz,
tai^{24} la^{55} taːu^{24} ma^{33} kɯn^{21}
从 下面 转 来 上面
从下转到上，

亥 仑 拜 得帅
Haec lunz bail dezsaaih*.
ɣai^{55} lɯn^{21} pai^{33} tɯ^{21}θwaːi^{11}
让 幺 去 清闲
让我好清闲。[18]

男：

得 们 拜 答料
Dez mengz bail Daznyaauh*,
tɯ^{21} mɯŋ^{21} pai^{33} ta^{21}ȵaːu^{11}
带 你 去 打料
带你去打料，

们 奶 挡 纳 浪
Mengz ndaix daangh* naz lag,
mɯŋ^{21} ʔdai^{53} taːŋ^{11} na^{21} lak^{11}
你 得 蹚 田 深

有深田可蹚，

们 奶 秧 纳汗
Mengz ndaix qyagt* nazaans,
muɯŋ21 ʔdai53 ʔjak55 na21ʔaːn24
你 得 踩 烂田
有烂田可踩，

们 奶 赛 纳老
Mengz ndaix xail nazlaaux
搭腊
daslaab,
muɯŋ21 ʔdai53 sai33 na21 laːu53
你 得 犁 大田 晒
ta55laːp11
冬月
犁大田晒垡，

们 奶 秧 纳 筛
Mengz ndaix qyagt* naz sael
搭腊
daslaab.
muɯŋ21 ʔdai53 ʔjak55 na21 θai33
你 得 踩 田 干净
ta55 laːp11
晒 冬月
耙田好晒冬。

女：
得 故 拜 答料
Dez gul bail Daznyaauh*,
tuɯ21 ku33 pai33 ta21ȵaːu11
带 我 去 打料
带我去打料，(19)

故 奶 挡 纳 浪
Gul ndaix daangh* naz lag,
ku33 ʔdai53 taːŋ11 na21 lak11
我 得 蹚 田 深
有深田可蹚，

故 奶 秧 纳汗
Gul ndaix qyagt* nazaans,
ku33 ʔdai53 ʔjak55 na21ʔaːn24
我 得 踩 烂田
有烂田可踩，

故 奶 筛 纳老 搭腊
Gul ndaix xail nazlaaux daslaab,
ku33 ʔdai53 sai33 na21laːu53 ta55 laːp11
我 得 犁 大田 晒 冬月
犁大田晒垡，

故 奶 秧 纳 筛
Gul ndaix qyagt* naz sael
搭腊
daslaab.

ku^{33} ʔdai^{53} ʔjak^{55} na^{21} θai^{33}
我 得 踩 田 干净
ta^{55}la:p^{11}
晒 冬月
耙田好晒冬。

男：

得 们 拜 习相
Dez mengz bail Xizsiangh*,
tɯ^{21} mɯŋ^{21} pai^{33} ɕi^{21}θiaŋ^{11}
带 你 去 者相
带你去者相，(20)

便 礼 又 㮾上
Byagt lix qyus Ndonglsaangl*,
pjak^{55} li^{53} ʔju^{24} ʔdɔŋ^{33}θa:ŋ^{33}
菜 还 在 弄桑
菜还在弄桑，(21)

榔 礼 又 㮾漠
Raangz lix qyus Ndonglmoh*,
ða:ŋ^{21} li^{53} ʔju^{24} ʔdɔŋ^{33}mo^{11}
笋 还 在 弄磨
笋子在弄磨，(22)

糯 礼 又 克 筛 拉 然
Noh lix qyus Jeecsaec* lac raanz,
no^{11} li^{53} ʔju^{24} kɛ^{53}sai^{55} la^{55} ða:n^{21}
肉 还 在 者相 下面 家
肉在者相场，

亥 蛮 根 濑 样
Haec maanz genl laail yiangh,
ɣai^{55} ma:n^{21} kɯn^{33} la:i^{33} jaŋ^{11}
让 （情妹）吃 多 样
让妹尝美味，(23)

亥 蛮 登 濑 样
Haec maanz danc laail yiangh.
ɣai^{55} ma:n^{21} tan^{55} la:i^{33} jaŋ^{11}
让 （情妹）穿 多 样
身穿好衣裙。

女：

得 故 拜 习相
Dez gul bail Xizsiangh*,
tɯ^{21} ku^{33} pai^{33} ɕi^{21}θiaŋ^{11}
带 我 去 者相
带我去者相，

便 礼 又 㮾上
Byagt lix qyus Ndonglsaangl*,
pjak^{55} li^{53} ʔju^{24} ʔdɔŋ^{33}θa:ŋ^{33}
菜 还 在 弄桑
菜还在弄桑，

榔 礼 又 㮾漠
Raangz lix qyus Ndonglmoh*,

ðaːŋ^{21} li^{53} ʔju^{24} ʔdɔŋ^{33}mo^{11}
笋 还 在 弄磨
笋子在弄磨，

糯 礼 又 克 筛 拉 然
Noh lix qyus Jeecsaec* lac raanz,
no^{11} li^{53} ʔju^{24} kɛ^{53}sai^{55} la^{55} ðaːn^{21}
肉 还 在 者相 下面 家
肉在者相场，

亥 蛮 根 濑 样
Haec maanz genl laail yiangh,
ɣai^{55} maːn^{21} kɯn^{33} laːi^{33} jaŋ^{11}
让 （情妹）吃 多 样
让我尝美味，

亥 蛮 登 濑 样
Haec maanz danc laail yiangh.
ɣai^{55} maːn^{21} tan^{55} laːi^{33} jaŋ^{11}
让 （情妹）穿 多 样
身穿好衣裙。

男：
得 们 拜 郎书
Dez mengz bail Laangzsuc*,
tɯ^{21} mɯŋ^{21} pai^{33} laːŋ^{21}θu^{55}
带 你 去 郎所
带你去郎所，[24]

郎书 根 烟脚
Laangzsuc genl yianyjof,
laːŋ^{21}θu^{55} kɯn^{33} jian^{33}tɕo^{21}
郎所 吃 烟脚
郎所无好烟，[25]

得 们 拜 波说
Dez mengz bail Bolsoz*,
tɯ^{21} mɯŋ^{21} pai^{33} po^{33}θo^{21}
带 你 去 坡撮
带你去坡撮，

波说 街 兒磅
Bolsoz* gaail legbag,
po^{33}θo^{21} kaːi^{33} lɯk^{11}pak^{11}
坡撮 卖 萝卜
坡撮卖萝卜，

补 元 崙 松 崙
Bux yianh ndanl soongl ndanl,
pu^{53} jan^{11} ʔdan^{33} θoŋ^{33} ʔdan^{33}
人 递 个 两 个
钱货两交清，

哈 盘 崙 街使
Haz banz ndanl gaailxex.
ɣa^{21} pan^{21} ʔdan^{33} kaːi^{33}sɯ^{53}
要 成 个 买卖

买卖便做成。

女：

得 故 拜 郎书
Dez gul bail Laangzsuc*,
tɯ^{21} ku^{33} pai^{33} laːŋ^{21}θu^{55}
带 我 去 郎所
带我去郎所，

郎书 根 烟脚
Laangzsuc genl yianyjof,
laːŋ^{21}θu^{55} kɯn^{33} jian^{33}tɕo^{21}
郎所 吃 烟脚
郎所无好烟，

得 故 拜 波说
Dez gul bail Bolsoz*,
tɯ^{21} ku^{33} pai^{33} po^{33}θo^{21}
带 我 去 坡撮
带我去坡撮，

波说 街 兒磅
Bolsoz* gaail legbag,
po^{33}θo^{21} kaːi^{33} lɯk^{11}pak^{11}
坡撮 卖 萝卜
坡撮卖萝卜，

补 元 崙 松 崙
Bux yianh ndanl soongl ndanl,
pu^{53} jan^{11} ʔdan^{33} θoŋ^{33} ʔdan^{33}
人 递 个 两 个
钱货两交清，

哈 盘 崙 街使
Haz banz ndanl gaailxex.
ɣa^{21} pan^{21} ʔdan^{33} kaːi^{33}sɯ^{53}
要 成 个 买卖
买卖就做成。

男：

得 们 拜 阿舀
Dez mengz bail Alyaux*,
tɯ^{21} mɯŋ^{21} pai^{33} ʔa^{33}jau^{53}
带 你 去 了寨
带你去了寨，(26)

根 兒巧 扫 劳
Genl legjeeux xaux* laauz,
kɯn^{33} lɯk^{11}kɛu^{53} sau^{53} laːu^{21}
吃 苦葱 放 油
吃苦葱放油，

根 兒彪 数 好
Genl legbyaauz xos haux,
kɯn^{33} lɯk^{11}pjaːu^{21} su^{24} ɣaːu^{53}
吃 懒豆 放 饭
吃懒豆拌饭，

四 问　岜　密　咪
Sisnguad　byac　miz　raiz,
θi^{24}ŋuat^{11}　pja^{55}　mi^{21}　ðai^{21}
四月　雷　不　叫
四月雷不响，

扛　篩　篩　纳 舍　搭　腊
Gead　xail　xail　nazxeeh　das　laab.
kat^{11}　sai^{33}　sai^{33}　na^{21}sɛ^{11}　ta^{55}laːp^{11}
扛　犁　犁　泡田　晒 冬
水田也翻犁晒冬。

女：
得　故　拜　阿 舀
Dez　gul　bail　Alyaux*,
tɯ^{21}　ku^{33}　pai^{33}　ʔa^{33}jau^{53}
带　我　去　了寨
带我去了寨，

根　兒 巧　扫　劳
Genl　legjeeux　xaux*　laauz,
kɯn^{33}　lɯk^{11}kɛu^{53}　sau^{53}　laːu^{21}
吃　苦葱　放　油
吃苦葱放油，

根　兒 彪　数　好
Genl　legbyaauz　xos　haux,
kɯn^{33}　lɯk^{11}pjaːu^{21}　su^{24}　ɣaːu^{53}
吃　懒豆　放　饭
吃懒豆拌饭，

四 问　岜　密　咪
Sisnguad　byac　miz　raiz,
θi^{24}ŋuat^{11}　pja^{55}　mi^{21}　ðai^{21}
四月　雷　不　叫
四月雷不响，

扛　篩　篩　纳 舍　搭　腊
Gead　xail　xail　nazxeeh　das　laab.
kat^{11}　sai^{33}　sai^{33}　na^{21}sɛ^{11}　ta^{55}laːp^{11}
扛　犁　犁　泡田　晒 冬
水田也翻犁晒冬。

男：
得　们　拜　纳 习
Dez　mengz　bail　Nazxiz*,
tɯ^{21}　mɯŋ^{21}　pai^{33}　na^{21}ɕi^{21}
带　你　去　坡厂
带你去坡厂，[27]

根　磨　染　当 哀
Genl　mbos　ramx　dangchaail,
kɯn^{33}　ʔbo^{24}　ðam^{53}　taŋ^{55}ɣaːi^{33}
喝　井　水　朝天
喝朝天井水，

兒 妹　根　盘　乖
Legmbegt　genl　banz　gvaail,

lɯk^{11}ʔbɯk^{55} kɯn^{33} pan^{21} kwaːi^{33}
女孩 吃 成 聪明
姑娘喝聪明，

兒灾 根 盘 醒
Legsaail genl banz xinh.
lɯk^{11}θaːi^{33} kɯn^{33} pan^{21} ɕin^{11}
男孩 吃 成 清醒
男孩喝开窍。

女：
得 故 拜 纳 习
Dez gul bail Nazxiz*,
tɯ^{21} ku^{33} pai^{33} na^{21}ɕi^{21}
带 我 去 坡厂
带我去坡厂，

根 磨 染 当哀
Genl mbos ramx dangchaail,
kɯn^{33} ʔbo^{24} ðam^{53} taŋ^{55}ɣaːi^{33}
喝 井 水 朝天
喝朝天井水，

兒妹 根 盘 乖
Legmbegt genl banz gvaail,
lɯk^{11}ʔbɯk^{55}kɯn^{33} pan^{21} kwaːi^{33}
女孩 吃 成 聪明
姑娘喝聪明，

兒灾 根 盘 醒
Legsaail genl banz xinh.
lɯk^{11}θaːi^{33} kɯn^{33} pan^{21} ɕin^{11}
男孩 吃 成 清醒
男孩喝开窍。

男：
得 们 拜 庚神
Dez mengz bail Geengcseengz*,
tɯ^{21} mɯŋ^{21} pai^{33} kɛŋ^{55}θɛŋ^{21}
带 你 去 金井
带你去金井，[28]

们 奶 担 坟 恒
Mengz ndaix raabt fenz heengz*
内 拉
ndoil lac,
mɯŋ^{21} ʔdai^{53} ðaːp^{55} vɯn^{21} ɣeŋ^{21}
你 得 挑 柴 上
ʔduai^{33} la^{55}
坡 下面
挑柴爬陡坡，

哈 卡 堂 贵书
Has gax dangz Gvisxul*,
ɣa^{55} ka^{53} taŋ^{21} kui^{24}su^{33}
汉人 贾 到 贵州
汉商到贵州，

根　沽　油　密　闹
Genl guel yuz miz laus.
kɯn^{33} kuə^{33} ju^{21} mi^{21} lau^{24}
吃　盐　油　不　赢
油盐不用愁。

女：
得　故　拜　庚神
Dez gul bail Geengcseengz*,
tɯ^{21} ku^{33} pai^{33} kɛŋ^{55}θɛŋ^{21}
带　我　去　金井
带我去金井，

故　奶　担　坟　恒
Gul ndaix raabt fenz heengz*
内　拉
ndoil lac,
ku^{33} ʔdai^{53} ða:p^{55} vɯn^{21} ɣeŋ^{21}
我　得　挑　柴　上
ʔduai^{33} la^{55}
坡　下面
挑柴爬陡坡，

哈　卡　堂　贵书
Has gax dangz Gvisxul*,
ɣa^{55} ka^{53} taŋ^{21} kui^{24}su^{33}
汉人　贾　到　贵州
汉商到贵州，

根　沽　油　密　闹
Genl guel yuz miz laus.
kɯn^{33} kuə^{33} ju^{21} mi^{21} lau^{24}
吃　盐　油　不　赢
油盐不用愁。

男：
得　们　拜　岜歪
Dez mengz bail Byalwadt*,
tɯ^{21} mɯŋ^{21} pai^{33} pja^{33}vat^{55}
带　你　去　八河
带你去八河，(29)

岜歪　街　弄　该
Byalwadt* gaail ndongl gail*,
pja^{33}vat^{55} ka:i^{33} ʔdɔŋ^{33} kai^{33}
八河　卖　林　黄栀子
八河卖黄栀，

得　们　拜　里赖
Dez mengz bail Ricrais*,
tɯ^{21} mɯŋ^{21} pai^{33} ði^{55}ðai^{24}
带　你　去　里赖
带你去里赖，(30)

里赖　街　戎　往
Ricrais* gaail rongl fangx.
ði^{55}ðai^{24} ka:i^{33} ðɔŋ^{33} vaŋ^{53}
里赖　卖　叶　粽子

里赖卖粽叶。

女：
得 故 拜 岜歪
Dez gul bail Byalwadt*,
tɯ^{21} ku^{33} pai^{33} pja^{33}vat^{55}
带 我 去 八河
带我去八河，

岜歪 街 弄 该
Byalwadt* gaail ndongl gail*,
pja^{33}vat^{55} ka:i^{33} ʔdɔŋ^{33} kai^{33}
八河 卖 林 黄栀子
八河卖黄栀，

得 故 拜 里赖
Dez gul bail Ricrais*,
tɯ^{21} ku^{33} pai^{33} ði^{55}ðai^{24}
带 我 去 里赖
带我去里赖，

里赖 街 戎 往
Ricrais* gaail rongl fangx.
ði^{55}ðai^{24} ka:i^{33} ðɔŋ^{33} vaŋ^{53}
里赖 卖 叶 粽子
里赖卖粽叶。

男：
得 们 拜 吧赏
Dez mengz bail Basxangx*,
tɯ^{21} mɯŋ^{21} pai^{33} pa^{55}saŋ^{53}
带 你 去 白层
带你去白层，[31]

吧赏 街 单 亚
Bassangx* gaail daaml qyas
根 角
jeenl goz,
pa^{55}saŋ^{53} ka:i^{33} ta:m^{33} ʔja^{55}
白层 卖 柄 挖锄
kɛn^{33} ko^{21}
臂 弯
白层卖锄把，

街 工我 崴内
Gaail gongcngol faixloil,
ka:i^{33} kɔŋ^{55}ŋo^{33} vai^{53}luai^{33},
卖 木钩 绵竹
卖绵竹弯钩，

奶 松 讴 好三
Ndaix soongl doix hauxsaanl,
ʔdai^{53} θoŋ^{33} tuai^{53} ɣa:u^{53}θa:n^{33}
得 两 碗 大米
得两碗大米，

孬 妈 然 亥 卜
Aul mal raanz haec boh
连 乜
lianz meeh.

ʔau^{33}　ma^{33}　ða:n^{21}　ɣai^{55}　po^{11}
拿　来　家　给　父
lian^{21}　mɛ^{11}
和　母
拿回给父母。

女：
得　故　拜　吧赏
Dez　gul　bail　Basxangx*,
tɯ^{21}　ku^{33}　pai^{33}　pa^{55}saŋ^{53}
带　我　去　白层
带我去白层，

吧赏　街　单　亚
Bassangx*　gaail　daaml　qyas
根　角
jeenl　goz,
pa^{55}saŋ^{53}　ka:i^{33}　ta:m^{33}　ʔja^{55}
白层　卖　柄　挖锄
kɛn^{33}　ko^{21}
臂　弯
白层卖锄把，

街　工我　崴内
Gaail　gongcngol　faixloil,
ka:i^{33}　koŋ^{55}ŋo^{33}　vai^{53}luai^{33},
卖　木钩　绵竹
卖绵竹弯钩，

奶　松　退　好三
Ndaix　soongl　doix　hauxsaanl,
ʔdai^{53}　θoŋ^{33}　tuai^{53}　ɣa:u^{53}θa:n^{33}
得　两　碗　大米
得两碗大米，

孬　妈　然　亥　卜
Aul　mal　raanz　haec　boh
连　乜
lianz　meeh.
ʔau^{33}　ma^{33}　ða:n^{21}　ɣai^{55}　po^{11}
拿　来　家　给　父
lian^{21}　mɛ^{11}
和　母
拿回给父母。

男：
得　们　拜　板贵
Dez　mengz　bail　Baanxguis*,
tɯ^{21}　mɯŋ^{21}　pai^{33}　pa:n^{53}kui^{24}
带　你　去　板贵
带你去板贵，[32]

板贵　若　得　汝
Baanxguis*　rox　dez　ruez,
pa:n^{53}kui^{24}　ðo^{53}　tɯ^{21}　ðuə^{21}
板贵　会　撑　船
板贵人划船，

板 贵 若 得 刷
Baanxguis* rox dez saz,
paːn^{53}kui^{24} ðo^{53} tɯ^{21} θwa^{21}
板贵 会 撑 筏
板贵人撑筏，

哈 卡 堂 贵 书
Has gax dangz Gvisxul*,
ɣa^{55} ka^{53} taŋ^{21} kui^{24}su^{33}
汉人 贾 到 贵州
汉商到贵州，

根 沽 油 密 闹
Genl guel yuz miz laus.
kɯn^{33} kuə^{33} ju^{21} mi^{21} lau^{24}
吃 盐 油 不 羸
油盐不用愁。

女：
得 故 拜 板 贵
Dez gul bail Baanxguis*,
tɯ^{21} ku^{33} pai^{33} paːn^{53}kui^{24}
带 我 去 板贵
带我去板贵，

板 贵 若 得 汝
Baanxguis* rox dez ruez,
paːn^{53}kui^{24} ðo^{53} tɯ^{21} ðuə^{21}
板贵 会 撑 船
板贵人划船，

板 贵 若 得 刷
Baanxguis* rox dez saz,
paːn^{53}kui^{24} ðo^{53} tɯ^{21} θwa^{21}
板贵 会 撑 筏
板贵人撑筏，

哈 卡 堂 贵 书
Has gax dangz Gvisxul*,
ɣa^{55} ka^{53} taŋ^{21} kui^{24}su^{33}
汉人 贾 到 贵州
汉商到贵州，

根 沽 油 密 闹
Genl guel yuz miz laus.
kɯn^{33} kuə^{33} ju^{21} mi^{21} lau^{24}
吃 盐 油 不 羸
油盐不用愁。

男：
得 们 拜 洼 供
Dez mengz bail Walgongc*,
tɯ^{21} mɯŋ^{21} pai^{33} va^{33}kɔŋ^{55}
带 你 去 小花江
带去小花江，[33]

完 夭 松 担 哈
Ngonz ndeeul soongl raabt haz,

ŋɔn^{21} ʔdeu^{33} θoŋ^{33} ða:p^{55} ɣa^{21}
天 一 两 挑 茅草
一天两挑草，

完 炋 三 担 哈
Ngonz ndeeul saaml raabt haz.
ŋɔn^{21} ʔdeu^{33} θa:n^{33} ða:p^{55} ɣa^{21}
天 一 三 挑 茅草
一天三挑草。

女：
得 故 拜 洼供
Dez gul bail Walgongc*,
tɯ^{21} ku^{33} pai^{33} va^{33}kɔŋ^{55}
带 我 去 小花江
带去小花江，

完 炋 松 担 哈
Ngonz ndeeul soongl raabt haz,
ŋɔn^{21} ʔdeu^{33} θoŋ^{33} ða:p^{55} ɣa^{21}
天 一 两 挑 茅草
一天两挑草，

完 炋 三 担 哈
Ngonz ndeeul saaml raabt haz.
ŋɔn^{21} ʔdeu^{33} θa:m^{33} ða:p^{55} ɣa^{21}
天 一 三 挑 茅草
一天三挑草。

男：（以下两段女唱部分省略）
得 们 拜 拉岜
Dez mengz bail lacbyal*,
tɯ^{21} mɯŋ^{21} pai^{33} la^{55}pja^{33}
带 你 去 下岩
带你去下岩，[34]

完 炋 松 担 建
Ngonz ndeeul soongl raabt janh*,
ŋɔn^{21} ʔdeu^{33} θoŋ^{33} ða:p^{55} tɕan^{11}
天 一 两 挑 苋草
一天两挑草，

完 炋 三 担 哈
Ngonz ndeeul saaml raabt haz.
ŋɔn^{21} ʔdeu^{33} θa:m^{33} ða:p^{55} ɣa^{21}
天 一 三 挑 茅草
一天三挑草。

男：
得 们 拜 苏母
Dez mengz bail Xulmux*,
tɯ^{21} mɯŋ^{21} pai^{33} su^{33}mu^{53}
带 你 去 花江
带你去花江，[35]

苏母 礼 吭 绵
Xulmux* lix gaangc Meenz*.
su^{33}mu^{53} li^{53} ka:ŋ^{55} mɛn^{21}
花江 有 讲 彝语

花江讲彝语。(36)

男：

条 拜 来 密 薯
Deeuz bail laez miz xux,
teu^{21} pai^{33} lai^{21} mi^{21} su^{53}
逃 去 哪 不 肯
到哪儿不肯，

友 拜 来 密 呃
Yux bail laez miz el*,
ju^{53} pai^{33} lai^{21} mi^{21} ʔɯ^{33}
情人 去 哪里 不 满意
到哪儿不愿，

们 兮 倒妈 登 鞋丧
Mengz xih daausmal danc haaiznsabt*,
mɯŋ^{21} ɕi^{55} ta:u^{24}ma^{33} tan^{55} ɣa:i^{21}θap^{55}
你 就 回来 穿 布鞋
你就回来穿布鞋，

倒妈 常 鞋沙
Daausmal sab* haaizsal,
ta:u^{24}ma^{33} θap^{11} ɣa:i^{21}θa^{33}
回来 塞 凉鞋
回来靸凉鞋，

倒妈 吖 关 告
Daausmal ral gvaanl gaus;
ta:u^{24}ma^{33} ða^{33} kwa:n^{33} kau^{24}
回来 找 丈夫 旧
回来寻原配；

倒妈 登 孩丧
Daausmal danc haaiznsabt*,
ta:u^{24}ma^{33} tan^{55} ɣa:i^{21}θap^{55}
回来 穿 布鞋
回来穿布鞋，

倒妈 常 孩凉
Daausmal sab* haaizliangz,
ta:u^{24}ma^{33} θap^{11} ɣa:i^{21}liaŋ^{21}
回来 塞 凉鞋
回来靸凉鞋，

倒妈 羊 关 告
Daausmal riangz gvaanl gaus;
ta:u^{24}ma^{33} ðiaŋ^{21} kwa:n^{33} kau^{24}
回来 跟 丈夫 旧
回来跟原夫；

倒妈 登 孩丧
Daausmal danc haaiznsabt*,
ta:u^{24}ma^{33} tan^{55} ɣa:i^{21}θap^{55}
回来 穿 布鞋

回来穿布鞋，

倒妈 常 孩牛
Daausmal sab* haaiznyuz,
taːu²⁴ma³³ θap¹¹ ɣaːi²¹ȵu²¹
回来 塞 草鞋
回来靸草鞋，

倒妈 独 关 告
Daausmal duz* gvaanl gaus.
taːu²⁴ma³³ tu²¹ kwaːn³³ kau²⁴
回来 守 丈夫 旧
回来傍原配。

利 样 关， 亚
Ndil yangh* gvaanl, qyas
羊 关
yangh* gvaanl,
ʔdi³³ jaŋ¹¹ kwaːn³³ ʔja⁵⁵ jaŋ¹¹
好 也 丈夫 坏 也
kwaːn³³
丈夫
好也夫，孬也夫，

谷然 根 渐渐
Guehraanz genl janhjanh*.
ku¹¹ðaːn²¹ kuɯn³³ tɕan¹¹tɕan¹¹
做家 吃 （摹状词）

平庸过日子。

女：
得 拜 来 密 数
Dez bail laez miz xux,
tɯ²¹ pai³³ lai²¹ mi²¹ su⁵³
带 去 哪 不 肯
带哪儿不肯，

友 拜 来 密 呃
Yux bail laez miz el*,
ju⁵³ pai³³ lai²¹ mi²¹ ʔɯ³³
情人 去 哪里 不 满意
去哪儿不愿，

们 些 倒妈 登
Mengz xih daausmal danc
孩偿
haaiznsabt*,
muɯŋ²¹ ɕi⁵⁵ taːu²⁴ma³³ tan⁵⁵
你 就 回来 穿
ɣaːi²¹θap⁵⁵
布鞋
你就回来穿布鞋，

倒妈 常 孩沙
Daausmal sab* haaizsal,
taːu²⁴ma³³ θap¹¹ ɣaːi²¹θa³³
回来 塞 凉鞋

回来靸凉鞋，

倒妈 吖 奺 告
Daausmal ral baz gaus;
taːu^{24}ma^{33} ða^{33} pa^{21} kau^{24}
回来 找 旧妻
回来寻原配；

倒妈 登 鞋偿
Daausmal danc haaizsabt*,
taːu^{24}ma^{33} tan^{55} ɣaːi^{21}θap^{55}
回来 穿 布鞋
回来穿布鞋，

倒妈 常 孩凉
Daausmal sab* haaizliangz,
taːu^{24}ma^{33} θap^{11} ɣaːi^{21}liaŋ^{21}
回来 塞 凉鞋
回来靸凉鞋，

倒妈 羊 奺 告
Daausmal riangz baz gaus;
taːu^{24}ma^{33} ðiaŋ^{21} pa^{21} kau^{24}
回来 跟 旧妻
回来跟原配；

倒妈 登 孩伤
Daausmal danc haaiznsabt*,
taːu^{24}ma^{33} tan^{55} ɣaːi^{21}θap^{55}
回来 穿 布鞋
回来穿布鞋，

倒妈 常 鞋牛
Daausmal sab* haaiznyuz,
taːu^{24}ma^{33} θap^{11} ɣaːi^{21}ȵu^{21}
回来 塞 草鞋
回来靸草鞋，

倒妈 待 奺 告
Daausmal daez baz gaus.
taːu^{24}ma^{33} tai^{21} pa^{21} kau^{24}
回来 守 妻 旧
回来傍原配。

利 样 奺，亚 样 奺
Ndil yangh* baz, qyas yangh* baz,
ʔdi^{33} jaŋ^{11} pa^{21}, ʔja^{55} jaŋ^{11} pa^{21}
好 也 妻 坏 也 妻
好也妻，孬也妻，

送 岩 纳 渐渐
Songs ngaaiz naz janhjanh*.
θɔŋ^{24} ŋaːi^{21} na^{21} tɕan^{11}tɕan^{11}
送 早饭 田 （摹状词）
送饭到田里。

流传地区：贵州省贞丰一带
演唱：周仕厚、罗大金
收集、翻译整理：周国茂
收集时间：1987—1996年

三、注释

（1）原文为布摩扮演的男女对唱，本文在改编时省略了前后文衔接的一些段落，故有些地方上下句之间内容上缺乏关联性。

（2）文中 tai^{24} pai^{33}paːi^{11} ɕi^{21}pja^{33}，ɕi^{21}pja^{33} 音译为“习岜”，贞丰地名。

（3）文中 taŋ^{21} po^{33}ʔa^{33} jat^{55}naːi^{24}，taŋ^{21} tiaŋ^{21}saːi^{11} kɯn^{33} ðiŋ^{21} 中的 po^{33}ʔa^{33} “坡阿”、tiaŋ^{21}saːi^{11} “亭赛”均为地名，在贞丰境内。

（4）文中 ka^{55} ka^{24} ʔdiŋ^{33} jau^{24} ʔdo^{55} 中的 jau^{24} ʔdo^{55} 指“看鸡骨卦”，布依族一种预卜吉凶的习俗。

（5）文中 pai^{33} pan^{21} ʔduə^{55} pan^{21} ðaːn^{21} mi^{21} taːu^{24}，pjan^{55} ʔdɛu^{33} ɣɯn^{55} kɯn^{33} ŋaːi^{21}，paːi^{11} ʔdɛu^{33} ɣɯn^{55} kɯn^{33}sau^{21} 等句为男方每场一段开头的固定套语，以下均省略。

（6）tɯ^{21} mɯŋ^{21} tai^{24} ʔdi^{53} tɔŋ^{11} ɕi^{55}jaːŋ^{33} pai^{33}la^{55}，θi^{33} ði^{55}ʔja^{53} pai^{33}kɯn^{21} 两句中的 ɕi^{53}jaːŋ^{33} “习秧”和 ði^{55}ʔja^{55} “依哑”均为贞丰县境内地名。

（7）pan^{11} ðaːn^{21} sa^{55} kuaŋ^{33}kun^{24} 一句中的 kuaŋ^{33}kun^{24} “光棍”指未成家的单身男女。这里是情侣之间俏皮的自喻。

（8）文中 sɯ^{33} ɣa^{21} lam^{24} ɣa^{21} liŋ^{24} 一句指因不知对方是否愿逃到这地方，所以提问后心中不踏实，七上八下的。

（9）文中 mɯŋ^{21} ɣa^{21} ʔjak^{55} ku^{33} teu^{21}，mɯŋ^{21} ɣa^{21} ðɛu^{21} ku^{33} ʔo^{55} 两句是女方每唱一段开头的固定套语，以下均省略。

（10）tɯ^{21} mɯŋ^{21} pai^{33} ɕi^{21}xɛŋ^{33} 一句中 ɕi^{21}xɛŋ^{33} 即“册亨”，县名，贵州省黔西南布依族苗族自治州册亨县，在贞丰县西南面。

（11）ko^{33} pjak^{55} sat^{55} taːu^{24} kɯn^{33} 本义为“一棵菜分七次吃”，指这地方好，菜长得硕大。

（12）mɛn^{53}ku^{21}，音译“珉谷”，地名，即贞丰县城。

（13）θi^{24} paːi^{11} vai^{55} taŋ^{33}loŋ^{21}，ɣoŋ^{21} sɯ^{21} ðam^{53} tɔk^{35} taːt^{55} 两句烘托出一种热闹的氛围。珉谷是县城，过去曾是黔西南重要的物资集散地和贸易重镇，这几句形容城中夜市灯火通明，人声鼎沸。

（14）tɯ^{21} mɯŋ^{21} pai^{33} tiŋ^{21}kaŋ^{33} 一句中的 tiŋ^{21}kaŋ^{33} 为地名，音译“顶江”，

在贞丰县境内。

（15）tɯ^{21} mɯŋ^{21} pai^{33} ȵi^{11}ʔit^{55} 中的 ȵi^{11}ʔit^{55} 为地名，汉译为“岩鱼”，在贞丰县境内，距县城 5 公里。

（16）tɯ^{21} mɯŋ^{21} pai^{33} po^{33} ɕi^{53}；tɯ^{21} mɯŋ^{21} pai^{33} ta^{21} θɯm^{33} 中的 po^{33}ɕi^{53}、ta^{21}θɯm^{33} 均为地名，分别音译为“坡者”“打春”，在贞丰县境内。

（17）kɛ^{53}θa^{55} ɣau^{55} tɕin^{55}tɕaːŋ^{33} 一句中的 kɛ^{53}θa^{55} 为地名，汉语为“马场”。我国西南地区多有按十二生肖设集市开展商贸活动的现象，集市多设在人口较为密集的城镇，为方便交通不便的农村地区，在一些人口相对集中的村镇也设集市供大家开展贸易。“马场”即于十二生肖“马”日赶集，布依语用与十二生肖对应的十二地支称呼，生肖第七位“马”对应于地支“午”，布依语为 θa^{55}，故称 kɛ^{53}θa^{55}。这里指者相（贞丰县境），因者相场赶“子”“午”两天，故有此称。

（18）ɣai^{55} lɯn^{21} pai^{33} tɯ^{21}θwaːi^{11} 一句中的 lɯn^{21} 本义为“排行最末尾的”，是小伙子对情人的昵称，或女孩在情人面前的自称。

（19）tɯ^{21} ku^{33} pai^{33} ta^{21}ȵaːu^{11} 一句中的 ta^{21}ȵaːu^{11} 为地名，音译“打料”，在贞丰县境内。

（20）tɯ^{21} mɯŋ^{21} pai^{33} ɕi^{21}θiaŋ^{11} 中的 ɕi^{21}θiaŋ^{11} 为地名，汉语为“者相”，实际指者相集镇边上的一个布依族寨子，在贞丰县境内。作为集镇的“者相”用布依语称为 kɛ^{53}sai^{55}，布依语标准音为 tɕe^{31}ɕaɯ^{53}。“者相”曾是黔西南地区重要的商贸重镇，今为贞丰县除县城之外最大的集镇。

（21）pjak^{55} li^{53} ʔju^{24} ʔdɔŋ^{33}θaːŋ^{33}，其中 ʔdɔŋ^{33}θaːŋ^{33} 为布依语地名，汉语音译“弄桑”，在贞丰县境内。

（22）ðaːŋ^{21} li^{53} ʔju^{24} ʔdɔŋ^{33}mo^{11}，其中 ʔdɔŋ^{33}mo^{11} 为布依语地名，汉语音译“弄磨”，在贞丰县境内。

（23）ɣai^{55} maːn^{21} kɯn^{33} laːi^{33} jaŋ^{11}，其中 maːn^{21} 为恋爱中的女孩自称。

（24）tɯ^{21} mɯŋ^{21} pai^{33} laːŋ^{21}θu^{55}；tɯ^{21} mɯŋ^{21} pai^{33} po^{33}θo^{21} 郎所两句中的 laːŋ^{21}θu^{55}、po^{33}θo^{21} 均为地名，分别音译为“郎所”“坡撮”，均在贞丰县境内。

（25）laːŋ^{21}θu^{55} kɯn^{33} jian^{33}tɕo^{21} 一句中 jian^{33}tɕo^{21} 为汉语借词“烟脚”，汉语

方言词，指出售后剩下的劣质旱烟叶。

（26）tɯ^{21}mɯŋ^{21}pai^{33}ʔa^{33}jau^{53}，其中，ʔa^{33}jau^{53} 为地名，汉语名为“了寨”，在贞丰县境内。

（27）tɯ^{21}mɯŋ^{21}pai^{33}na^{21}ɕi^{21}，其中 na^{21}ɕi^{21} 为地名，汉名“坡厂”，在贞丰县境内。

（28）tɯ^{21}mɯŋ^{21}pai^{33}kɛŋ^{55}θɛŋ^{21}，其中 kɛŋ^{55}θɛŋ^{21} 为地名，汉名“金井”，在贞丰县境内。

（29）tɯ^{21}mɯŋ^{21}pai^{33}pja^{33}vat^{55}，其中 pja^{33}vat^{55} 为布依语地名，汉名“八河”，北盘江中下游，在贞丰境内，为贞丰和关岭两县的界河。

（30）tɯ^{21}mɯŋ^{21}pai^{33}ði^{55}ðai^{24}，其中 ði^{55}ðai^{24} 为布依语地名，音译“里赖”，在望谟县境内，位于北盘江流域周边。

（31）tɯ^{21}mɯŋ^{21}pai^{33}pa^{55}saŋ^{53}，其中 pa^{55}saŋ^{53} 为布依语地名，音译“白层”，在贞丰县境内。

（32）tɯ^{21}mɯŋ^{21}pai^{33}paːn^{53}kui^{24}，其中 paːn^{53}kui^{24} 为地名，汉语为“板贵”，从地名结构和语音形式看，应该是布依语地名，但由于周边布依族较少，因此，远离该地的布依族用布依语也称 paːn^{53}kui^{24}，在关岭县境内。

（33）tɯ^{21}mɯŋ^{21}pai^{33}va^{33}kɔŋ^{55}，其中 va^{33}kɔŋ^{55} 为布依语地名，汉名为“小花江”，在贞丰县境内。

（34）tɯ^{21}mɯŋ^{21}pai^{33}la^{55}pja^{33}，其中 la^{55}pja^{33} 为布依语地名，汉名“下岩”，从地名结构看，当为布依语地名的意译。在贞丰境内。

（35）tɯ^{21}mɯŋ^{21}pai^{33}su^{33}mu^{53}，其中 su^{33}mu^{53} 为布依语地名，汉语为“花江”，在关岭县境内。关岭县为西部重镇，布依语称 kɛ^{53}su^{33}，亦称 su^{33}mu^{53}，布依语标准音为 tɕe^{31}ɕu^{24}，ɕu^{24} 即“州城”，实为土司治所，明洪武十九年（1386 年）于该地置募役长官司，故得名“募役”。布依语 su^{33}mu^{53} 的 mu^{53} 为募役的简称。该长官司为彝族土司掌管，“募役”为彝语地名。

（36）贵州西部地区的布依族称彝族为 pu^{31}mɛn^{21}（或 pu^{53}mian^{21}）。kaːŋ^{55} mɛn^{21} 即“讲彝语”。

四、词汇表（按音序排列）

aais [ʔaːi^{35}] 干枯
Alyaux* [ʔa^{33}jau^{31}] 了寨（地名）
baaih [paːi^{33}] 边，面，方
baangl [paːŋ^{24}] 帮
baangxbas [paːŋ^{31}pa^{35}] 山坡
Baanxguis* [paːn^{53}kui^{24}] 板贵（地名）
baex [pauɯ^{31}] 媳妇
bailndael [pai^{24}ʔdauɯ^{24}] 往里走，进去
baiz [pai^{11}] 次，下（动量词）
bangh* [paŋ^{33}] 傍，依靠
bangz [paŋ^{11}] 布
banh* [pan^{33}] 积累
basdul [pa^{35}tu^{24}] 门
basgongc [pa^{35}kɔŋ^{53}] 拱门口
Basxangx* [pa^{35}ɕaŋ^{31}] 白层（地名）
bausdal [pau^{35}ta^{24}] 外祖父，岳父
baz gaus [pa^{11} kau^{24}] 原配，发妻
beah hoongl [pɯə^{33}xoŋ^{24}] 绸缎衣服
beangz feax [pɯəŋ^{11}fɯə^{31}] 他乡，外地
beangznix [pɯəŋ^{11}ni^{31}] 这一方，这一带
beeh [pe^{33}] 即使，虽然
beeh*nix [pe^{33}ni^{31}] 如此，这么多
biz [pi^{11}] 肥
bohlungz [po^{33}luŋ^{11}] 舅父（比母亲大）
bohnax [po^{33}na^{31}] 舅父（比母亲小）
Bolal [po^{33}ʔa^{33}] 坡阿（地名）
Bolsoz* [po^{24}θo^{11}] 坡撮（地名）
Bolxix* [po^{24}ɕi^{31}] 坡者（地名）
bux [pu^{31}] 人；（一）个（人）
buxlaez [pu^{31}lauɯ^{11}] 谁
buxsaail [pu^{31}θaːi^{24}] 男人
byaaic [pjaːi^{53}] 走
byac [pja^{53}] 雷
byagt [pjak^{35}] 菜
Byalwadt* [pja^{24}wat^{35}] 八河（地名）
byanc* [pjan^{53}] 遍
daamlqyas [taːm^{24}ʔja^{35}] 锄把
daangh* [taːŋ^{11}] 蹚水而过
daausmal [taːu^{35}ma^{24}] 回来
daez [tauɯ^{11}] 守
daml [tam^{24}] 就（饭），下（饭）
danc [tan^{53}] 穿
dangllongz [taŋ^{24}lɔŋ^{11}] 灯笼
das [ta^{35}] 晒
daslaab [ta^{35}laːp^{33}] 晒冬，晒垡
dauc [tau^{53}] 生长
daux [tau^{31}] 斗
daz waais [ta^{11} waːi^{35}] 纺棉花
daz*xel [ta^{11}ɕɯ^{24}] 放心
Daznyaauh* [ta^{11}ȵaːu^{33}] 打料（地名）
Dazseml* [ta^{11}θɯm^{24}] 打春（地名）
deeuh [teu^{33}] 十斤

deeuz [teu^{11}] 逃

dez ruez [tɯ^{11} ðuə^{11}] 撑船

dez saz [tɯ^{11}θa^{11}] 撑筏

dezsaaih* [tɯ^{11}θaːi^{33}] 清闲

diangz*saaih* [tiːŋ^{21}saːi^{11}] 亭赛（地名）

Dingz*gangl* [tiŋ^{11}kaŋ^{33}] 顶江（地名）

dogt* [tɔk^{35}] 送（本义“落，掉”）

dogtdaadt [tɔk^{35} taːt^{35}] 落悬崖

doix [toi^{31}] 碗

duezngeaz [tuə^{11}ŋɯə^{11}] 蛇

duz* [tu^{11}] 守

el* [ʔɯ^{24}] 中意

faixloil [fai^{31}loi^{24}] 棉竹

fanl liz [fan^{33} li^{11}] 分厘

fenz [fɯn^{11}] 柴

fiz [fi^{11}] 火

foonx [fon^{31}] 黑

gaaismaz [kaːi^{35}ma^{11}] 什么

gaangc Meenz* [kaːŋ^{53} men^{11}] 讲彝语

gac [ka^{53}] 杀

gail* [kai^{24}] 黄栀子

gais [kai^{35}] 鸡

gais mais [kai^{35} mai^{35}] 紫红鸡

gal [ka^{24}] 藏

gaml [kam^{24}] 握，拿

gauc [kau^{53}] 看

geazdeel [kɯə^{11}te^{24}] 那里

geazmos [kɯə^{11}mo^{35}] 别处

geazndil [kɯə^{11}ʔdi^{24}] 好的地方

Geengcseengz* [kɛŋ^{55}θɛŋ^{21}] 金井（地名）

goc* [ko^{53}] 就

goleedt [ko^{24}ʔet^{35}] 巴芒草

goljungl* [ko^{33}tɕuŋ^{33}] 青杠树

golngaaih [ko^{24}ŋaːi^{33}] 艾草

gongcngol [kɔŋ^{53}ŋo^{24}] 木钩

gos [ko^{35}] 酬金

goz [ko^{11}] 弯

gueh [kuə^{33}] 做

guehraanz [ku^{33}ðaːn^{11}] 建立家庭

guel [kuə^{24}] 盐

gungz*doh* [kuŋ^{11}to^{33}] 碰钉子

gvaail [kwaːi^{24}] 乖，聪明

gvaanl gaus [kwaːn^{24} kau^{35}] 原配丈夫

gvaauc* [kwaːu^{53}] 山岗

gvas dah [kwa^{35} ta^{33}] 过河

Gvisxul* [kui^{35}ɕu^{24}] 贵州（地名）

haaizliangz [xaːi^{11}liəŋ^{11}] 凉鞋

haaiznsabt* [xaːi^{11}θap^{35}] 布鞋

haaiznyuz [xaːi^{11}ȵu^{11}] 草鞋

haaizsal [xaːi^{21}θa^{33}] 纸鞋

haaus [xaːu^{35}] 话，讲话

hadt [xat^{55}] 竹鼠

hanl [xan^{24}]（鸡）鸣

has gax [xa^{35} ka^{31}] 汉族商人

hauxgas [xau^{31}ka^{35}] 谷子，稻谷

hauxsaanl [xau^{31}θaːn^{24}] 大米

haz [xa^{21}] 茅草

hoongz [xoŋ^{21}] 响

iadtnaais [jat^{55}naːi^{24}] 歇气，休息

jaangl [tɕaːŋ^{33}] 中间

jaec [tɕaɯ^{53}] 近，靠近

janh [tɕan^{33}] ①段；②苋草

janhjanh* [tɕan^{33}tɕan^{3}]（摹状词）指忙碌、无头绪的状态

Jeecsaec* [tɕe^{31}ɕaɯ^{53}] 者相场（赶十二地支的“子”日）

jeenl [tɕen^{24}] 臂

Jeexsax [tɕe^{31}θa^{35}] 马场（地名，于十二生肖“马”日赶的乡村集市）

jiml [tɕim^{24}] 金

jincjaangl [tɕin^{53}tɕaːŋ^{24}] 中间

jongs [tɕoŋ^{35}] 件

Laangzsuc* [laːŋ^{11}θu^{53}] 郎所（地名）

laaux [laːu^{31}] 大

laauz [laːu^{11}] 油（动物脂肪）

Lacbyal* [la^{55}pja^{33}] 下岩（地名）

Lac*goongl* [la^{53}koŋ^{24}] 鲁贡（地名）

laceeux lacyiz* [la^{53}ʔeu^{31} la^{53}ji^{11}] 房屋下面

lag [lak^{33}] 深

laus [lau^{24}] 及，赢，胜过，超过

legbag [lɯk^{33}pak^{33}] 萝卜

legbih [lɯk^{33}pi^{33}] 豌豆

legbyaauz [lɯk^{33}pjaːu^{11}] 懒豆

legjeeux [lɯk^{33}tɕeu^{31}] 野葱，藠头

leglaanz* [lɯk^{33}laːn^{11}] 蓝靛

legsaail [lɯk^{33}θaːi^{24}] 男孩

lings [liŋ^{35}] 陡

lix [li^{31}] 活，生，有

liz*laanz* [li^{11}laːn^{11}]（摹状词），指快速行走的样子

luangs [luəŋ^{35}] 村子，寨子

lueh [luə^{33}] 坑

lunz [lun^{11}] 同辈家庭成员中排行最小的，这里转喻情人

maanz [maːn^{21}] 情妹

maixmbegt [mai^{31}ʔbɯk^{35}] 妇女，女人

mangh [maŋ^{33}] 粗

mbibt [ʔbip^{35}] 竹饭盒

mbidt [ʔbit^{35}] 扭

meangx [mɯəŋ^{31}] 网

meehnax [me^{33}na^{31}] 舅母

Meenx*guz [men^{31}ku^{11}] 珉谷（地名）

meeuz gaus [meu^{11}kau^{35}] 上一年的庄稼，陈粮

meeuz heenc [meu^{11}xen^{53}] 成熟的粮食

meeuz liangh [meu^{11} liəŋ^{33}] 年把，一两年

meeuz yeeul [meu^{11}jeu^{24}] 青苗

mizlix [mi^{11}li^{31}] 没有

mul [mu^{24}] 猪

nac* [na^{53}] 不如

nangh [naŋ^{33}] 坐

nazaans [na^{21}ʔaːn^{24}] 稀泥田

nazlaaux [na^{11}laːu^{31}] 大田

nazxeeh [na^{11}ɕe^{33}] 泡冬田

Nazxiz* [na^{11}ɕi^{11}] 坡厂（地名）

ndoil [ʔdoi^{33}] 坎，坡，台地

ndongl [ʔdɔŋ^{24}] 林

Ndonglmoh* [ʔdɔŋ^{24}mo^{33}] 弄磨（地名）

Ndonglsaangl* [ʔdɔŋ^{24}θaːŋ^{24}] 弄桑（地名）

nduec* [ʔduə^{53}] 家业

ngaaiz [ŋaːi^{11}] 早饭

nganz [ŋan^{11}] 银

nix [ni^{31}] 这

nyib [ȵip^{33}] 缝纫

Nyihidt* [ȵi^{33}ʔit^{35}] 岩鱼

qyagt* [ʔjak^{35}] ①怂恿；②踩

qyams* [ʔjam^{35}] 拜访，拜

qyas [ʔja^{35}] 坏，不好

raabt [ðaːp^{46}] 挑，担子

raabtngih [ðaːp^{35}ŋi^{33}] 一担二

raabtsaaml [ðaːp^{35}θaːm^{24}] 一担三

raangz [ðaːŋ^{11}] 笋

raangz muh* [ðaːŋ^{11} mu^{33}] 粗壮的竹笋

raiz [ðai^{11}] ①长；②叫，唤，喊

reeuz* [ðeu^{11}] 带，引

renh [ðɯn^{33}] 认

rianglxangh [ðiəŋ^{24}ɕaŋ^{33}] 秤尾

Ric*qyax [ði^{53}ʔja^{53}] 依哑（地名）

Ricrais* [ði^{53}ðai^{35}] 里赖（地名）

rih [ði^{33}] 地

rongl fangx[ðɔŋ^{24} faŋ^{31}] 粽叶（专门为包枕头粽而栽的一种植物）

ronl [ðɔn^{24}] 路

saauldoh* [θaːu^{24}to^{33}] 情妹

saauljaaus* [θaːu^{24}tɕaːu^{35}] 情妹

saaulnyaaux* [θaːu^{24}ȵaːu^{31}] 情妹

saaux [θaːu^{31}] 竹竿

sab* [θap^{33}] 塞，鞁

sael[θaɯ^{24}] 干净

sanc [θan^{53}] 根（量词）

sisnguad [θi^{35}ŋuət^{33}] 四月

sois [θoi^{24}] 洗

suc [θu^{53}] 主

waais naz [waːi^{35}na^{11}] 田里的棉花

Walgongc* [wa^{24}kɔŋ^{53}] 小花江（地名）

wanl*xeeuh* [wan^{24}ɕeu^{33}] 吉卦

weangc [wɯəŋ^{53}] 小米

woic [woi^{53}] 挂

xaaiz [ɕaːi^{11}] 剪裁

xail [ɕai^{24}] 犁（地）

xangc*nix [ɕaŋ^{53}ni^{31}] 这样，如此

xangh [ɕaŋ^{33}] 称

xaus* [ɕau^{24}] 看见

xaux* [ɕau^{31}] 放

xax [ɕa^{31}] ①稀；②如果

xaz [ɕa^{11}] 丛，蔸，窝

xeel [ɕe^{24}] 丢，留，给

xez mauc [ɕɯ^{11}mau^{53}] 卯时

xezxiz [ɕɯ^{11}ɕi^{11}] 辰时

xianlngih [ɕiən^{24}ŋi^{33}] 一千二

Xic*yaangl* [ɕi^{53}jaːŋ^{24}] 习秧（地名）

xinh [ɕin^{33}] 清醒

Xiz*byal* [ɕi^{11}pja^{24}] 习岜（地名）

Xizsiangh* [ɕi^{11}θiəŋ^{33}] 者相大寨（地名）

xoh [ɕo^{33}] 朝，向

xongl [ɕɔŋ^{24}] 口袋，包

xuangs [ɕuəŋ^{35}] 留，放

xuangsxel [ɕuəŋ^{35}ɕɯ^{24}] 放心

Xulmux* [ɕu^{24}mu^{31}] 花江（地名）

xux [ɕu^{31}] ①接；②愿意，肯

yahdaais [ja^{33}taːi^{35}] 外祖母，岳母

yeeus [jeu^{35}] 看，望

yianh [jiən^{33}] 递，给

yih [ji^{33}] 解开

yuz [ju^{21}] 油

第四节　分离歌

一、文献说明

"分离歌"，布依语为 Weanl Byah [van^{33} pja^{11}]，weanl 义为"歌，歌唱"，byah 义为"分别、分离、(情侣)分手"。本节节选自《布依族温经》的第十三部分，与前面三节在内容上都有一定的关联。在自由社交过程相识、相知到相恋的情侣，经过与封建婚姻制度不懈的斗争，因势单力薄无法抗拒的情况下计划逃离家乡，浪迹天涯，但最终亦未能达成，于是双方产生了矛盾，在相互贬损一番之后，不得不忍痛分离。在丧葬活动中，布摩吟唱时一方扮演男角，一方扮演女角。"男"唱"分"，"女"唱"离"，然后双方重唱。安排情侣分离，唱分离歌，具有一定的巫术目的。原文分 byah 和 liz 两部分内容，都是分别、离别、分手、分离的意思，由布摩扮演的"男""女"两个角色分别吟唱。限于篇幅，本节改编时只保留了 byah 的部分。

二、文献译注

温 邑

Weanl Byah

van^{33} pja^{11}

歌 分离

分离歌

松 绕 邑 多 邑
Soongl rauz byah doc byah,
θoŋ^{33} ðau^{31} pja^{11} to^{35} pja^{11}
两 我们 别 就 别
我俩将分手，

邑 降 归 连 归
Byah jangs gudt lianz gudt,
pja^{11} tɕaŋ^{24} kut^{35} lian^{31} kut^{35}
别 枝 蕨草 和 蕨草
如蕨草劈枝，

邑 降 归 连 纳
Byah jangs gudt lianz naz,
pja^{11} tɕaŋ^{24} kut^{35} lian^{31} na^{31}
别 枝 蕨草 和 田
如蕨枝离土，

邑 降 花 连 儒
Byah jangs wal lianz ruc,
pja^{11} tɕaŋ^{24} va^{33} lian^{31} ðu^{35}
别 枝 花 和 穗
花枝离花蕊，

邑 降 友 纳 们
Byah jangs yux nac mengz,
pja^{11} tɕaŋ^{24} ju^{53} na^{35} mɯŋ^{31}
别 枝 情侣 脸 你
别熟悉面孔，

送 绕 邑 拉 喝
Soongl rauz byah lac hes,
θoŋ^{33} ðau^{31} pja^{11} la^{35} ɣɯ^{24}
两 我们 别 下 干
别时万物枯，

邑 好汪 界 堵
Byah hauxweangc jaail dug,
pja^{11} ɣa:u^{53}vaŋ^{35} tɕa:i^{33} tuk^{11}
离 小米 衰 苔
小米杆枯萎，

邑 好吼 界 义
Byah hauxhugt jaail ies,

pja^{11} ɣaːu^{53}vuk^{35} tɕaːi^{33} ʔi^{24}
离 包谷 衰 完结
玉米壳枯黄，

岜 好汪 界 皓
Byah hauxweangc jaail haaul,
pja^{11} ɣaːu^{53} vaŋ^{35} tɕaːi^{33} ɣaːu^{33}
离 小米 衰 白
小米杆发白，

岜 涞 盘 拉 墓
Byah laail banz nac mos,
pja^{11} laːi^{33} pan^{31} na^{35} mo^{24}
离 多 成 脸 新
旧貌已换新，

岜 好汪 盘 独
Byah hauxweangc banz duz,
pja^{11} ɣaːu^{53}vaŋ^{35} pan^{31} tu^{31}
离 小米 成 （熟透）
小米已熟透，

岜 好无 界 义
Byah hauxwuz jaail ies,
pja^{11} ɣaːu^{53}vu^{31} tɕaːi^{33} ʔi^{24}
离 粮（田） 衰 完结
庄稼已成收，

岜 好 黎 界 莱
Byah haux rih jaail raaiz,
pja^{11} ɣaːu^{53} ði^{11} tɕaːi^{33} ðaːi^{31}
离 粮食 地 衰 花斑
旱谷起花斑，

岜 南 盘 拉墓
Byah naanz banz nacmos,
pja^{11} naːn^{31} pan^{31} na^{35} mo^{24}
离 久 有 面 新
久别即面生，

松 绕 岜 多 岜
Soongl rauz byah doc byah.
θoŋ^{33} ðau^{31} pja^{11} to^{35} pja^{11}
两 我们 别 就 别
我俩将离别。

松 绕 岜 夭 巷
Soongl rauz byah ndeeul hamh,
θoŋ^{33} ðau^{31} pja^{11} ʔdeu^{33} ɣam^{11}
两 我们 别 一 晚
我俩别一晚，

夭 巷 苕 夭 比
Ndeeul hamh saauh ndeeul bil,
ʔdeu^{33} ɣam^{11} θaːu^{11} ʔdeu^{33} pi^{33}
一 晚 犹如 一 年
一晚如一年，

䑛 利 绕 岜 闹
Ndaangl ndil rauz byah naaus,
ʔdaːŋ^{33} ʔdi^{33} ðau^{31} pja^{11} naːu^{24}
身 好 我们 别 永远
犹如永离别，

松 绕 岜 多 岜
Soongl rauz byah doc byah.
θoŋ^{33} ðau^{31} pja^{11} to^{35} pja^{11}
两 我们 别 就 别
我俩将离别。

松 绕 离 松 巷
Soongl rauz liz soongl hamh,
θoŋ^{33} ðau^{31} li^{31} θoŋ^{33} ɣam^{11}
两 我们 离 两 晚
我俩别两晚，

松 巷 茖 松 比
Soongl hamh saauh soongl bil,
θoŋ^{33} ɣam^{11} θaːu^{11} θoŋ^{33} pi^{33}
两 晚 犹如 两 年
两晚如两年，

䑛 利 绕 岜 闹
Ndaangl ndil rauz byah naaus,
ʔdaːŋ^{33} ʔdi^{33} ðau^{31} pja^{11} naːu^{24}
身体 好 我们 别 永远
犹如永离别，

松 绕 岜 多 岜
Soongl rauz byah doc byah.
θoŋ^{33} ðau^{31} pja^{11} to^{35} pja^{11}
两 我们 别 就 别
我俩将离别。

松 绕 离 三 巷
Soongl rauz liz saaml hamh,
θoŋ^{33} ðau^{31} li^{31} θaːm^{33} ɣam^{11}
两 我们 离 三 晚
我俩别三晚，

三 巷 茖 三 比
Saaml hamh saauh saaml bil,
θaːm^{33} ɣam^{11} θaːu^{11} θaːm^{33} pi^{33}
三 晚 犹如 三 年
三晚如三年，

䑛 利 绕 岜 闹
Ndaangl ndil rauz byah naaus,
ʔdaːŋ^{33} ʔdi^{33} ðau^{31} pja^{11} naːu^{24}
身体 好 我们 别 永远
犹如永离别，

松 绕 岜 多 岜
Soongl rauz byah doc byah.
θoŋ^{33} ðau^{31} pja^{11} to^{35} pja^{11}
两 我们 别 就 别
我俩将离别。

松 绕 离 系 巷
Soongl rauz liz sis hamh,
θoŋ^{33} ðau^{31} li^{31} θi^{24} ɣam^{11}
两 我们 离 四 晚
我俩别四晚，

系 巷 苕 系 比
Sis hamh saauh sis bil,
θi^{24} ɣam^{11} θaːu^{11} θi^{24} pi^{33}
四 晚 犹如 四 年
四晚如四年，

艡 利 绕 岜 闹
Ndaangl ndil rauz byah naaus,
ʔdaːŋ^{33} ʔdi^{33} ðau^{31} pja^{11} naːu^{24}
身体 好 我们 别 永远
犹如永离别，

松 绕 岜 多 岜
Soongl rauz byah doc byah.
θoŋ^{33} ðau^{31} pja^{11} to^{35} pja^{11}
两 我们 别 就 别
我俩将离别。

松 绕 离 哈 巷
Soongl rauz liz hac hamh,
θoŋ^{33} ðau^{31} li^{31} ɣa^{35} ɣam^{11}
两 我们 离 五 晚
我俩别五晚，

哈 巷 苕 哈 比
Hac hamh saauh hac bil,
ɣa^{35} ɣam^{11} θaːu^{11} ɣa^{35} pi^{33}
五 晚 犹如 五 年
五晚如五年，

艡 利 绕 岜 闹
Ndaangl ndil rauz byah naaus,
ʔdaːŋ^{33} ʔdi^{33} ðau^{31} pja^{11} naːu^{24}
身体 好 我们 别 永远
犹如永离别，

松 绕 岜 多 岜
Soongl rauz byah doc byah.
θoŋ^{33} ðau^{31} pja^{11} to^{35} pja^{11}
两 我们 别 就 别
我俩将离别。

松 绕 离 若 巷
Soongl rauz liz rogt hamh,
θoŋ^{33} ðau^{31} li^{31} ðok^{35} ɣam^{11}
两 我们 离 六 晚
我俩别六晚，

若 巷 苕 若 比
Rogt hamh saauh rogt bil,
ðok^{35} ɣam^{11} θaːu^{11} ðok^{35} pi^{33}
六 晚 犹如 六 年
六晚如六年，

䠆 利 绕 岜 闹
Ndaangl ndil rauz byah naaus,
ʔdaːŋ^{33} ʔdi^{33} ðau^{31} pja^{11} naːu^{24}
身体 好 我们 别 永远
犹如永离别，

松 绕 岜 多 岜
Soongl rauz byah doc byah.
θoŋ^{33} ðau^{31} pja^{11} to^{35} pja^{11}
两 我们 别 就 别
我俩将离别。

松 绕 离 申 巷
Soongl rauz liz xadt hamh,
θoŋ^{33} ðau^{31} li^{31} sat^{35} ɣam^{11}
两 我们 离 七 晚
我俩别七晚，

申 巷 茗 申 比
Xadt hamh saauh xadt bil,
sat^{35} ɣam^{11} θaːu^{11} sat^{35} pi^{33}
七 晚 犹如 七 年
七晚如七年，

䠆 利 绕 岜 闹
Ndaangl ndil rauz byah naaus,
ʔdaːŋ^{33} ʔdi^{33} ðau^{31} pja^{11} naːu^{24}
身体 好 我们 别 永远
犹如永离别，

松 绕 岜 多 岜
Soongl rauz byah doc byah.
θoŋ^{33} ðau^{31} pja^{11} to^{35} pja^{11}
两 我们 别 就 别
我俩将离别。

松 绕 离 鳖 巷
Soongl rauz liz beedt hamh,
θoŋ^{33} ðau^{31} li^{31} pet^{35} ɣam^{11}
两 我们 离 八 晚
我俩别八晚，

鳖 巷 茗 鳖 比
Beedt hamh saauh beedt bil,
pet^{35} ɣam^{11} θaːu^{11} pet^{35} pi^{33}
八 晚 犹如 八 年
八晚如八年，

䠆 利 绕 岜 闹
Ndaangl ndil rauz byah naaus,
ʔdaːŋ^{33} ʔdi^{33} ðau^{31} pja^{11} naːu^{24}
身体 好 我们 别 永远
犹如永离别，

松 绕 岜 多 岜
Soongl rauz byah doc byah.
θoŋ^{33} ðau^{31} pja^{11} to^{35} pja^{11}
两 我们 别 就 别
我俩将离别。

松　绕　离　古　巷
Soongl rauz liz guc hamh,
θoŋ^{33} ðau^{31} li^{31} ku^{35} ɣam^{11}
两　我们　离　九　晚
我俩别九晚，

古　巷　茖　古　比
Guc hamh saauh guc bil,
ku^{35} ɣam^{11} θaːu^{11} ku^{35} pi^{33}
九　晚　犹如　九　年
九晚如九年，

䐄　利　绕　岜　闹
Ndaangl ndil rauz byah naaus,
ʔdaːŋ^{33} ʔdi^{33} ðau^{31} pja^{11} naːu^{24}
身体　好　我们　别　永远
犹如永离别，

松　绕　岜　多　岜
Soongl rauz byah doc byah.
θoŋ^{33} ðau^{31} pja^{11} to^{35} pja^{11}
两　我们　别　就　别
我俩将离别。

松　绕　离　十　巷
Soongl rauz liz xib hamh,
θoŋ^{33} ðau^{31} li^{31} ɕip^{11} ɣam^{11}
两　我们　离　十　晚
我俩别十晚，

十　巷　茖　十　比
Xib hamh saauh xib bil,
ɕip^{11} ɣam^{11} θaːu^{11} ɕip^{11} pi^{33}
十　晚　犹如　十　年
十晚如十年，

䐄　利　绕　岜　闹
Ndaangl ndil rauz byah naaus,
ʔdaːŋ^{33} ʔdi^{33} ðau^{31} pja^{11} naːu^{24}
身体　好　我们　别　永远
犹如永离别，

松　绕　岜　多　岜
Soongl rauz byah doc byah.
θoŋ^{33} ðau^{31} pja^{11} to^{35} pja^{11}
两　我们　别　就　别
我俩将离别。

松　绕　离　巴　巷
Soongl rauz liz bas hamh,
θoŋ^{33} ðau^{31} li^{31} pa^{35} ɣam^{11}
两　我们　离　百　晚
我俩别百晚，

巴　巷　茖　巴　比
Bas hamh saauh bas bil,
pa^{35} ɣam^{11} θaːu^{11} pa^{35} pi^{33}
百　晚　犹如　百　年
百晚如百年，

⿰身當 利 绕 岜 闹
Ndaangl ndil rauz byah naaus,
ʔdaːŋ^{33} ʔdi^{33} ðau^{31} pja^{11} naːu^{24}
身体 好 我们 别 永远
犹如永离别，

松 绕 岜 多 岜
Soongl rauz byah doc byah.
θoŋ^{33} ðau^{31} pja^{11} to^{35} pja^{11}
两 我们 别 就 别
我俩将离别。

松 绕 离 仙 巷
Soongl rauz liz xianl hamh,
θoŋ^{33} ðau^{31} li^{31} ɕian^{33} ɣam^{11}
两 我们 离 千 晚
我俩别千晚，

仙 巷 苕 仙 比
Xianl hamh saauh xianl bil,
ɕian^{33} ɣam^{11} θaːu^{11} ɕian^{33} pi^{33}
千 晚 犹如 千 年
千晚如千年，

⿰身當 利 绕 岜 闹
Ndaangl ndil rauz byah naaus,
ʔdaːŋ^{33} ʔdi^{33} ðau^{31} pja^{11} naːu^{24}
身体 好 我们 别 永远
犹如永离别，

松 绕 岜 多 岜
Soongl rauz byah doc byah.
θoŋ^{33} ðau^{31} pja^{11} to^{35} pja^{11}
两 我们 别 就 别
我俩将离别。

松 绕 岜 万 巷
Soongl rauz liz faanh hamh,
θoŋ^{33} ðau^{31} li^{31} waːn^{11} ɣam^{11}
两 我们 离 万 晚
我俩别万晚，

万 巷 苕 万 比
Faanh hamh saauh faanh bil,
waːn^{11} ɣam^{11} θaːu^{11} waːn^{11} pi^{33}
万 晚 犹如 万 年
万晚如万年，

⿰身當 利 绕 岜 闹
Ndaangl ndil rauz byah naaus,
ʔdaːŋ^{33} ʔdi^{33} ðau^{31} pja^{11} naːu^{24}
身体 好 我们 离别 永远
犹如永离别，

松 绕 岜 多 岜
Soongl rauz byah doc byah.
θoŋ^{33} ðau^{31} pja^{11} to^{35} pja^{11}
两 我们 别 就 别
我俩将离别。

松　绕　岜　广　巷
Soongl rauz liz guangc hamh,
θoŋ^{33} ðau^{31} li^{31} kuaŋ^{35} ɣam^{11}
两　我们　离　亿　晚
我俩别亿晚，

广　巷　苕　广　比
Guangc hamh saauh guangc bil,
kuaŋ^{35} ɣam^{11} θaːu^{11} kuaŋ^{35} pi^{33}
亿　晚　犹如　亿　年
亿晚如亿年，

艡　利　绕　岜　闹
Ndaangl ndil rauz byah naaus,
ʔdaːŋ^{33} ʔdi^{33} ðau^{31} pja^{11} naːu^{24}
身体　好　我们　离别　永远
就此永离别，

道　你　岜　达濑　啰亡
Daaus nix byah dazraaix lu faangz,
taːu^{24} ni^{53} pja^{11} tɯ^{31}ðaːi^{53} lu^{0} vaːŋ^{31}
回　这　别　真的　啰　鬼
真的要离别，

千　年　岜　达濑
Xianl nianz byah dazraaix.
ɕian^{33} nian^{31} pja^{11} tɯ^{31}ðaːi^{53}
千　年　别　真的
真的到永远。

故　送　们　堂　拜
Gul songs mengz dangz bad,
ku^{33} θuaŋ^{24} mɯŋ^{31} taŋ^{31} pat^{11}
我　送　你　到　佛地
送你到佛界，

故　密　乃　又　拜
Gul miz ndaix qyus bad.
ku^{33} mi^{31} ʔdai^{53} ʔju^{24} pat^{11}
我　不　得　在　佛地
我不住佛界。

故　建　们　堂　仙
Gul jad mengz dangz sianl,
ku^{33} tɕat^{11} mɯŋ^{31} taŋ^{31} θian^{33}
我　送　你　到　仙境
送你入仙境，

故　密　乃　又　仙
Gul miz ndaix qyus sianl.
ku^{33} mi^{31} ʔdai^{53} ʔju^{24} θian^{33}
我　不　得　在　仙境
仙境我不留。

利连　故　哈　倒
Ndillianh gul haz daaus,
ʔdi^{33}lian^{11} ku^{33} ɣa^{31} taːu^{24}
（立即）我　要　回
我要马上回，

故 密 钉 姓 们
Gul miz deengl sings mengz,
ku^{33} mi^{31} te^{33} θiŋ^{24} mɯŋ^{31}
我 不 是 姓 你
我俩不同姓，

故 钉 姓 夭 皆
Gul deengl sings ndeeul jail,
ku^{33} te^{33} θiŋ^{24} ʔdeu^{33} tɕai^{33}
我 是 姓 一 远
我属另一支，

故 密 钉 歪 们
Gul miz deengl wail mengz,
ku^{33} mi^{31} te^{33} vai^{33} mɯŋ^{31}
我 不 是 支脉 你
跟你不同路，

故 外 文 夭 奀
Gul wail wenz ndeeul ens.
ku^{33} vai^{33} vɯn^{31} ʔdeu^{33} ʔɯn^{24}
我 支脉 人 一 另外
支脉不相同。[1]

故 兒 额 囚 双
Gul leg ngeah ndael suangl,
ku^{33} lɯk^{11} ŋɯ^{11} ʔdai^{33} suaŋ^{33}
我 儿 龙 里 沟
我是河中蛟，

故 哈 倒 拜 双
Gul haz daaus bail suangl,
ku^{33} ɣa^{31} taːu^{24} pai^{33} suaŋ^{33}
我 要 回 去 沟
我要回大河，

故 钉 龙 囚 海
Gul deengl luangz ndael haaic,
ku^{33} te^{33} luaŋ^{31} ʔdai^{33} ɣaːi^{35}
我 是 龙 里 海
我是海中龙，

故 哈 倒 拜 海
Gul haz daaus bail haaic,
ku^{33} ɣa^{31} taːu^{24} pai^{33} ɣaːi^{35}
我 要 回 去 海
我要回大海，

兒 鲃 界 囚 磨
Leg byal jaail ndael mbos,
lɯk^{11} pja^{33} tɕaːi^{33} ʔdai^{33} ʔbo^{24}
儿 鱼（鱼名） 里 井
井里小鱼儿，

故 兒 舵 囚 戎
Gul leg dos ndael rongz,
ku^{33} lɯk^{11} to^{24} ʔdai^{33} ðoŋ^{31}
我 儿 马蜂 里 窝
巢中小蜂蛹，

故　哈　倒　　拜　戎
Gul haz daaus bail rongz,
ku^{33} ɣa^{31} taːu^{24} pai^{33} ðoŋ^{31}
我　要　回　　去　窝
我要回蜂巢，

故　兒　龚　　崙　　宛
Gul leg jongl ndanl nguanx,
ku^{33} lɯk^{11} tɕoŋ^{33} ʔdan^{33} ŋuan^{53}
我　子　鼓　　个　　（鼓框）
鼓框小豆丸，[2]

故　哈　倒　　拜　宛
Gul haz daaus bail nguanx,
ku^{33} ɣa^{31} taːu^{24} pai^{33} ŋuan^{53}
我　要　回　　去（鼓框）
我要回鼓框，

故　兒弄　　崙　　利
Gul legrongc ndanl ndil,
ku^{33} lɯk^{11}ðoŋ^{3} ʔdan^{33} ʔdi^{33}
我　（胆汁）　个　　胆
胆囊中的汁，

故　哈　倒　　拜　利
Gul haz daaus bail ndil,
ku^{33} ɣa^{31} taːu^{24} pai^{33} ʔdi^{33}
我　要　回　　去　胆
要回胆囊去，

故　兒　習　羊　　乜
Gul leg xiez riangz meeh,
ku^{33} lɯk^{11} ɕi^{31} ðiaŋ^{31} me^{11}
我　子　　牛　跟随　母
随母小牛犊，

故　哈　倒　　拜　乜
Gul haz daaus bail meeh,
ku^{33} ɣa^{31} taːu^{24} pai^{33} me^{11}
我　要　回　　去　母
我要找妈去，

乜　　故　吖　故　噜
Meeh gul ral gul lu!
me^{11} ku^{33} ða^{33} ku^{33} lu^{0}
母　　我　找　我　啦
我妈叫我啦！

奻　故　尤　　故　噜
Baz gul yeeuh gul lu!
pa^{31} ku^{33} ɣeu^{11} ku^{33} lu^{0}
妻　我　唤　　我　啦
我妻唤我啦！

乜　　故　歹　根　鲃
Meeh gul daic genl byal,
me^{11} ku^{33} tai^{35} kɯn^{33} pja^{33}
母　我　哭　吃　　鱼
妈哭要吃鱼，

𡚻 故 歹 根 糯
Baz gul daic genl noh,
pa^{31} ku^{33} tai^{35} kɯn^{33} no^{11}
妻 我 哭 吃 肉
妻哭想吃肉，

歹 若 更 若 拉
Daic roh genz roh lac,
tai^{35} ðo^{11} kɯn^{31} ðo^{11} la^{35}
哭 窝 上 窝 下
上下一起哭，

歹 沙 故 岸 岸
Daic xac gul nganhnganh,
tai^{35} sa^{35} ku^{33} ŋan^{11}ŋan^{11}
哭 等 我 马上
哭等我回家，

乜 故 歹 根 鲃
Meeh gul daic genl byal,
me^{11} ku^{33} tai^{31} kɯn^{33} pja^{33}
母 我 哭 吃 鱼
我妈哭吃鱼，

𡚻 故 歹 根 拜
Baz gul daic genl mbaais,
pa^{31} ku^{33} tai^{35} kɯn^{33} ʔba:i^{24}
妻 我 哭 吃 肉
我妻哭吃肉，(3)

歹 开 更 开 拉
Daic haail genz haail lac,
tai^{35} ɣa:i^{33} kɯn^{31} ɣa:i^{33} la^{35}
哭 开 上 开 下
上下都哭开，

歹 沙 故 岸 岸
Daic xac gul nganhnganh.
tai^{35} sa^{35} ku^{33} ŋan^{11}ŋan^{11}
哭 等 我 马上
我得马上回。

衣 哈 及 吖 故
Is haz jaiz ral gul,
ʔi^{24} ɣa^{31} tɕi^{31} ða^{33} ku^{33}
若 是 想 找 我
要想找到我，

完 故 又 干 𪐝
Ngonz gul qyus gaamc labt,
ŋuan^{31} ku^{33} ʔju^{24} ka:m^{35} lap^{35}
白天 我 在 岩洞 黑
白天在黑洞，

恒 故 又 干 冗
Henz gul qyus gaamc roongh,

ɣɯn^{31}　ku^{33}　ʔju^{24}　kaːm^{35}　ðoŋ^{11}
夜晚　我　在　岩洞　亮
夜晚在亮洞，

根　妈弄　谷　岩
Genl masndoongs gueh ngaaiz,
kɯn^{33}　ma^{35}ʔdoŋ^{24}　ku^{11}　ŋaːi^{31}
吃　（果名）　做　早饭
吃“弄”果当饭，

根　妈艾　谷　府
Genl masaail gueh fex,
kɯn^{33}　ma^{35}ʔaːi^{33}　ku^{11}　vɯ^{53}
吃　（果名）　做　顿
“艾”果从不缺，

根　妈令　谷　�
Genl masndingl gueh ringz,
kɯn^{33}　ma^{35} ʔdiŋ^{33}　ku^{11}　ðiŋ^{31}
吃　红果　做　午饭
红果做晌午，

根　妈令　谷　府
Genl masndingl gueh fex,
kɯn^{33}　ma^{35} ʔdiŋ^{33}　ku^{11}　vɯ^{53}
吃　红果　做　顿
拿来当饭吃，

妈弯　弄　密　绵
Maswanl ndoongs miz myanh,
ma^{35} van^{33}　ʔdoŋ^{24}　mi^{31}　mjan^{11}
果（果名）　亮　不　烂
“番”果硬难嚼，

故　乱　建　乱　囵
Gul luanh jad luanh ndunx,
ku^{33}　luan^{11}　tɕat^{11}　luan^{11}　ʔdɯn^{53}
我　乱　嚼　乱　吞
整个吞下肚，

妈弯　弄　密　埋
Maswanl ndungs miz myaaiz,
ma^{35} van^{33}　ʔduŋ^{24}　mi^{31}　mjaːi^{31}
果（果名）　硬　不　烂
“番”果嚼不细，

故　乱　杰　乱　囵
Gul luanh jaaiz luanh ndunx.
ku^{33}　luan^{11}　tɕaːi^{31}　luan^{11}　ʔdɯn^{53}
我　乱　嚼　乱　吞
整个往下吞。

衣　哈　及　吖　故
Is haz jaiz ral gul,
ʔi^{35}　ɣa^{31}　tɕi^{31}　ða^{33}　ku^{33}
若　是　想　找　我

若想找到我，

那 岜 故 礼 松

Nacbyas gul lix soongl

冗 惰

roongz dos，

na^{35}pja^{35} ku^{33} li^{53} θoŋ^{33} ðoŋ^{31}

额头 我 有 两 窝

to^{24}

马蜂

额头马蜂巢，

拉 窝 故 礼 松

Nac hos gul lix soongl

冗 糖

roongz diangz，

na^{35} ɣo^{24} ku^{33} li^{53} θoŋ^{33} ðoŋ^{31}

前 膝头 我 有 两 窝

tiaŋ^{31}

蜜蜂

膝头蜜蜂窝，

亡 来 羊 跹 丹

Faangz laez riangz dinl ndaadt，

vaːŋ^{31} lai^{31} ðiaŋ^{31} tin^{33} ʔdaːt^{35}

亡灵 哪 跟随 脚 螯

哪个不怕螯，

凼 交 蒿 棵 归

Dams jauc hauc gol gudt，

tam^{24} tɕau^{35} ɣau^{35} ko^{33} kut^{35}

低 头 入 棵 蕨草

低头入蕨草，

故 西 盘 棵 归

Gul xih banz gol gudt，

ku^{33} ɕi^{35} pan^{31} ko^{33} kut^{35}

我 就 成 棵 蕨草

我就成蕨草，

贵 交 蒿 棵 哈

Gud jauc hauc gol haz，

kut^{11} tɕau^{35} ɣau^{35} ko^{33} ɣa^{31}

埋 头 入 棵 茅草

低头入茅草，

故 西 盘 棵 哈

Gul xih banz gol haz.

ku^{33} ɕi^{35} pan^{31} ko^{33} ɣa^{31}

我 就 成 棵 茅草

我就成茅草。

额 根 额， 鳄

Ngeaz genl ngeaz， ngeah

根 鳄

genl ngeah，

ŋɯ^{31} kɯn^{33} ŋɯ^{31}， ŋɯ^{11} kɯn^{33}

蛇 吃 蛇 蛟龙 吃

ŋɯ^{11}

蛟龙

蛇吃蛇，龙吃龙，[(4)]

补　根　们
Beac　genl　mengz.
pɯ^{35}　kɯn^{33}　mɯŋ^{31}
宿命 吃　你
这就是宿命。

们　拜　们　兰 令
Mengz　bail　mengz　lamxlings,
mɯŋ^{31}　pai^{33}　mɯŋ^{31}　lam^{53}liŋ^{24}
你　去　你　坦然
你坦然离去，

弯　朗 令　妈　故
Wanl　ndamxndings　mal　gul.
van^{33}　ʔdam^{53}ʔdiŋ^{24}　ma^{33}　ku^{33}
魂　飘然　来　我
魂魄上我身。

额　根 额，鳄　根　鳄
Ngeaz genl ngeaz, ngeah genl ngeah,
ŋɯ^{31}　kɯn^{33}　ŋɯ^{31}　ŋɯ^{11}　kɯn^{33}
蛇　吃　蛇　蛟龙 吃
ŋɯ^{11}
蛟龙
蛇吃蛇，龙吃龙，

补　根　们
Beac　genl　mengz.
pɯ^{35}　kɯn^{33}　mɯŋ^{31}
宿命 吃　你
这就是宿命。

们　根　们　朗　览
Mengz genl mengz ramx raangs,
mɯŋ^{31} kɯn^{33} mɯŋ^{31} ðam^{53} ða:ŋ^{24}
你　吃　你　落　心
吃了安心走，

弯　艡　妈 洒 墓
Wanl ndaangl mal sab mos,
van^{33} ʔda:ŋ^{33} ma^{33} sap^{11} mo^{24}
魂　身　来　塞　重新
魂魄回肉身，

连 连　说 妈　弯
Liamzliamz　soh　mal　wanl,
liam^{31}liam^{31}　so^{11}　ma^{33}　van^{33}
悄悄　直　来　魂
魂悄然来到，

妈　白　玩　松　堵
Mal　beeh　wanl　soongl　dux,
ma^{33}　pe^{11}　van^{33}　θoŋ^{33}　tu^{53}
来　如　魂　两　（壁）

来依附肉身，

妈 白 玩 数 布
Mal beeh wanl xos beah,
ma^{33} pe^{11} van^{33} su^{24} pɯ^{11}
来 如 魂 放 衣
附在衣服上，

弯 多布 拜躲
Wanl ndosbeah baaihlangl,
van^{33} ʔdo^{3}pɯ^{11} paːi^{11}laŋ^{33}
魂 衣缝 后面
附在衣缝里，

倒 妈 威 多布 拜躲
Daaus mal widt ndosbeah baaihlangl,
taːu^{24} ma^{33} wit^{35} ʔdo^{3}pɯ^{11} paːi^{11}laŋ^{33}
回 来 贴 衣缝 后面
回来粘衣缝，

弯 多旁 拜纳
Wanl ndosbangz baaihnac,
van^{33} ʔdo^{3}paŋ^{31} paːi^{11}na^{35}
魂 衣缝 前面
在织机布上，(5)

倒 妈 威 多旁 拜纳
Daaus mal widt ndosbangz baaihnac,
taːu^{24} ma^{33} wit^{35} ʔdo^{35} paŋ^{31} paːi^{11}na^{35}
回 来 粘 衣缝 前面
粘布匹正面，

堂 你兵 梭倒 妈那
Dangz nix binc ros daaus mal nac,
taŋ^{31} ni^{53} pin^{35} ðo^{35} taːu^{24} ma^{33} na^{35}
到 此 翻 在织布 回 来 前
布面翻过来，(6)

吧 梭倒 妈 躲
Bas ros daaus mal langl.
pa^{35} ðo^{35} taːu^{24} ma^{33} laŋ^{33}
口 在织布 回 来 后
布口往后调。

流传地区：贵州省贞丰一带
演唱：周仕厚、罗大金
收集、翻译整理：周国茂
收集时间：1987—1996年

三、注释

（1）文中从 ku^{33} mi^{31}te^{33}θiŋ^{24}muɯŋ^{31} 到 ku^{33}vai^{33}vɯn^{31}ʔdeu^{33}ʔɯn^{24} 等数句为布摩对亡灵说的话。

（2）ku^{33}lɯk^{11}tɕoŋ^{33}ʔdan^{33}ŋuan^{53} 一句中的 lɯk^{11}tɕoŋ^{33} 指"鼓框上的小豆丸"。布依族一种自制的皮鼓，鼓框中放些小豆丸，击鼓时因震动发出声响，可增强演奏效果。

（3）pa^{31}ku^{33}tai^{35}kɯn^{33}ʔbaːi^{24} 一句中的 ʔbaːi^{24} 在其他区的布依语中指"肉"，而在本部文献所流传的地区贞丰县北盘江镇一带，ʔbaːi^{24} 一词在口语中已经消失，但与上文的 no^{11}"肉"对应，说明该地区过去也有用 ʔbaːi^{24} 表示"肉"的情况。

（4）文中从 ŋɯ^{31}kɯn^{33}ŋɯ^{31},ŋɯ^{11}kɯn^{33}ŋɯ^{11} 一句到最后是布摩对亡灵说的话，表示安慰亡灵，并唤回生魂。

（5）van^{33}ʔdo^{3}paŋ^{31}paːi^{11}na^{35} 一句指放在织布机上未织完的布。paːi^{11}na^{35} 指布朝上的一面。

（6）唱到 taːu^{24}ma^{33}vit^{35}ʔdo^{35}paŋ^{31}paːi^{11}na^{35}，taŋ^{31}ni^{53}pin^{35}ðo^{35}taːu^{24}ma^{33}na^{35} 这两句时，丧家要把织布机上没有织完的布翻动，表示与亡灵阴阳相隔。

四、词汇表（按音序排列）

bad [pat^{33}] 佛
bas [pa^{35}] 百
baz [pa^{11}] 妻子（疑应为"父"）
beac [puɯə^{53}] 宿命
beedt [pet^{35}] 八
beeh [pe^{33}] ①齐；②如，相当
bil [pi^{24}] 年，岁
binc [pin^{53}] 翻
byah [pja^{33}] 分别，分手，分离
byaljaail [pja^{24}tɕaːi^{24}] 鱼名
daic [tai^{53}] 哭
dams [tam^{35}] 低，矮
dazraaix [ta^{11}ðaːi^{31}] 真的
deengl [teŋ^{24}] 是
doc [to^{53}] 就
dos [to^{35}] 马蜂

dug [tuk^{33}] 苔
dux [tu^{31}]（一）堵（墙），（一）壁
duz [tu^{11}] 熟透
ens [ʔɯn^{35}] 别的，另外的
faanh [faːn^{33}] 万
fex [fɯ^{31}]（一）顿（饭）
gaamc [kaːm^{53}] 岩洞
golhaz [ko^{24}xa^{11}] 茅草
guangc [kuaŋ^{53}] 亿
gud [kut^{33}] ①挖掘；② 低
gudt [kut^{35}] 蕨草
gul [ku^{24}] 我
haaic [xaːi^{53}] 海
haail [xaːi^{24}] 开
hamh [xam^{33}] 晚，夜晚
hauxhugt [xau^{31}xuk^{35}] 玉米
hauxrih [xau^{31}ði^{33}] 旱谷
hauxweangc [xau^{31} wɯəŋ^{53}] 小米
hauxwuz [xau^{31}vu^{11}] 粮田
haz [xa^{11}] 要，将要
henz [xɯn^{11}] 夜晚
hes [xɯ^{35}] 干
hos [xo^{35}] 膝盖
ies [ʔiə^{35}] 完结，作罢
is [ʔi^{35}] 要是，若是
jaaiz [tɕaːi^{11}] 嚼
jad [tɕat^{33}] ①送，催促；②嚼
jail [tɕai^{24}] 远
jaiz [tɕai^{11}] 想，爱
jangs [tɕaŋ^{35}] 枝
jongl [tɕɔŋ^{24}] 鼓
lac [la^{53}] 下
lamxlings [lam^{31}liŋ^{35}] 坦然
liamzliamz [liəm^{11}liəm^{11}] 悄悄
liz [li^{11}] 离别
lu [lu] 啰
luangz [luəŋ^{11}] 龙
luanh [luən^{33}] 乱
masaail [ma^{53}ʔaːi^{24}] 果名
masndingl [ma^{35}ʔdiŋ^{24}] 红果
masndoongs [ma^{35}ʔdoŋ^{35}] 果名
maswanl [ma^{35}wan^{24}] 果名
mbaais [ʔbaːi^{35}] 礼物，祭品
mbos [ʔbo^{35}] 井
myaaiz [mjaːi^{11}] 咬（破）
myanh [mjan^{33}] 烂，碎
naanz [naːn^{11}] 久
naaus [naːu^{35}] 永远
nac [na^{53}] 脸
nacbyas [na^{53}pja^{53}] 额头
nacmos [na^{53}mo^{35}] 新面孔，陌生
ndaadt [ʔdaːt^{35}] ①热，烫；②（蜂）螫
ndeeul [ʔdeu^{24}] 一
ndil [ʔdi^{24}] 胆
ndillianh [ʔdi^{24}liən^{33}] 立即
ndoongs [ʔdoŋ^{35}] 亮，明亮
ndosbangz [ʔdo^{53}paŋ^{11}] 衣缝

ndosbeah [ʔdo^{53}pɯə^{33}]　衣缝

ndungs [ʔduŋ^{35}] 硬

ndunx [ʔdun^{31}] 吞

nganhnganh [ŋan^{33}ŋan^{33}] 马上，立即

ngonz [ŋɔn^{11}] 天，日，白天

nianz [niən^{11}] 年

raaiz [ða:i^{11}] 花斑，纹路

ral [ða^{24}] 我

ramxraangs [ðam^{31}ða:ŋ^{35}] 安心

ringz [ðiŋ^{11}] 晌午，午饭

rogt [ðɔk^{35}] 六

roh [ðo^{33}] 窝

rongc [ðɔŋ^{53}] 胆汁

rongz [ðɔŋ^{11}] 窝

ros [ðo^{53}] 织机上的布

saauh [θa:u^{33}] 犹如

sab [θap^{33}] 塞

sianl [θian^{24}] 仙

sings [θiŋ^{35}] 姓

songs [θɔŋ^{35}] 送

suangl [θuaŋ^{24}] 沟

wail [wai^{24}] 支脉

wanl [wan^{24}] 魂

widt [wit^{35}] 贴

xac [ɕa^{53}] 等

xadt [ɕat^{35}] 七

xianl [ɕiən^{24}] 千

yeeuh [jeu^{33}] 叫，喊

yux [ju^{31}] 友，情侣

第三章

荔波布依族傩书文献

傩戏来源于远古祭祀的舞蹈，其初始的功能是祭神逐鬼，驱瘟辟邪。后发展成为集历史、民俗、民间宗教和原始戏剧于一身的古老戏剧形式。傩戏广泛流行于我国湖南、湖北、四川、贵州、江西、安徽等省，北方的陕西、河北等省也有该艺术形式。贵州是傩戏流行面较广的省份之一，很多民族中都有，大体分为巫傩和军傩两大类。军傩于明初明王朝“调北征南”时随军队和移民从中原和江南地区传入，主要流行于黔中一带汉族中，后传播到周边布依族等少数民族中，剧目主要根据汉族历史故事改编创作而成。巫傩在各民族中都有流传，主要特点是配合民俗仪式进行表演，但各民族剧目与表演形式各具特色。贵州省荔波县是布依族傩戏分布较为集中的一个地区，过去该县境内多数地区曾经都有傩戏戏班存在，但目前仅存少数傩戏艺人，只在一种被称为“祧”的民俗活动中表演，成为一种濒危的民间艺术形式。荔波布依族傩戏有丰富的文献——傩书，傩书为韵文体裁，用布依族古文字作为记音符号抄录而成。20世纪中叶以来，由于傩戏在民间逐渐淡出人们的视线，傩书也以惊人的速度不断流失。进入21世纪以后，在荔波县民族文化部门的努力抢救下，部分残留下来的傩书得以妥善保存，2009年和2010年，荔波县分别有10余部傩书文献入选第二批和第三批《国家珍贵古籍名录》。2010年，荔波布依族傩戏也被列为中国非物质文化遗产代表名录。荔波布依族傩书文献包括《开坛歌》《请神经》《唱诸社》《献茶献酒歌》《送花歌》《古老歌》《十二花王歌》《撤坛歌》《古摩古改歌》等9部，每一部分别由若干部分组成，共计35300余行，160余万字。其中《古老歌》中的“十二个太阳”“洪水朝天”“兄妹成婚”“十一月生产歌”，《开坛歌》中的“开道歌”，《十二花王歌》中的“范朗与媚香”“范龙”“马赛”等，经黎鸣、黎汝标等翻译整理，收入1998年由黎汝标、黄义仁等主编，贵州民族出版社出版的《布依族古歌》当中。本章节选改编自其中的“十二个太阳”“送花歌”和“开道歌”三部。原书采用布依族古文字、新创布依文、国际音标注音、汉语直译和汉语意译五行对照，本书沿用此标注形式。荔波布依语与新创布依文标准音点望谟布依语虽然同属一个土语，但语音和词汇方面有所差别，国际音标注音如实反映了荔波当地布依语的语音，词汇表部分则按每个词在标准音点布依语中的实际读音标注。

第一节　十二个太阳

一、文献说明

“十二个太阳”，布依语 Xibngih Ndanl Danglngonz [sip^{42}ȵi^{31} ʔdan^{22} taŋ^{22}ŋon^{42}] 的直译，大多数布依族地区宗教文献中均有这一部，但各地的用途不同，如贞丰北盘江镇一带的布依族将这一部文献用于一种称为 Guehruh “赎魂”的仪式中。荔波一带的布依族则用于一种以求子保子为目的的傩戏活动中，这一活动当地布依语叫作“祧”，汉语称“做桥”。“十二个太阳”是傩戏活动中演唱的诸多傩书中《古老歌》的第一首，歌词叙述了古代布依族射日英雄不屈不挠、与天斗、与人斗的故事，反映了布依族从原始社会过渡到阶级社会的历史发展进程。故事的大致内容是，远古洪荒时期，天上出现 12 个太阳，将世间万物都晒干了，河里的水也干涸了，石头都晒化了，人们无法种庄稼，都逃进山洞里去躲避烈日，面临空前的灾难，难以维持生计。人们聚在一起商量，找一个力大无穷的好汉去把太阳射下来，并承诺一旦射下太阳，就赏给好田好土。最后确定一个名叫王姜的青年前去射太阳。王姜不畏艰险，自制弓箭，上天与天神搏斗，第一箭射下三个太阳，第二箭射下七个太阳，留一个白天照人们干活，留一个晚上出来，人们把它叫作“月亮”。

二、文献译注

十 二 个 太 阳

Xibngih Ndanl Danglngonz

sip^{42}ɲi^{31} ʔdan^{22} taŋ^{22}ŋon^{42}

十 二　个　太阳

十二个太阳

故　讧　斗　汝　仪
Gul gaangc dauc sul nyiel,
ku^{22} kaːŋ^{33} tau^{33} ru^{22} ɲi^{22}
我　讲　来　你们　听
我摆你们听，

召 王　疑　米　利
Saoqwangf nyiz miz ndil,
sau^{35}vaŋ^{42} ɲi^{22} mi^{42} ʔdi^{22}
召王　疑　不　好
召王觉不妙，(1)

故　三　比 坚 子
Gueh saaml bil jinl*xec*.
ku^{31} raːm^{22} pi^{22} tɕin^{22}ɕɯ^{33}
做　三　年　干旱
使天旱三年。

讧　召 王　好　汉
Gaangc Saoqwangf haaul hanq,
kaːŋ^{33} sau^{35}vaŋ^{42} haːu^{22}han^{35}
讲　召王　白 旱
谈起召王时天旱，

看　信 蚁　当 舂
Gaanz* xibngih danglngonz,
kaːn^{42} sip^{42}ɲi^{31} taŋ^{42}ŋon^{42}
季节　十二　太阳
当时有十二个太阳，

召 王　音　四 汉
Saoqwangf ranl ndidthanq,
sau^{35}vaŋ^{42} jan^{22} ʔdit^{35}han^{35}
召王　见　阳光
召王见阳光，

舂　否　咪　窝 若
Ngonz mbous* ndaix os roh.
ŋon^{42} ʔbou^{35} ʔdai^{33} ʔo^{35} zo^{31}
日　不　得　出　外
白天不敢外出。

娄　吉 位　任　浪
Rauz xih wil* ramh*langl,

rau^{42} ɕi^{31} vi^{22} ram^{13}laŋ^{22}
咱们 是 人 后 辈
咱是后辈人，

否 音 位 任 官
Mbous* ranl wil* ramh*goons,
ʔbou^{35} jan^{22} vi^{22} ram^{31}kon^{35}
不 见 人 前辈
不见前辈人，

讧 召王 好 汉
Gaangc Saoqwangf haaul hanq,
kaːŋ^{33} sau^{35}vaŋ^{42} haːu^{22} han^{35}
讲 召王 白 旱
谈起召王时，

看 信蚁 当香
Gaanz* xibngih danglngonz.
kaːn^{42} sip^{42}ȵi^{31} taŋ^{42}ŋon^{42}
季节 十二 太阳
有十二个太阳。

时 寅 当香 造
Xez nyanz danglngonz xaaux,
sɯ^{42} jin^{42} taŋ^{22}ŋon^{42} ɕaːu^{53}
时 寅 太阳 开始
寅时太阳起，

堂 时 卯 吉 见
Dangz xez mauc xih ranl,
taŋ^{42} sɯ^{42} mau^{33} tɕi^{31} jan^{22}
到 时 卯 就 见
到卯时就见，

召王 音 四汉
Saoqwangf ranl ndidthanq,
sau^{35}vaŋ^{42} jan^{22} ʔdit^{35}han^{35}
召王 见 阳光
召王见阳光，

香 否 唻 窝 若
Ngonz mbous* ndaix os roh.
ŋon^{42} ʔbou^{35} ʔdai^{33} ʔo^{35} zo^{31}
日 不 得 出 外
昼不敢外出。

官 信蚁 当香
Goons xibngih danglngonz.
kon^{35} sip^{42}ȵi^{31} taŋ^{22}ŋon^{42}
从前 十二 太阳
从前有十二个太阳。

磌 溶 汪 日 还
Rinl yongzwongz* yic*woms*,
hin^{22} joŋ^{42} voŋ^{42} ji^{33}vom^{35}
石头 熔化貌 （摹状词）
石头熔化成水，

千 朝 条 后 干
Reengl* caof deeuz hauc gaamc,

reŋ^{22} tsau^{42} teu^{42} hau^{33} kaːm^{33}
千 朝 逃 入 洞
人们逃进洞，

米 卜 以 夭 然
Miz bux qyus eeuxraanz.
mi^{42} pu^{53} ji^{35} jeu^{33}raːn^{42}
没有 人 住 家
无人住家中。

窝 召 王 你 斗
Os Saoqwangf nix dauc,
ʔo^{35} sau^{35}vaŋ^{42} ni^{53} tau^{33}
出 召王 这 来
出这位召王，

主 粮 吉 否 盆
Xos haux xih mbous* banz.
so^{35} hau^{42} tɕi^{31} ʔbou^{35} pan^{42}
放 稻谷 就 不 成
栽种不成粮。

官 信 蚁 当 昋
Goons xibngih danglngonz.
kon^{35} sip^{42}ȵi^{31} taŋ^{22}ŋon^{42}
从前 十二 太阳
从前有十二个太阳。

磌 溶 汪 日 还
Rinl yongzwongz* yic*woms*,
hin^{22} joŋ^{42}voŋ^{42} ji^{33} vom^{35}
石头 熔化貌 （摹状词）
石头熔化成水，

连 秀 隐 丕 山
Neemh* xeeuh runs bail bol,
nem^{31} ɕiu^{31} jun^{35} pai^{22} po^{22}
众 辈（人）起 去 山
众人上山躲避，

能 都然 故办
Nangh dulraanz guehbaanh,
naŋ^{31} tu^{22}raːn^{42} ku^{31}paːn^{31}
坐 房门 做散
家门空无人，

文庞 条 好 干
Wenzbeangz deeuz hauc gaamc,
wɯn^{42}pɯːŋ^{42} teu^{42} hau^{33} kaːm^{33}
人们 逃 进 山洞
人们逃进洞，

米 卜 以 夭 然
Miz bux qyus eeuxraanz.
mi^{42} pu^{53} ji^{35} jeu^{33}raːn^{42}
没有 人 住 家
无人住家中。

官 信蚁 当吞
Goons xibngih danglngonz.
kon^{35} sip^{42}ȵi^{31} taŋ^{22}ŋon^{42}
从前 十二 太阳
从前有十二个太阳。

拉奔 盆 乱炉
Lacmbenl banz luanhlux*,
la^{33}ʔbɯn^{22} pan^{42} lu:n^{31}lu^{53}
天下 成 乱纷纷
天下乱纷纷，

岩 吞京 吞府
Ngaaiz ndanljingl ndanlfuc*,
ŋa:i^{42} ʔdan^{22}tɕiŋ^{22} ʔdan^{22}fu^{33}
早饭 京城 府城
城里人吃饭，

盘古 丕 故洪
Panfguj bail guehhoongl.
pan^{42}ku^{33} pai^{22} ku^{31}hoŋ^{22}
盘古 去 干活
盘古去干活。

吞纳 吉 否 斗
Ndamlnaz xih mbous* dauc,
ʔdam^{22}na^{42} tɕi^{31} ʔbou^{31} tau^{33}
栽秧 就 不 生长
栽秧不生长，

故粮 吉 否 盆
Guehhaux xih mbous* banz.
ku^{31}hau^{53} tɕi^{31} ʔbou^{35} pan^{42}
种 稻谷 就 不 成
种粮就不成。

官 信蚁 当吞
Goons xibngih danglngonz.
kon^{35} sip^{42}ȵi^{31} taŋ^{22}ŋon^{42}
从前 十二 太阳
从前有十二个太阳。

拉奔 盆 乱炉
Lacmbenl banz luanhlux*,
la^{33}ʔbɯn^{22} pan^{42} lu:n^{31}lu^{53}
天下 成 乱纷纷
天下乱纷纷，

更奔 盆 乱断
Genzmbenl banz luanhdoons*.
kɯn^{42}ʔbɯn^{22} pan^{42} lu:n^{31}ton^{35}
天上 成 乱腾腾
天上乱腾腾。

岩 吞京 吞府
Ngaaiz ndanljingl ndanlfuc*,
ŋa:i^{42} ʔdan^{22}tɕiŋ^{22} ʔdan^{22}fu^{33}
早饭 京城 府城
城里人吃饭，

盘古 丕 故洪
Panfguj bail guehhoongl.
$pan^{42}ku^{33}$ pai^{22} $ku^{31}hoŋ^{22}$
盘古 去 干活
盘古去干活。

楠纳 幺 盆 豆
Naamhnaz rauc banz dauh,
$na:m^{31}na^{42}$ jau^{33} pan^{42} tau^{31}
田土 热 成 灰
田土干成灰，

仑 粮 否 㖡 哏
Ndaml haux mbous* ndaix genl.
$ʔdam^{22}$ hau^{42} $ʔbou^{35}$ $ʔdai^{33}$ $kɯn^{22}$
栽种 粮 不 得 吃
种粮无收成。

信蚁 劳 都 城
Xibngih lauz dul* xiangz,
$sip^{42}ȵi^{31}$ lau^{42} tu^{33} $ɕi:ŋ^{42}$
十二 楼 都 墙
都城十二座，

希 字经 没 多
Xeel seljingl miz doh.
$ɕi^{22}$ $rɯ^{22}tɕiŋ^{22}$ mi^{42} to^{31}
丢 经书 不 读
均无人读书。

了 天哈 拉𠩄
Leeux dianlhah* lacmbenl,
leu^{33} $ti:n^{22}ha^{31}$ $la^{33}ʔbɯn^{22}$
全 天下 天下
天下全世界，

吉 否 音 棵粮
Xih mbous* ranl golhaux,
$tɕi^{31}$ $ʔbou^{35}$ jan^{22} $ko^{22}hau^{53}$
就 不 见 稻谷
不见庄稼生，

楠纳 幺 盆 豆
Naamhnaz rauc banz dauh,
$na:m^{31}na^{42}$ jau^{33} pan^{42} tau^{31}
田土 热 成 灰
田土干成灰，

仑 粮 否 㖡 哏
Ndaml haux mbous* ndaix genl.
$ʔdam^{22}$ hau^{42} $ʔbou^{35}$ $ʔdai^{33}$ $kɯn^{22}$
栽种 粮 不 得 吃
种粮无收成。

清 寒 来 寒 太
Xinl hamz laail hamz daaih,
$ɕin^{22}$ ham^{42} $la:i^{22}$ ham^{42} $ta:i^{31}$
真 恨 多 恨 大
人们怨气多，

托 乃　了　拉 㐲
Dogtnaais leeux lacmbenl,
to^{35}na:i^{35} leu^{53} la^{33}ʔbɯn^{22}
气馁　全　天下
天下死沉沉，

信 蚁　劳　都　城
Xibngih lauz dul* xiangz,
sip^{42}ȵi^{31} lau^{42} tu^{33} ɕi:ŋ^{42}
十二　楼　都　墙
都城十二座，

希　字 经 没　多
Xeel seljingl mbous* doh.
ɕi^{22} rɯ^{22}tɕiŋ^{22} ʔbou^{35} to^{31}
丢　经书　不　读
均无人读书。

官　信 蚁　当 吞
Goons xibngih danglngonz.
kon^{35} sip^{42}ȵi^{31} taŋ^{22}ŋon^{42}
从前　十二　太阳
从前有十二个太阳。

淰　江　汪　兴　颇
Ramx jaangl wangz xinl mbos*,
nam^{33} tɕa:ŋ^{22} vaŋ^{42} ɕin^{22} ʔbo^{35}
水　中间　潭　真　干
晒干潭中水，

官　信 蚁　当 吞
Goons xibngih danglngonz.
kon^{35} sip^{42}ȵi^{31} taŋ^{22}ŋon^{42}
从前　十二　太阳
从前有十二个太阳。

淰　拉 落　兴　干
Ramx lac logt xinl gany,
nam^{33} la^{33} lo^{35} ɕin^{22} ka:n^{22}
水　下面　水车　真　干
晒干车下水，[2]

了　拉 㐲　百 姓
Leeux lacmbenl beegt*sings,
leu^{53} la^{33}ʔbɯn^{22} pek^{33}riŋ^{35}
全　天下　百姓
天下老百姓，

定　否　咪　㐲 吞
Dingh mbous* ndaix mbenlndanl.
tiŋ^{31} bou^{35} ʔdai^{33} ʔbɯn^{22}ʔdan^{22}
定　不　得　天 地
定不了天地。[3]

官　信 蚁　当 吞
Goons xibngih danglngonz.
kon^{35} sip^{42}ȵi^{31} taŋ^{22}ŋon^{42}
从前　十二　太阳
从前有十二个太阳。

淰　江　汪　兴　颇
Ramx jaangl wangz xinl mbos*,
nam^{33} tɕaːŋ^{22} vaŋ^{42} ɕin^{22} ʔbo^{35}
水　中间　潭　真　干
晒干潭中水，

故洪　否　唻　哏
Guehhoongl mbous* ndaix genl,
ku^{31}hoŋ^{22} ʔbou^{35} ʔdai^{33} kɯn^{22}
干活　不　得　吃
干活没得吃，

拉奔　盆　耐诺
Lacmbenl banz naaisnos*.
la^{33}ʔbɯn^{22} pan^{22} naːi^{35}no^{35}
天下　成　灰心
天下人心懒。

官　信蚁　当吞
Goons xibngih danglngonz.
kon^{35} sip^{42}ȵi^{31} taŋ^{22}ŋon^{42}
从前　十二　太阳
从前有十二个太阳。

淰　拉　落　兴　干
Ramx lac logt xinl gany,
nam^{33} la^{33} lo^{35} ɕin^{22} kaːn^{22}
水　下面　水车　真　干
晒干车下水，

故　然　了　天哈
Gueh reengx leeux dianlhah*,
ku^{31} reŋ^{53} leu^{53} tiːn^{22}ha^{31}
做　旱　全　天下
整个世界全干旱，

岜　拉　大　兴　歹
Byal lac dah xinl daail.
pja^{22} la^{33} ta^{53} ɕin^{22} taːi^{22}
鱼　下面　河　真　死
鱼儿被晒死。

奔　故　然　来来
Mbenl gueh reengx laaillaail,
ʔbɯn^{22} ku^{31} reŋ^{42} laːi^{22}laːi^{22}
天　做　旱　很多
天旱这么久，

歹　岜才　拉　等
Daail byalraaiz lac deengc*,
taːi^{22} pja^{22}raːi^{42} la^{33} tɯŋ^{33}
死　花鱼　下面　坎
晒死坎下鱼，

故洪　否　唻　哏
Guehhoongl mbous* ndaix genl,
ku^{31}hoŋ^{22} ʔbou^{35} ʔdai^{33} kɯn^{22}
做活　不　得　吃
干活没得吃，

文 柔 兴 利压
Wenz rauz xinl ndilnyah.
vɯn^{42} rau^{42} ɕin^{22} ʔdi^{22}ȵa^{31}
人 咱们 真 生气
人们生怨气。

故 然 了 天哈
Gueh reengx leeux dianlhah*,
ku^{31} reŋ^{53} leu^{53} tiːn^{22}ha^{31}
做 旱 全 天下
整个世界全干旱，

岜 拉 大 清 呆
Byal lac dah xinl daail,
pja^{22} la^{33} ta^{53} ɕin^{22} taːi^{22}
鱼 下面 河 真 死
晒死河中鱼，

更奔 米 斗 温
Genzmbenl miz dauc wenl,
kɯn^{42}ʔbɯn^{22} mi^{42} tau^{53} vɯn^{22}
天上 不 下 雨
天上不下雨，

拉底 否 力 淰
Lacdih mbous* lix ramx.
la^{33}ti^{31} ʔbou^{42} li^{42} nam^{33}
凡间 不 有 水
地下没有水。

奔 故 然 来来
Mbenl gueh reengx laaillaail,
ʔbɯn^{22} ku^{31} reŋ^{42} laːi^{22}laːi^{22}
天 做 旱 很多
天旱这么久，

歹 岜才 拉 等
Daail byalraaiz lac deengc*,
taːi^{22} pja^{22}raːi^{42} la^{33} tɯŋ^{33}
死 花鱼 下面 坎
晒死坎下鱼，

岜 吉 歹 内 圃
Byal xih daail ndael mbos,
pja^{22} tɕi^{31} taːi^{22} ʔdaɯ^{22} ʔbo^{35}
鱼 就 死 里 井
鱼死在井里，

粮 关 伙 江 纳
Haux gons hoh jaangl naz.
hau^{53} kon^{35} ho^{31} tɕaːŋ^{22} na^{42}
秧苗 断 节 中间 田
秧断节田中。

淰 颇 吉 歹 岜
Ramx mbos* xih daail byal,
nam^{33} ʔbo^{35} tɕi^{31} taːi^{22} pja^{22}
水 干 就 死 鱼
水干鱼就死，

粮 江 纳 关 伙
Haux jaangl naz gons hoh,
hau^{53} tɕaːŋ^{22} na^{42} kon^{35} ho^{31}
秧苗 中 田 断 节
田中秧断节，

粮 当 哪 丕 𡗶
Haux dangc nac bail mbenl,
hau^{53} taŋ^{33} na^{33} pai^{22} ʔbɯn^{22}
秧苗 竖 脸 去 天
秧仰脸怨天，

盆冷 棵 粮婆
Banzlumc gol hauxbux.
pan^{42}lum^{33} ko^{22} hau^{53}pu^{53}
好像 棵 雄秧苗
像棵雄秧样。(4)

岜 吉 歹 内 圃
Byal xih daail ndael mbos,
pja^{22} tɕi^{31} taːi^{22} ʔdaɯ^{22} ʔbo^{35}
鱼 就 死 里 井
鱼死在井里，

粮 关 伙 江 纳
Haux gons hoh jaangl naz.
hau^{53} kon^{35} ho^{31} tɕaːŋ^{22} na^{42}
秧苗 断 节 中间 田
秧断节田中。

江 吞 派 好 砍
Jaanglngonz bail hauc gaamc,
tɕaːŋ^{22}ŋon^{42} pai^{22} hau^{33} kaːm^{33}
白天 去 进 山洞
白天钻进洞，

江 汉 妈 同雅
Jaanglhamh mal dungxral*.
tɕaːŋ^{22}ham^{31} ma^{22} tuŋ^{42}ra^{22}
夜晚 来 相聚
夜晚来相聚。

岜 吉 歹 江 打
Byal xih daail jaangl dah,
pja^{22} tɕi^{31} taːi^{22} tɕaːŋ^{22} ta^{31}
鱼 就 死 中 河
鱼在河中死，

粮 关 伙 江 纳
Haux gons hoh jaangl naz.
hau^{53} kon^{35} ho^{31} tɕaːŋ^{22} na^{42}
秧苗 断 节 中间 田
秧断节田中。

官 信蚁 当吞
Goons xibngih danglngonz.
kon^{35} sip^{42}ȵi^{31} taŋ^{22}ŋon^{42}
从前 十二 太阳
从前有十二个太阳。

音 溶 盆 楠以
Rinl yongz banz naamhreens,
hin^{22} joŋ^{42} pan^{42} naːm^{31}he^{35}
石 熔 成 沙子
石头熔成沙，

了 百姓 拉吞
Leeux beegt*sings lacmbenl,
leu^{53} pek^{33}riŋ^{35} la^{33} ʔbɯn^{22}
全 百姓 天下
天下老百姓，

卜勒 卡 当吞
Buxlaez gac danglngonz?
pu^{53}laɯ^{42} ka^{33} taŋ^{22}ŋon^{42}
哪个 杀 太阳
谁把太阳杀？

故 然 号 你 斗
Gueh reengx haul nix dauc,
ku^{31} reŋ^{42} hau^{22} ni^{42} tau^{33}
做 旱 臭 这 来
天这般干旱，

故粮 吉 否 盆
Guehhaux xih mbous* banz.
ku^{31}hau^{53} tɕi^{31} ʔbou^{35} pan^{42}
种田 就 不 成
种粮无收成。

官 信蚁 当吞
Goons xibngih danglngonz.
kon^{35} sip^{42}ȵi^{31} taŋ^{22}ŋon^{42}
从前 十二 太阳
从前有十二个太阳。

音 溶 盆 楠以
Rinl yongz banz naamhrees,
hin^{22} joŋ^{42} pan^{42} naːm^{31}re^{35}
石 熔 成 沙子
石头熔成沙，

卜 丕 殿 难 妈
Bux bail dianl naanz mal,
pu^{53} pai^{22} tiːn^{22} naːn^{42} ma^{22}
人 去 天 难 来
出门人难归，

故粮 吉 否 盆
Guehhaux xih mbous* banz.
ku^{31}hau^{53} tɕi^{31} ʔbou^{35} pan^{42}
种田 就 不 成
种粮无收成。

官 信蚁 当吞
Goons xibngih danglngonz.
kon^{35} sip^{42}ȵi^{31} taŋ^{22}ŋon^{42}
从前 十二 太阳
从前有十二个太阳。

音 溶 盆 楠以
Rinl yongz banz naamhrees,
hin^{22} joŋ^{42} pan^{42} naːm^{31}re^{35}
石 熔 成 沙子
石头熔成沙，

卜 丕 殿 难 妈
Bux bail dianl naanz mal,
pu^{53} pai^{22} tiːn^{22} naːn^{42} ma^{22}
人 去 天 难 来
出门人难归，

卜 以 浪 克 底
Bux qyus langl gel* dis*,
pu^{53} ji^{35} laŋ^{22} kɯ^{22} ti^{35}
人 在 后 尽 盼望
家人尽盼望，

了 百姓 拉吞
Leeux beegt*sings lacmbenl,
leu^{53} pek^{33}riŋ^{35} la^{33}ʔbɯn^{22}
全 百姓 天下
全天下百姓，

卜勒 卡 当吞
Buxlaez gac danglngonz?
pu^{53}laɯ^{42} ka^{33} taŋ^{22}ŋon^{42}
哪个 杀 太阳
谁能杀太阳？

官 信蚁 当吞
Goons xibngih danglngonz.
kon^{35} sip^{42}ȵi^{31} taŋ^{22}ŋon^{42}
从前 十 二 太阳
从前有十二个太阳。

磌 溶 盆 烂办
Rinl yongz banz laanhbyaans*,
hin^{22} joŋ^{42} pan^{42} laːn^{31}pjaːn^{35}
石头 熔 成 碎片
石头熔成碎片，

了 庞 斗 同算
Leeux beangz dauc dungxsuans,
leu^{53}pɯːŋ^{42} tau^{33} tuŋ^{53}suːn^{35}
全 地方 来 商量
大家来商量，

牙 仗 卡 当吞
Ral xaangh gac danglngonz.
ja^{22} ɕaːŋ^{31} ka^{33} taŋ^{22}ŋon^{42}
找 匠人 杀 太阳
找射日英雄。[5]

时 寅 当吞 照
Xez nyanz danglngonz xaaux,
sɯ^{42} jin^{42} taŋ^{22}ŋon^{42} ɕaːu^{53}
时 寅 太阳 开始
寅时太阳起，

堂 时 卯 吉 音
Dangz xez mauc xih ranl.
taŋ^{42} sɯ^{42} mau^{33} tɕi^{31} jan^{22}
到 卯时 就 见
到卯时就见。

官 信蚁 当昚
Goons xibngih danglngonz.
kon^{35} sip^{42}ȵi^{31} taŋ^{22}ŋon^{42}
从前 十二 太阳
从前有十二个太阳。

磌 溶 盆 烂办
Rinl yongz banz laanhbyaans*,
hin^{22} joŋ^{42} pan^{42} la:n^{31}pja:n^{35}
石头 熔 成 碎块
石头熔成片，

卜 丕 殿 歹 来
Bux bail dianl daail laail,
pu^{53} pai^{22} ti:n^{22} ta:i^{22} la:i^{22}
人 去 天 死 多
人出门就死，

卜 以 然 休算
Bux qyus raanz riul*suans*.
pu^{53} ji^{35} ra:n^{42} riu^{22}su:n^{35}
人 在 家 恐慌
人在家恐慌。

了 庞 斗 同算
Leeux beangz dauc dungxsuans,
leu^{53} pɯ:ŋ^{42} tau^{33} tuŋ^{53}su:n^{35}
全 地方 来 商量
大家来商量，

牙 仗 卡 当昚
Ral xaangh gac danglngonz.
ja^{22} ɕa:ŋ^{31} ka^{33} taŋ^{22}ŋon^{42}
找 匠人 杀 太阳
找射日英雄。

匠 唻 罗 斗 海
Xaangh ndaix loongx dauc haail:
ɕa:ŋ^{31} ʔdai^{33} loŋ^{42} tau^{33} ha:i^{22}
匠人 得 大箱 来 开
匠人打开箱：

威勒 如 打 练
Weil*laez rox daj lians?
wei^{22}lauɯ^{42} ro^{53} da^{33} li:n^{35}
位哪 会 打 箭
哪个会造箭？

卜勒 力 燃 劳
Buxlaez lix reengz laaux?
pu^{53}lauɯ^{42} li^{53} reŋ^{42} la:u^{53}
哪个 有 力 大
哪个力气大？

卡 朝 咪 当吞
Gac xaaux ndaix danglngonz?
ka^{53} ɕaːu^{53} ʔdai^{33} taŋ^{22}ŋon^{42}
杀 才 得 太阳
能把太阳射?

丕 坡 更 呀 假
Bail bol genz ya xac,
pai^{22} po^{22} kɯn^{42} ja^{31} tɕa^{33}
到 坡 上面 呀 等
上坡去寻找,

妈 拉 更 呀 奶
Mal lac gumh ya raiz.
ma^{22} la^{33} kum^{31} ja^{31} rai^{22}
来 下面 窿谷 呀 叫
下坡去呼叫。

匠 咪 笼 斗 海
Xaangh ndaix loongx dauc haail:
ɕaːŋ^{31} ʔdai^{33} loŋ^{42} tau^{33} haːi^{22}
匠人 得 大箱 来 开
匠人打开箱:

威 勒 如 打 练
Weil* laez rox daj lians?
wei^{22} lauɯ^{42} ro^{53} ta^{33} liːn^{35}
位 哪 会 打 箭
哪个会造箭?

冲 丕 冲 克 瞅
Cungy bail cungy geh* yeeus,
tsuŋ^{22} pai^{22} tsuŋ^{22} kɯ^{31} ɕiu^{35}
冲 去 冲 尽 望
一处处地看,

吉 丕 吉 克 眺
Jiez bail jiez geh* sauh*.
tɕi^{42} pai^{22} tɕi^{42} kɯ^{31} sau^{31}
处 去 处 尽 望
一处处地望。

卜勒 力 然 劳
Buxlaez lix reengz laaux?
pu^{53}lauɯ^{42} li^{53} reŋ^{42} laːu^{53}
哪个 有 力 大
哪个力气大?

卡 朝 咪 当吞
Gac xaaux ndaix danglngonz?
ka^{53} ɕaːu^{53} ʔdai^{33} taŋ^{22}ŋon^{42}
杀 才 得 太阳
能把太阳射?

欧 字命 斗 累
Aul selmingh dauc laic,
ʔau^{22} rɯ^{22}miŋ^{31} tau^{33} lai^{33}
要 八字 来 看
翻八字来看,

卜勒 唻 三 金
Buxlaez ndaix saaml jiml?
pu^{53}law^{42} ʔdai^{33} ra:m^{22}tɕim^{22}
哪个 得 三金
哪个得三金?

得 字命 斗 拎
Dez selmingh dauc linc*,
tɯ^{42} rɯ^{22}miŋ^{31} tau^{33} lin^{33}
拿 八字 来 翻
拿命簿来翻,

威勒 唻 三 卯
Weil*laez ndaix saaml mauc?
wɯi^{22}law^{42} ʔdai^{33} ra:m^{22} mau^{33}
位 哪 得 三卯
哪人逢三卯?

都 闹 卡 当吞
Dul nauz gac danglngonz,
tu^{22} nau^{42} ka^{33} taŋ^{22}ŋon^{42}
我们 说 杀 太阳
咱要杀太阳,

卜勒 坟 的 唻
Buxlaez fanz deel ndaix?
pu^{53}law^{42} fan^{42} ti^{22} ʔdai^{33}
哪个 砍 它 得
哪个能砍它?

欧 字命 斗 累
Aul selmingh dauc laic,
ʔau^{22} rɯ^{22}miŋ^{31} tau^{33} lai^{33}
要 八字 来 看
要命簿来推,

卜勒 唻 三 金
Buxlaez ndaix saaml jiml?
pu^{53}law^{42} ʔdai^{33} ra:m^{22}tɕim^{22}
哪个 得 三金
哪个得三金?

卜勒 唻 三 甲
Buxlaez ndaix saaml jaf?
pu^{53}law^{42} ʔdai^{33} ra:m^{22}tɕa^{53}
哪个 得 三甲
哪个得三甲?

命 的 更 泠 磒
Mingh deel ndoongx lumc rinl.
miŋ^{31} ti^{22} ʔdoŋ^{33} lum^{33} hin^{22}
命 他 硬 如 石
他命硬如石。

得 字命 斗 拎
Dez selmingh dauc linc*,
tɯ^{42} rɯ^{22}miŋ^{31} tau^{33} lin^{33}
拿 八字 来 翻
拿命簿来翻,

威勒　　咪　　三　　卯
Weil*laez　ndaix　saaml　mauc?
wɯi^{22}lau^{42} ʔdai^{33}　raːm^{22}　mau^{33}
位　　哪　得　　三卯
哪人逢三卯?

得　字命　　斗　　拎
Dez　selmingh　dauc　linc*,
tɯ^{42}　rɯ^{22}miŋ^{31}　tau^{33}　lin^{33}
拿　　八字　　　来　　翻
拿命簿来翻,

皇姜　　　咪　　三　　金
Wangfjiangyndaix　saaml　jiml?
vaŋ^{42}tɕiːŋ^{22}　ʔdai^{33}　raːm^{22}tɕim^{22}
王姜　　　　得　　三金
王姜得三金?[6]

欧　字命　　斗　　拎
Aul　selmingh　dauc　linc*,
ʔau^{22}　rɯ^{22}miŋ^{31}　tau^{33}　lin^{33}
要　　八字　　　来　　看
要八字来翻,

皇姜　　　咪　　三　　卯
Wangfjiangyndaix　saaml　mauc?
vaŋ^{42}tɕiːŋ^{22}　ʔdai^{33}　raːm^{22}　mau^{33}
王姜　　　　得　　三卯
王姜得三卯?

汝　闹　　卡　当吞
Sul　nauz　gac　danglngonz,
ru^{22}　nau^{42}　ka^{33}　taŋ^{22}ŋon^{42}
你们　说　　杀　　太阳
你们射太阳,

皇姜　　　坟　　吉　咪
Wangfjiangy　fanz　xih　ndaix,
waŋ^{42}tɕiːŋ^{22}　fan^{42}　tɕi^{31}　ʔdai^{33}
王姜　　　　砍　　就　　得
请王姜才成,

得　字命　　斗　　拎
Dez　selmingh　dauc　linc*,
tɯ^{42}　rɯ^{22}miŋ^{31}　tau^{33}　lin^{33}
拿　　八字　　　来　　看
拿八字来看,

皇姜　　　咪　　三　　金
Wangfjiangy　ndaix　saaml　jiml,
vaŋ^{42}tɕiːŋ^{22}　ʔdai^{33}　raːm^{22}tɕim^{22}
王姜　　　　得　　三金
王姜得三金,

得　字命　　斗　　舵
Dez　selmingh　dauc　doh,
tɯ^{42}　rɯ^{22}miŋ^{31}　tau^{33}　to^{31}
拿　　八字　　　来　　读
拿八字来算,

皇 姜　托　三　金
Wangfjiangy dogt saaml jiml,
vaŋ^{42}tɕiːŋ^{22} to^{35} raːm^{22}tɕim^{22}
王姜　落　三金
王姜得三金,

得 字命　斗　拎
Dez selmingh dauc linc*,
tɯ^{42} rɯ^{22}miŋ^{31} tau^{33} lin^{33}
拿　八字　来　看
翻八字来看,

皇 姜　唻　三　卯
Wangfjiangy ndaix saaml mauc,
vaŋ^{42}tɕiːŋ^{22} ʔdai^{33} raːm^{22} mau^{33}
王姜　得　三卯
王姜得三卯,

皇 姜　威　三　卯
Wangfjiangy woic saaml mauc,
vaŋ^{42}tɕiːŋ^{22} vui^{33} raːm^{22} mau^{33}
王姜　挂　三卯
王姜命三卯,

朝　卡 唻　当 吞
Xaaux gac ndaix danglngonz.
ɕaːu^{53} ka^{53} ʔdai^{33} taŋ^{22}ŋon^{42}
才　杀　得　太阳
才射得太阳。

刚　卜 米　𠀾吞
Gaangc bohmeeh mbenlndanl,
kaːŋ^{33} pu^{31}me^{31} ʔbɯn^{22}ʔdan^{22}
讲　父母　天地
对天地发誓,

对　当 吞　故 亚
Dois danglngonz guehqyas.
toi^{35} taŋ^{22}ŋon^{42} ku^{31}ja^{35}
对　太阳　作 恶
向太阳发威。

拉 𠀾　否　团 匀
Lacmbenl mbous* tuanfyianf,
la^{33}bɯn^{22} ʔbou^{35} tuːn^{42} juːn^{42}
天下　不　团圆
天下不团圆,

文 庞　故　几 求
Wenzbeangz gueh xih*jauz,
vɯn^{42}puːŋ^{42} ku^{31} ɕi^{31}tɕau^{42}
世 人　做　祈求
世人就祈求,

皇 姜　威　三　卯
Wangfjiangy woic saaml mauc,
vaŋ^{42}tɕiːŋ^{22} vui^{33} raːm^{22} mau^{33}
王姜　挂　三　卯
王姜命三卯,

卡 朝 唻 当吞
Gac xaaux ndaix danglngonz,
ka^{53} ɕaːu^{53} ʔdai^{33} taŋ^{22}ŋon^{42}
杀 才 得 太阳
才能射太阳，

谈 唻 觍 然 弱
Damx ndaix ranl raanz roongh,
tam^{53} ʔdai^{33} jan^{22} raːn^{42} zoŋ^{31}
刚刚 得 见 家 亮
才得保平安，

当吞 窝 潘潘
Danglngonzos mbuanl*mbuanl*,
taŋ^{22}ŋon^{42} ʔo^{35} ʔbuːn^{22}buːn^{22}
太阳 出 纷纷
太阳起纷纷，

讧 记 卜 𡗶吞
Gaangc jis* boh mbenlndanl,
kaːŋ^{33} tɕi^{35} pu^{31} ʔbɯn^{22}ʔdan^{22}
讲 寄 父 天地
对天地发誓，

对 当吞 故亚
Dois danglngonz guehqyas.
toi^{35} taŋ^{22}ŋo^{42} ku^{31}ja^{35}
对 太阳 作恶
对太阳发难。

唻 字命 斗 舵
Ndaix selmingh dauc doh,
ʔdai^{33} rɯ^{22}miŋ^{31} tau^{33} to^{31}
得 八字 来 读
拿命簿来推，

艡 的 约 常 金
Ndaangl deel rogt xangz jiml,
ʔdaːŋ^{22} ti^{22} jo^{35} saŋ^{42} tɕim^{22}
身体 他 六 层 金
他身六层金，

王姜 弄 冷 磌
Wangfjiangyndoongx lumc rinl,
vaŋ^{42}tɕiːŋ^{22} ʔdoŋ^{33} lum^{33} hin^{22}
王姜 硬 像 石头
王姜硬如石，

卡 当吞 朝 唻
Gac danglngonz xaaux ndaix.
ka^{33} taŋ^{22}ŋon^{42} ɕaːu^{53} ʔdai^{33}
杀 太阳 才 得
才射死太阳。

卜匠 勒 如 字
Buxxaangh laez rox sel,
pu^{53} ɕaːŋ^{31} laɯ^{42} ro^{42} rɯ^{22}
匠人 哪 懂 书
匠人懂天书，

的 吉 咪 丕 舵
Deel xih ndaix bail doh,
ti^{22} tɕi^{31} ʔdai^{33} pai^{22} to^{31}
他 就 得 去 读
他就拿去读，

得 字命 斗 舵
Dez selmingh dauc doh,
tɯ^{42} rɯ^{22}miŋ^{31} tau^{33} to^{31}
拿 八字 来 读
拿八字来算，

艡 的 约 常 金
Ndaangl deel rogt xangz jiml,
ʔdaːŋ^{22} ti^{22} jo^{35} saŋ^{42} tɕim^{22}
身体 他 六 层 金
他身六层金，

文庞 江 样你
Wenzbeangz gaangc yianghnix:
vɯn^{42}pɯːŋ^{42} kaːŋ^{33} jiːŋ^{31}ni^{53}
世人 讲 这样
世人这样讲：

忙 吉 缓 丕 尼
Mengz xih uns* bail nyingz!
mɯŋ^{42} tɕi^{31} ʔun^{35} pai^{22} ȵiŋ^{22}
你 就 安心 去 射
你安心去射！

王姜 弄 冷 磒
Wangfjiangy ndoongx lumc rinl,
vaŋ^{42}tɕiːŋ^{22} ʔdoŋ^{33} lum^{33} hin^{22}
王姜 硬 像 石头
王姜硬如石，

尼 当吞 朝 咪
Nyingz danglngonz xaaux ndaix.
ȵiŋ^{42} taŋ^{42}ŋon^{42} ɕaːu^{53} ʔdai^{33}
射 太阳 才 得
才射得太阳。

万 家 如 度 开
Wanq jiay rox dos gaic*,
van^{31} tɕia^{22} ro^{53} to^{35} kai^{33}
万家 会 制作 弓
万家会制弓，

魏家 如 打 箭
Weiqjiay rox dac lians*,
vui^{35} tɕia^{22} ro^{53} ta^{33} liːn^{35}
魏家 会 打 箭
魏家会造箭，

王姜 力 然 劳
Wangfjiangy lix reengz laaux,
vaŋ^{42}tɕiːŋ^{22} li^{53} reŋ^{42} laːu^{53}
王姜 有 力 大
王姜力气大，

朝 卡 咪 当吞
Xaaux gac ndaix danglngonz.
ɕaːu^{53} ka^{53} ʔdai^{33} taŋ^{22}ŋon^{42}
才 杀 得 太阳
能射死太阳。

丕 更 坡 呀 假
Bail genz bol ya xac,
pai^{22} kɯn^{42} po^{22} ja^{31} tɕa^{33}
去 上面 坡 呀 等
去坡上等待，

妈 拉 更 呀 奶
Mal lac gumh ya raiz,
ma^{22} la^{33} kum^{31} ja^{31} rai^{22}
来 下面 窿谷 也 呼
来山下呼喊，

万 家 如 度 开
Wanq jiay rox dos gaic*,
van^{31} tɕia^{22} ro^{53} to^{35} kai^{33}
万家 会 制作 弓
万家会制弓，

魏家 如 打 箭
Weiqjiay rox dac lians*,
vui^{35} tɕia^{22} ro^{53} ta^{33} liːn^{35}
魏家 会 打 箭
魏家会造箭，

冲 丕 冲 克 仪
Cungy bail cungy geh* nyiel,
tsuŋ^{22} pai^{22} tsuŋ^{22} kɯ^{31} ȵi^{22}
冲 去 冲 尽 听
一处一处地听，

吉 丕 吉 克 瞅
Jiez bail jiez geh* yeeus,
tɕi^{42} pai^{22} tɕi^{42} kɯ^{31} jeu^{33}
处 去 处 尽 看
一处一处地看，

王姜 力 然 劳
Wangfjiangy lix reengz laaux,
vaŋ^{42}tɕiːŋ^{22} li^{53} reŋ^{42} laːu^{53}
王姜 有 力 大
王姜力气大，

朝 尼 朵 当吞
Xaaix nyingz dogt danglngonz.
xaːu^{53} ȵiŋ^{42} to^{35} taŋ^{22}ŋon^{42}
才 射 落 太阳
能射落太阳。

卜勒 卡 当吞
Buxlaez gac danglngonz,
pu^{53}laɯ^{42} ka^{33} taŋ^{22}ŋon^{42}
哪个 杀 太阳
哪个射太阳，

罶劳 堂 的 涯
Nazlaaux dangz deel rais,
na^{42}laːu^{53} taŋ^{42} ti^{22} jai^{35}
大田 到 他 耙
大田给他耕，

卜勒 卡 当吞
Buxlaez gac danglngonz,
pu^{53}lauɯ^{42} ka^{33} taŋ^{22}ŋon^{42}
哪个 杀 太阳
哪个射太阳，

罶奶 托 的 仑
Naznaih dogt deel ndaml.
na^{42}nai^{31} to^{35} ti^{22} ʔdam^{22}
小田 落 他 栽
小田归他种。

破 来 文 米 好
Mbos* laail wenz miz ndil,
ʔbo^{35} laːi^{22} vɯn^{42} mi^{42} ʔdi^{22}
旱 多 人 不 好
天旱人饥饿，

仑 粝 吉 否 盆
Ndaml haux xih mbous* banz.
ʔdam^{22} hau^{53} tɕi^{31} ʔbou^{35} pan^{42}
栽种 粮 就 不 成
种粮无收成。

卜勒 卡 当吞
Buxlaez gac danglngonz,
pu^{53}lauɯ^{42} ka^{33} taŋ^{22}ŋon^{42}
哪个 杀 太阳
哪个射太阳，

罶劳 堂 的 涯
Nazlaaux dangz deel rais,
na^{42}laːu^{53} taŋ^{42} ti^{22} jai^{35}
大田 到 他 耙
大田给他耕，

得 塘罶 斗 颁
Dez damznaz dauc banl,
tɯ^{42} tam^{42}na^{42} tau^{33} pan^{22}
拿 田土 来 分
拿田地来分，

卜勒 凡 的 俫
Buxlaez fanz deel ndaix.
pu^{53}lauɯ^{42} fan^{42} ti^{22} ʔdai^{33}
哪个 砍 他 得
射太阳的得。

卜勒 卡 当吞
Buxlaez gac danglngonz,
pu^{53}lauɯ^{42} ka^{33} taŋ^{22}ŋon^{42}
哪个 杀 太阳
哪个射太阳，

罶奶　托　的　仑
Naznaih dogt deel ndaml.
na^{42}nai^{31} to^{35} ti^{22} ʔdam^{22}
小田　落　他　栽
小田归他种。

才　忙　尼　的　托
Saaiz* mengz nyingz deel dogt,
saːi^{42} mɯŋ^{42} ȵiŋ^{42} ti^{22} to^{35}
如果 你　射　它　落
你射太阳落，

希　罶　雒　海　忙
Xeel naz lueh* haec mengz,
ɕi^{22} na^{42} lu^{31} haɯ^{33} mɯŋ^{42}
留　田　低洼处 给　你
低洼田给你，(7)

才　忙　尼　的　兵
Saaiz* mengz nyingz deel mbinl,
saːi^{42} mɯŋ^{42} ȵiŋ^{42} ti^{22} ʔbin^{22}
若　你　射　它　飞
你射太阳落，

罶　都　墙　海　忙
Naz dul xiangz haec mengz.
na^{42} tu^{22} ɕiːŋ^{42} haɯ^{33} mɯŋ^{42}
田　门　墙　给　你
寨脚田给你。

时　寅　当昏　造
Xez nyanz danglngonz xaaux,
sɯ^{42} jin^{42} taŋ^{22}ŋon^{42} ɕaːu^{53}
时　寅　太阳　开始
寅时太阳起，

堂　时　卯　吉　窝
Dangz xez mauc xih os,
taŋ^{42} sɯ^{42} mau^{33} tɕi^{31} ʔo^{35}
到　时　卯　就　出
卯时太阳升，

才　忙　尼　的　托
Saaiz* mengz nyingz deel dogt,
saːi^{42} mɯŋ^{42} ȵiŋ^{42} ti^{22} to^{35}
如果 你　射　它　落
你射太阳落，

罶　雒　希　海　忙
Naz lueh* xeel haec mengz.
na^{42} lu^{31} ɕi^{22} haɯ^{33} mɯŋ^{42}
田　低洼处 留　给　你
低洼田留给你。

变　盆　当昏　母
Bians banz danglngonz mos,
piːn^{35} pan^{42} taŋ^{22}ŋon^{42} mo^{35}
变　成　太阳　新
变成新太阳，

海 拉吞 团圆
Haec lacmbenl tuanfyianf,
haɯ^{33} la^{33}ʔbɯn^{22} tuːn^{42}juːn^{42}
让 天下 团圆
让百姓团圆，

才 忙 尼 的 兵
Saaiz* mengz nyingz deel mbinl,
saːi^{42} mɯŋ^{42} ȵiŋ^{42} ti^{22} ʔbin^{22}
若 你 射 它 飞
你射太阳落，

䎽 都 墙 海 忙
Naz dul xiangz haec mengz.
na^{42} tu^{22} ɕiːŋ^{42} haɯ^{33} mɯŋ^{42}
田 门 墙 给 你
寨脚田给你。

塘 䎽 斗 同 颁
Damznaz dauc dungxbanl,
tam^{42}na^{42} tau^{33} tuŋ^{53}pan^{22}
田土 来 互分
拿塘田来分，

姑 丕 尼 吉 咪
Gul bail nyingz xih ndaix,
ku^{22} pai^{22} ȵiŋ^{42} tɕi^{31} ʔdai^{33}
我 去 射 就 得
我射落就得，

姜 丕 弄 欧 美
Jiangy bail ndongl aul faix,
tɕiːŋ^{22} pai^{22} ʔdoŋ^{22} ʔau^{22} mai^{33}
姜 去 林 要 木
姜进林伐木，

咪 妈 度 弩弓
Ndaix mal dos nos*gongl.
ʔdai^{33} ma^{22} to^{35} no^{35} koŋ^{22}
得 来 制造 弩 弓
拿来造弓箭。

时 寅 当吞 造
Xez nyanz danglngonz xaaux,
sɯ^{42} jin^{42} taŋ^{22}ŋon^{42} ɕaːu^{53}
时 寅 太阳 开始
寅时太阳起，

时 卯 窝 纷纷
Xez mauc os fanl*fanl*,
sɯ^{42} mau^{33} ʔo^{35} fan^{22}fan^{22}
时 卯 出 纷纷
卯时纷纷出，

得 塘 䎽 斗 班
Dez damznaz dauc banl,
tɯ^{42} tam^{42}na^{42} tau^{33} pan^{22}
拿 田土 来 分
拿田土来分，

姑　丕　尼　　吉　托
Gul bail nyingz xih dogt.
ku^{22} pai^{22} ȵiŋ^{42} tɕi^{31} to^{35}
我　去　射　就　落
我射太阳落。

才　　姑　好　丕　更
Saaiz* gul hauc bail genz,
saːi^{42} ku^{22} hau^{33} pai^{22} kɯn^{42}
如果我　进　去　上面
若我上天去，

姑　丕　尼　　吉　唻
Gul bail nyingz xih ndaix.
ku^{22} pai^{22} ȵiŋ^{42} tɕi^{31} ʔdai^{33}
我　去　射　就　得
我去射就落。

姜　　丕　弄　　欧　美
Jiangy bail ndongl aul faix,
tɕiːŋ^{22} pai^{22} ʔdoŋ^{22} ʔau^{22} mai^{33}
姜　去　林　　要　木
姜进林伐木，

唻　　妈　度　弩　公
Ndaix mal dos nos*gongl.
ʔdai^{33} ma^{22} to^{35} no^{35} koŋ^{22}
得　　来　制造　弩　弓
拿来造弓箭。

秎　　兰　粨　　作　吗
Mbenl labt haux xos mas,
ʔbɯn^{22} lap^{35} hau^{53} so^{35} ma^{35}
天　　黑　米　　放　泡
天黑把米泡，

半恒　　　仪　界　憨
Byoonghhenz nyiel gais hanl,
pjoŋ^{31}hɯn^{42} ȵi^{22} kai^{35} han^{22}
半夜　　　听　鸡　叫
半夜听鸡叫，

开练　　　主　拜浪
Gaic*lians* xos baaihlangl,
kai^{33}liːn^{35} so^{35} paːi^{31}laŋ^{22}
弓箭　　放　后面
弓箭挂在肩，

丕　堂　　拉　柯操
Bail dangz lac golsaauh*.
pai^{22} taŋ^{42} la^{33} ko^{22}saːu^{31}
去　到　　下面　马桑树
去到马桑树脚。

文　　柔　嗷　　三　音
Wenz rauz ngaul* saaml hingl,
vɯn^{42} rau^{42} ŋau^{22} raːm^{22} jiŋ^{22}
人　　咱们　吼　三　声
百姓吼三声，

皇 姜 从 斗 拉

Wangfjiangy rongz dauc lac,

vaŋ^{42}tɕiːŋ^{22} rɔŋ^{42} tau^{33} la^{33}

王姜 下 来 下面

王姜就起身，

𠅤 兰 粐 作 吗

Mbenl labt haux xos mas,

ʔbɯn^{22} lap^{35} hau^{53} so^{35} ma^{35}

天 黑 米 放 泡

天黑把米泡，

半 恒 仪 界 憨

Byoonghhenz nyiel gais hanl,

pjoŋ^{31}hɯn^{42} ȵi^{22} kai^{35} han^{22}

半夜 听 鸡 叫

半夜听鸡叫，

更 𠅤 盆 样你

Genzmbenl banz yianghnix,

kɯn^{42}ʔbɯn^{22} pan^{42} jiːŋ^{31}ni^{53}

天上 成 这样

天上成这样，

拉 地 吉 窝 仙

Lacdih xih os sianl,

la^{33}ti^{31} tɕi^{31} ʔo^{35} siːn^{22}

地下 就 出 仙

世间就出仙，

开 练 主 拜 浪

Gaic*lians* xos baaihlangl,

kai^{33}liːn^{35} so^{35} paːi^{31}laŋ^{22}

弓箭 放 后面

弓箭挂在肩，

丕 堂 拉 柯 操

Bail dangz lac golsaauh*,

pai^{22} taŋ^{42} la^{33} ko^{22}saːu^{31}

去 到 下面 马桑树

去到马桑树脚，

主 棵 操 丕 更

Xos golsaauh bailgenz,

ɕo^{35} ko^{22}saːu^{31} pai^{22} kɯn^{42}

从 马桑树 上去

爬上马桑树，

丕 连 𠅤 同 卡

Bail deeml mbenl dungx gac,

pai^{22} tem^{22} ʔbɯn^{22} tɯŋ^{53} ka^{33}

去 与 天 厮杀

与天神搏斗，

文 庞 同 昂 哪

Wenzbeangz dungx ngaangx nac,

vɯn^{42} pɯːŋ^{42} tuŋ^{42} ŋaːŋ^{53} na^{33}

世人 齐 仰 脸

世人齐仰首，

口 姜 卡 当吞
Gauc jiangy gac danglngonz.
kau^{33} tɕiːŋ^{22} ka^{33} taŋ^{22} ŋon^{42}
看 姜 杀 太阳
看姜杀太阳。

那 金 主 柏 九
Nas jiml xos bagt jauc,
na^{35} tɕim^{22} so^{35} pak^{35} tɕau^{33}
箭 金 放 插 头
头上插金箭，

后 古勾 丕更
Hauc golgaul bailgenz,
hau^{53} ko^{22}kau^{22} pai^{22}kɯn^{42}
进 树藤 上去
爬去树藤上，

主 棵照 丕更
Xos golsaauh* bailgenz,
so^{35} ko^{22}saːu^{31} pai^{22}kɯn^{42}
从 马桑树 上去
爬上马桑树，

丕 连 砏 同 卡
Bail deeml mbenl dungx gac.
pai^{22} tem^{22} ʔbɯn^{22} tuŋ^{53} ka^{33}
去 与 天 厮杀
去与天搏斗。

时 卯 堂 时 寅
Xez mauc dangz xez nyanz,
sɯ^{42}mau^{33} taŋ^{42} sɯ^{42} jin^{42}
时卯 到 时寅
卯时到寅时，

尼 吉 托 斗 拉
Nyingz xih dogt dauc lac,
ȵiŋ^{42} tɕi^{31} to^{35} tau^{33} la^{33}
射 就 落 来 下面
世人齐来看，

皇姜 尼 当吞
Wangfjiangy nyingz danglngonz.
waŋ^{42}tɕiːŋ^{22} ȵiŋ^{42} taŋ^{22}ŋon^{42}
王姜 射 太阳
王姜射太阳。

尼 交 弓 第安
Nyingz jaul* gongl dazidt,
ȵiŋ^{42} tɕau^{22} koŋ^{22} ta^{42}ʔit^{35}
射 支 弓 第一
射出第一箭，

三 吞 同陪 朵
Saaml ndanl dungxbaiz dogt,
raːm^{22} ʔdan^{22} tuŋ^{53}pai^{42} to^{35}
三 个 一同 落
三个同时落，

尼 交 弓 第义
Nyingz jaul* gongl dazngih,
ȵiŋ^{42} tɕau^{22} koŋ^{22} ta^{42}ȵi^{31}
射 支 弓 第二
射出第二箭，

占 吞 同陪 从
Xadt ndanl dungxbaiz rongz.
sat^{35} dan^{22} tuŋ^{53}pai^{42} roŋ^{42}
七 个 一同 下
七个同时落。

江罕 吉 淰乃
Jaanglhadt xih ramxraaiz,
tɕaːŋ^{22}hat^{35} tɕi^{31} nam^{33}naːi^{22}
早晨 就 露水
早晨满露水，

江吞 当吞 赤
Jaanglngonz danglnognz xes*,
tɕaːŋ^{22}ŋon^{42} taŋ^{22}ŋon^{42} ɕɯ^{35}
白天 太阳 热
白天太阳热，

尼 交 弓 第安
Nyingz jaul* gongl dazidt,
ȵiŋ^{42} tɕau^{22} koŋ^{22} ta^{42}ʔit^{35}
射 支 弓 第一
射出第一箭，

三 吞 同陪 朵
Saaml ndanl dungxbaiz dogt.
raːm^{22} ʔdan^{22} tuŋ^{53}pai^{42} to^{35}
三 个 一同 落
三个同时落。

姜 易 安 易 乖
Jiangy yeh* adt* yeh* gvaail,
tɕiːŋ^{22} jɯ^{31} ʔat^{35} jɯ^{31} kwaːi^{22}
姜 又 壮 又 聪明
姜又壮又灵，

姑 勒文 领里
Gueh legwenz linfliq,
ku^{31} lɯk^{42}vɯn^{42} lin^{33}li^{31}
做 人 伶俐
样儿真伶俐，

尼 交 弓 第义
Nyingz jaul* gongl dazngih,
ȵiŋ^{42} tɕau^{22} koŋ^{22} ta^{42}ȵi^{31}
射 支 弓 第二
射出第二箭，

占 吞 同陪 从
Xadt ndanl dungxbaiz rongz.
sat^{35} ʔdan^{22} tuŋ^{53}pai^{42} roŋ^{42}
七 个 一同 下
七个同时落。

尼　交　弓　第三

Nyingz jaul* gongl dazsaaml,

ȵiŋ^{42} tɕau^{22} koŋ^{22} ta^{42}raːm^{22}

射　支　弓　第三

射出第三箭，

对　更　堂　奔　哈

Dois genz dangz mbenl has*,

toi^{35} kɯn^{42} taŋ^{42} ʔbɯn^{22} ha^{35}

对　上面　到　天　大官

射到天府堂，

尼　交　弓　第五

Nyingz jaul* gongl dazhac,

ȵiŋ^{42} tɕau^{22} koŋ^{22} ta^{42}ha^{33}

射　支　弓　第五

射出第五箭，

对　九　卜　当吞

Dois jauc bux danglngonz.

toi^{35} tɕau^{33} pu^{53} taŋ^{22}ŋon^{42}

对　头　人　太

射向太阳头。

尼　当吞　朵　斗

Nyingz danglngonz dogt dauc,

ȵiŋ^{42} taŋ^{22}ŋon^{42} to^{35} tau^{33}

射　太阳　落　来

射落了太阳，

文帮　昂　人　爪

Wenzbeangz aangs renz*ruax*,

vɯn^{42}pɯːŋ^{42} ʔaːŋ^{35} rɯn^{42} rua^{53}

世人　喜　洋洋

世人喜洋洋，

尼　交　弓　第三

Nyingz jaul* gongl dazsaaml,

ȵiŋ^{42} tɕau^{22} koŋ^{22} ta^{42}raːm^{22}

射　支　弓　第三

射出第三箭，

对　更　堂　奔　哈

Dois genz dangz mbenl has*,

toi^{35} kɯn^{42} taŋ^{42} ʔbɯn^{22} ha^{35}

对　上面　到　天　大官

射到天府堂，

尼　当吞　你　行

Nyingz danglngonz nix renx*,

ȵiŋ^{42} taŋ^{22}ŋon^{42} ni^{53} rɯn^{53}

射　太阳　这　碎

把太阳射碎，

文帮　吉　斗　贺

Wenzbeangz xih dauc hos,

vɯn^{42}pɯːŋ^{42} tɕi^{31} tau^{33} ho^{35}

世人　就　来　贺

世人来祝贺，

尼 交 弓 第哈
Nyingz jaul* gongl dazhac,
ȵiŋ^{42} tɕau^{22} koŋ^{22} ta^{42}ha^{33}
射 支 弓 第五
射第五支箭，

对 独甫 当吞
Dois duezbux danglngonz.
toi^{35} tu^{42}pu^{53} taŋ^{22}ŋon^{42}
对 公的 太阳
对准雄太阳。

易呶 尼 的 了
Yeh*nauz nyingz deel leeux,
jɯ^{31}nau^{42} ȵiŋ^{42} ti^{22} leu^{53}
若是 射 它 完
若全部射落，

涝 吉 兰 丁宁
Laaul xih labt dinz*ninl*,
laːu^{22} tɕi^{31} lap^{35} tin^{42}nin^{22}
怕 就 黑 沉沉
恐怕天太黑，

江吞 冷 江恒
Jaanglngonz lumc jaanglhenz,
tɕaːŋ^{22}ŋon^{42} lum^{33} tɕaːŋ^{22}hɯn^{42}
白天 像 夜晚
白天像夜晚，

文 柔 样勒 摆
Wenz rauz yianghlaez byaaic?
vɯn^{42} rau^{42} jiːŋ^{31}laɯ^{42} pjaːi^{33}
人 我们 哪样 走
世人怎么走？

更吞 盆 乱炉
Genzmbenl banz luanhlux*,
kɯn^{42}ʔbɯn^{22} pan^{42} luːn^{31}lu^{53}
天上 成 乱纷纷
天上乱纷纷，

拉地 盆 乱腾
Lacdih banz luanhdons*,
la^{33}ti^{31} pan^{42} luːn^{31}ton^{35}
地下 成 乱腾腾
世间乱腾腾，

江吞 冷 江恒
Jaanglngonz lumc jaanglhenz,
tɕaːŋ^{22}ŋon^{42} lum^{33} tɕaːŋ^{22}hɯn^{42}
白天 像 夜晚
白天像夜晚，

文 柔 样勒 摆
Wenz rauz yianghlaez byaaic?
vɯn^{42} rau^{42} jiːŋ^{31}laɯ^{42} pjaːi^{33}
人 我们 怎样 走
人们怎么走？

信义 呑 当呑
Xibngih ndanl danglngonz,
sip^{42}ȵi^{31} ʔdan^{22} taŋ^{22}ŋon^{42}
十 二 个 太阳
十二个太阳，

希 呑 了 大 粝
Xeel ndanl ndeeul das haux,
ɕi^{22} ʔdan^{22} ʔdeu^{22} ta^{35} hau^{53}
留 个 一 晒 谷子
留一个晒谷，

信义 呑 弄脊
Xibngih ndanl roonghndianl,
sip^{42}ȵi^{31} ʔdan^{22} roŋ^{31}ʔdiːn^{22}
十 二 个 月亮
十二个月亮，

希 呑 了 弄 汉
Xeel ndanl ndeeul roongh hamh.
ɕi^{22} ʔdan^{22} ʔdeu^{22} roŋ^{31} ham^{31}
留 个 一 亮 夜
留一个晚上照。

姑 本 呶 样你
Gul benc nauz yianghnix,
ku^{22} pɯn^{33} nau^{42} jiːŋ^{31}ni^{53}
我 本 说 这样
我是这么说，

邦文 呶 勒 了
Beangzwenz nauz laez ndeeul,
pɯːŋ^{42}vɯn^{42} nau^{42} laɯ^{42} ʔdeu^{22}
世人 说 怎样 一
世人怎么样，

易呶 尼 克了
Yeh*nauz nyingz guehleeux,
jɯ^{31}nau^{42} ȵiŋ^{42} ku^{31}leu^{53}
若是 射 完全
要是射完它，

涝 吉 兰 丁 宁
Laaul xih labt dinz*ninl*,
laːu^{22} tɕi^{31} lap^{35} tin^{42}nin^{22}
怕 就 黑 沉沉
恐怕天太黑，

希 呑 了 故 纵
Xeel ndanl ndeeul gueh roongh,
ɕi^{22} ʔdan^{22} ʔdeu^{22} ku^{31} zoŋ^{31}
留 个 一 做 亮
留一个照亮，

邦地 朝 唻 觍
Beanghdih xaaux ndaix ranl,
pɯːŋ^{42}ti^{31} ɕaːu^{53} ʔdai^{33} jan^{22}
人间 才 得 见
世间才有光，

信 义 吞 当 吞
Xibngih ndanl danglngonz,
sip^{42}ȵi^{31} ʔdan^{22} taŋ^{22}ŋon^{42}
十 二 个 太阳
十二个太阳，

希 吞 了 大 粝
Xeel ndanl ndeeul das haux,
ɕi^{22} ʔdan^{22} ʔdeu^{22} ta^{35} hau^{53}
留 个 一 晒 谷子
留一个晒谷，

好 初 令 信 哈
Hauc xolidt xibhac,
hau^{33} su^{33}ʔit^{35} sip^{42}ha^{33}
进 初一 十五
到初一十五，

里 骑 马 丕 邦
Lix goih max bail beangz,
li^{53} kɯi^{31} ma^{53} pai^{22} pɯːŋ^{42}
有 骑 马 去 地方
可骑马去玩，

信 义 吞 弄 香
Xibngih ndanl roonghndianl,
sip^{42}ȵi^{31} ʔdan^{22} roŋ^{31}ʔdiːn^{22}
十 二 个 月亮
十二个月亮，

希 吞 了 弄 汉
Xeel ndanl ndeeul roongh hamh.
ɕi^{22} ʔdan^{22} ʔdeu^{22} roŋ^{31} ham^{31}
留 个 一 亮 夜
留一个晚上照。

流传地区：荔波、独山一带
演唱：黎国举
收集整理：黎鸣
搜集时间：1987 年 5 月

三、注释

（1）Saoqwangf [sau^{35}vaŋ^{42}]，布依族传说中远古时代的部落首领。

（2）文中 nam^{33} la^{33} lo^{35} ɕin^{22} kaːn^{22} 一句中的 lo^{35}，义为“水车”，标准音点为 lɔk^{35}。一般用竹子制成。

（3）tiŋ^{31} bou^{35} ʔdai^{33} ʔbɯn^{22}ʔdan^{22} 义为“定不了天地”，指人民无法战胜干旱。

（4）pan^{42}lum^{33} ko^{22} hau^{53}pu^{53} 一句中的 hau^{53}pu^{53} 义为“雄秧”，指不结穗的

秧苗。

（5）ja^{22} ɕaːŋ^{31} ka^{33} taŋ^{22}ŋon^{42} 一句中的 ɕaːŋ^{31} 本指“匠人、师傅”，这里指能人、英雄。

（6）vaŋ^{42}tɕiːŋ^{22} ʔdai^{33} raːm^{22}tɕim^{22} 一句中的 vaŋ^{42}tɕiːŋ^{22} “王姜”，布依族神话传说中射太阳的一位英雄。

（7）ɕi^{22} na^{42} lu^{31} haɯ^{33} mɯŋ^{42} 一句中的 na^{42} lu^{31}，原书《布依族古歌·十二个太阳》注解为“雒田”。“雒田”是古代交趾人在滨海潮水涨落处开垦的田，与布依族生活环境不符，布依族自古生活在内地，没有在沿海地区造田的生活经历。山谷低洼处水源有保证，便于农田灌溉，因此，被视为好田。

四、词汇表（按音序排列）

aangs renz*ruax* [ʔaːŋ^{35} ðɯn^{11}ðua^{31}] 喜洋洋
adt* [ʔat^{35}] 壮
banl [pan^{24}] 分
banzlumc [pan^{11}lum^{53}] 像，好像
beangzdih [pɯəŋ^{11}ti^{33}] 人间
beegt*sings [pek^{35}θiŋ^{35}] 百姓
benc [pɯn^{53}] 本
bians banz [piən^{35}pan^{11}] 变成
bol [po^{24}] 山
buxxaangh [pu^{31} ɕaːŋ^{33}] 匠人
byalraaiz [pja^{24}ðaːi^{11}] 花鱼
byoonghhenz [pjoŋ^{33}xɯn^{11}] 半夜
daaih [taːi^{33}] 大，太
damx [tam^{31}] 刚刚
damznaz [tam^{11}na^{11}] 田土
dauc wenl [tau^{53} wɯn^{24}] 下雨
dazhac [ta^{11}xa^{35}] 第五
deeml [tem^{24}] 和，跟，与
deengc* [teŋ^{53}] 坎
dianl [tiən^{24}] 天
dianlhah* [tiən^{24}xa^{33}] 天下
dis* [ti^{35}] 盼望
dogt [tɔk^{35}] 落
dogtnaais [tɔk^{35}naːi^{35}] 气馁
duezbux [tuə^{11}pu^{31}] 公的
dulraanz [tu^{24}ðaːn^{11}] 房门
dungxbaiz [tuŋ^{31}pai^{11}] 同时，一起
dungxbanl [tuŋ^{31}pan^{24}] 互分，一起分
dungxral* [tuŋ^{31}ða^{24}] 相聚
dungxsuans [tuŋ^{31}θuən^{35}] 商量
eeuxraanz [ʔeu^{31}ðaːn^{11}] 家

fanz [fan^{11}] 砍

gaanz* [kaːn^{11}] 季节

gaic* [kai^{53}] 弓

gaic*lians* [kai^{53}liən^{35}] 弓箭

gais hanl [kai^{35} xan^{24}] 鸡叫

gel* [kɯ^{24}] 尽

goih max [koi^{33}ma^{31}] 骑马

golgaul [ko^{24}kau^{24}] 树藤

golhaux [ko^{24}xau^{51}] 稻谷

golsaauh* [ko^{24}θaːu^{33}] 马桑树

gons [kɔn^{35}] 断

guehbaanh [kuə^{33}paːn^{33}] 分散

guehhaux [kuə^{33}xau^{31}] 种粮

guehhoongl [kuə^{33}xoŋ^{24}] 干活

guehqyas [kuə^{33}ʔja^{35}] 生气，发威，发怒

gumh [kum^{33}] 窿谷

hamz [xam^{11}] 苦，恨

has* [xa^{35}] 大官

haul [xau^{24}] 臭

hauxbux [xau^{31}pu^{31}] 雄秧苗

hingl [jiŋ^{24}] 声

hoh [xo^{33}] 节

jaanglhadt [tɕaːŋ^{24}xat^{35}] 早晨

jaanglhamh [tɕaːŋ^{24}xam^{33}] 夜晚

jaanglhenz [tɕaːŋ^{24}xɯn^{11}] 深夜

jaanglngonz [tɕaːŋ^{24}ŋɔn^{11}] 白天

jaul* [tɕau^{24}] 支

jiez [tɕiə^{11}] 处

laanhbyaans* [laːn^{31}pjaːn^{35}] 碎片

labt dinz*ninl* [lap^{35} tin^{11}nin^{24}] 黑沉沉

lacdih [la^{53}ti^{33}] ①地下；②时间

laic [lai^{53}] 看

lauz [lau^{11}] 楼

legwenz [lɯk^{33}wɯn^{11}] 人

lians [liən^{35}] 箭

linc* [lin^{53}] 翻

logt [lɔk^{35}] 水车

loongx [loŋ^{11}] 大箱

luanhdoons* [luən^{33}ton^{35}] 乱腾腾

luanhlux* [luən^{33}lu^{31}] 乱纷纷

lumc [lum^{53}] 如

mbenl labt [ʔbɯn^{24}lap^{35}] 天黑

mbenlndanl [ʔbɯn^{24}ʔdan^{24}] 天地

mbos* [ʔbo^{35}] 干涸，天旱

mbuanl*mbuanl* [ʔbuən^{24}ʔbuən^{24}] 纷纷

mingh [miŋ^{33}] 命

naaisnos* [naːi^{35}no^{35}] 灰心

naamhnaz [naːm^{33}na^{11}] 田土

naamhrees [naːm^{31}ðe^{35}] 沙子

naanz [naːn^{11}] 难

nazluh* [na^{11}lu^{33}] 雒田

naznaih [na^{11}nai^{33}] 小田

ndael mbos [ʔdaɯ^{24} ʔbo^{35}] 井里

ndaml haux [ʔdam^{24}xau^{31}] 种粮

ndamlnaz [ʔdam^{24}na^{11}] 栽秧

ndanlfuc* [ʔdan^{24}fu^{53}] 府城

ndanljingl [ʔdan^{24}tɕiŋ^{24}] 京城

ndidthanq [ʔdit^{35}xan^{35}] 阳光

ndilnyah [ʔdi^{24}ȵa^{33}] 生气

ndoongx [ʔdoŋ^{31}] 硬

neemh* [nem^{33}] 众

ngaul* [ŋau^{24}] 吼

nos*gongl [no^{35}kɔŋ^{24}] 弓弩

nyingz [ȵiŋ^{11}] 射

os fanl*fanl* [ʔo^{35} fan^{24}fan^{24}] 纷纷出来

ramxraaiz [ðam^{31}ða:i^{11}] 露水

rauc [ðau^{53}] 热

reengl* [ðeŋ^{24}] 千

reengx [ðeŋ^{31}] 旱

reengz laaux [ðeŋ^{11}la:u^{31}] 力气大

renx* [ðɯn^{31}] 碎

riul*suans*[ðiu^{24}θuən^{35}] 恐慌

roh [ðo^{33}] 外面，外边

rongz [ðɔŋ^{11}] 下（从上往下走）

runs [ðun^{35}] 起

saaiz* [ɕa:i^{11}] 如果

saaml jaf [θa:m^{24}tɕa^{31}] 三甲

saaml jiml [θa:m^{24}tɕim^{24}] 三金

saaml mauc [θa:m^{24} mau^{53}] 三卯

sauh* [θau^{33}] 眺望

seljingl [θɯ^{24}tɕiŋ^{24}] 经书

selmingh [θɯ^{24}miŋ^{33}] 八字，命书

uns* [ʔun^{35}] 安心

Wangfjiangy [waŋ^{42}tɕiəŋ^{33}] 王姜

wangz [waŋ^{11}] 潭

weil*laez [wei^{24}laɯ^{11}] 哪个，谁

wenzbeangz [wɯn^{11}pɯəŋ^{11}] 人们，世人

wil*ramh*goons [wi^{24} ðam^{33}kon^{35}] 前辈人

wil*ramh*langl [wi^{24} ðam^{33}laŋ^{24}] 后辈人

xaangh [ɕa:ŋ^{33}] 匠人

xeeuh [ɕeu^{33}] 辈

xes* [ɕɯ^{35}] 热

xeznyanz [ɕɯ^{11}ȵan^{11}] 寅时

xibhac [ɕip^{33}xa^{53}] 十五

xibngih [ɕip^{33}ŋi^{33}] 十二

xih*jauz [ɕi^{33}tɕau^{11}] 祈求

xolidt [ɕo^{24}ʔit^{35}] 初一

yeh* [jɯ^{33}] 又

yianghlaez [jiəŋ^{33}laɯ^{11}] 怎么，怎样

yic*woms* [ji^{53}wɔm^{35}]（摹状词）指石头被烈日灼烧熔化的状态

yongzwongz* [jɔŋ^{11}wɔŋ^{11}] 熔化貌

第二节　送花歌

一、文献说明

“送花歌”，布依语 Weanl Songs Wal [wɯən^{42} roŋ^{35} va^{22}]，weanl 义为“歌，歌唱”，songs wal 即“送花”。原文载于《布依族古歌》第 563—605 页，系荔波傩书系列中的第五部，用于当地以求子保子而举行的民间社会习俗活动“做桥”仪式中，歌词中的“送花”隐喻“送子”。由活动的主持者布摩吟唱。“送花歌”分三个部分。歌词首先唱述“送花”（即“送子”）的过程，借布摩之口，表明“做桥”的主人家家境富足，吃穿不愁，有足够的实力供养儿子。接着唱到稻谷的来历。传说远古时代，因为王姜射日（见前一节“十二个太阳”），触怒天神，天神放洪水淹没人间，(1) 洪水退去之后，稻种也没有了，老鼠自告奋勇，去找回了稻种，于是人类种出粮食之后允许老鼠来分享。歌词最后唱道，人类有了稻米，便兴做粽子来“引花”，即吸引儿子，因为儿子喜欢三角粽。但本节仅摘录到第二部分，即老鼠寻得谷种，人类与之分享，第三部分未收入。登载于《布依族古歌》中的“送花歌”采用原文（记音汉字，即布依族古文字）、新创布依文（拉丁文字）、国际音标（反映当地布依语的实际读音）、汉语直译和汉语意译五行对照，本节沿用了这一形式，仅对其中个别地方的译文和注释做了适当的调整。

二、文献译注

温 送 花

Weanl Songs Wal

wɯən^{42} roŋ^{35} va^{22}

歌　送　花

送花歌

（一）

时 你　力 尼　仙

Xeznix　lix　his　sianl,

sɯ^{42}ni^{33}　li^{53}　hi^{35}　siːn^{22}

这时　有　气　仙

这时有仙气，

时 你　好　送　娃

Xeznix　haoj　songs　wal,

ɕɯ^{42}ni^{33}　hau^{33}　roŋ^{35}　va^{22}

这时　好　送　花

这时好送花，

亚 太　吞 你　妈

Yahdaais　ngonznix　mal,

ja^{31}taːi^{35}　ŋon^{42}ni^{33}　ma^{22}

外婆　今天　来

外婆今天来，

送　娃　海　主然

Songs　wal　haec　sucraanz,

soŋ^{35}　va^{22}　haɯ^{33}　ru^{33}raːn^{42}

送　花　给　主人家

送花给主人，

罕 你　都　窝 斗

Hadtnix　dul　os　dauc,

hat^{35}ni^{42}　tu^{22}　ʔo^{35}　tau^{33}

今晨　我们 出　来

今天我们来，

更 莾　否 常　嗨

Genzmbenl　mbousxaangl*　haail.

kɯŋ^{42}ʔbɯn^{22}　bou^{35}ɕwaːŋ^{42}　haːi^{22}

天上　尚未　开

天门尚未开。

罕 你　都　窝 斗

Hadtnix　dul　os　dauc,

hat^{35}ni^{42}　tu^{22}　ʔo^{35}　tau^{33}

今晨　我们 出　来

今天我们来，

独 改　否 常　憨

Duezgais　mboxxaangl*　hanl,

tu^{42}kai^{35} ʔbɔu^{35}ɕwaːŋ^{42} han^{22}
只 鸡 尚未 啼
公鸡还未叫，

窝 丁 堂 都 墙
Os dinl dangz dulxiangz,
ʔo^{35} tin^{22} taŋ^{42} tu^{24} ɕiːŋ^{42}
出 脚 到 墙门
起脚到寨门，

跪 拜 局 报 席
Gvih baais jauz bausxiex.
kwi^{31} paːi^{35} tɕau^{42} pau^{35}ɕi^{53}
跪 拜 求 神爷
面朝寨神跪。

都 锐 丁 丕 板
Dul sil dinl bail mbaanx,
tu^{22} rwi^{22} tin^{22} pai^{22} ʔbaːn^{33}
我们 沿着 脚 去 寨
我们出门去，

忙 吉 保 板 然
Mengz xih baauc mbaanx raanz,
muɯŋ^{42} tɕi^{31} paːu^{33} ʔbaːn^{33} raːn^{42}
你 就 保 村 家
你就保村家，

都 妈 堂 拉 罶
Dul mal dangz lac naz,
tu^{22} ma^{22} taŋ^{42} la^{33} na^{53}
我们 来 到 下 田
我们到田坝，

旁 坡 英 娃 崖
Baangxbol ranl walnganz.
paːŋ^{53}po^{22} jan^{22} va^{22}ŋan^{42}
山坡 见 银花
银花开满坡。

都 斗 堂 段 弯
Dul dauc dangz byoongh ronl,
tu^{22} tau^{33} taŋ^{53} pjoŋ^{31} van^{22}
我们 来 到 半 路
我们到半路，

勒 兰 吉 斗 假
Leglaanl xih dauc xac.
luɯk^{42}laːn^{22} tɕi^{31} tau^{33} tɕa^{33}
外甥 就 来 等
外甥迎上来。

都 妈 堂 拉 大
Dul mal dangz lac dah,
tu^{22} ma^{22} taŋ^{42} la^{33} ta^{53}
我们 来 到 下 河
我们到河坎，

盖 麻 妈 同 队
Goih max mal dungxdoih,

koi^{53} ma^{42} ma^{22} tuŋ^{31} tui^{31}
骑　马　来　同伴
骑马一排排，

拉　盆　央　盆　涯
Ndal banz yomc* banz raabt,
ʔda^{22} pan^{42} jom^{33} pan^{42} jaːp^{33}
装　成　担　成　挑
一挑接一挑，

送　丕　然　海　娅
Songs bail raanz haec yah.
roŋ^{35} pai^{22} raːn^{42} haɯ^{33} ja^{31}
送　去　家　给　奶
送往主家来。

都　妈　堂　拉　板
Dul mal dangz lac mbaanx,
tu^{22} ma^{22} taŋ^{42} la^{33} ʔbaːn^{33}
我们 来　到　下面　寨
我们到寨脚，

卜局　斗　佐　汉
Bohjeeuz dauc roh hams：
po^{31}tɕeu^{42} tau^{33} ro^{31} ham^{35}
桥父　来　外　问
桥父出来问：(2)

隆纳　头　才　弥
Lungznax dauc xaiz miz?
luŋ^{53}na^{42} tau^{33} sai^{53} mi^{42}
舅舅　来　齐　不
外家来齐否？

送　娃　海　更　坛
Songs wal haec genz daanz.
roŋ^{35} va^{22} haɯ^{33} kɯn^{42} taːn^{42}
送　花　给　上面　坛
快送花上坛。

时你　好　时　利
Xeznix hauc xez ndil,
sɯ^{42}ni^{53} hau^{33} sɯ^{42} ʔdi^{22}
这时　进入　时　好
这时好时辰，

隆纳　很　怕都
Lungznax henc basdul,
luŋ^{42}na^{42} hɯn^{33} pa^{35}tu^{22}
舅舅　上　门口
外家客进门，

令　茶　又　令　老
Ndings xaz youq ndings lauc,
ʔdiŋ^{35} sa^{53} jiu^{31} ʔdiŋ^{35} lau^{33}
倒　茶　又　倒　酒
沏茶又斟酒，

欧　斗　敬　隆纳
Aul dauc jings lungznax.

ʔau^{22} tau^{33} tɕiŋ^{35} luŋ^{42}na^{53}
要 来 敬 舅舅
来敬外家人。

敬 中 茶 第岭
Jings zungy* xaz dazidt,
tɕiŋ^{35} suŋ^{33} sa^{42} ti^{24}ʔit^{35}
敬 盅 茶 第一
敬茶第一杯，

育 的 清 的 弯
Yiuf deel xudt deel waanl,
jiu^{42} ti^{22} sit^{35} ti^{22} vaːn^{22}
由 它 淡 它 香
管它淡或浓，

娅太 妈 堂 然
Yahdaais mal dangz raanz,
ja^{53}taːi^{35} ma^{22} taŋ^{42} raːn^{42}
外婆 来 到 家
外婆来到家，

宁 欧 茶 敬 太
Nyamz aul xaz jings daais.
ȵam^{42} ʔau^{22} sa^{42} tɕiŋ^{35} taːi^{35}
赶忙 要 茶 敬 外婆
快端茶来敬。

敬 中 茶 第义
Jings zungy* xaz dazngih,
tɕiŋ^{35} suŋ^{33} sa^{42} ti^{24}ȵi^{31}
敬 盅 茶 第二
敬茶第二杯，

汝然 跪 忙 哏
Sucraanz gvih mengz genl,
ru^{33}raːn^{42} kwi^{31} mɯŋ^{42} kɯn^{22}
主人 跪 你 吃
主人跪你饮，

隆纳 浪 九更
Lungznax nangh jaucgenz,
luŋ^{42}na^{53} naŋ^{35} tɕau^{33} kɯn^{42}
舅舅 坐 上头
外家坐上席，

敬 隆 哏 克 了
Jings luangz genl guehleeux.
tɕiŋ^{35} luŋ^{42} kɯn^{22} kɯ^{31}leu^{53}
敬 舅爷 吃 全部
敬完外家人。

敬 中 茶 第占
Jings zungy* xaz dazsaaml,
tɕiŋ^{35} suŋ^{33} sa^{42} ti^{24}raːm^{22}
敬 盅 茶 第三
敬茶第三杯，

敬 了 然 隆纳
Jings leeux raanz lungznax,

tɕiŋ^{35} leu^{53} ra:n^{42} luŋ^{42} na^{53}
敬　全　家　舅舅
外家人人饮，

拜　仲定　汝然
Baais sungc*dinh*sucraanz,
pa:i^{35} sɔŋ^{33}tin^{33} ru^{33}ra:n^{42}
拜　仲定　主人
拜仲定祖宗，(3)

敬　了　利　丕　浪
Jings leeux ndil bail langl.
tɕiŋ^{35} leu^{53} ʔdi^{22} pai^{22} laŋ^{22}
敬　了　好　去　后
敬了后人好。

敬　了　茶　敬　老
Jings leeux xaz jings lauc,
tɕiŋ^{35} leu^{53} sa^{42} tɕiŋ^{35} lau^{33}
敬　了　茶　敬　酒
敬茶后敬酒，

常　了　又　仲　常
Xangz ndeeul yeh* soongl xangz,
saŋ^{42} ʔdeu^{24} jɯ^{31} roŋ^{24} saŋ^{42}
层　一　又　两　层
一层又两层，

局　隆　纳　盆　文
Jol lungznax banz wenz,

tɕo^{22} luŋ^{42}na^{53} pan^{42} vɯn^{42}
托　舅舅　成　人
托外家成人，

米　伦　情　隆　纳
Miz lumz qinf lungznax.
mi^{42} lɯm^{42} sin^{42} luŋ^{42}na^{53}
不　忘　情　舅舅
不忘外家恩。

方　东　昂　娃　嘛
Feangh*dungl* aangl wal maz?
fɯ:ŋ^{53} tuŋ^{22} ʔa:ŋ^{22} va^{22} ma^{42}
东方　开　花　什么
东方何花开？

卡　拉　窝　麻　娃
Gal lac os maz wal?
ka^{22}la^{33} ʔo^{35} ma^{42} wa^{22}
南方　出　什么　花
南方何花开？

卡　内　窝　嘛　儿
Galndael os maz raes*?
ka^{22}ʔdaɯ^{22} ʔo^{35} ma^{42} raɯ^{35}
西方　出　什么　色
西方何花开？

卡　更　窝　嘛　娃
Galgenz os maz wal?

ka^{22}kɯn^{42} ʔo^{35} ma^{42} va^{22}
北方 出 什么 花
北方何花开？

卡 东 木 兰 花
Gal dungl muflanf wal,
ka^{22}tuŋ^{22} mu^{53}lan^{42} va^{22}
东方 木兰 花
东方木兰花，

卡 拉 儿 金 红
Gallac raes* jimlhongz,
ka^{22}la^{33} raɯ^{35} tɕim^{22}hoŋ^{42}
南方 色 金红
南方金红色，

卡 更 淰 菊 花
Galgenz ramx juzwal,
ka^{22}kɯn^{42} nam^{33} tɕu^{53}va^{22}
北方 水 菊花
北方菊花水，

卡 内 儿 金 岸
Galndael raes jimlnganz,
ka^{22}ʔdaɯ^{22} raɯ^{35} tɕim^{22}ŋan^{42}
西方 色 金银
西方金银色，

卡 拉 窝 金 红
Gallac os jimlhongz.
ka^{22}la^{33} ʔo^{35} tɕim^{22}hoŋ^{42}
南方 出 金红
南方金红色。

欧 肥 当 引 路
Aul fizdangl yinx ronl,
ʔau^{22} vi^{42}taŋ^{22} vin^{31} van^{24}
要 灯火 引路
要灯火引路，

娃 莪 盆 莪 富
Wal ngox banz ngoxfus*,
va^{22}ŋo^{42} pan^{42} ŋo^{42}fu^{35}
花 芦苇 成 莪富
芦花成莪富，[4]

娃 你 浮 淰 塘
Wal nix fuz ramx damz.
va^{22} ni^{53} fu^{42} nam^{53} tam^{42}
花 这 浮 水 塘
这花塘上浮。

送 忍 娃 第 领
Songs sanc wal dazidt,
roŋ^{35} ran^{33} va^{22} ti^{22}ʔit^{35}
送 枝 花 第 一
送花第一枝，

忍 你 送 卡 若
Sanc nix songs galroh,

ran^{33} ni^{53} roŋ^{35} ka^{22}ro^{31}
枝 这 送 支外
这枝送东方，

甲 乙 木 行 香
Jiaf yif muf xinf xiangy,
tɕia^{42} ji^{42} mu^{42} ɕin^{42} ɕiːŋ^{33}
甲 乙 木 行 香
甲乙木行香，(5)

得 妈 东方 送
Dez mal dungyfangy songs.
tɯ^{42} ma^{22} toŋ^{22}faŋ^{22} roŋ^{35}
拿 来 东方 送
拿来东方送。

送 忍 娃 第义
Songs sanc wal dazngih,
roŋ^{35} ran^{33} va^{22} ti^{22}ȵi^{31}
送 枝 花 第二
送花第二枝，

忍 你 送 卡拉
Sanc nix songs gallac,
ran^{33} ni^{53} roŋ^{35} ka^{22}la^{33}
枝 这 送 支下
这枝送南方，

勒 以 拉 娃然
Leg qyus lac walraanz,
lɯk^{42} ji^{35} la^{33} va^{22}raːn^{22}
儿子 在 下 花界
儿子在花界下，

得 妈 卡拉 送
Dez mal gallac songs.
tɯ^{42} ma^{22} ka^{22}la^{33} roŋ^{35}
拿 来 南方 送
拿来南方送。

送 忍 娃 第占
Songs sanc wal dazsaaml,
roŋ^{35} ran^{33} va^{22} ti^{22}raːm^{22}
送 枝 花 第三
送花第三枝，

了 娃然 斗 送
Leeux walraanz dauc songs,
leu^{42} va^{22}raːn^{22} tau^{33} roŋ^{35}
全 花界 来 送
全花界来送，

以 更 坛 丰芬
Qyus genz daanz fongc*faadt*,
ji^{35} kɯn^{42} taːn^{42} fɔŋ^{33} faːt^{35}
在 上面 坛 （摹状词）
在坛上芬芳，(6)

送 海 谜 汝然
Songs haec meeh sucraanz.

roŋ^{35} haɯ^{33} me^{31} ru^{33}raːn^{42}
送 给 母 主家
送给主家母。

送 忍 娃 第四
Songs sanc wal dazsis,
roŋ^{35} ran^{33} va^{22} ti^{22}si^{35}
送 枝 花 第四
送花第四枝，

忍 你 送 卡更
Sanc nix songs galgenz,
ran^{33} ni^{42} roŋ^{35} ka^{22}kɯn^{42}
枝 这 送 北方
这枝送北方，

力 富 易 力 贵
Lix fuq yeh* lix guiq,
li^{53} fu^{22} jɯ^{53} li^{53} kui^{22}
有 富 又 有 贵
有富又有贵，

了 娃林 斗 送
Leeux Wallimz* dauc songs.
leu^{53} wa^{22}lim^{42} tau^{33} roŋ^{35}
全 花林 来 送
全花林来送。[7]

送 忍 娃 第哈
Songs sanc wal dazhac,
roŋ^{35} ran^{33} va^{22} ti^{22}ha^{33}
送 枝 花 第五
送花第五枝，

哈 卡 丕 更 坛
Haamc gal bail genz daanz,
haːm^{33} ka^{22} pai^{22} kɯn^{42} taːn^{42}
跨 腿 去 上面 坛
起步跨上坛，

娃 你 兴 丽吉
Wal nix xinl ndiljaiz,
va^{22} ni^{53} ɕin^{22} ʔdi^{22} tɕai^{42}
花 这 真 美丽
这花真美丽，

送 的 海 汝然
Songs deel haec sucraanz.
roŋ^{35} ti^{22} haɯ^{33} ru^{33}raːn^{42}
送 它 给 主人
送给主人家。

送 忍 娃 第约
Songs sanc wal dazrogt,
roŋ^{35} ran^{33} va^{22} ti^{22}jo^{35}
送 枝 花 第六
送花第六枝，

娃 同 破 更 局
Wal dungx bos genz jeeuz,

va^{22} tuŋ^{42} po^{35} kɯn^{42} tɕiu^{42}
花 互相 吹 上面 桥
花齐涌上桥，

勒 燕 勒 阐 邀
Leg eengs* leg xamzreeul,
lɯk^{42} ʔeŋ^{35} lɯk^{42} sam^{42} jieu^{22}
儿子 与 儿子 玩笑
儿与儿玩笑，

更 局 妈 雅 米
Genz jeeuz mal ral meeh.
kɯn^{42} tɕiu^{42} ma^{22} ja^{22} me^{31}
上面 桥 来 找 母
来桥上寻娘。

送 忍 娃 第 占
Songs sanc wal dazxadt,
roŋ^{35} ran^{33} va^{22} ti^{22}sat^{35}
送 枝 花 第七
送花第七枝，

勒 盆 队 茵 然
Leg banz dois riml raanz,
lɯk^{42} pan^{42} tui^{31} him^{22} raːn^{42}
儿 成 队 满 屋
儿成群满堂，

送 娃 安 娃 昂
Songs wal aadt* wal aangl,
roŋ^{35} va^{22} ʔaːt^{35} va^{22} ʔaːŋ^{22}
送 花 嫩 花 开
送嫩花鲜花，

妈 内 然 拜 娅
Mal ndael raanz baais yah.
ma^{22} ʔdaɯ^{22} raːn^{42} paːi^{35} ja^{31}
来 里 家 拜 母亲
来家拜亲娘。

送 忍 娃 第 扁
Songs sanc wal dazbeedt,
roŋ^{35} ran^{33} va^{22} ti^{22}pet^{35}
送 枝 花 第八
送花第八枝，

赶 肴 易 赶 秋
Gaanc* ndianl yeh* gaanc* riul*,
kaːn^{33} ʔdiːn^{22} jɯ^{31} kaːn^{33} riu^{22}
赶 月 又 赶 季
赶月又赶季，

勒 燕 勒 常 夭
Leg eengs* leg xamzreeul,
lɯk^{42} ʔeŋ^{35} lɯk^{42} sam^{42} jiu^{22}
儿子 与 儿子 玩笑
儿与儿玩笑，

赶 秋 妈 底 娅
Gaanc* riul* mal dis* yah.

kaːn^{33} riu^{22} ma^{22} ti^{35} ja^{31}
赶 季 来 看 母
赶季节看母。

送 忍 娃 第 九
Songs sanc wal dazguc,
roŋ^{35} ran^{33} va^{22} ti^{22}tɕu^{33}
送 枝 花 第 九
送花第九枝，

赶 脊 易 赶 秋
Gaanc* ndianl yeh* gaanc* riul*,
kaːn^{33} ʔdiːn^{22} jɯ^{31} kaːn^{33} riu^{22}
赶 月 又 赶 季
赶月又赶季，

莪 富 送 的 斗
Ngox* fus* songs deel dauc,
ŋo^{42} fu^{35} roŋ^{35} ti^{22} tau^{33}
莪 富 送 他 来
莪富送他来，

丕 局 太 局 他
Bail jauz daais jauz dal.
pai^{22} tɕau^{42} taːi^{35} tɕau^{42} ta^{22}
去 求 外婆 求 外公
求外公外婆。

送 忍 娃 第 信
Songs sanc wal dazxib,
roŋ^{35} ran^{33} va^{22} ti^{22}sip^{22}
送 枝 花 第 十
送花第十枝，

卷 永布 妈 才
Joonc yongsbeah mal xaiz,
tɕon^{33} joŋ^{33}pu^{31} ma^{22} sai^{53}
集中 衣物 来 齐
收衣服来齐，

然 伕 的 米 丕
Raanz feax deel miz bail,
raːn^{42} fɯ^{53} ti^{22} mi^{22} pai^{22}
家 别人 它 不 去
别家他不去，

界 妈 然 忙 斗
Jaiz mal raanz mengz dauc.
tɕai^{42} ma^{22} raːn^{42} mɯŋ^{42} tau^{33}
爱 来 家 你 来
爱来你家挤。

欲 拜 才许 且 才君
Yux baais xaaizsuc qiej xaaizjunl*,
ju^{53} paːi^{35} saːi^{42}ɕi^{33} tɕiə^{33}
咱 拜 财主 且
saːi^{42}tɕun^{22}
财君
咱拜主家拜财君，

万　　娃　卜米　　闹

Waad*　wal　bohmeeh　nauz

原 因

yianfyiny.

va:t³¹　va²²　po³¹me³¹　nau⁴²

挽　　花　　父 母　　讲

jan⁴²jin²²

原因

挽花父母讲原因。

嗨 哟

Haaiyo!

ha:i³³jo⁴²

嗨 哟

嗨哟！（众人和声）

吞　你　　万　　娃　　海

Ngonznix　waad*　wal　haec

才 许

xaaizsuc,

ŋon⁴² ni⁵³　va:t³¹　va²²　haɯ³³

今天　　挽　　花　　给

sa:i⁴²ɕi³³

财主

今天挽花给主家，

时 你　挽　　娃　海　　汝 然

Xeznix waad* wal haec sucraanz.

sɯ⁴²ni⁵³　va:t³¹　va²²　haɯ³³

这时　　挽　　花　　给

ru³³ra:n⁴²

主人家

这时挽花给主人。

嗨 哟

Haaiyo!

ha:i³³jo⁴²

嗨 哟

嗨哟！（众人和声）

育　　送　　勒 赛　　送

Yiuc*　songs　legsaail　songs

勒 妹

legmbegt,

jiu³³　roŋ³⁵　lɯk⁴²sa:i²²　roŋ³⁵

或　　送　　男孩　　　送

lɯk⁴²ʔbɯk³⁵

女孩

或送男孩或送女孩，

隆 纳　　报 他　送　　花　妈

Lungznax bausdal songs wal mal,

luŋ⁴²na⁵³ pau³⁵ta²² roŋ³⁵ va²² ma²²

舅舅　　外公　　送　　花　来

舅舅外公送花来，

娅　汝 然　斗　殴 娃　丕

Yah sucraanz dauc aul wal bail.

ja^{31} ru^{33}ra:n^{42} tau^{33} ʔau^{22} va^{22} pai^{22}
奶 主人家 来 要 花 去
主家妇人领花去。

嗨 哟
Haaiyo!
ha:i^{33}jo^{42}
嗨 哟
嗨哟！（众人和声）

欲 送 勒赛 送 勒妹
Yiuc* songs legsaail songs legmbegt,
jiu^{33} roŋ^{35} lɯk^{42}sa:i^{22} roŋ^{35} lɯk^{42}ʔbɯk^{35}
或 送 男孩 送 女孩
或送男孩或送女孩，

占 勒同队 跨 更 桥
Xadt leg dungxdoih gvas genz jeeuz.
sat^{35} lɯk^{42} tuŋ^{42}tui^{31} kwa^{35} kɯn^{42} tɕiu^{42}
七 儿子 同路 过 上面 桥
七子结队过桥来。

嗨 哟
Haaiyo!
ha:i^{33}jo^{42}
嗨 哟
嗨哟！（众人和声）

忙 妈 了里 妈 了力
Mengz mal leeuxlil* mal leeuxlih*,
mɯŋ^{42} ma^{22} leu^{53}li^{22} ma^{22} leu^{53}li^{53}
你 来 完全 来 全部
诚心诚意来这家，

忙 妈 然 你 故 勒 文
Mengz mal raanz nix gueh leg wenz.
mɯŋ^{42} ma^{22} ra:n^{42} ni^{53} ku^{31} lɯk^{42} vɯn^{42}
你 来 家 这 做 儿子 人
你来这家做儿子。

嗨 哟
Haaiyo!
ha:i^{33}jo^{42}
嗨 哟
嗨哟！（众人和声）

忙　妈　了哩　妈
Mengz　mal　leeuxlil*　mal
了哩
leeuxlih*,
$mɯŋ^{42}$　ma^{22}　$leu^{53}li^{22}$　ma^{22}
你　来　完全　来
$leu^{53}li^{31}$
全部
一心一意来这家，

妈　拉　局棒　哏
Mal　lac　jeeuzbangl*　genl
凡寅
fenl*ringz.
ma^{22}　la^{33}　$tɕiu^{42}paŋ^{22}$　$kɯn^{22}$
来　下　桥棒　吃
$fɯn^{22}riŋ^{42}$
午餐
你来桥棒吃午餐。(8)

嗨哟
Haaiyo!
$ha:i^{33}jo^{42}$
嗨哟
嗨哟！（众人和声）

然　你力钱　易　力粝
Raanz nix lix xeenz yieh lix haux,
$ra:n^{42}$ ni^{53} li^{42} $ɕen^{42}$ $jɯ^{31}$ li^{42} hau^{53}
家　这有钱　也　有粮
这家有钱也有粮，

妈　卜　欧奶　给　忙　勒
Mal boh aul baex haec mengz leg.
ma^{22}　po^{31}　$ʔau^{22}$　$paɯ^{53}$　$haɯ^{33}$
来　父　要　媳妇　给
$mɯŋ^{42}$　$lɯk^{42}$
你　儿子
父母给你娶媳妇。

嗨哟
Haaiyo!
$ha:i^{33}jo^{42}$
嗨哟
嗨哟！（众人和声）

然　你力坏　易　力麻
Raanz nix lix waaiz yieh lix max,
$ra:n^{42}$ ni^{42} li^{42} $va:i^{42}$ $jɯ^{31}$ li^{42} ma^{53}
家　这有水牛也　有马
这家有牛也有马，

妈　卜　敌练　海　忙　勒
Mal boh diz lianq haec mengz leg.
ma^{22}　po^{31}　ti^{42}　$li:n^{35}$　$haɯ^{33}$
来　父　打　链　给
$mɯŋ^{42}$　$lɯk^{42}$
你　儿子
父打铁链给你牵。

嗨 哟

Haaiyo!

ha:i^{33}jo^{42}

嗨 哟

嗨哟！（众人和声）

妈 继 塘 岜 以 拉 槁

Mal xiabt damz byal qyus lac gaauc,

ma^{22} ɕi:p^{35} tam^{42} pja^{22} ji^{35} la^{33} ka:u^{33}

来 接 塘 鱼 在 下面 樟树

来接管樟树下的鱼塘，

妈 继 罶 劳 以 拉 板

Mal xiabt naz laaux qyus lac mbaanx.

ma^{22} ɕi:p^{35} na^{42} la:u^{42} ji^{35} la^{33} ʔba:n^{33}

来 接 田 大 在 下面 寨子

来继承寨脚的大田。

嗨 哟

Haaiyo!

ha:i^{33}jo^{42}

嗨 哟

嗨哟！（众人和声）

妈 继 塘 岜 以 拉 磌

Mal xiabt damz byal qyus lac rinl,

ma^{22} ɕi:p^{35} tam^{42} pja^{22} ji^{35} la^{33} hin^{22}

来 接 塘 鱼 在 下面 石

来接岩石山下的鱼塘，

妈 接 代 卜 丕 任 浪

Mal sunc daiq boh bail ramh* langl.

ma^{22} sun^{33} tai^{24} po^{31} pai^{22} ram^{31}laŋ^{22}

来 接 代 父 去 后代

来传宗接代往后发。

嗨 哟

Haaiyo!

ha:i^{33}jo^{42}

嗨 哟

嗨哟！（众人和声）

（二）

育 拜 才 许 且 才 君

Yux baais xaaizsuc qiej xaaizjunl*,

jiu^{53} pa:i^{35} sa:i^{24}ɕu^{33} tɕiə^{33} sa:i^{42}tɕun^{22}

咱 拜 财家 且 君家

咱拜主家拜财君，

弯　粝　卜米　闹
Wanl　haux　bohmeeh　nauz
原因
yianfyiny,
van22　hau53　po31me31　nau42
魂　米　父母　说
ju:n42jin22
原因
米魂不会说原因，

弯　粝　港　坤　吉
Wanl　haux　gaangc　Gunl*　xih
米　唻
miz　ndaix,
van22　hau53　ka:ŋ33　kun22　tɕi31
魂　米　讲　汉族　就
mi42　ʔdai33
不　得
米魂不会讲汉话，

完　粝　港　涯　斗
Wanl　haux　gaangc　qyaix　dauc
汝　呢
sul　nyiel.
van22　hau53　ka:ŋ33　ʔjai33　tau33
魂　米　讲　布依话　给
ru22ȵi22
你们　听
就讲布依话给你们听。

婆王　时　管　盆
Buxweangz　xez　goons　banz
淰澄
ramxdumh,
pu53vɯ:ŋ42　sɯ42 kon35　pan42
大王　以前　成
nam33tɯm31
洪水
以前大王发洪水，

了　遍　拉夿　澄
Leeux　beangz　lacmbenl　dumh
丰　隆
fongc*longz*,
leu53　pi:ŋ42　la33ʔbɯn22　tɯm53
全　地方　天下　淹没
foŋ33loŋ42
（摹状词）
天下全部被淹没，(9)

淰　破　磺　仁　音
Ramx　mbogt　rinl　rengz　ranl
庞　口
beangzgaus.
nam33　ʔbo35　hin22　rɯŋ42　jan22
水　浅　石　露　见
pɯ:ŋ42 kau35
故乡

水干石现见故乡。

否 如 弯 粨 以
Mbous* rox wanl haux qyus
吉勒
jiezlaez,
ʔbou^{35} ro^{42} van^{22} hau^{53} ji^{35}
不 知 种子 粮 在
tɕi^{42}law^{42}
哪儿
不知谷种在哪里，

哏 巴 哏 尼 同
Genl mbael genl nyiec dungx
易 曼
yieh maanh,
kɯn^{22} ʔbaɯ^{22} kɯn^{22} ȵiə^{33} tuŋ^{42}
吃 叶子 吃 草 肚子
jɯ^{31} maːn^{31}
也 辣
吃叶吃草肚又辣，

哏 白 哏 浪 同
Genl byagt genl raangz dungx
易 项
yieh hans,
kɯn^{22} pjak^{35} kɯn^{22} raːŋ^{22} tuŋ^{53}
吃 菜 吃 笋 肚
jɯ^{31} han^{35}
也 咸
吃菜吃笋肚子饿，

哏 邦 哏 蛮 同
Genl beas genl manz* dungx
易 闷
yieh menq,
kɯn^{22} pɯːk^{33} kɯn^{22} man^{42} tuŋ^{42}
吃 芋头 吃 薯 肚
jɯ^{31} mɯn^{35}
也 闷
吃芋吃薯肚子闷，

排 文 派 丕 雅
Baiz wenz banl bail ral
弯 粨
wanl haux.
pai^{42} vɯn^{42} pan^{22} pai^{22} ja^{22}
次 人 分 去 找
van^{22} hau^{53}
种子 谷
人人出去寻谷种。

先 海 诺鸽 兵 丕 雅
Xiany haec roggof mbinl bail ral,
ɕiːn^{22} haɯ^{33} ro^{31}ko^{53} ʔbin^{22}
先 给 鸽子 飞
pai^{22} ja^{22}
去 找
先派鸽子出去找，

育 海 诺唻 兵 丕 欧
Yieh haec roglaic mbinl bail aul,
jɯ^{31} haɯ^{33} ro^{31}lai^{33} ʔbin^{22} pai^{22} ʔau^{22}
也 给 麻雀 飞 去 要
又派麻雀飞去要，

诺鸽 丕 欧 欧 米 唻
Roggof bail aul aul miz ndaix,
ro^{31}ko^{53} pai^{22} ʔau^{22} ʔau^{22} mi^{42} ʔdai^{33}
鸽子 去 要 要 没 得
鸽子去要没要得，

诺唻 丕 唻 米 盆 弯
Roglaic bail ndaix miz banz wanl.
ro^{31}lai^{33} pai^{22} ʔdai^{33} mi^{42} pan^{42} van^{22}
麻雀 去 得 不 成 种子
麻雀去得不成种子。

串 以 支东 的 妈 闹
Ruanc* yis* gal*dongl deel mal nauz,
ru:n^{33} ji^{35} ka^{22} toŋ^{22} ti^{22} ma^{22} nau^{22}
老鼠 从 东方 它 来 说
老鼠从东方来说，

姑 音 弯 栃 以 吉 了
Gul ranl wanl haux qyus jiez ndeeul,
ku^{22} jan^{22} van^{22} hau^{42} ji^{35} tɕi^{42} ʔdeu^{22}
我 见 种子 谷 在 处 一
我见谷种在一处，

才 姑 丕 欧 定 欧 唻
Saaizz* gul bail aul dingh aul ndaix,
sa:i^{42} ku^{22} pai^{22} ʔau^{22} tiŋ^{53} ʔau^{22} ʔdai^{33}
如果 我 去 要 一定 要 得
若我去要一定要得，

送 海 克麻 海 姑 丕
Songs haec gaaismaz haec gul bail.
roŋ^{35} haɯ^{33} ka:i^{35}ma^{42} haɯ^{33} ku^{22} pai^{22}
送 给 什么 给 我 去
送给什么酬劳我。

文柔 当时 闹 样你
Wenzrauz daaml*xez nauz yianghnix,
vɯn^{42}rau^{42} ta:m^{22}sɯ^{42} nau^{42} ji:ŋ^{31}ni^{53}
人们 当时 说 这样
人们当时这样说，

处 糀细 盆 忙 干 延
Xos hauxrih banz mengz gadt heenx,
so^{35} hau^{53}ri^{31} pan^{42} mɯŋ^{42} kat^{35} hen^{53}
放 旱谷 成 你 咬 啃
种成旱粮你来啃，

才 忙 丕 欧 唻
Saaiz* mengz bail aul ndaix
弯 妈
wanl mal,
sa:i^{42} mɯŋ^{42} pai^{22} ʔau^{33} ʔdai^{33}
如果 你 去 要 得
van^{22} ma^{22}
种子 来
如果你去得种子来，

希 瓜 希 委 海
Xeel gval* xeel woiz* haec
忙 汲
mengz riez.
ɕi^{22} kwa^{22} ɕi^{22} voi^{42} haɯ^{33}
留 锅 留 盖子 给
mɯŋ^{42} ri^{42}
你 舔
留锅留盖给你舔。

游 丕 饶 消 丕 饶 让
Yuz bail riuz*rial* bail riuz* rial*,
jiu^{42} pai^{22} riu^{42}ria^{22} pai^{22}
游 去 （快状） 去
riu^{42}ria^{22}
（快状）
游去溜溜快溜溜，[10]

歪 涟 歪 哎 丕
Waaic ndinl* waaic haaic bail
堂 单
dangz ndaanl*.
va:i^{33} ʔdin^{22} va:i^{33} ha:i^{33} pai^{22}
涉 江 涉 海 去
taŋ^{42} ʔda:n^{22}
到 对面
涉江过海到对岸。

丕 堂 派单
Bail dangz baaihndaanl
昂哪 瞅
ngaangxnac gauc,
pai^{22} taŋ^{42} pa:i^{33}ʔda:n^{22} ŋa:ŋ^{53}
去 到 对面 仰
na^{33} kau^{33}
脸 看
去到对岸仰头望，

唻 音 友糀
Ndaix ranl eeuxhaux
卜王 鲁
buxweangz nduanl*,
ʔdai^{33}jan^{22}ʔeu^{33}hau^{42}pu^{53}vɯ:ŋ^{42}ʔdu:n^{22}
得 见 粮仓 大王 圆
得见大王粮仓圆，

罕　丕丁 法卜 王　　鲁
Hadt bail dinl fal buxweangz ndiex,
hat^{35} pai^{22} tin^{22} fa^{22} $pu^{53}vuu:ŋ^{42}$ $ʔdiə^{33}$
早上去　脚　篱笆大王　　躲
晨在大王篱笆脚躲，

汉　以 丁 友　卜 王　　眠
Hamh qyus dinl eeux buxweangz ninz.
ham^{53} ji^{35} tin^{22} $ʔeu^{33}$ $pu^{53}vuu:ŋ^{42}$ nin^{42}
晚上 在 脚　仓　大王　　睡
晚在大王仓脚眠。

卜 王　　里刁　的 米 干
Buxweangz lix ndeeul deel miz gadt,
$pu^{53}vuu:ŋ^{42}$ li^{33} $ʔdeu^{22}$ ti^{22} mi^{42} kat^{35}
大王　　还 醒　它 不　啃
大王醒时它不挖，

卜 王　　宁 兰　干　叽 觉
Buxweangz ninzlabt gadt jic*jux*.
$pu^{53}vuu:ŋ^{42}$　$nin^{42}lap^{35}$　kat^{35}
大王　　　睡着　　　啃
$tɕi^{33}tɕu^{53}$
（响声）
大王睡着它才啃。(11)

肥　故　它，发　故　要
Fiz gueh dal, faz gueh yeeuc,
fi^{42} ku^{31} ta^{22} fa^{42} ku^{31} jeu^{33}
火　做　眼　铁　做　牙齿
火为眼来铁为牙，

干　友　盆　仲　　软
Gadt eeux banz xoongh ndoonx
丕　内
bail ndael,
kat^{35} $ʔeu^{33}$ pan^{42} $soŋ^{31}$ $ʔdon^{33}$
啃　仓　成　洞　钻
pai^{22} $ʔdaɯ^{22}$
进　去
啃仓成洞它钻进，

丕　堂　　内　　有　　哏
Bail dangz ndael eeux genl
故　茵
gueh ims,
pai^{22} $taŋ^{42}$ $ʔdaɯ^{22}$ $ʔeu^{33}$ $kuɯn^{22}$
去　到　里　仓　吃
ku^{31} $ʔim^{35}$
做　饱
进到仓中吃个饱，

细 丁　拉 同　　拉 细 襄
Sis dinl lac dungx lah sis riangl.
ri^{35} tin^{22} la^{33} $tuŋ^{53}$ la^{53} ri^{35} $ri:ŋ^{22}$
四　脚　下　肚子 拉　四　穗
四脚拉穗返回村。

游 妈 溜 拉　　妈 溜　让
Yuzmalriuz*riangl* malriuz* riangh*,

jiu^{42} ma^{22} riu^{42} riːŋ^{22} ma^{22} riu^{42}
游 来 （快状） 来
riːŋ^{31}
（快状）
游来溜溜快溜溜，

歪涟 歪 哎 妈
Waaicndinl* waaic haaic mal
堂 庞
dangz beangz.
vaːi^{33} ʔdin^{22} vaːi^{33} haːi^{33} ma^{22}
涉 江 涉 海 来
taŋ^{42} pɯːŋ^{42}
到 地方
涉江过海返回村。

为 沱 庞 英 盆
Ngvih dogt baangx rinl banz
粝 枉
hauxweangc,
ŋwi^{31} to^{35} paːŋ^{42} hin^{22} pan^{42}
核 落 旁 石 成
hau^{42}vɯːŋ^{33}
小米
粒落后坡成小米，

为 沱 江 宽 盆
Ngvih dogt jaangl gumz banz
粝 汪
hauxwangl.
ŋwi^{31} to^{35} tɕaːŋ^{22} kum^{42} pan^{42}
核 落 中间 洼 成
hau^{53}vaŋ^{22}
红稗
粒落洼地成红稗。

欧 年 粝 利 主 罶 峒
Aul nadhaux ndil xos nazdongh,
ʔau^{22} nat^{35}hau^{53} ʔdi^{22} so^{35}
要 米粒 好 放
na^{42}toŋ^{31}
坝子田
要把好种种水田，

更 年 粝 颇 故
Geanz* nad hauxmbongs gueh
仲 苗
soongl meeuz,
kɯːn^{42} nat^{35} hau^{53} ʔboŋ^{35} ku^{31}
撒 粒 荞子 做
roŋ^{22} miu^{42}
双 季
撒些荞子做两季，

更 年 粝川 主 罶 路
Geanz* nad hauxsianl xos nazluh,
kɯːn^{42} nat^{35} hau^{53} siːn^{22} so^{35}
撒 粒 粳稻 放
na^{42}lu^{31}
低洼田

撒些粳稻在低洼田，

更 年 粝若 主
Geanz* nad hauxrus* xos
细 庞
rihbaangx*,
kɯːn^{42} nat^{35} hau^{53}ru^{35} so^{35} ri^{31} paːŋ^{42}
撒 粒 玉米 放 坡 地
撒些玉米在山地，

巴 样 弯 粝 咪 妈 才
Bas yiangh wanlhaux ndaix mal xaiz.
pa^{35} jiːŋ^{31} van^{22} hau^{53} ʔdai^{33}
百 样 粮种 得
ma^{22} sai^{42}
来 齐
百样粮种都得齐。

独 钻 哽 利 茵 坡 要
Duezruanc* genl ndil riml bol yaauz,
ti^{42} ruːn^{33} kɯn^{22} ʔdi^{22} rim^{22}
只 鼠 吃 好 满
po^{22} jaːu^{31}
山 跑
偷粮老鼠满山跑，

文 柔 变 领 易 变 丢
Wenzrauz bians linc yieh bians ndiuc*,
vɯn^{42}rau^{42} piːn^{35} lin^{33} jɯ^{31} piːn^{35}
人们 变 机灵 也 变
ʔdiu^{33}
乖巧
人们聪明变手巧，

度 柜 度 友 主 将 粝
Dos gvih dos eeux dos jangl haux,
to^{35} kwi^{31} to^{35} ʔeu^{35} to^{35} tɕaŋ^{22} hau^{53}
造 柜 造 仓 造 装 粮
造柜造仓装粮食，

勒 底 音 粝 窜 妈 浆
Leg deel ranl haux beenz mal jaec,
lɯk^{42}ti^{33} jan^{22}hau^{53} pen^{42} ma^{22} tɕaɯ^{33}
儿子 那 见 米 爬 来 近
小孩见米爬过来，

兵 堂 怕 不 用
Binl dangz bas mbungl yungh
们 夸
fengz gval,
pin^{22} taŋ^{42} pa^{35} ʔbuŋ^{24} juŋ^{31}
粑 到 口 囤箩 用
fɯŋ^{22} kwa^{22}
手 抓
爬到箩沿伸手抓，

时 管 卜 劳 奶 故 粝
Xezgoons buxlaaux naail* gueh haux,
sɯ^{42}kon^{35} pu^{53}laːu^{53} naːi^{22} ku^{31} hau^{53}
以前 大人 称 做 米

从前古人称做米，

时你 文柔 欧故 娃
Xeznix wenzrauz aul gueh wal,
sɯ^{42}ni^{53} vɯn^{42}rau^{42} ʔau^{22} ku^{31} va^{22}
现在 人们 要 做 花
现在人们要做花，

为 粝 秀 劳 文
Ngvih haux xeeuh laaux wenz
任 管
ramh* goons,
ŋwi^{31} hau^{53} ɕiu^{31} la:u^{53} vɯn^{42}
核 米 辈 老人
ram^{31} kon^{35}
从前
古代米粒古代人，

信磨 主定 粝 引 娃
Senqmuj xos* ndingl haux yinx wal,
rɯŋ^{31}mu^{33} so^{35} ʔdiŋ^{22} hau^{33} jin^{53} va^{22}
圣母 特定 米 引 花
圣母特定米引花，

温粝 引 娃 娃 茵 入
Wanlhaux yinx wal wal riml rug,
van^{22}hau^{53} jin^{42} va^{22}va^{22} him^{22}
米魂 引 花花 满
ruk^{35}
卧室
米魂引花花满室，

用 粝 引 娃 娃
Yungh haux yinx wal wal
茵 然
riml raanz.
juŋ^{31} hau^{53} jin^{53} va^{22} va^{22}
用 米 引 花 花
him^{22} ra:n^{42}
满 家
用米引花花满屋。

只旦 忙 故 娃
Zijdamh* mengz gueh wal,
tsi^{33}tam^{31} mɯŋ^{42} kuə^{31} va^{22}
只要 你 做 花
只要你成花，

得 忙 妈 你 送
Dez mengz mal nix songs,
tɯ^{42} mɯŋ^{42} ma^{22} ni^{53} roŋ^{35}
拿 你 来 这 送
送你给这家，

以 江然 丰 隆
Qyus jaanglraanz fongc*faadt*,
ji^{35} tɕa:ŋ^{22}ra:n^{42} foŋ^{33} fa:t^{35}
在 堂屋 芬 芳
在堂屋芬芳，

拍 娃 送 汝 然
Bagt wal songs sucraanz.
paɯ^{35} va^{22} roŋ^{35} ru^{33}raːn^{42}
插 花 送 主家
插花送主家。

棵 忙 以 江 罶
Gol mengz qyus jaangl naz,
ko^{22} mɯŋ^{42} ji^{35} tɕaːŋ^{22} na^{42}
棵 你 在 中间 田
你长在田间，

欧 盆 茶 盆 娄
Aul banz xaz banz lauc.
ʔau^{22} pan^{42} sa^{42} pan^{42} lau^{33}
要 成 茶 成 酒
酿成茶成酒。

只旦 忙 故 好
Zijdamh mengz gueh haoj,
tsi^{33}tam^{31} mɯŋ^{42} ku^{31} hau^{53}
只要 你 做 好
只要你修好，

得 忙 斗 拍 娃
Dez mengz dauc bagt wal,
tɯ^{42} mɯŋ^{42} tau^{33} paɯ^{35} va^{22}
拿 你 来 插 花
拿你当花插，

脊占 得 丕 沱
Ndianlsaaml dez bail dogt,
ʔdiːn^{22}raːm^{22} tɯ^{42} pai^{22} to^{35}
三月 拿 去 撒
三月拿去撒，

脊约 的 昂 娃
Ndianlrogt deel aangl wal.
ʔdiːn^{22}jo^{35} ti^{22} ʔaːŋ^{22} va^{22}
六月 它 开 花
六月它开花。

棵 忙 以 江 罶
Gol mengz qyus jaangl naz,
ko^{22} mɯŋ^{42} ji^{35} tɕaːŋ^{22} na^{42}
棵 你 在 中间 田
你长在田间，

拍 娃 海 汝然
Bagt wal haec sucraanz,
paɯ^{35} va^{22} haɯ^{33} ru^{33}raːn^{42}
插 花 给 主家
插花给主家，

只旦 忙 故 花
Zijdamh* mengz gueh wal,
tsi^{33}tam^{31} mɯŋ^{42} ku^{31} va^{22}
只要 你 做 花
只要你做花，

得 妈 延 你 送
Dez mal heenz nix songs,
tɯ^{42} ma^{22} hen^{42} ni^{53} roŋ^{35}
拿 来 边沿 这 送
拿来这里送，

丰 隆 兴 利 卯
Fongc*faad*xinl ndil ndooml*,
foŋ^{33} faːt^{35} ɕin^{22} ʔdi^{22} ʔdom^{33}
芬芳 真 好 看
芬芳又好看，

送 妈 海 汝 然
Songs mal haec sucraanz.
roŋ^{35} ma^{22} haɯ^{33} ru^{33}raːn^{42}
送 来 给 主家
送来给主家。

花 林 得 忙 斗
Wallimz* dez mengz dauc,
va^{22}lim^{42} tɯ^{42} mɯŋ^{42} tau^{33}
花林 带 你 来
花林带你来，

信 磨 得 忙 妈
Senqmuj dez mengz mal,
zun^{31}mu^{33} tɯ^{42} mɯŋ^{42} ma^{33}
圣母 带 你 来
圣母送你来，

只 旦 忙 故 娃
Zijdamh* mengz gueh wal,
tsi^{33}tam^{31} mɯŋ^{42} ku^{31} va^{22}
只要 你 做 花
只要你做花，

得 忙 妈 你 送
Dez mengz mal nix songs.
tɯ^{42} mɯŋ^{42} ma^{22} ni^{53} roŋ^{35}
拿 你 来 这 送
送你给这家。

流传地区：荔波、独山一带
演唱：黎国举
收集整理：黎汝标
搜集时间：1986 年 3 月

三、注释

（1）布依族地区广泛流传着“洪水朝天”的故事，荔波傩书中将洪水朝天（即洪水淹没天下，直抵天庭）的神话与王姜射日（见“十二个太阳”一节）神话串联起来，认为是王姜射日，而且做出了其他一些亵渎天神的事情，触怒天神，才导致天神放洪水淹没人间。

（2）po^{31}tɕeu^{42} tau^{33} ro^{31} ham^{35} 一句中的 po^{31}tɕeu^{42}，直译“父桥”，指掌管“架桥”仪式的巫师。

（3）paːi^{35} sɔŋ^{33}tin^{33} ru^{33}raːn^{42}，一句中的 sɔŋ^{33}tin^{33}，音译“仲定”，是传说中布依族的造桥始祖。

（4）va^{22}ŋo^{42} pan^{42} ŋo^{42}fu^{35} 一句中的 ŋo^{42}fu^{35}，音译“莪富”，指花界之神，又称生殖神。

（5）tɕia^{42} ji^{42} mu^{42} ɕin^{42} ɕiːŋ^{33} 一句中的 ɕin^{42} ɕiːŋ^{33}，音译“行香”，其义不详，待考。

（6）fɔŋ^{33}faːt^{35}，摹状词，形容鲜花在花坛上绽放的状态，故意译为“芬芳”。

（7）leu^{53} wa^{22}lim^{42} tau^{33} roŋ^{35} 一句中的 wa^{22}lim^{42}，音译“花林”，即花林仙官，指主管生育的女神，其职责是将“花”（喻“子”）护送到“做桥”的主人家家里。

（8）ma^{22} la^{33} tɕiu^{42}paŋ^{22} kɯn^{22} fɯn^{22}riŋ^{42} 一句中的 tɕiu^{42}paŋ^{22}，音译“桥棒”，制作“求子花桥”的主要骨架是两根竹竿，绑在一张桌子边上，在此基础上用竹条作为材料搭成桥形，竹竿的顶部粘着用彩纸剪成的花筒，称为“桥棒”，这里指整个花桥。

（9）foŋ^{33}loŋ^{42}，摹状词，形容洪水淹没天下的状态。

（10）pai^{22} riu^{42}ria^{22}，其中 riu^{42}ria^{22} 为摹状词，形容老鼠走的速度快。

（11）kat^{35} tɕi^{33}tɕu^{53}，其中 tɕi^{33}tɕu^{53} 为摹状词，模拟老鼠啃食东西的声音。

四、词汇表（按音序排列）

aadt* [ʔaːt^{35}] 嫩

aangl wal [ʔaːŋ^{24} wa^{24}] 开花

baaihndaanl [paːi^{33}ʔdaːn^{24}] 对面，对岸

baais [paːi^{35}] 拜

baangxbol[paːŋ^{31}po^{24}] 山坡

baauc [paːu^{53}] 保，保护

bagt [pak^{35}] 插

banz wenz [pan^{31} wɯn^{31}] 成人

bas mbungl [pa^{35} ʔbuŋ^{24}] 囤箩口

bausxiex [pau^{35}ɕiə^{31}] 神，神仙

beangzgaus [pɯəŋ^{11}kau^{35}] 家乡，故乡

beas [pɯə^{35}] 芋头

beenz [pen^{11}] 爬

bians [piən^{35}] 变

binl [pin^{24}] 爬

bohjeeuz [po^{33}tɕeu^{11}] 桥父

bos [po^{35}] 吹

buxweangz [pu^{31}wɯəŋ^{11}] 国王，大王

byoonghronl [pjoŋ^{33}ðɔn^{24}] 半路

daais [taːi^{35}] 外祖母，岳母

daaml*xez [taːm^{24}ɕɯ^{11}] 当时

daanz [taːn^{11}] 坛

dal [ta^{24}] 外祖父，岳父

damz [tam^{11}] 塘

dazidt [ta^{11}ʔit^{35}] 第一

dazngih [ta^{11}ŋi^{33}] 第二

dazsaaml [ta^{11}θaːm^{24}] 第三

dingh [tiŋ^{33}] 一定

dinl [tin^{24}] 脚

dogt [tɔk^{35}] 撒（种）

dois [toi^{35}] 对，双，队

duezgais [tuə^{11}kai^{35}] 鸡

dul [tu^{24}] 我们

dulxiangz [tu^{24}ɕiəŋ^{11}] 寨门

dungx [tuŋ^{31}] ①互相；②肚子

dungxdoih [tuŋ^{31}toi^{33}] 同伴，结伴；同路

eengs* [ʔeŋ^{35}] 和，跟，与

eeuxhaux [ʔeu^{31}xau^{31}] 粮仓

fal [fa^{24}] 篱笆

faz [fa^{11}] 铁

feangh*dungl* [fɯəŋ^{31}tuŋ^{33}] 东方

fenl*ringz [fɯn^{24}ðiŋ^{11}] 午饭

fizdangl [fi^{11}taŋ^{24}] 灯火

gaanc* [kaːn^{53}] 赶

gaangc Gunl* [kaːŋ^{33}kun^{24}] 讲汉话

gaangc Qyaix [kaːŋ^{53}ʔjai^{31}] 讲布依话

gaauc [kaːu^{53}] 樟树

gadt [kat^{35}] 咬，啃

gadt jic*jux* [kat^{35} tɕi^{33}tɕu^{53}] 发出啃咬的声音

gal [ka^{24}] 支，支系

galdungl [ka^{24} tuŋ^{33}] 东方

galgenz [ka^{24}kɯn^{11}] 北方

gallac [ka^{24}la^{53}] 下支，南方

galndael [ka^{24}ʔdaɯ^{24}] 西方

galroh [ka^{24}ðo^{33}] 东方

geanz* [kɯən^{31}] 撒

genz jeeuz [kɯn^{11}tɕiu^{11}] 桥上

guehleeux [kuə^{33}leu^{31}] 完全

gval [kwa^{24}] ①抓；②锅

gvas [kwa^{35}] 过

gvih [kwi^{33}] ①跪；②柜子

haamc [xaːm^{53}] 跨，跨过

hadtnix [xat^{35}ni^{31}] 今晨

hams [xam^{35}] 问

hans [xan^{35}] 咸

hauxmbongs [xau^{31}ʔbɔŋ^{35}] 荞子

hauxrus* [xau^{31}ðu^{35}] 玉米

hauxsianl [xau^{31}θiən^{24}] 籼米

hauxwangl [xau^{31}waŋ^{24}] 红稗

heenx [xen^{31}] 啃

his sianl [xi^{35}θiən^{24}] 仙气

ims [ʔim^{35}] 饱

jaangl gumz [tɕa:ŋ^{24} kum^{11}] 洼地

jaucgenz [tɕau^{53}kɯn^{11}] 上头，上席

jauz [tɕau^{31}] 求

jeeuzbangl*[tɕiu^{11}paŋ^{24}] 桥棒

jiez ndeeul [tɕiə^{11}ʔdeu^{24}] 一处

jiezlaez [tɕiə^{11}laɯ^{11}] 哪里，何处

jimlhongz [tɕim^{24}hɔŋ^{11}] 金红

jimlnganz [tɕim^{24}ŋan^{11}] 金银

jings [tɕiŋ^{35}] 敬

jol [tɕo^{24}] 托，拜托

joonc [tɕon^{53}] 收集，集中

lacmbenl [la^{53}ʔbɯn^{24}] 天下

langl [laŋ^{24}] ①跟，和；②后

leeux beangz [leu^{31}pɯəŋ^{11}] 整个地方

leeux raanz [leu^{31}ða:n^{11}] 全家

leeuxlil* [leu^{31}li^{24}] 完全

leg [lɯk^{33}] 儿子

leglaanl [lɯk^{33}la:n^{24}] 子孙，外甥

legmbegt [lɯk^{33}ʔbɯk^{35}] 女孩

linc [lin^{53}] 机灵

lix ndeeul [li^{31} ʔdeu^{24}] 还醒着

lumz [lum^{11}] 忘，忘记

lungznax [luŋ^{11}na^{11}] 舅舅，舅爷（指母亲的后家）

maanh [ma:n^{33}] 辣

manz* [man^{11}] 薯

max [ma^{31}] 马

maz [ma^{11}] 什么

mbael [ʔbaɯ^{22}] 叶子

mbinl [ʔbin^{24}] 飞

mbogt [ʔbɔk^{35}]（水）退，（水）变浅

mbousxaangl[ʔbou^{31}ɕaŋ^{33}] 尚未

meeuz [meu^{11}] 禾苗，季，年

nadhaux [nat^{33} xau^{31}] 米粒

nazdongh [na^{11}tɔŋ^{33}] 坝子田

nazlueh [na^{11}luə^{33}] 洼子田

ndal [ʔda^{24}] 安装

ndianl [ʔdi:n^{24}] 月

ndiex [ʔdiə^{31}] 躲

ndil ndooml* [ʔdi^{24} ʔdom^{24}] 好看

ndiljaiz [ʔdi^{24}tɕai^{11}] 美丽，可爱

ndings [ʔdiŋ^{35}] 倒（水），斟（酒）

ndiuc* [ʔdiu^{53}] 乖巧

ndoonx [ʔdon^{31}] 钻

nduanl* [ʔdu:n^{24}] 圆

ngaangxnac [ŋa:ŋ^{31}na^{53}] 仰脸

ngonznix [ŋɔn^{11}ni^{31}] 今天

ngvih [ŋwi^{33}] 核，仁，籽

ninzlabt [nin^{42}lap^{35}] 睡着

nyamz [ɳam^{11}] 赶紧，赶忙

nyiec [ɳiə^{53}] 嫩草

nyiel [ɳiə^{24}] 听

raes* [ðaɯ^{35}] 色，颜色

ramh* [ðam^{33}] 遮

ramxdumh [ðam^{31}tum^{33}] 水淹，洪水

rengz [ðɯŋ^{11}] 露出

riangl [ðiəŋ^{24}] ①穗；②尾巴

riez [ðiə^{11}] 舔

rihbaangx* [ði^{33}paːŋ^{31}] 山坡地

riml [ðim^{24}] 满

rinl [ðin^{24}] 石，石头

riul* [ðiu^{24}] 季

ruanc* [ðuən^{11}] 老鼠

sanc [θan^{53}] 枝

sucraanz [θu^{53}ðaːn^{11}] 主家，主人家

sul [θu^{24}] 你们

sunc [θun^{53}] 接，衔接

sungcdinh [θɔŋ^{33}tin^{33}] 仲定

waad* [waːt^{33}] 挽

waaic [waːi^{53}] 涉水

waaiz [waːi^{11}] 水牛

waanl [waːn^{24}] 香

wal ngox [wa^{24}ŋo^{31}] 芦苇花

wallimz* [wa^{24}lim^{31}] 花林

walnganz [wa^{24}ŋan^{11}] 银花

walraanz [wa^{24}ðaːn^{11}] 花界

wenzrauz [wɯn^{11}ðau^{11}] 我们人类，人们

woiz* [woi^{11}] 盖子

xaaizjunl*[ɕaːi^{11}tɕun^{33}] 财君

xaaizsuc [ɕaːi^{11}ɕu^{53}] 财主

xaiz [ɕai^{11}] 齐

xamzreeul [ɕam^{11}ðeu^{24}] 玩笑

xangz [ɕaŋ^{11}] 层

xaz [ɕa^{11}] 茶

xez goons [ɕɯ^{11}kon^{35}] 过去，从前

xeznix [ɕɯ^{11}ni^{31}] 这时，现在

xiabt [ɕiəp^{35}] 接，嫁接

xinl [ɕin^{24}] 真，真的

xoongh [ɕoŋ^{33}] 洞

xudt [ɕut^{35}] 淡

yaauz [jaːu^{11}] 跑

yeeuc [jeu^{53}] 牙齿

yianghnix [jiəŋ^{33}ni^{31}] 这样

yinx ronl [jin^{31}ðɔn^{24}] 引路

yiuf [jiu^{42}] 管

yomc [jɔm^{33}] 担

yongsbeah [jɔŋ^{35}pɯə^{33}] 衣物

youq [jəu^{24}] 又

yuz [ju^{11}] 游

zungy [tsuŋ^{33}] 盅

第三节　开道歌

一、文献说明

“开道歌”，布依语 Weanl Haail Ronl [wɯən³³ haːi³³ ron³³] 的意译，weanl 义为“歌、歌唱”，haailronl 即“开路、开道”。原文载于《布依族古歌》第720—727页，系荔波傩书系列中的第一部《开坛歌》中的第一部分，《开坛歌》由7个部分组成。用于当地以求子保子为目的而举行的民间社会习俗活动“做桥”仪式中。包括“开道歌”在内的《开坛歌》全文没有具体的故事情节，主要是向前来参加“做桥”仪式的人宣布仪式开始，安排好主人家的座位，让送子女神知道主人的具体位置，遍请各方神灵，驱邪除鬼，保护人丁，安居乐业。仪式开始时，由主持者布摩率领众弟子在主人家堂屋高声唱诵。

二、文献译注

温 海 任

Weanl Haail Ronl

wɯən^{33} ha:i^{33} ron^{33}

歌 开 道

开道歌

请 当 忙 主然
Xingc dangz mengz sucraanz,
ɕiŋ^{53} taŋ^{11} mɯŋ^{11} ru^{53}ra:n^{11}
请 到 你 主人家
请到你主人，

装 夯 斗 海 道
Suangh*ndaangl dauc haail daoq,
su:ŋ^{33}ʔda:ŋ^{33} tau^{53} ha:i^{33} tau^{24}
打扮 来 开 道
打扮来开道，

卜 桥 沙 字 报
Boh jeeuz raaiz sel daoq,
po^{24} tɕeu^{11} ra:i^{11} rɯ^{33} pau^{24}
父 桥 写 字 报
桥师写文报，

得 笼 道 斗 海
Dez longx daoq doc* haail.
tɯ^{11} luŋ^{31} tau^{24} to^{53} ha:i^{33}
拿 箱 道 来 开
拿道书来开。

沙傩 卜 沱 仙
Yac*lox* bux doc* riml*,
ja^{53}lo^{31} pu^{31} to^{53} rim^{33}
沙傩 人 给 牲
沙傩给牲口，

得 勒念 抖 海
Dez lex*nyenl* dauc haail,
tɯ^{11} lɯ^{31}ȵɯn^{24} tau^{53} ha:i^{33}
拿 面具 来 开
拿面具来开，(1)

几 样 几 咪 才
Jic yiangh jic ndaix xaiz.
tɕi^{53} jiŋ^{24} tɕi^{53} ʔdai^{53} sai^{11}
几 种 几 得 齐
样样都得齐。

汉你 海 笼 娅
Hamhnix haail longx yah*,

ham^{24}ni^{31}　ha:i^{33}　luŋ^{31}　ja^{24}
今晚　开　箱　母
今晚开神箱，[2]

岩　殯　娅　兴　唻
Ngaaiz ringz yah* xinl ndaix,
ŋa:i^{11}　riŋ^{11}　ja^{24}　ɕin^{33}　ʔdai^{53}
早饭　午饭　母　真　得
母神得供品，

兴　欧　忙　妈　管
Xinl aul mengz mal goons.
ɕin^{33}　ʔau^{33}　mɯŋ^{11}　ma^{33}　kon^{35}
真　要　你　来　先
先把你请来。

沙傩　卜　沱　仙
Yas*los* bux doh* reez*,
ja^{35}lo^{35}　pu^{31}　to^{24}re^{11}
沙傩　人　牲口
沙傩给牲口，

得　勒念　抖　海
Dez ndanlnyenh* dauc haail,
tɯ^{11}　ʔdan^{33}ȵɯn^{24}　tau^{53}　ha:i^{33}
拿　个　箱　来　开
拿神笼来开，

岩　寅　娅　兴　唻
Ngaaiz ringz yah* xinl ndaix,

ŋa:i^{11}　riŋ^{11}　ja^{24}　ɕin^{33}　ʔdai^{53}
早饭　午饭　母　真　得
母神得供品，

粮　袋　娅　清　才
Haux daih yah* xinl xaiz,
hau^{31}　tai^{24}　ja^{24}　ɕin^{33}　sai^{11}
粮　袋　母　真　齐
粮袋也得齐，

几　样　几　唻　才
Jic yiangh jic ndaix xaiz.
tɕi^{53}　ji:ŋ^{24}　tɕi^{53}　ʔdai^{53}　sai^{11}
几　种　几　得　齐
各种都得齐。

汉　你　海　笼　娅
Hamhnix haail longx yah*,
ham^{24}ni^{31}　ha:i^{33}　luŋ^{31}　ja^{24}
今晚　开　箱　母
今晚开神箱，

主　然　丕　勒　郎
Sucraanz bail laez nangh?
ru^{53}ra:n^{11}　pai^{33}　laɯ^{11}　naŋ^{24}
主人家　去　哪　坐
主人坐哪里？

娅　抖　汉　欧　字
Yah dauc hams aul sel,

ja^{24} tau^{53} ham^{35} ʔau^{33} rɯ^{33}
母 来 问 要 字
母神要八字，

才 忙 兴 力 字
Xax mengz xinl lix sel?
ɕai^{31} mɯŋ^{11} ɕin^{33} li^{31} rɯ^{33}
若 你 真 有 字
果真有八字？

吉 得 抖 海 娅
Xih dez dauc haec yah*.
tɕi^{24} tɯ^{11} tau^{53} haɯ^{53} ja^{24}
就 拿 来 给 母
拿来给母神。

丕 勒 郎 茶 岑
Bail laez nangh sas*jengz*?
pai^{33} laɯ^{11} naŋ^{24} sa^{35}tɕɯŋ^{11}
去 哪 坐 闲聊
去哪儿闲坐？

吞 吞 娅 克 汉
Ngonzngonz yah gex* hams,
ŋon^{11}ŋon^{11} ja^{24} kɯ^{31} ham^{35}
天 天 母 追 问
母神天天问，

主 然 丕 勒 郎
Sucraanz bail laez nangh?
ru^{53}raːn^{11} pai^{33} laɯ^{11} naŋ^{24}
主人家 去 哪 坐
主人去哪里？

娅 抖 汉 欧 字
Yah dauc hams aul sel.
ja^{24} tau^{53} ham^{35} ʔau^{33}rɯ^{33}
母 来 问 要 字
母神要八字。

许 愿 主 拉 笼
Xijyianq suc* lac longx,
ɕi^{53}jin^{24} su^{53} la^{53} luŋ^{31}
许愿 置 下面 箱
愿书置箱内，

罕 汉 汉 卜 容
Hadt hamh hams buxweangz,
hat^{35} ham^{24} ham^{35} pu^{31}juŋ^{11}
早 晚 问 王子
早晚问皇人，

才 忙 兴 力 字
Xax mengz xinl lix sel,
ɕai^{31} mɯŋ^{11} ɕin^{33} li^{31} rɯ^{33}
若 你 真 有 书
若真有愿书，

吉 得 抖 海 娅
Xih dez dauc haec yah*.

tɕi^{24}　tɯ^{11}　tau^{53}　haɯ^{53}　ja^{24}
就　拿　来　给　母
就拿给母神。

几　娅　以　吉　你
Jic yah qyus jieznix,
tɕi^{53}　ja^{24}　ji^{35}　tɕi^{11}ni^{31}
几　妇　在　这里
几妇在这里，

如　娅　勒　故　尤
Rox yah laez guehyeeux*,
ro^{31}　ja^{24}　laɯ^{11}　ku^{24}jeu^{31}
知道　妇　哪　扯谎
哪妇乱扯谎，

才　闹　兴　力　字
Xaxnauz xinl lix sel,
ɕai^{31}nau^{11}　ɕin^{33}　li^{31}　rɯ^{33}
若　是　真　有　书
若真有愿书，

吉　得　抖　柔　舵
Xih dez tauc rauz doh.
tɕi^{24}　tɯ^{11}　tau^{53}　rau^{11}　to^{24}
就　拿　来　咱　读
就拿给咱读。

许　愿　几　来　难
Xijyianq jiclaail naanz,
ɕi^{53}jin^{24}　tɕi^{53}laːi^{33}　naːn^{11}
许愿　多少　久
许愿几多久，

荣　干　吉　否　如
Yungx*gaml* xih mbaus* rox.
juŋ^{31}kam^{33}　tɕi^{24}　ʔbau^{35}　ro^{31}
神龛　就　不　知
神龛不知晓。

几　娅　以　吉　你
Jic yah qyus jieznix,
tɕi^{53}　ja^{24}　ji^{35}　tɕi^{11}ni^{31}
几　妇　在　这里
几妇在这里，

如　娅　勒　故　尤
Rox yah laez guehyeeux*,
ro^{31}　ja^{24}　laɯ^{11}　ku^{24}jeu^{31}
知　妇　哪　扯谎
不知谁扯谎，

兴　几　难　吉　许
Xinl jic naanz xih nix,
ɕin^{33}　tɕi^{53}　naːn^{11}　tɕi^{24}　ni^{31}
真　几　久　就　这
许愿很久啦，

燕　吉　你　就　得
Eengs* jieznix xih dez.

ʔeŋ^{35} tɕi^{11}ni^{31} tɕi^{24} tɯ^{11}
与 这里 就 拿
这就去拿来。

才闹 兴 力 字
Xaxnauz xinl lix sel,
ɕai^{31}nau^{11} ɕin^{33} li^{31} rɯ^{33}
若是 真 有 书
若真有愿书，

吉 得 抖 柔 舵
Xih dez dauc rauz doh,
tɕi^{24} tɯ^{11} tau^{53} rau^{11} to^{24}
就 拿 来 咱 读
就拿来咱读，

改 力色 力信
Gais* lix sagt lix sins,
kai^{35} li^{31} raɯ^{35} li^{31} rɯn^{35}
物 有色 有信
有物又有色，

勒娅 兴 力 字
Lex*yah xinl lix sel,
lɯ^{31}ja^{24} ɕin^{33} li^{31} rɯ^{33}
妇人 真 有 书
妇真有愿书，

娅 否 乱 克尤
Yah mbaus* luanh guehyeeux*,
ja^{24} ʔbau^{35} lun^{24} ku^{24}jeu^{31}
妇人 不 乱 扯谎
妇人乱扯谎，

兴 力 字 抖 才
Xinl lix sel dauc xai,
ɕin^{33} li^{31} rɯ^{33} tau^{53} ɕai^{31}
真 有 书 来 呀
当真有愿书，

改 里 以 才 十
Gais* lix qyus xaizxibt*.
kai^{35} li^{31} ji^{35} sai^{11}ɕip^{35}
物 还 在 齐全
东西还齐全。

娅 停 闹 停 拎
Yah dingz nauz dingz linl*,
ja^{24} tiŋ^{11} nau^{11} tiŋ^{11} lin^{33}
妇 边 说 边 翻
妇边说边翻，

改 里色 里信
Gais* lix sagt lix sins,
kai^{35} li^{31} raɯ^{35} li^{31} rɯn^{35}
物 有色 有信
有物也有色，

勒 娅 兴 力字
Lex*yah xinl lix sel,

lɯ^{31} ja^{24} ɕin^{33} li^{31} rɯ^{33}
妇人　真　有　字
妇真有愿书，

许　愿　主　拉　笼
Xijyianq sus* lac longx,
ɕi^{53}jin^{24} su^{35} la^{53} luŋ^{31}
许愿　置　下　箱
愿书置箱底，

罕　汉　娅　克　友
Hadt hamh yah guehyeeus*.
hat^{35} ham^{24} ja^{24} ku^{31}jeu^{35}
早晨　晚上　妇　供祭
妇早晚供祭。

娅　否　乱　克　尤
Yah mbaus* luanh guehyeeux*,
ja^{24} ʔbau^{35} lun^{24} ku^{31}jeu^{31}
妇　不　乱　扯谎
妇不乱扯谎，

兴　力　字　斗　才
Xinl lix sel dauc raaix,
ɕin^{33} li^{31} rɯ^{33} tau^{53} ra:i^{31}
真　有　书　来　真的
当真有愿书，

串　加　皇　桥　良
Sueh* jax weangz Jeeuz*lingz*,
suə^{24} tɕa^{31} vɯŋ^{11} tɕeu^{11}liŋ^{11}
出　个　王　桥良
出个桥良王，(3)

独　茶　荣　海　燕
Duez Xax*yungx* haec eengs*,
tu^{11} ɕa^{31}juŋ^{31} haɯ^{53} ʔeŋ^{35}
个　茶荣　给　也
茶荣它也给，(4)

三　元　得　证　件
Saamlyinl* dez zengqjianq,
ra:m^{33}jin^{33} tɯ^{11} sɯn^{24}tɕɯn^{24}
三元　拿　证件
三元掌证件，(5)

还　元　太　平　安
Huanfyianq taiqpinfngany.
van^{31}jin^{31} tai^{24}pin^{11}ŋan^{33}
还　愿　太　平　安
还愿太平安。

卜　代　兴　咪　赖
Boh daiq xinl ndaix laail,
po^{24} tai^{24} ɕin^{33} ʔdai^{53} la:i^{24}
父　代　真　得　多
父代真交好，

仙　气　兴　咪　时
Sianyqiq xinl ndaix xez,

rin^{33}tɕi^{24} ɕin^{33} ʔdai^{53} sɯ^{11}
仙 气 真 得 时
遇上仙气时，

串 加 皇 桥 良
Sueh* yax weangz Jeeuz*lingz*.
suə^{24} ja^{31} vɯŋ^{11} tɕeu^{11}liŋ^{11}
出 个 王 桥良
出个桥良王。

独 茶 荣 海 燕
Duez Xax*yungx* haec eengs*,
tu^{11} ɕa^{31} juŋ^{31} haɯ^{53} ʔeŋ^{35}
个 茶荣 给 也
茶荣它也给，

官 柔 故 字 记
Goons rauz gueh sel jis*,
kon^{35} rau^{11} ku^{24} rɯ^{33} tɕi^{35}
从前 咱 做 字 记
从前记在纸，

你 柔 故 字 伦
Nix rauz gueh sel lumz.
ni^{31} rau^{11} ku^{24} rɯ^{33} lɯm^{11}
这 咱 做 字 忘
如今记在心。

三 元 得 证 件
Saamlyinl* dez zengqjianq,
ra:m^{33}jin^{33} tɯ^{11} sɯn^{24}tɕɯn^{24}
三 元 拿 证件
三元掌证件，

还 元 太 平 安
Huanfyianq taiqpinfngany.
van^{31}jin^{31} tai^{24}pin^{11}ŋan^{33}
还 愿 太平安
还愿太平安。

官 柔 立 愿 娅
Goons rauz lif yianq yah*,
kon^{35} rau^{31} li^{31} jin^{24} ja^{24}
从前 咱 立 愿 母
从前立愿书，

主 拉 笼 觉 停
Sus* lac longx jiuz*dimz*,
su^{35} la^{53} luŋ^{31} tɕiu^{11}tim^{11}
置 下面 箱 贮存
置于箱底存，

你 海 愿 肴 年
Nix haail yianq ndianl nianz,
ni^{31} ha:i^{33} jin^{24} ʔdi:n^{33} ni:n^{11}
这 开 愿 月 年
开愿箱四季，

得 份 良 范 许
Dez fenq liangf Fanl*xis*.

tɯ^{11} fɯn^{24} liŋ^{31} fan^{24}ɕi^{35}
拿 份 良 范许
遵守范许规。[6]

得 牲 头 妈 匀
Dez reengl* daux* mal yinx*,
tɯ^{11} reŋ^{33} tau^{31} ma^{33} jin^{31}
拿 牲 头 来 齐
把供牲备齐，

凭 三 元 打 卦
Bingz Saamlyinl* dajguaq,
piŋ^{11} ra:m^{33}jin^{33} ta^{53}kua^{35}
凭 三 元 打 卦
凭三元卜卦，

官 柔 立 愿 娅
Goons rauz lif yianq yah*,
kon^{35} rau^{11} li^{31} jin^{24} ja^{24}
从前 咱 立 愿 母
从前咱立愿，

主 拉 笼 吉 丁
Xos lac longx xih dimx*,
su^{35} la^{53} luŋ^{31} tɕi^{24} tim^{31}
置 下面 箱 就 压
存在箱底下，

立 愿 主 拉 笼
Lif yianq xos lac longx,
li^{31} jin^{24} so^{53} la^{53} luŋ^{31}
立 愿 放 下面 箱
立愿置箱底，

罕 汉 否 咪 拎
Hadt hamh mbaus* ndaix linl*.
hat^{35} ham^{24} ʔbau^{35} ʔdai^{53} lin^{33}
早晨 晚上 没 得 翻
早晚没得翻。

你 海 愿 脊 年
Nix haail yianq ndianl nianz,
ni^{31} ha:i^{33} jin^{24} ʔdi:n^{33} ni:n^{11}
这 开 愿 月 年
这回开愿久，

得 份 良 范 许
Dez fenq liangf Fanh*xis*,
tɯ^{11} fɯn^{24} liŋ^{31} fan^{24}ɕi^{35}
拿 份 良 范许
遵守范许规，

沙 罗平 堂 元，
Yah lofpinf dangz yinx*,
ja^{24} lo^{31}pin^{31} taŋ^{11} jin^{31}
妇 傩平 到 上
沙傩来坛上，

凭 三 元 海 愿
Bingz Saamlyinl* haail yianq.

piŋ^{11} ra:m^{33}jin^{33} ha:i^{33} jin^{24}
凭 三 元 开 愿
凭三元还愿。

你 斗 堂 吉你
Nix dauc dangz jieznix,
ni^{31} tau^{53} taŋ^{11} tɕi^{11}ni^{31}
这 来 到 这里
大家在这里，

娅 改 乱 凡 字
Yah gais* luanh fenz* sel,
ja^{24} kai^{35} lun^{24} fɯn^{11} rɯ^{33}
妇 不 乱 解 书
妇别乱说书，

你 的 了 罗 敢
Nix deel leg lol* gans*,
ni^{31} ti^{33} lɯ^{31} lo^{33}kan^{35}
这 他 儿 精干
他人很精干，

否 烂 咪 比传
Mbaus* luanh ndaix bilsunx*,
ʔbau^{35} lun^{24} ʔdai^{53} pi^{33}sun^{31}
没 乱 得 年景
难得好年景，

沙傩 斗 堂 元
Yas*los* dauc dangz yinx*,
ja^{35}lo^{35} tau^{53} taŋ^{11} jin^{31}
沙傩 来 到 上
沙傩上坛来，

凭 三元 海 愿
Bingz Saamlyinl* haail yianq.
piŋ^{11} ra:m^{33}jin^{33} ha:i^{33} jin^{24}
凭 三 元 开 愿
凭三元开愿。

闹海 娅 挖 然
Nauzhaec yah* wal raanx*,
nau^{11}haɯ^{53} ja^{24} va^{33} ra:n^{31}
告诉 母 花 山
讲给花山神，

玩 了 否
Waanz leeux mbaus*
咪 面
ndaix mianq.
va:n^{11} leu^{31} ʔbau^{35} ʔdai^{53} mi:n^{24}
还 了 不 得 面
还了不得面。

你 倒 堂 吉你
Nix dauc tangz jieznix,
ni^{31} tau^{53} taŋ^{11} tɕi^{11}ni^{31}
这 来 到 这里
大伙到这里，

娅　改　乱　凡　字
Yah gais* luanh funz* sel.
ja^{24} kai^{35} lun^{24} fun^{11} rɯ^{33}
妇　别　乱　解　字
妇莫乱解书。

得　笼　丕　讶　吉
Dez longx bail ral jiez,
tɯ^{11} luŋ^{31} pai^{33} ja^{33} tɕi^{11}
拿　箱　去　找　处
把书箱收藏，

西　主　炉　勒　仙
Xeel xos lox leg sianl,
ɕi^{35} so^{35} lu^{31} lɯ^{31} rin^{33}
留　放　哄　儿　仙
用它哄仙子，

吞觉　堂　清　明
Ngonzxoh dangz ringh*mingz,
ŋon^{11}tɕo^{24} taŋ^{11} riŋ^{33}miŋ^{11}
明日　到　清明
明日到清明，

拎　得　愿　丕　飘
Lingz*dez yianq bail byaul.
liŋ^{11} tɯ^{11} jin^{11} pai^{33} pjau^{33}
另　拿　愿　去　烧
拿愿书去烧。

曲　比　管　比　鲁
Jux* bil goons bil ndux,
tɕu^{31} pi^{33} kon^{35} pi^{33} ʔdu^{31}
段年　以前　年　先前
头段前些年，

柔　吉　否　哧　添
Rauz xih mbaus* ndaix dianl,
rau^{11} tɕi^{24} ʔbau^{35} ʔdai^{53} tin^{33}
咱　就　不　得　谈论
咱没得谈及，

得　笼　丕　讶　吉
Dez longx bail ral jiez,
tɯ^{11} luŋ^{31} pai^{33} ja^{33} tɕi^{11}
拿　箱　去　找　处
把书箱收藏，

西　主　炉　勒　仙
Xeel xos lox leg sianl.
ɕi^{33} so^{35} lu^{31} lɯ^{31} rin^{33}
留　放　哄　儿　仙
用它哄仙子。

闹　海　娅　花　然
Nauzhaec yah* wal raanx*,
nau^{11}haɯ^{53} ja^{24} va^{33} raːn^{31}
告诉　母　花山
讲给花母神，

玩　　了　　丕
Waanz leeux mbaus*
咪　面
ndaix mianh,
va:n^{11} leu^{31} ʔbau^{35} ʔdai^{53} mi:n^{24}
还　了　没　得　面
还了没得面，

吞觉　堂　清明
Ngonzxoh dangz ringh*mingz,
ŋon^{11}tɕo^{24} taŋ^{11} riŋ^{33}miŋ^{11}
明日　到　清明
明天到清明，

另　得　愿　丕　飘
Linl dez yianq bail byaul.
lin^{24} tɯ^{11} jin^{24} pai^{33} pjau^{33}
另　拿　愿　去　烧
拿愿书去烧。

流传地区：荔波、独山一带
演唱：黎国举
收集整理：黎鸣
搜集时间：1987 年 5 月

三、注释

（1）lɯ^{31}ȵɯn^{24} 面具，即傩戏面具，是演唱傩戏时的必备道具。荔波布依族傩戏面具根据制作材料的不同有木刻面具、皮胎面具、笋壳面具和竹编纸糊面具等，每唱一堂傩戏需要 36 个面具，代表 36 尊神。

（2）luŋ^{31} ja^{24}，指“母神”的箱子。“母神”指傩戏中的最高神祇“万岁天尊圣母”，也称“花王圣母”，女性，面容慈祥，专管生育，保护儿童成长。

（3）suə^{24} tɕa^{31} vuŋ^{11} tɕeu^{11}liŋ^{11} 一句中的 tɕeu^{11}liŋ^{11}，音译“桥良”，布依族傩戏中的神名。

（4）tu^{11} ɕa^{31}juŋ^{31} haɯ^{53} ʔeŋ^{35} 一句中的 ɕa^{31}juŋ^{31}，音译“茶荣”，布依族傩戏中的神，男性，专司坛上神与人间相互沟通的各种礼仪。

（5）ra:m^{33}jin^{33} tɯ^{11} sɯn^{24}tɕɯn^{24} 中的 ra:m^{33}jin^{33}，音译“三元”，布依族傩戏中的管印章之神，三元指同父异母的唐、郭、周三兄弟，唐为父官，郭为武官，周为臣师。

（6）tɯ^{11} fɯn^{24} liŋ^{31} fan^{24}ɕi^{35} 中的 fan^{24}ɕi^{35}，音译“范许”，布依族信仰中的神灵。

四、词汇表（按音序排列）

bilgoons bilndux [pi^{24} kon^{35} pi^{24} ʔdu^{31}] 前些年

bilsunx* [pi^{33}sun^{31}] 年景

bingz [piŋ^{11}] 凭，凭借

byaul [pjau^{24}] 烧

daih [tai^{33}] 袋

dianl [tiən^{24}] 谈论

dingz .....dingz ....[tiŋ^{11}...tiŋ^{11}] 一边……一边……

doc* [to^{53}] 都

doh [to^{33}] 读

doh* reez* [to^{33}ðe^{11}] 牲口

Fanl*xis* [fan^{24}ɕi^{35}] 范许（人名）

fenz* [fɯn^{11}] 解读，解说

gex* hams [kɯ^{31} xam^{35}] 追问

guehyeeux* [kuə^{33}jeu^{31}] 扯谎

haail daoq[xaːi^{33}tau^{24}] 开道

hadt hamh [xat^{35} xam^{33}] 早晚

hamhnix [xam^{33} ni^{31}] 今晚

jeeuz [tɕeu^{11}] 桥

Jeeuz*lingz* [tɕeu^{11}liŋ^{11}] 桥良

jiclaail [tɕi^{53}laːi^{24}] 多少

jieznix [tɕiə^{11}ni^{31}] 这里

jiuz*dimz* [tɕiu^{11}tim^{11}] 贮存

jux* [tɕu^{31}] 段（时间）

leg sianl [lɯk^{33}θiən^{24}] 仙子

lex*nyenl* [lɯ^{31}ȵɯn^{24}] 面具

lex*yah [lɯ^{31}ja^{33}] 妇人

linl* [lin^{24}] 翻

lol*gans* [lo^{24}kan^{35}] 精干

longx [luŋ^{31}] 箱

mbaus* rox [ʔbau^{31}ðo^{31}] 不知道

ndanlnyenh* [ʔdan^{24}ȵɯn^{33}] 神笼

ngonzngonz [ŋon^{11}ŋon^{11}] 天天

ngonzxoh [ŋon^{11}ɕo^{33}] 明日，明天

raaix [ðaːi^{31}] 真的

raaiz [ðaːi^{11}] 些

reengl* [ðeŋ^{33}] 牲口

riml* [ðim^{24}] 牲畜

ringh*mingz [ðiŋ^{33}miŋ^{11}] 清明

saamlyinl* [θaːm^{24}jin^{24}] 三元

sagt [θak^{35}] 色

sas*jengz* [θa^{35}tɕɯŋ^{11}] 闲聊

sel [θɯ^{24}] 字

sel baoq [θɯ^{24} pau^{24}] 字报

suangh*ndaangl [ɕwaːŋ^{24}ʔdaːŋ^{24}] 打扮

sueh* [θuə^{33}] 出

sus* [θu^{35}] 放置

waanz [waːn^{11}] 还

xaizxibt* [ɕai^{11}ɕip^{35}] 齐全

xaxnauz [ɕa^{31}nau^{11}] 若是

xax*yungx* [ɕa^{31}juŋ^{31}] 茶荣

xingc [ɕiŋ^{53}] 请

yac*lox* [ja^{53}lo^{31}] 沙 滩

yah* wal raanx* [ja^{33} wa^{24} ða:n^{31}] 花山神

yinx* [jin^{31}] 备齐

Yungx*gaml* [juŋ^{31}kam^{24}] 神龛

第四章

布依族丧葬祭祀经文献

第一节　安王与祖王

一、文献说明

《安王与祖王》是布依族摩经的一个重要组成部分，也是布依族文学史上最重要的一部叙事史诗。《安王与祖王》在布依族地区有多个版本，但因传承的途径和方式不同，各个版本的完整性和篇幅也不完全一样，又因各地布依语语音的差异和对该文献习惯叫法的不同，文献的名称也各不相同，有《论王》《告王》《安王与祖王》《祖王和安王》《索温与罕温》《岸王与梭王》《汗王与梭王》等，有的地区则以文献在丧葬活动中的功能来命名，而《安王与祖王》是公开出版物和研究成果使用较多的一个名称，故本文沿用此名。根据目前所掌握的材料，以口耳相传的形式流传于贵州省望谟县石屯镇白头坡村的版本是比较完整的版本之一。

该版本《安王与祖王》故事讲述了在天地初开之时，万物处于混沌状态，仙女国的仙女饮大自然的甘露受孕，生下一个肉团，以为是怪物，扔在路边。一长者路过看见，说这是混沌王（ʔon^{35}ton^{33}），并用茅草杆在肉团上画上五官和四肢，让仙女把它放在高山之巅接受大自然的灵气，变成混沌王。后来混沌王外出溺水而亡，丢下家业无人照管，仙女金蓉自告奋勇，接下重担。她也以同样的方式受孕于大自然的甘露，生下盘果王（pɯːn^{11}ko^{53}）。盘果王天天下河打渔，有一天碰上一条可爱的白鳞鱼，白鳞鱼变成美丽的姑娘，盘果王很喜欢，与之结合，生下安王（haːn^{35}wɯəŋ^{11}）。安王长得很快，三天会骑马，五天会射箭打猎。他跟父亲一样，也喜欢打渔。一天，他打得一条紫鳞绿鳍的鱼。他母亲告诉他，那鱼是他外公外婆，不准他煮来吃，安王不听，把鱼下了锅。于是他母亲跳入江中，丢下了盘果王和安王。盘果王又娶了后妻，生下祖王（ɕo⁵³wɯəŋ¹¹）。祖王长大后，见人办喜酒要先找安王，打官司告状也找安王。就向其母问缘故，母亲告诉他，只有杀了安王，才能掌印。平时，后娘对待安王和祖王也厚此薄彼，安王和祖王同去干农活，后娘给安王包的饭是“东南菜下小米饭”，给祖王的却是“鲜鱼白米饭”。后娘还设下毒计，教唆祖王杀害安王。在打猎时，祖王便依计射伤了安王。安王心中愤恨，骑马远离了家乡。盘果王病了，喊了安王回家。为了寻找龙须凤蛋给父亲治病，安王和祖王命人们“挖三十根竹竿深，打七十竹竿高的地洞，安王下洞去，祖王就推下石块泥土把井口堵住，并用篱笆压住，意欲害死安王，安王向龙外公外婆呼救，方才得以脱险。脱离险境的安王上到天界，发誓要制造一系列的灾难对祖王实施惩罚。后来，祖王长子真的染上了天花（即痧子），一命归西。祖王没有办法，只好请来嘴巧的鹌鹂鸟（zok⁸ tɕet⁷ li⁶ pa⁵ kwaːi ）作使者，去向安王请降认输，愿交回王位权力。安王答应了他的请求，愿意和解。但祖王又反悔，不履行自己的承诺，双方只得刀兵相加，安王的天兵天将杀得祖王一败涂地。祖王只得再次请降认输，答应交还王权。最后安王提出，哥哥管上方，弟弟管下方，下方对上方要交租进贡。安王与祖王的斗争，便这样得以解决。

望谟县石屯镇白头坡村的《安王与祖王》，共1700余行，20世纪80年代由贵州省望谟县民委黄荣昌、黄仕才调查记音，并翻译整理，1994年由贵州民族出版社出版。

本节改编自流传于贞丰永丰街道岩鱼村纳蝉组的抄本，是当地布依族摩经中的一部分，布依语称 guehruh [kuə³³ðu³³]，汉文名称为“开书边”，由布摩在为非正常死亡者举行“赎头”的仪式上唱诵。经文共700余行，韵文体，以五言句式为主，并夹杂有七言、九言、十一言等句式，少数句子为八言、十言、十二言等偶数音节的句式。经文以汉字记布依语语音，抄写于白绵纸上。版式为竖排，每页10列，列间距较小，不分栏，句与句之间有一定间隙，并以红笔画小圈作为标记。所用汉字均为通用字。内容比望谟白头坡村版的《安王与祖王》简略，且篇幅也不及望谟白头坡村版《安王与祖王》那么长。经文从安王和祖王酝酿财产之争开始。安王是哥哥，祖王是弟弟，祖王的母亲偏向自己的儿子，事事对安王不公。后来安王和祖王发生了争斗，杀得天昏地暗，两败俱伤。安王出走，寻找自己的靠山。祖王母子仍不肯放过安王，找借口将他骗了回来，欲将他害死，所幸有外家人龙王和雷公救助，方得脱险。安王二次出走，决心施法术来整治祖王和后母。祖王母子又设计将安王骗回，打算将其除掉。安王再次获救，到了天上，并借助上天之力，对祖王母子进行报复，后来，祖王答应与安王平分天下，并交纳贡品，才得以相安无事。本节所引内容原载于《中国少数民族古籍珍品图典》布依族古籍珍品图典部分。原文为古方块布依文、贞丰岩鱼布依语拉丁字母转写（根据现行布依文方案调整）、国际音标（反映当地布依语的实际读音）、汉语直译和汉语意译五行对照，本节改编时仅将贞丰岩鱼布依语拉丁字母转写改为标准布依文，其他保持不变。

二、文献译注

外　阿　论　笑刀
Weis haz lunh xeeuhdaul,
vai^{24} ɣa^{31} lɯn^{11} ɕau^{11}tau^{33}
奴　要　论　前世
听我讲远古的事，[1]

外　阿　说　笑贯
Weis haz nauz xeeuhgoons,
vai^{24} ɣa^{31} nau^{31} ɕau^{11}kuan^{24}
奴　要　说　前世
听我说从前的事，

论　笑贯　故　喜
Lunh xeeuhgoons gueh xix,
lɯn^{11} ɕau^{11}guan^{24} ku^{11} ɕi^{42}
论　前世　做　高兴事
讲往事解乏，

以　笑贯　故　玄
Yix xeeuhgoons gueh xianz,
ji^{42} ɕau^{11}kuan^{24} ku^{11} ɕian^{31}
议　前世　做　解闷
议往事当休闲，

枯　阿　天　月年
Gul haz dianl ndianlnianz
笑贯　故若
xeeuhgoons gul rox.

ku^{33} ɣa^{31} tian^{33} ʔdian^{33}nian^{31}
我 要 提到 年月
ɕau^{11}kuan^{24} ku^{33} ðo^{42}
前世 我 知
我要把我所知道的故事讲给你听。

笑贯 肥 少 尖
Xeehgoons fih xaaux nyud,
ɕau^{11}kuan^{24} fi^{11} saːu^{42} ȵut^{11}
前世 未 兴 月
远古的人们尚未兴时辰，

笑贯 肥 少 年
Xeeuhgoons fih xaaux nianz,
ɕau^{11}kuan^{24} fi^{11} saːu^{42}nian^{31}
前世 未 兴 年
从前的人们尚未兴年月，(2)

肥 少 天 连 地
Fih xaaux dianl lianz dih,
fi^{11} saːu^{42} tian^{33} lian^{31} ti^{11}
未 造 天 和 地
天地一片混沌，(3)

天 肥 细 棵 考
Dianl fih xih golgaauc,
tian^{33} fi^{11} ɕi^{11} ko^{33}kaːu^{35}
天 未 造 樟树
天还没有造出樟树，

地 肥 少 棵 槐
Dih fih xaaux golfaaiz,
ti^{11} fi^{11} saːu^{42} ko^{33}faːi^{31}
地 未 造 斑竹
地上还没有长出斑竹，

天 肥 开 龙 虎
Dianl fih haail lungffuj,
tian^{33} fi^{11} ɣaːi^{33} luŋ^{31}fu^{3}
天 未 开 龙 虎
天地四方未成形，

九 天 缸 肥 细
Guc dianlgaangl fih xih,
ku^{35} tian^{33}kaːŋ^{33} fi^{11} ɕi^{11}
九 天 罡 未 造
斗转星移还没有秩序，(4)

四 细 门 肥 少
Sis xih mbenl fih xaaux.
θi^{24} ɕi^{11} ʔbɯn^{33} fi^{11} saːu^{42}
四 时 天 未 造
日月轮转还没有形成。

你 浪 妈 少 尖
Nix lengc mal xaaux nyud,

ni^{42} leŋ^{35} ma^{33} saːu^{42} n̥ut^{11}
现在 才 来 兴 月
现在才兴时辰，

你 浪 妈 少 年
Nix lengc mal xaaux nianz,
ni^{42} laŋ^{35} ma^{33} saːu^{42} nian^{31}
现在 才 来 兴 年
现在才兴年月，

浪 盘 天 连 地
Lengc banz dianl lianz dih,
laŋ^{35} pan^{31} tian^{33} lian^{31} ti^{11}
才 成 天 和 地
天地才完全分开，

天 浪 细 棵考
Dianl lengc xih golgaauc,
tian^{33} laŋ^{35} ɕi^{35} ko^{33}kaːu^{35}
天 才 造 樟树
天才造出了樟树，

地 浪 少 棵槐
Dih lengc xaaux golfaaiz,
ti^{11} laŋ^{24} saːu^{42} ko^{33}faːi^{31}
地 才 造 斑竹
地才造出了斑竹，

天 浪 开 龙虎
Dianl lengc haail lungffuj,
tian^{33} laŋ^{24} xaːi^{33} luŋ^{31}fu^{42}
天 才 开 龙虎
天地四方才形成，

九 天缸 浪 细
Guc dianlgaangl lengc xih,
ku^{35}tian^{33}kaːŋ^{33} laŋ^{35} ɕi^{11}
九天 罡 才 造
斗转星移才有了秩序，

四 细 门 浪 少
Sis xih mbenl lengc xaaux.
θi^{24} ɕi^{11} ʔbɯn^{33} laŋ^{24} saːu^{42}
四 时 天 才 兴
四时更替才得以形成。

外 阿 论 卡 二
Weis haz lunh gaais soongl
比 农 王 猴 笑 努
bixnuangx weangzlingz xeeuhndux,
vai^{24} ɣa^{31} lɯn^{11} kai^{24} θoŋ^{33}
奴 要 论 个 两
pi^{42}nuaŋ^{42} waŋ^{31}liŋ^{31} ɕau^{11}ʔdu^{42}
兄弟 猴王 前世
我要讲远古划地为王的兄弟俩，(5)

为 你 麻 盘 冤
Weih lix maz banz ianl?
wei11 li42 ma31 pan31 ʔian33
为 有 什么 成 冤
为了什么而结怨?

董新 妈 旁邑
Dungxsingl mas baangxbas
盘 冤
banz ianl.
tuŋ42θiŋ33 ma35 paːŋ42pa24
相争 果 山岗
pan31 ʔian33
成 冤
为争夺山上的野果而结怨。

外 阿 论 卡 二
Weis haz lunh gaais soongl
比农 王纳 笑努
bixnuangx weangznaz xeeuhndux,
wai24 ɣa31 lɯn11 kai24 θoŋ33
奴 要 论 个 两
pi42nuaŋ42 waŋ31na31 ɕau11ʔdu42
兄弟 田王 前世
我要讲从前为王一方的兄弟俩,

为 你 麻 盘 冤
Weih lix maz banz ianl?
wei11 li42 ma31 pan31 ʔian33
为 有 什么 成 冤
为了什么而结冤仇?

董新 鱼 奶 河
Dungxsingl byal ndail dah
盘冤
banzianl.
tuŋ42θiŋ33 pja33 ʔdai33 ta11
相争 鱼 内 河
pan31ʔian33
成冤
为争夺河里的鱼而结冤仇。

外 阿 论 卡 二
Weis haz lunh gaais soongl
比依 王阿 笑努
bixnuangx weangzal xeeuhndux,
vai24 ɣa31 lɯn11 kai24 θoŋ33
奴 要 论 个 两
pi42nuaŋ42 waŋ31ʔa33 ɕau11ʔdu42
兄弟 乌鸦王 前世
我要讲从前主宰人间的兄弟俩,

为 你 麻 盘冤
Weih lix maz banzianl?
wei11 li42 ma31 pan31ʔian33
为 有 什么 成 冤
为何要相互怨恨?

董新 鸭 连 鸡
Dungxsingl bidt lianz gais
盘 冤
banz ianl.
tuŋ⁴²θiŋ³³ pit³⁵ lian³¹ kai²⁴
相争 鸭 和 鸡
pan³¹ ʔian³³
成 冤
为争夺鸡鸭而相互怨恨。

外 阿 论 卡 二
Weis haz lunh gaais soongl
比农 送王 你
bixnuangx songcweangz ndix
汉王
haansweangz,
vai²⁴ ɣa³¹ lɯn¹¹ kai²⁴ θoŋ³³
奴 要 论 个 两
pi⁴²nuaŋ⁴² soŋ³⁵waŋ³¹ ʔdi⁴² ɣa:n²⁴waŋ³¹
兄弟 祖王 与 安王
我要讲的是祖王和安王这两兄弟，(6)

为 你 麻 盘 冤
Weih lix maz banz ianl?
wei¹¹ li⁴² ma³¹ pan³¹ʔian³³
为 有 什么 成 冤
为了什么而结怨？

董新 地 那 岜 盘 冤
Dungxsingl rih lacbyal banz ianl,
tuŋ⁴²θiŋ³³ ði¹¹ la³⁵pja³³ pan³¹ ʔian³³
相争 地 岩下 成 冤
为争夺岩下的那片地而结怨，

董新 田 那 当 盘 冤
Dungxsingl naz lacdaangs banz ianl,
tuŋ⁴²θiŋ³³na³¹la³⁵ ta:ŋ²⁴pan³¹ʔian³³
相争 田 窗下 成 冤
为争夺门口的那块田而成仇，

养 当 白 你
Qyaangx daaml hraaul ndix
养 当 白 董杀
qyaangx daaml hraaul dungxgac,
ʔja:ŋ⁴² ta:m³³ ɣa:u³³ ʔdi⁴² ʔja:ŋ⁴²
大刀 柄 白 和 大刀
ta:m³³ ɣa:u³³ tuŋ⁴²ka³⁵
柄 白 相杀
他们刀枪相向，(7)

养 当五 你 养
Qyaangx daamlhrac ndix qyaangx
当五 董凡
daamlhrac dungxfanz,
ʔja:ŋ⁴² ta:m³³ɣa³⁵ ʔdi⁴² ʔja:ŋ⁴²
大刀 柄乌 和 大刀
ta:m³³ɣa³⁵ tuŋ⁴²fan³¹
柄乌 相砍

他们棍棒相加，

养 当银 你
Qyaangx daamlnganz ndix
养 当银 董打
qyaangx daamlnganz dungxdegt,
ʔjaːŋ^{42} taːm^{33}ŋan^{31} ʔdi^{42} ʔjaːŋ^{42}
大刀 柄银 与 大刀
taːm^{33}ŋan^{31} tuŋ^{42}tɯk^{35}
柄银 相打
打得昏天黑地，

打 拜 三 书 那
Degt bail saaml xul lac,
tɯk^{35} pai^{33} θaːm^{33} su^{33} la^{35}
打 去 三 州 下
打遍了下三州，

杀 拜 三 书 更
Gac bail saaml xul genz,
ka^{35} pai^{33} θaːm^{33} su^{33} kɯn^{31}
杀 去 三 州 上
杀遍了上三城，

董打 时 拢 岜
Dungxdegt sez rongz byac,
tuŋ^{42}tɯk^{35} sɯ^{31} ðoŋ^{31} pja^{35}
相打 像 劈 雷
喊打声似晴天霹雳，

董杀 时 门个
Dungxgac sez mbenlndanl,
tuŋ^{42}ka^{35} sɯ^{31} ʔbɯn^{33}ʔdan^{33}
相杀 像 天地
喊杀声惊天动地，

董凡 时 烂样
Dungxfanz sez labyiangh.
tuŋ^{42}fan^{31} sɯ^{31} lap^{11}jiaŋ^{11}
相砍 像 各种各样
杀得尸横遍野。(8)

乜王 在 把当
Meehweangz qyus basdaangs
若发
roxfaz,
me^{11}waŋ^{31} ʔju^{24} pa^{35}taːŋ^{24} ðo^{42}fa^{31}
母王 在 窗口 瞧见
母亲瞧见了这一切，

乜王 在 尖发
Meehweangz qyus byaailwal
若咧
roxreeh.
me^{11}waŋ^{31} ʔju^{24} pjaːi^{33}fa^{33} ðo^{42}ðe^{11}
母王 在 篱笆旁 看见
母亲看见了这一切。

打 麻 儿 打 哑 闹啊
Degt maz leg degt qyas lolu

杀 甩
xaxxoix!
tɯk³⁵ ma³¹ lɯk¹¹ tɯk³⁵ ʔja²⁴
打 什么 别 打 凶
lolu sa⁴²suai⁴²
罗 孩子
孩子们别再打啦!

杀 麻 儿 杀 抗
Gac maz leg gac gamh!
ka³⁵ ma³¹ lɯk¹¹ ka³ kam¹¹
杀 什么 别 杀 固执
别再自相残杀了!

火 烧 坡 些 死 特 当
Fiz reemc bol xih daail duezdagt,
fi³¹ ðem³⁵ po³³ ɕi³⁵ taːi³³ tɯ³¹tak³⁵
火 烧 山 就 死 蚂蚱
火烧山死的是蚂蚱,

完 打 上 些 死 甫 瓦
Ngonz degtsag xih daail buxqvax,
wan³¹ tɯk³⁵θak¹¹ ɕi³⁵ taːi³³
天 杀戮 就 死
pu⁴²ʔwa⁴²
老实人
打仗死的是老百姓,(9)

完 董 杀 些 死
Ngonz dungxgac xih daail
甫 洞
buxxoongh.
wan³¹ tuŋ⁴²ka³⁵ ɕi³⁵ taːi³³
天 相杀 就 死
pu⁴²soŋ¹¹
老百姓
自相残杀死的是老百姓。

送 妈 你 乜 分
Songs mal nix meeh banl,
suaŋ²⁴ ma³³ ni⁴² me¹¹ pan³³
拿 来 这 母 分
让我来给你们评判,

送 妈 筛 乜 怕
Songs mal rangl meeh bas.
suaŋ²⁴ ma³³ ðaŋ³³ me¹¹ pa²⁴
拿 来 筛子 母 劈
让我来给你们评理。

妈 然 乜 王 怕
Mal raanz meehweangz bas
迷 盘
miz banz,
ma³³ ðaːn³¹ me¹¹waŋ³¹ pa²⁴
来 家 母王 劈
mi³¹ pan³¹
不 成
母亲也没有评判好,

妈 然 乜王 分

Mal raanz meehweangz banl

迷 来

miz ndaix.

ma³³ ða:n³¹ me¹¹waŋ³¹ pan³³

来 家 母王 分

mi³¹ ʔdai⁴²

不 得

母亲没有把理说明。

养 当 白 你

Qyaangx daaml haaul ndix

养 当 白 董杀

qyaangx daaml haaul dungxgac,

ʔja:ŋ⁴² ta:m³³ ɣa:u³³ ʔdi⁴² ʔja:ŋ⁴²

大刀 柄 白 和 大刀

ta:m³³ ɣa:u³³ tuŋ⁴²ka³⁵

柄 白 相杀

依然是刀枪相向，

养 当 五 你 养

Qyaangx daaml hac ndix qyaangx

当五 董凡

daamlhac dungxfanz,

ʔja:ŋ⁴² ta:m³³ ɣa³⁵ ʔdi⁴² ʔja:ŋ⁴²

大刀 柄 乌 和 大刀

ta:m³³ɣa³⁵ tuŋ⁴²fan³¹

柄乌 相砍

依然是棍棒相加，

养 当 银 你

Qyaangx daaml nganz ndix

养 当 银 董打

qyaangx daaml nganz dungxdegt.

ʔja:ŋ⁴² ta:m³³ ŋan³¹ ʔdi⁴² ʔja:ŋ⁴²

大刀 柄 银 与 大刀

ta:m³³ ŋan³¹ tuŋ⁴²tɯk³⁵

柄 银 相打

依然打得昏天黑地。

打 拜 三 苏 那

Degt bail saaml xul lac,

tɯk³⁵ pai³³ θa:m³³ su³³ la³⁵

打 去 三 州 下

打遍了下三州，

杀 拜 三 书 更

Gac bail saaml xul genz,

ka³⁵ pai³³ θa:m³³ su³³ kɯn³¹

杀 去 三 州 上

杀遍了上三城，

董 打 时 拢 岜

Dungxdegt sez rongz byac,

tuŋ⁴²tɯk³⁵ sɯ³¹ ðoŋ³¹ pja³⁵

相打 像 劈 雷

喊打声似晴天霹雳，

董杀 时 门个

Dungxgac sez mbenlndanl,

tuŋ^{42}ka^{35}　sɯ^{31}　ʔbɯn^{33}ʔdan^{33}

相杀　　像　天地

喊杀声震天动地，

董 凡　　时 烂 样

Dungxfanz　sez　labyiangh.

tuŋ^{31}fan^{31}　sɯ^{31}　lap^{11}jiaŋ^{11}

相砍　　像　各种各样

杀得尸横遍野。

坡 王　　在　把 当　若 发

Bohweangz qyus basdaangs roxfaz,

po^{11}vaŋ^{31} ʔju^{24} pa^{35}ta:ŋ^{24} ðo^{42}fa^{31}

父王　　在　窗口　　看见

父王看见了这一切，

坡 王　　在　尖 发

Bohweangz　qyus　byaailfal

若烈

roxreeh.

po^{11}vaŋ^{31} ʔju^{24} pja:i^{33}fa^{33} ðo^{42}ðe^{11}

父王　　在　篱笆　　瞧见

父王瞧见了这一切。

打　麻　儿 打　哑　闹啊

Degt　maz　leg　degt　qyas　loxlu

杀 甩

xaxxoix!

tɯk^{35}　ma^{31}　lɯk^{11}　tɯk^{35}　ʔja^{24}

打　　什么 别　　打　凶

lolu　sa^{42}suai^{42}

罗　孩子

别再打啦孩子们！

杀　麻　儿 杀　抗

Gac　maz　leg　gac　gamh!

ka^{35}　ma^{31}　lɯk^{11}　ka^{35}　kam^{11}

杀　什么 别　杀　固执

别再自相残杀了！

火　烧　　坡　些　死

Fiz　reemc　bol　xih　daail

特 当

duezdagt,

fi^{31} ðem^{35} po^{33} ɕi^{11} ta:i^{33} tɯ^{31}tak^{35}

火 烧　山 就 死　蚂蚱

火烧山死的是蚂蚱，

完　打 上 些 死　甫 瓦

Ngonz degtsag xih daail buxqvax,

wan^{31}　tɯk^{35}sak^{11}　ɕi^{35}　ta:i^{33}

天　杀戮　　就　死

pu^{42}ʔwa^{42}

老实人

打仗死的是老百姓，

完　　董杀　　些　死

Ngonz　dungxgac　xih　daail

甫 洞

buxxoongh.

wan^{31}　tuŋ^{42}ka^{35}　ɕi^{35}　ta:i^{33}

天　　相杀　　就　死

pu^{42}soŋ^{11}

老百姓

自相残杀死的是老百姓。

送　　妈　你　坡　分

Songs　mal　nix　boh　banl,

suaŋ^{24}　ma^{33}　ni^{42}　po^{11}　pan^{33}

拿　　来　这　父　分

让我来给你们评判，

送　　妈　筛　　坡　怕

Songs　mal　rangl　boh　bas.

suaŋ^{24}　ma^{33}　ðaŋ^{33}　po^{11}　pa^{24}

拿　　来　筛　　父　劈

让我来给你们评理。[10]

妈 然　坡 王　　怕 些 盘

Mal raanz bohweangz bas xih banz,

ma^{33} ða:n^{31} po^{11}vaŋ^{31} pa^{24} ɕi^{35} pan^{31}

来　家　父王　　劈 就 成

父王把财产分好，

妈　然　坡 王　　分

Mal　raanz　bohweangz　banl

些　得

xih　ndaix,

ma^{33} ða:n^{31} po^{11}vaŋ^{31} pan^{33} ɕi^{35} ʔdai^{42}

来　家　父王　　分　就 得

父王把土地分清，

地 那 岜 坡 阿 要 根　粮

Rih lacbyal boh haz aul genl liangz,

ði^{11}　la^{35}pja^{33}　po^{11}　ɣa^{31}　ʔau^{33}

地　岩下　　父　要　　拿

kɯn^{33}　liaŋ^{31}

吃　　粮

岩下地是为父我的份地，

田　那　当　　坡　阿　降

Naz　lacdaangs　boh　haz　xuangs

根　弄

genl　rumh,

na^{31}　la^{35}ta:ŋ^{24}　po^{11}　ɣa^{31}　ɕuaŋ^{24}

田　窗下　　父　要　　留

kɯn^{33}　ðɯm^{11}

吃　　租

寨脚田是我的租田，

闇　利 故　 样 你　 奶 奶

Ans　ril　gueh　yianghnix laaillaail,

ʔan^{24}　ði^{33}　ku^{11}　jiaŋ^{11}ni^{42}

想要　你们　做　　这样

la:i^{33}la:i^{33}

多多

你们应该知道创业的辛苦，

闇　利　饿　盘你　比远
Ans ril ies banznix biljail,
ʔan^{24} ði^{33} ʔiə^{35} pan^{31}ni^{42}
想要　你们　饿　这样
pi^{33}tɕai^{33}
久远
你们应该知道创业的艰难，

利　拜　晚　七　怀　故　地
Ril bail wadt jiez faaiz gueh rih,
ði^{33} pai^{33} vat^{35} tɕi^{31} faːi^{31}
你们　去　铲　处　斑竹
ku^{11} ði^{11}
做　地
你们自己去砍掉那片斑竹林来做地，

闇　利　饿　样你　比刀
Ans ril ies yianghnix bildaul,
ʔan^{33} ði^{33} ʔiə^{35} jiaŋ^{11}ni^{42}
想要　你们　饿　这样
pi^{33}tau^{33}
前年
你们应该知道家业来之不易，

利　拜　晚　七　袍　故　地
Ril bail wadt jiez bauz gueh rih.
ði^{33} pai^{33} vat^{35} tɕi^{31} pau^{31} ku^{11} ði^{11}
你们去　铲　处　芦苇　做　地
你们自己去铲掉那片芦苇来做地。(11)

汉　王　儿　坡王
Haansweangz leg bohweangz
特蝉　坡　特来
dezxonz boh dezraaix,
ɣaːn^{24}waŋ^{31} lɯk^{11} po^{11}waŋ^{31}
安王　儿　父王
tɯ^{31}san^{31} po^{11} tɯ^{31}ðaːi^{42}
相信　父　真的
安王听从父亲的话，

喊所　亮　杀吼
Hadtxoh roongh sacjugt,
ɣat^{35}so^{11} ðoŋ^{11} sa^{35}tɕuk^{35}
明晨　亮　（摹状词）
第二天一大早，(12)

喊所　亮　杀远
Hadtxoh roongh sacjaail,
ɣat^{35}so^{11} ðoŋ^{11} sa^{35}tɕaːi^{33}
明晨　亮　（摹状词）
第二天天刚亮，

甭　儿　故　爱　热
Byogt leg gueh ngaaiz rauc,
pjok^{35} lɯk^{11} ku^{11} ŋaːi^{31} ðau^{35}
催促　儿　做　早饭　热

催促儿子把早饭热，

甭 媳 故 爱 弄
Byogt baex gueh ngaaiz roomh,
pjok^{35} pai^{42} ku^{11} ŋa:i^{31} ðuam^{11}
催促 媳 做 早饭 早
催促媳妇把早饭煮，

饭 良 敏 王 拜
Haux lab mbibt weangz bail,
ɣa:u^{42} lap^{11} ʔbip^{35} waŋ^{31} pai^{33}
饭 塞 饭盒 王 去
饭装进饭盒里就出发，

菜 良 摆 王 拜
Byagt lab mbaais weangz bail,
pjak^{35} lap^{11} ʔba:i^{24} waŋ^{31} pai^{33}
菜 塞 罐 王 去
菜装进罐子里就出门，

麻 参 鞋 王 拜
Ndaaix saanl haaiz wangz bail,
ʔda:i^{42} θa:n^{33} ɣa:i^{31} vaŋ^{31} pai^{33}
麻 编 鞋 王 去
穿上麻鞋就走，

杀 把 忙 王 拜
Xax bas mbaangl weangz bail,
sa^{42} pa^{35} ʔba:ŋ^{33} vaŋ^{31} pai^{33}
柴刀 口 薄 王 去
带上薄口柴刀，

弯 把 况 王 拜
Waanl bas gvaangs weangz bail,
va:n^{33} pa^{35} kwa:ŋ^{24} vaŋ^{31} pai^{33}
斧头 口 宽 王 去
带上宽口的斧头，

王 拜 晚 七 袍 女 牙
Weangz bail wadt jiez bauz icqyuaix,
vaŋ^{31} pai^{33} vat^{35} tɕi^{31} pau^{31} ʔi^{35}ʔjwai^{42}
王 去 铲 处 芦苇 （摹状词）
铲得芦苇唰唰响，[13]

王 拜 晚 七 怀 女椏
Weangz bail wadt jiez faaiz icqyax.
vaŋ^{31} pai^{33} vat^{35} tɕi^{31} fa:i^{31} ʔi^{35}ʔja^{42}
王 去 铲 处 斑竹 （摹状词）

铲得斑竹响嘎嘎。

时 巳 卖 时 爱
Xez sec maaih xez ngaaiz,
sɯ^{31} θɯ^{35} maːi^{11} sɯ^{31} ŋaːi^{31}
时 巳 便是 时 早饭
巳时到晌午，

肚 饶 饿 林 林
Dungx rauz ies ringzringz,
tuŋ^{31} ðau^{31} ʔiə^{35} ðiŋ^{31}ðiŋ^{31}
肚子 我们 饿 （摹状词）
肚子响咕咕，[14]

肚 饶 饿 上 好
Dungx rauz ies sangc ndil?
tuŋ^{42} ðau^{31} ʔiə^{35} saŋ^{35} ʔdi^{33}
肚子 我们 饿 怎么 好
饿了怎么办？

时 巳 卖 时 爱
Xez sec maaih xez ngaaiz,
sɯ^{31} θɯ^{35} maːi^{11} sɯ^{31} ŋaːi^{31}
时 巳 便是 时 早饭
巳时到晌午，

乜 送 饭 妈 唐
Meeh songs haux mal dangz,
me^{11} θuaŋ^{24} ɣaːu^{42} ma^{33} taŋ^{31}
母亲 送 饭 来 到
母亲送饭到，

分 比 你 分 比 些 挂
Banl bix ndix banl bix xih woic
去 纸
jis sal,
pan^{33} pi^{42} ʔdi^{42} pan^{33} pi^{42} ɕi^{35}
份 兄 和 份 兄 就
vai^{35} tɕi^{24} θa^{33}
挂 枝 构皮树
哥哥的饭挂在构树枝，

分 弟 你 分 弟
Banl nuangx ndix banl nuangx
些 纳 卡 给
xih ndal gah jees,
pan^{33} nuaŋ^{42} ʔdi^{42} pan^{33} nuaŋ^{42}
份 弟 和 份 弟
ɕi^{35} ʔda^{33} ka^{11} ke^{24}
就 铺 自己 数
弟弟的饭在地上摆好，

时 巳 卖 时 爱
Xez sec maaih xez ngaaiz.
sɯ^{31} θɯ^{35} maːi^{11} sɯ^{31} ŋaːi^{31}
时 巳 便是 时 早饭

到巳时该吃晌午饭。

命 饭 妈 饶 开
Mbibt haux mal rauz haail
啰 弟
lo nuangx,
ʔbip^{35} ɣaːu^{42} ma^{33} ðau^{31} ɣaːi^{33}
盒 饭 来 我们 开
lo^{0} nuaŋ^{42}
喽 弟
拿饭盒来我们打开啰小弟，

敏 爱 妈 饶 一
Mbibt ngaaiz mal rauz yih,
ʔbip^{35} ŋaːi^{31} ma^{33} ðau^{31} ji^{11}
盒 早饭 来 我们 解开
把我们的饭盒打开，

分 比 一 分 比
Banl bix yih banl bix,
pan^{33} pi^{42} ji^{11} pan^{33} pi^{42}
份 兄 解开 份 兄
把兄长的饭盒打开看，

饭 望 当 菜 邑
Hauxweangc daml byagtbyaz.
ɣaːu^{42}vaŋ^{35} tam^{33} pjak^{35}pja^{31}
小米 拌 东南菜
小米饭拌东南菜。[15]

分 弟 你 分 弟
Banl nuangx ndix banl nuangx,
pan^{33} nuaŋ^{42} ʔdi^{42} pan^{33} nuaŋ^{42}
份 弟 与 份 弟
把弟弟的饭盒打开看，

饭 田 当 鱼 河
Haux naz daml byal dah.
ɣaːu^{42} na^{31} tam^{33} pja^{33} ta^{11}
饭 田 拌 鱼 河
白米饭加清蒸鱼。

分 比 一 分 比
Banl bix yih banl bix,
pan^{33} pi^{42} ji^{11} pan^{33} pi^{42}
份 兄 解 份 兄
把哥哥的饭盒打开看，

饭 望 当 郎 捞
Hauxweangc daml ndagtndaul.
ɣaːu^{42}vaŋ^{35} tam^{33} ʔdak^{35}ʔdau^{33}
小米 拌 杂合菜
小米饭拌杂合菜。

分 弟 一 分 弟
Banl nuangx yih banl nuangx,
pan^{33} nuaŋ^{42} ji^{11} pan^{33} nuaŋ^{42}
份 弟 解 份 弟
把弟弟的饭盒打开看，

额 卖烧 皆 连

Ees mbaelraul jais riad.

ʔe^{24} ʔbai^{33}ðau^{33} tɕai^{24} ðiat^{11}

白米饭 叶枫香 鸡蛋 浇

白米香菜加鸡蛋。

阿依 唉 阿依

Alnuangx hei alnuangx!

ʔa^{33}nuaŋ^{42} ɣei^{0} ʔa^{33}nuaŋ^{42}

小弟 唉 小弟

小弟啊小弟！

底 饶 树 当 底

Gogt rauz faix daangs gogt,

kok^{35} ðau^{31} fai^{42} taːŋ^{24} kok^{35}

根 我们 树 另 根

我俩虽然根不同，

尖 的 翁 董 说

Byaail ndix wab dungx soh,

pjaːi^{33} ʔdi^{42} vap^{11} tuŋ^{42} so^{11}

梢 和 枝椏 相互 朝向

相邻的树枝丫也相依，

底 饶 坡 一 董

Gogt rauz boh ndeeul dungx

乜 一

meeh ndeeul,

kok^{35} ðau^{31} po^{11} ʔdeu^{33} tuŋ^{42}

根 我们 父 一 共

me^{11} ʔdeu^{33}

母 一

我俩虽同父不同母，

乜 故用 装 饭 装

Meeh guehqyus jangl haux jangl

当 上 卡饶 完你

daangs sagt gaisrauz ngonznix?

me^{11} ku^{11}ʔju^{24} tɕaŋ^{33} ɣaːu^{42}

母亲 怎么 装 饭

tɕaŋ^{33} taːŋ^{24} sak^{35} kai^{24}ðau^{31}

装 另 色 个 我们

wan^{31}ni^{42}

今天

母亲怎么今天装饭不同色？

乜 故用 装 菜

Meeh guehqyus jangl byagt

装 当 样 卡饶

jangl daangs yiangh gaisrauz

完你

wanznix?

me^{11} ku^{11}ʔju^{24} tɕaŋ^{33} pjak^{35}

母亲 怎么 装 菜

tɕaŋ^{33} taːŋ^{24} jiaŋ^{11} kai^{24} ðau^{31}

装 另 样 个 我们

wan^{31}ni^{42}

今天

母亲怎么今天装菜装另样？

乜 故用 装 饭 装

Meeh guehqyus jangl haux jangl

当 上 卡饶 完你

daangs sagt gaisrauz ngonznix?

me11 ku11ʔju24 tɕaŋ33 ɣaːu42

母亲 怎么 装 饭

tɕaŋ33 taːŋ24 sak35 kai24 ðau31

装 另 色 个 我们

wan31ni42

今天

母亲怎么给了我们两样饭？

乜 故用 装 菜

Meeh guehqyus jangl byagt

装 当 买 卡饶

jangl daangs mbaais gaisrauz

完你

wanznix?

me11 ku11ʔju24 tɕaŋ33 pjak35

母亲 怎么 装 菜

tɕaŋ33 taːŋ24 ʔbaːi24 kai24 ðau31

装 另 罐 个 我们

wan31ni42

今天

母亲怎么给了我们两样菜？

乜 故 慢 饶 复

Meeh gueh mbaanx rauz feaz,

me11 ku11 ʔbaːn42 ðau31 fu31

母亲 做 寨子 我们 荒芜

母亲这样做要把我们的寨子搞荒芜，

乜 故 书 饶 外

Meeh gueh xul rauz waaih,

me11 ku11 su33 ðau31 vaːi11

母亲 做 州 我们 坏

这样做将要把我们的州城搞坏，

乜 故 慢 饶 娘

Meeh gueh mbaanx rauz nyangl,

me11 ku11 ʔbaːn42 ðau31 ȵaŋ33

母亲 做 寨子 我们 乱

要把我们的寨子搞乱，

乜 故 旁 饶 外

Meeh gueh beangz rauz waaih.

me11 ku11 paŋ31 ðau31 vaːi11

母亲 做 地方 我们 坏

要把我们的地方搞坏。

儿 当 坡 当 乜

Leg daangs boh daangs meeh

些 穿 当 鞋 来 么

xih danc daangs haaiz raaix mu?

lɯk11 taːŋ24 po11 taːŋ24 me11

儿 另 父 另 母

ɕi35 tan35 taːŋ24 ɣaːi31 ðaːi42 mu0

就 穿 另 鞋 真的 么

难道同父不同母就穿不同的鞋么？

儿　当　坡　当　乜
Leg daangs boh daangs meeh
些　裁　当　拢　来　么
xih xaaiz daangs lumc raaix mu?
lɯk^{11} taːŋ^{24} po^{11} taːŋ^{24} me^{11}
儿　另　父　另　母
ɕi^{35} saːi^{31} taːŋ^{24} lɯm^{35} ðaːi^{42} mu^{0}
就　裁　另　像　真的　么
难道同父不同母就穿不同的衣么？

儿　当　坡　当　乜
Leg daangs boh daangs meeh
些　穿　常　线　来　么
xih danc xaangz mail raaix mu?
lɯk^{11} taːŋ^{24} po^{11} taːŋ^{24} me^{11} ɕi^{35}
儿　另　父　另　母　就
tan^{35} saːŋ^{31} mai^{33} ðaːi^{42} mu^{0}
穿　两　线　真的　么
难道同父不同母就用不同的线么？

儿　当　坡　当　乜
Leg daangs boh daangs meeh
些　想　当　拢　来　么
xih jaiz daangs lumc raaix mu?
lɯk^{11} taːŋ^{24} po^{11} taːŋ^{24} me^{11} ɕi^{35}
儿　另　父　另　母　就
tɕai^{31} taːŋ^{24} lɯm^{35} ðaːi^{42} mu^{0}
爱　另　像　真的　么
难道同父不同母就爱不同么？

汉王　儿　乜努
Haansweangz leg meehndux
穿　布
danc bangz,
ɣaːn^{24}vaŋ^{31} lɯk^{11} me^{11}ʔdu^{42} tan^{35} paŋ^{31}
安王　儿　前母　穿　布
安王前母生穿土布，

送　王　儿　乜后
Songcweangz leg meehlangl
穿　件
danc jianh,
soŋ^{35}vaŋ^{31} lɯk^{11} me^{11}laŋ^{33} tan^{35}
祖王　儿　后母　穿
tɕian^{11}
绸缎
祖王后母生穿绫罗，

汉王　儿　乜努
Haansweangz leg meehndux
特　常
degxangz,
ɣaːn^{24}vaŋ^{31} lɯk^{11} me^{11}ʔdu^{42}
安王　儿　前母
tɯk^{11}saŋ^{31}
讨人嫌

安王前母生讨人嫌，

送王 儿 乜后

Songcweangz leg meehlangl

特说

degsoh,

soŋ³⁵vaŋ³¹ lɯk¹¹ me¹¹laŋ³³

祖王 儿 后母

tɯk¹¹so¹¹

讨人爱

祖王后母生讨人爱，

分 地 害 地 阿 卡 枯

Banl rih haec rih haz gaais gul,

pan³³ ði¹¹ ɣai³ ði¹¹ ɣa³¹ kai²⁴ ku³³

分 地 给 地 茅草 个 我

分地给的茅草地，

分 纳 害 纳 闹 卡 枯

Banl naz haec naz rauz gaais gul,

pan³³ na³¹ ɣai³⁵ na³¹ ðau³¹ kai²⁴ ku³³

分 田 给 田 滑 个 我

分田给的滑石板，

分 到 害 到 惹 卡 枯

Banl daux haec daux roix gaais gul,

pan³³ tau⁴² ɣai³⁵ tau⁴² ðe⁴² kai²⁴ ku³³

分 斗 给 斗 旧的个 我

分斗给的是旧斗，

分 碗 害 碗 汪

Banl doix haec doix weangl

卡 枯

gaais gul,

pan³³ te⁴² ɣai³⁵ te⁴² vaŋ³³ kai²⁴ ku³³

分 碗 给 碗 补的 个 我

分碗给的是破碗，

分 墙 害 墙 漏

Banl jiangz haec jiangz roh

卡 枯

gaais gul,

pan³³ tɕiaŋ³¹ ɣai³⁵ tɕiaŋ³¹ ðo¹¹

分 锅桩 给 锅桩 漏

kai²⁴ ku³³

个 我

分给的锅桩断了腿，

田 石 断 凡 筛 些 害

Naz rinl ragt fanzxail xih haec

卡 枯

gaais gul,

na³¹ ðin³³ ðak³⁵ fan⁴²sai³³ ɕi³⁵

田 石 断 犁齿 就

ɣai³⁵ kai²⁴ ku³³

给 个 我

田里的石头能绊断犁齿就给我，

到 独 断 挽筛 些
Dauc duez ragt wanxxail xih
害 卡 枯
haec gaais gul,
tau^{35} tu^{31} ðak^{35} van^{42}sai^{33} ɕi^{35}
出 牛 断 犁头 就
ɣai^{35} kai^{24} ku^{33}
给 个 我
没有训过的牛就给我，

比 领 害 田 领
Bil reengx haec naz reengx
卡 枯
gaais gul,
pi^{33} ðeŋ^{42} ɣai^{35} na^{31} ðeŋ^{42}
年 干旱 给 田 干旱
kai^{24} ku^{33}
个 我
干旱的时候分给我望天田，

比 淹 害 田 淹
Bil dumh haec naz dumh
卡 枯
gaais gul,
pi^{33} tɯm^{11} ɣai^{35} na^{31} tɯm^{11}
年 淹 给 田 淹
kai^{24} ku^{33}
个 我
水涝的时候给我水淹田。

阿依 唉 阿依
Alnuangx hei alnuangx!
ʔa^{33}nuaŋ^{42} ɣei^{0} ʔa^{33}nuaŋ^{42}
小弟 唉 小弟
小弟呀小弟！

松 饶 说 你 携
Soongl rauz nauz nix xeel
卡 你
gaais nix,
θoŋ^{33} ðau^{31} nau^{31} ni^{42} ɕe^{33}
两 我们 说 这 丢
kai^{24} ni^{42}
个 这
我们俩在这里说就丢这里，

以 见 携 卡 见
Yix *jianh xeel gaais *jianh,
ji^{42} tɕian^{11} ɕe^{33} kai^{24} tɕian^{11}
议 此处 丢 个 此处
在这里讲就忘这里，

卡儿 拜 然 以 打 乜
Gacleg bail raanz yix degt meeh,
ka^{3}lɯk^{11} pai^{33} ða:n^{31} ji^{42} tɯk^{35}
不要 去 家 议 当面
me^{11}
母亲

回家不要对母亲讲，

卡 儿 拜 然 为 打 娘
Gacleg bail raanz *wees degt nyangz,
ka³lɯk¹¹ pai³³ ða:n³¹ ve²⁴ tɯk³⁵ n̥aŋ³¹
不要 去 家 讲 当面 娘
回家不要跟母亲说，

以 打 乜 些 慢 饶 娘
Yix degt meeh xih mbaanx rauz nyangl,
ji⁴² tɯk³⁵ me¹¹ ɕi³⁵ ʔba:n⁴² ðau³¹ n̥aŋ³³
议 当面 母亲 就 寨子 我们 乱
跟母亲说寨子就乱了，

为 打 娘 些 慢 饶 外
Wees degt nyangz xih mbaanx rauz waaih,
ve²⁴ tɯk³⁵ n̥aŋ³¹ ɕi³⁵ ʔba:n⁴² ðau³¹ va:i¹¹
讲 当面 娘 就 寨子 我们 烂
跟母亲讲寨子里的规矩就坏了，

以 打 乜 些 慢 饶 复
Yix degt meeh xih mbaanx rauz feaz,
ji⁴² tɯk³⁵ me¹¹ ɕi³⁵ ʔba:n⁴² ðau³¹ fu³¹
议 当面 母亲 就 寨子 我们 荒芜
跟母亲说寨子就要荒芜了，

为 打 娘 些 书 饶 外
Wees degt nyangz xih xul rauz waaih.
ve²⁴ tɯk³⁵ n̥aŋ³¹ ɕi³⁵ su³³ ðau³¹ va:i¹¹
讲 当面 娘 就 州 我们 坏
跟母亲讲我们的州城就坏了。

汉 王 故 比 太 些 拜 要 柴
Haansweangz gueh bixdaaih xih bail aul fenz,
ɣa:n²⁴vaŋ³¹ ku¹¹ pi⁴²ta:i¹¹ ɕi¹¹ pai³³ ʔau³³ vɯn³¹
安王 做 大哥 就 去 要 柴
安王是大哥就去砍柴，

送 王 故 农 伦 些 妈 然 贯
Songcweangz gueh nuangxlunz xih mal raanz goons.
soŋ³⁵vaŋ³¹ ku¹¹ nuaŋ⁴²lɯn³¹ ɕi³⁵
祖王 做 小弟 就

ma33 ða:n31 kuan24
来　家　先
祖王是小弟就先回家。

送王　妈　唐　水
Songcweangz mal dangz ramx,
soŋ35vaŋ31 ma33 taŋ31 ðam42
祖王　来　到　水
祖王来到井边，

送王　妈　唐　利
Songcwangz mal dangz ric,
soŋ35vaŋ31 ma33 taŋ31 ði35
祖王　来　到　沟
祖王来到沟边，

妈　唐　四　仙挖
Mal dangz siec sianlwal
王苕
wangzsauz,
ma33 taŋ31 θɯ35 θian33wa33
来　到　边　花园
waŋ31sau31
王绍
来到王绍的花园边，

肥　坐　些　乱　说
Fih nangh xih luanh nauz,
fi11 naŋ11 ɕi35 luan11 nau31
未　坐　就　乱　说
没坐稳就开口说，

肥　腰　些　乱　论
Fih qyaux xih luanh lunh,
fi11 ʔjau42 ɕi35 luan11 lɯn11
未　举　就　乱　论
没坐好就开口讲，

阿乜　唉　阿乜
Almeeh hei almeeh!
ʔa33me11 ɣei0 ʔa33me11
母亲　唉　母亲
母亲呀母亲！

都忙　出都当　枯说
Duc mengz os duldaangs gul nauz,
tu35 mɯŋ31 ʔo24 tu33ta:ŋ24 ku33 nau31
赌你　出　窗门　我说
你出来我有话跟你说，

都　忙　出都楼　枯论
Duc mengz os dullauz gul lunh,
tu35 mɯŋ31 ʔo24 tu33lau31 ku33 lɯn11
赌你　出　楼门　我论
你出来我有话跟你讲，

都 忙 出 都 当 枯 天
Duc mengz os duldaangs gul dianl,
tu^{35} mɯŋ^{31} ʔo^{24} tu^{33}taːŋ^{24} ku^{33} tian^{33}
赌 你 出 窗门 我 讲
你到窗边来我跟你说，

都 忙 出 都 仙 枯 论
Duc mengz os dulsianl gul lunh.
tu^{35} mɯŋ^{31} ʔo^{24} tu^{33}θian^{33} ku^{33} lɯn^{11}
赌 你 出 园门 我 论
你到园子边来我跟你讲。

阿 乜 唉 阿 乜
Almeeh hei almeeh!
ʔa^{33}me^{11} ɣei^{0} ʔa^{33}me^{11}
母亲 唉 母亲
母亲呀母亲！

底 都 树 当 底
Gogt dul faix daangs gogt,
kok^{35} tu^{42} fai^{42} taːŋ^{24} kok^{35}
根 我们 树 另 根
我和大哥虽不同根生，

尖 的 翁 董 数
Byaail deel hoh dungxsos,
pjaːi^{33} te^{33} ɣo^{11} tuŋ^{42}so^{24}
梢 那 节 相依
树梢却相依，

底 都 坡 一 董
Gogt dul boh ndeeul dungx
乜 一
meeh ndeeul,
kok^{35} tu^{33} po^{11} ʔdeu^{33} tuŋ^{42}
根 我们 父 一 共
me^{11} ʔdeu^{33}
母 一
我俩虽同父不同母，

乜 故用 烂 饭 烂
Meeh guehqyus lab haux lab
当 上 卡 都 完 你
daangs sagt gaais dul ngonznix?
me^{11} ku^{11}ʔju^{24} lap^{11} ɣaːu^{42} lap^{11}
母亲 怎么 装 饭 装
taːŋ^{24} sak^{35} kai^{24} tu^{33} van^{31}ni^{42}
另 色 个 我们 今天
母亲怎么今天装饭不同色？

乜 故用 烂 菜 烂
Meeh guehqyus lab byagt lab
当 样 卡 都 完 你
daangs yiangh gaais dul ngonznix?
me^{11} ku^{11}ʔju^{24} lap^{11} pjak^{35} lap^{11}
母亲 怎么 装 菜 装

ta:ŋ^{24} jiaŋ^{11} kai^{24} tu^{33} van^{31}ni^{42}
另　样　个　我们　今天
母亲怎么今天装菜装另样？

故用　烂饭　烂当　上
Guehqyus lab haux lab daangs sagt?
ku^{11}ʔju^{24} lap^{11} ɣa:u^{42} lap^{11} ta:ŋ^{24} sak^{35}
怎么　装　饭　装　另　色
怎么带饭色不同？

烂　菜　烂　当　买
Lab byagt lab daangs mbaais
卡　都　完你
gaais dul ngonznix?
lap^{11} pjak^{35} lap^{11} ta:ŋ^{24} ʔba:i^{24}
装　菜　装　另　罐
kai^{24} tu^{33} wan^{31}ni^{42}
个　我们　今天
今天怎么给我们装菜不同罐？

乜　故　慢　都　复
Meeh gueh mbaanx dul feaz,
me^{11} ku^{11} ʔba:n^{42} tu^{33} fu^{31}
母亲　做　寨子　我们　荒芜
母亲这样做要把我们的寨子搞荒芜，

乜　故　书　都　坏
Meeh gueh xul dul waaih,
me^{11} ku^{11} su^{33} tu^{33} wa:i^{11}
母亲　做　州　我们　坏
这样做要把我们的州城搞坏，

乜　故　慢　都　娘
Meeh gueh mbaanx dul nyangl,
me^{11} ku^{11} ʔba:n^{42} tu^{33} ɲaŋ^{33}
母亲　做　寨子　我们　乱
要把我们的寨子搞乱，

乜　故　旁　都　坏
Meeh gueh beangz dul waaih.
me^{11} ku^{11} paŋ^{31} tu^{33} va:i^{11}
母亲　做　地方　我们　坏
要把我们的地方搞坏。[16]

新　你　儿　房　伦
Xinl ndix leg faangz lunz,
çin^{33} ʔdi^{42} lɯk^{11} fa:ŋ^{31} lɯn^{31}
真　和　儿　个　小
我一心为了你，

儿　些　根　些　傲
Leg xih genl xiz haaus,
lɯk^{11} çi^{11} kɯn^{33} çi^{35} ɣa:u^{24}
儿　就　吃　就　说
你却不知情，

看　来　枯　补　克
Gadt raiz gul buxjees,

kat^{35} ðai^{31} ku^{33} pu^{42}ke^{24}
咬 唤 我 老人
辜负我的一番心意，

看 来 乜 补老
Gadt raiz meeh buxlaaux,
kat^{35} ðai^{31} me^{11} pu^{42}laːu^{42}
咬 唤 母亲 老人
不解我的一片好心，

枯 阿 散 比 假 害
Gul haz saad bix jax haec
忙 根 田
mengz genl naz,
ku^{33} ɣa^{31} θaːt^{11} pi^{42} tɕa^{42} ɣai^{35}
我 要 算计 兄 孤 给
mɯŋ^{31} kɯn^{33} na^{31}
你 吃 田
我想把孤兄的田地谋给你，

忙 迷 若 根 田
Mengz miz rox genl naz,
mɯŋ^{31} mi^{31} ðo^{42} kɯn^{33} na^{31}
你 不 会 吃 田
你却没有心计，

枯 阿 杀 汉发 害
Gul haz gac haansfaz haec
根 冗
genl rumh,
ku^{33} ɣa^{31} ka^{35} ɣaːn^{24}fa^{31} ɣai^{35}
我 要 杀 安王 给
kɯn^{33} ðɯm^{11}
吃 租
我想把安王杀了让你占有租税，

忙 迷 若 根 冗
Mengz miz rox genl rumh,
mɯŋ^{31} mi^{31} ðo^{42} kɯn^{33} ðɯm^{11}
你 不 会 吃 租
你却没有心计，

枯 阿 散 比 假 害
Gul haz saad bix jax haec
忙 根 粮
mengz genl liangz,
ku^{33} ɣa^{31} θaːt^{11} pi^{42} tɕa^{42} ɣai^{35}
我 要 终结 兄 孤 给
mɯŋ^{31} kɯn^{33} liaŋ^{31}
你 吃 粮
我想算计孤兄让你占有钱粮，[17]

忙 迷 若 根 粮
Mengz miz rox genl liangz,
mɯŋ^{31} mi^{31} ðo^{42} kɯn^{33} liaŋ^{31}
你 不 会 吃 粮

你却没有心计，

枯　阿　杀　汉王　　害

Gul haz gac haansweangz haec

忙　　根　冗

mengz genl rumh,

ku^{33} $ɣa^{31}$ ka^{35} $ɣa:n^{24}vaŋ^{31}$ $ɣai^{35}$

我　要　杀　安王　　给

$mɯŋ^{31}$ $kɯn^{33}$ $ðɯm^{11}$

你　　吃　　租

我想杀了安王让你独占地租，

忙　迷　若　根　冗

Mengz miz rox genl rumh.

$mɯŋ^{31}$ mi^{31} $ðo^{42}$ $kɯn^{33}$ $ðɯm^{11}$

你　　不　　会　　吃　　租

你却没有心计。

时　午　卖　　时　林

Xez sac maaih xez ringz,

$sɯ^{31}$ $θa^{35}$ $ma:i^{11}$ $sɯ^{31}$ $ðiŋ^{31}$

时　午　便是　时　午饭

午时吃晌午，

时　申　外　到　头

Xez sanl waaiz daaus jauc,

$sɯ^{31}$ $θan^{33}$ $wa:i^{31}$ $ta:u^{24}$ $tɕau^{35}$

时　申　水牛　转　头

申时水牛转头要回家，

汉王　　妈　唐　水

Haansweangz mal dangz ramx,

$ɣa:n^{24}vaŋ^{31}$ ma^{33} $taŋ^{31}$ $ðam^{42}$

安王　　来　到　水

安王到井边，

汉　王　　妈　唐　利

Haansweangz mal dangz ric,

$ɣa:n^{24}vaŋ^{31}$ ma^{33} $taŋ^{31}$ $ði^{35}$

安王　　来　到　沟

安王到沟边，

妈　唐　四　仙挖

Mal dangz siec sianlwal

王苕

weangzsauz,

ma^{33} $taŋ^{31}$ $θiə^{35}$ $θian^{33}wa^{33}$

来　到　边　花园

$waŋ^{31}sau^{31}$

王绍

来到王绍的花园边，

若一　乜王　　骂　克麻

Roxnyiel meehweangz danl gecmaz

女年

nyihnyianh,

ðo⁴²ȵiə³³ me¹¹vaŋ³¹ tan³³ kɯ³⁵ma³¹

听见 母王 骂 什么

ȵi¹¹ȵian¹¹

（摹状词）

听见后母骂声不断，(18)

若一 乜王 骂 克麻

Roxnyiel meehweangz danl gecmaz

女用

nyihnyungh.

ðo⁴²ȵiə³³ me¹¹vaŋ³¹ tan³³ kɯ³⁵ma³¹

听见 母王 骂 什么

ȵi¹¹ȵuŋ¹¹

（摹状词）

听见后母骂骂咧咧。

白 利说 样你 些细

Beeh ril nauz yianghnix xih xiz

枯 算

gul swaans,

pe¹¹ ði³³ nau³¹ jiaŋ¹¹ni⁴² ɕi³⁵

既然 你们 说 这样 就

ɕi³¹ ku³³ θuaːn²⁴

让 我 离开

既然你们这样说我就离开，

白 利散 样你 些细

Beeh ril saad yianghnix xih xiz

枯 丢

gul deeuz,

pe¹¹ ði³³ θaːt¹¹ jiaŋ¹¹ni⁴² ɕi³⁵

既然 你们 终结 这样 就

ɕi³¹ ku³³ teu³¹

让 我 逃

既然你们这样算计我就逃走，

呃 迷 龙 迷 纳

Ngeah miz lungz miz nax

房 来

faangl laez,

ŋɯ¹¹ mi³¹ luŋ³¹ mi³¹ na⁴² faːŋ³³ lai³¹

龙 无 伯 无 舅 方向 哪

龙没有伯舅，

枯 拜 找 呃 故

Gul bail ral ngeah gueh

龙纳

lungznax,

ku³³ pai³³ ða³³ ŋɯ¹¹ ku¹¹ luŋ³¹ na⁴²

我 去 找 龙 做 伯 舅

我去找龙做伯舅，(19)

雷 迷 它 迷 太 房 来

Byac miz dal miz daais faangl laez,

pja³⁵ mi³¹ ta³³ mi³¹ taːi²⁴ faːŋ³³ lai³¹

雷 无 外公 无 外婆 方向 哪

雷公没有外公外婆，

枯　拜　找雷　故　它太
Gul bail ral byac gueh daldaais,
ku33 pai33 ða33 pja35 ku11 ta33ta:i24
我　去　找　雷　做　外公外婆
我去找雷公做外公外婆，

拜　你　呃　董　找
Bail ndix ngeah dungx ral,
pai33 ʔdi42 ŋɯ11 tuŋ42 ða33
去　与　龙　相　找
去跟龙认亲，

你　它太　董散
Ndix daldaais dungxsaans,
ʔdi33 ta33ta:i24 tuŋ42θa:n24
与　外公外婆　共　商量
去跟外公外婆商量，

散　故　三　比　令
Saans gueh saaml bil reengx
董　扛
dungx gamh,
θa:n24 ku11 θa:m33 pi33 ðeŋ42
算计　做　三　年　晴
tuŋ42 kam11
相　压
打算让天下三年干旱，

散　故　七　比黑　董　惰
Saans gueh xadt bil labt dungx dos,
θa:n24 ku11 sat35 pi33 lap35 tuŋ42 to24
算计　做　七　年　黑　相　连
打算让天下连续七年黑暗，

揪　旁　磨　歹　许
Gabt baangx mbos daail xic,
kap35 pa:ŋ42 ʔbo24 ta:i33 ɕi35
青蛙　旁边　井　死　紫
让井边的青蛙全干死，

鱼　旁　利　歹　乱
Byal baangx ric daail luanl,
pja33 pa:ŋ42 ði35 ta:i33 luan33
鱼　旁边　沟　死　绝
让沟里的鱼儿全死光，

文　旁　歹　饿阿
Wenz beangz daail qyisngax,
wɯn31 paŋ31 ta:i33 ʔi24ŋa42
人　世上　死　（摹状词）
天下的人们全饿死，(20)

饭　喂　儿　阿　迷
Haux bens leg haz miz,

ɣaːu^{42} pɯn^{24} lɯk^{11} ɣa^{31} mi^{31}
饭 喂 婴儿 要 没有
喂婴儿的粮食也没有，

席访 香 迷 在
Xizfangx xiangl miz qyus.
ɕi^{31}faŋ^{42} ɕiaŋ^{33} mi^{31}ʔju^{24}
粽子 年节 没有
过年的粽粑也没有。

乜王 现 若 听 散你
Meehweangz xians roxnyiel xonz nix,
me^{11}vaŋ^{31} ɕian^{24} ðo^{42}ȵiə^{33} san^{31} ni^{42}
母王 转 听见 句 这
后母听到这句话，

你 麻 根 茶 药 拜 嘴
Ndix maz genl xaz iel bail bas?
ʔdi^{42} ma^{31} kɯn^{33} sa^{31} ʔiə^{33} pai^{33} pa^{35}
和 什么吃 茶 药 去 嘴
为什么要含苦茶在口？

你 麻 吞 茶 恶 拜 饿
Ndix maz ndunx xaz qyas bail hoz?
ʔdi^{42} ma^{31} ʔdɯn^{42} sa^{31} ʔja^{24} pai^{33} ɣo^{31}
和 什么 吞 茶 坏 去 喉
为什么要吞苦茶到喉咙？

你 麻 哦 茶 药 拜 肚
Ndix maz ngol xaz iel bail dungx?
ʔdi^{42} ma^{31} ŋo^{33} sa^{31} ʔiə^{33} pai^{33} tuŋ^{42}
和 什么咽 茶 药 去 肚
为什么要咽苦茶下肚？

坡王 现 若听 散 你
Bohweangz xians roxnyiel xonz nix,
po^{11}vaŋ^{31} ɕian^{24} ðo^{42}ȵiə^{33} san^{31} ni^{42}
父王 转 听见 句 这
父亲听见这句话，

忙 阿 根 茶 药 拜 嘴 故 麻
Mengz haz genl xaz iel bail bas gueh maz?
mɯŋ^{31} ɣa^{31} kɯn^{33} sa^{31} ʔiə^{33} pai^{33} pa^{35} ku^{11} ma^{31}
你 要 吃 茶 药 去 口 做 什么
你要含苦茶在口做什么？

忙 阿 吞 茶 恶 拜
Mengz haz ndunx xaz qyas bail

鹅　故　麻
hoz　gueh　maz?
　mɯŋ^{31}　ɣa^{31}　ʔdɯn^{42}　sa^{31}　ʔja^{24}
　你　要　吞　茶　坏
pai^{33}　ɣo^{31}　ku^{11}　ma^{31}
去　喉　做　什么
　你要吞苦茶在喉咙做什么？

　忙　阿　哦　茶　药　拜
　Mengz　haz　ngol　xaz　iel　bail
肚　故　麻
dungx　geh　maz?
　mɯŋ^{31}　ɣa^{31}　ŋo^{33}　sa^{31}　ʔiə^{33}　pai^{33}
　你　要　咽　茶　药　去
tuŋ^{42}　ku^{11}　ma^{31}
肚　做　什么
　你要咽苦茶下肚做什么？

　郎里　十二　哭　了　挖
　Lengclix　xibngih　daic　leeul　fah
饶　你
rauz　nix,
　laŋ^{35}li^{42}　ɕip^{11}ȵi^{11}　tai^{35}　leu^{33}　va^{11}
　还有　十二　捆　亮槁　饱满
ðau^{31}　ni^{42}
我们　这
　我们还有十二捆亮槁，[21]

　点　枯亮　唐　旁
　Deemc　gul　rongh　dangz　beangz,
　tem^{35}　ku^{33}　ðoŋ^{11}　taŋ^{31}　paŋ^{31}
　点　我　亮　整个　地方
　点上以后到处亮堂堂，

　郎里　把二　哭　了　叫
　Lengclix　basngih　daic　leeul　jaul
饶　你
rauz　nix,
　laŋ^{35}li^{42}　pa^{35}ȵi^{11}　tai^{35}　leu^{33}　tɕau^{33}
　还有　百二　捆　亮槁　活
ðau^{31}　ni^{42}
我们　这
　我们还有一百二十捆亮槁，

　点　了　洋　西样
　Deemc　leeux　yiangh　xicyaangz.
　tem^{35}　leu^{42}　jiaŋ^{11}　ɕi^{35}jaːŋ^{31}
　点　了　样　（摹状词）
　点上以后到处明晃晃。[22]

　流传地区：贵州省贞丰县
　演唱：罗义文
　收集整理翻译：周国炎
　搜集时间：2004年7月

三、注释

（1）本句中的 weis[vai^{5}]，本义“奴仆”，这里是第一人称单数“我”的谦称。该用法目前仅存在于第一土语望谟一带的口语中，在其他地区，只有摩经或歌谣中才会出现这种用法。

（2）ɕau^{11}kuan^{24} fi^{11} saːu^{42} ȵut^{11}，ɕau^{11}kuan^{24} fi^{11} saːu^{42}nian^{31}。ȵut^{11} “月”，口语读作 ŋuat^{11}，反映出口语和文献的发展不在同一个层面。这两句指古人尚处于懵懂无知状态，头脑中没有形成时间的概念，没有产生纪年的方法。

（3）fi^{11} saːu^{42} tian^{33} lian^{31} ti^{11}，其中的 tian^{33} 和 ti^{11} 均为汉语借词“天”和“地”，这一句指古人对天地宇宙的认识尚处于模糊的状态。

（4）tian^{33} fi^{11} ɣaːi^{33} luŋ^{31}fu^{3}，ku^{35} tian^{33}kaːŋ^{33} fi^{11} ɕi^{11} 两句中，luŋ^{31}fu^{3} “龙虎”，道家语，指水火；tian^{33}kaːŋ^{33} “天罡”，古星名，道教称北斗星为“天罡”。这两句指古人的抽象思维能力尚很有限，未形成对神灵的信仰。

（5）waŋ^{31}liŋ^{31} ɕau^{11}ʔdu^{42}、waŋ^{31}na^{31} ɕau^{11}ʔdu^{42}，其中的 waŋ^{31} 即汉语的“王”，“王”这一概念的产生说明人们开始形成了尊重和崇拜首领的意识。

（6）soŋ^{35}waŋ^{31} ʔdi^{42} ɣaːn^{24}waŋ^{31}，本节文献的主人公，原文为“送王和汉王”，本书一律译为“祖王与安王”。两人为同父异母兄弟，安王为前母所生，祖王为继母所生，但本节未对两人的身世介绍，而是直接切入二者因争夺家产而发生的争斗。

（7）ʔjaːŋ^{42} taːm^{33} ɣaːu^{33}、ʔjaːŋ^{42} taːm^{33}ɣa^{35}、ʔjaːŋ^{42} taːm^{33}ŋan^{31}，ʔjaːŋ^{42} 一种带柄的长刀，过去既是生产工具，也是一种武器，现在已很少见，主要作为宗教祭祀场合布摩使用的一种法器，有些布摩没有铁制的，临时以木片或竹片代替。“taːm^{33}”即“刀柄”，taːm^{33} ɣaːu^{33} 即“白色的刀柄”；taːm^{33}ɣa^{35} 中的含义不清，因与上文中的 ɣaːu^{33} “白色”形成对应，故译为“乌（即“黑”）色”。

（8）tuŋ^{42}tɯk^{35} sɯ^{31} ðoŋ^{31} pja^{35}，tuŋ^{42}ka^{35}sɯ^{31} ʔbɯn^{33}ʔdan^{33}，tuŋ^{31}fan^{31}sɯ^{31} lap^{11}jiaŋ^{11}，三句形容战争的惨烈。

（9）wan^{31} tɯk^{35}θak^{11} ɕi^{35} taːi^{33} pu^{42}ʔwa^{42}，其中的 pu^{42}ʔwa^{42} 本义为“傻子”，这里指“老实人”，即善良朴实的老百姓总是战争的受害者。

（10）suaŋ^{24} ma^{33} ðaŋ^{33} po^{11} pa^{24}，其中的 pa^{24} 本义为“劈”，这里指由父亲来处理兄弟俩的纷争。

（11）ði^{33} pai^{33} vat^{35} tɕi^{31} faːi^{31} ku^{11} ði^{11}、pai^{33} vat^{35} tɕi^{31} pau^{31} ku^{11} ði^{11}，tɕi^{31} faːi^{31} 和 tɕi^{31} pau^{31} 分别指“生长着斑竹的地方”和“生长着芦苇的地方”，这两句指父亲的处理方法是让他们自己去开垦荒地，创业维生。

（12）ɣat^{35}so^{11} ðoŋ^{11} sa^{35}tɕuk^{35}，直译“明早麻麻亮”，sa^{35}tɕuk^{35} 以及下一句的 sa^{35}tɕaːi^{33}，表示天亮的程度，即“明亮度还很低”，形容词 ðoŋ^{11}“亮”的后附加成分，因其主要表示词根（实语素）的状态、程度等，故这里处理为“摹状词”，无词义。

（13）vaŋ^{31} pai^{33} vat^{35} tɕi^{31} pau^{31} ʔi^{35}ʔjwai^{42}，直译“王去铲苦竹林唰唰响”。ʔi^{35}ʔjwai^{42}，摹状词，形容铲苦竹林时发出的响声。下一句的 ʔi^{35}ʔja^{42} 则指砍斑竹时发出的响声。

（14）tuŋ^{31} ðau^{31} ʔiə^{35} ðiŋ^{31}ðiŋ^{31}，直译“我们肚子饿得很”。ðiŋ^{31}ðiŋ^{31}，摹状词，形容人饥饿时的状态。

（15）ɣaːu^{42}vaŋ^{35} tam^{33} pjak^{35}pja^{31}，ɣaːu^{42}vaŋ^{35}“小米”在布依族的日常生活中并不用作主食，偶尔打成粑粑使用，pjak^{35}pja^{31}，一种野菜，这两种饭菜搭配很难下咽。从这句开始到 ʔe^{24} ʔbai^{33}ðau^{33} tɕai^{24} ðiat^{11}“白米香菜加鸡蛋”充分反映了后母对两个儿子截然不同的态度。

（16）从上文祖王呼唤母亲 ʔa^{33}me^{11} ɣei^{0} ʔa^{33}me^{11} 一句到此句，说明祖王最初也是不赞同母亲歧视和欺负安王的做法的。

（17）ku^{33} ɣa^{31} θaːt^{11} pi^{42} tɕa^{42} ɣai^{35} mɯŋ^{31} kɯn^{33} liaŋ^{31}，句中 θaːt^{11} 本义“结束、收尾”，这里暗指后母有杀害安王的想法。

（18）ðo^{42}ȵiə^{33} me^{11}vaŋ^{31} tan^{33} kɯ^{35}ma^{31} ȵi^{11}ȵian^{11}，直译“听见王母骂什么咕隆咕隆”。ȵi^{11}ȵian^{11}，摹状词，指骂人时发出的“咕隆”声，下一句 ȵi^{11}ȵuŋ^{11} 意思相同。

（19）在望谟版的《安王与祖王》中，安王的母亲是海龙王的公主，后因安王顽皮，使其生气回到龙宫，这里说安王要去与龙王认亲，正好与该版本的情节相符。

（20）wɯn^{31} paŋ^{31} taːi^{33} ʔi^{24}ŋa^{42}，直译“世人死状惨”。ʔi^{24}ŋa^{42}，摹状词，形容世人饿死的惨状。

（21）laŋ^{35}li^{42} ɕip^{11}ȵi^{11} tai^{35} leu^{33} va^{11} ðau^{31} ni^{42}，其中 leu^{33}，汉语西南官话称为“亮槁”，过去用于照明的材料，多用废弃的向日葵杆做成，做法是，将向日葵杆成捆泡于水中，待其沤烂后取出其海绵状的轴芯，将杆晒干后即可，也常用作引火的燃料。

（22）tem^{35} leu^{42} jiaŋ^{11} ɕi^{35}jaːŋ^{31}，直译“点亮槁很明亮”。ɕi^{35}jaːŋ^{31}，摹状词，形容亮槁点起来之后明亮的状态。

四、词汇表（按音序排列）

ans [ʔan^{35}] 想要

baangxmbos [paːŋ^{31} ʔbo^{35}] 井边

banzianl [pan^{11}ʔian^{24}] 结怨

banznix [pan^{11}ni^{31}] 如此，这样

bas [pa^{35}] 劈开

basdaangs [pa^{35}taːŋ^{35}] 窗口

basnyih [pa^{35}ȵi^{33}] 百二

bens [pɯn^{35}]（给人）喂（饭）

bildaul [pi^{24}tau^{24}] 前年

biljail [pi^{24}tɕai^{24}] 久远

bixdaaih [pi^{31}taːi^{33}] 大哥

bixjax [pi^{31} tɕa^{31}] 孤兄

bohweangz [po^{33}wɯəŋ^{11}] 父王

buxjees [pu^{31}tɕe^{35}] 老人

buxqvax [pu^{31}ʔwa^{31}] 傻瓜（这里指老实人、老百姓）

buxxoongh [pu^{31}ɕoŋ^{33}] 老百姓

byaail [pjaːi^{24}] 梢

byaailfal [pjaːi^{24}fa^{24}] 篱笆旁边

byagtbyaz [pjak^{35}pja^{11}] 东南菜

byogt [pjɔk^{35}] 弄醒，叫醒，催促

daamlhaaul [taːm^{24} xaːu^{24}] 白色的刀柄

daamlhac [taːm^{24}xa^{53}] 褐色刀柄

daamlnganz [taːm^{24}ŋan^{11}] 银制刀柄

daaus jauc [taːu^{35} tɕau^{53}] 转头，回头

daic [tai^{53}] 捆，把，束

danl [tan^{24}] 骂，咒

degsangz [tɯk^{33}ɕaŋ^{11}] 讨人嫌

degsoh [tɯk^{35}ɕo^{33}] 讨人爱

degt [tɯk^{35}] ①打；②追问

degtsag [tɯk^{35}θak^{33}] 杀戮

dezraaix [tɯ^{11}ðaːi^{31}] 真的

dezxonz [tɯ^{11}ɕon^{11}] 相信

dianl [tiən^{24}] ①提到，讲到；②天

dianlgaangl [tiən33 kaːŋ33] 天罡
dih [ti33] ①坟墓；②地
duc [tu53] 赌
duezdagt [tuə11tak35] 蚂蚱，蝗虫
duldaangs [tu24taːŋ35] 窗门
dullauz [tu24lau11] 楼门
dulsianl [tu24θiən24] 园门
dumh [tum33] 淹
dungx soh [tuŋ31 θo33] 相互朝向，相依
dungxdegt [tuŋ31tɯk35] 互相打斗
dungxdos [tuŋ31to35] 接连，相连
dungxfanz [tuŋ31fan11] 互相砍杀
dungxgac [tuŋ31ka53] 相互拼杀
dungxsaans [tuŋ31θaːn35] 共同商量
dungxsingl [tuŋ31θiŋ24] 相争
ees [ʔe35] 白米饭
faangl [faːŋ24] 方向
faangz [faːŋ11]（一）个（年轻人）
fanzxail [fan11ɕai24] 犁齿
fuz [fu11] 荒芜
gaaisrauz [kaːi35ðau11] 我们
gabt [kap35] 青蛙，蛤蟆
gamh [kam33] ①固执；②压，盖；③拿，捏
genl liangz [kɯn24 liəŋ11] 吃粮
genl rumh [kɯn24 ðum33] 吃租（即靠收租过日子）
gogt [kɔk35] 根
golfaaiz [ko24faːi11] 斑竹
golgaauc [ko24kaːu53] 樟树
gueh xianz [kuə33 ɕiən11] 闲聊
guehqyus [ku33ʔju35] 怎么
guehxix [kuə33ɕi31] 解乏，解困，解闷
haaiz [xaːi11] 鞋
haansfaz [xaːn35fa11] 王兄
haansweangz [xaːn35wɯəŋ11] 安王
hadtxoh [xat35ɕo33] 明早
hoz [xo11] 喉
icqyax [ʔi53ʔja31]（摹状词，文中指“砍斑竹发出的响声”）
icqyuaix [ʔi53ʔjwai31]（摹状词，文中指“砍芦苇发出的响声”）
iel [ʔiə24] 药
ies ringzringz [ʔiə35 ðiŋ11ðiŋ11] 肚子因为饥饿而咕咕响
jais [tɕai35] 鸡蛋
jiangz [tɕiəŋ11] 锅桩，三脚
jianh [tɕiən33] 绸缎
jiez bauz [tɕiə11pau11] 长芦苇的地方
jiez faaiz [tɕiə11 faːi11] 长斑竹的地方
lab [lap33] 塞，装
labyiangh [lap33jiəŋ33] 样样，各种各样
lacbyal [la53pja24] 岩下
lacdaangs [la53 taːŋ35] 窗下，窗前
leeul [leu24] 亮槁（照明用的易燃材料，如松枝，经过加工处理的向

日葵杆等）

leg [lɯk^{33}] 别，不要（gecleg 的简略形式）

lengclix [lɯŋ^{53}li^{31}] 还有

luanl [luən^{24}] 死，病死

lungffuj [luŋ^{11}fu^{53}] 龙虎

lungz [luŋ^{11}] 舅爷（母亲的哥哥）

lunh [lun^{33}] 论，谈论

maaih [maːi^{33}] 正好，恰逢

mail [mai^{24}] 线

mbaais [ʔbaːi^{35}] 罐子

mbaangl [ʔbaːŋ^{24}] 薄

mbaelraul [ʔbaɯ^{24}ðau^{24}] 枫香叶

mbenl [ʔbɯn^{24}] 天

meehlangl [me^{33}laŋ^{24}] 后母

meehndux [me^{33}ʔdu^{31}] 前母

meehweangz [me^{33}wɯəŋ^{11}] 王母

nax [na^{31}] 舅舅（母亲的弟弟）

nazrauz [na^{11}ðau^{11}] 石板田

ndagtndaul [ʔdak^{35}ʔdau^{24}] 疙疙瘩瘩的菜

ndail dah [ʔdaɯ^{24} ta^{33}] 河中，河里

ndianlnianz [ʔdiən^{24}niən^{11}] 岁月，时间

ngaaiz roomh [ŋaːi^{11} ðom^{33}] 早饭

ngol [ŋo^{24}] 咽

nuangxlunz [nuəŋ^{31}lun^{11}] 小弟

nyangl [ȵaŋ^{24}] 乱

nyangz [ȵaŋ^{11}] 娘

nyihnyianh [ȵi^{33}ȵiən^{33}]（摹状词）形容骂的声音（布依语韵文句末换韵修饰方式，下同）

nyihnyungh [ȵi^{33}ȵuŋ^{33}]（摹状词）形容骂的声音

nyud [ȵut^{33}] ①植物的嫩芽；②月（古借词）

qyas [ʔja^{35}] 凶，恶，厉害

qyaux [ʔjau^{31}] 举

qyisngax [ʔi^{35}ŋa^{31}]（摹状词）文中形容世人饿死的惨状

ragt [ðak^{35}] 断

rangl [ðaŋ^{24}] 筛子

reemc [ðem^{53}] 烧

riad [ðiət^{33}] 浇，盖

ric [ði^{53}] 沟

rihhaz [ði^{33}xa^{11}] 茅草地

ril [ði^{24}] 你们

roix [ðoi^{31}] 旧的

roongh sacjaail [ðoŋ^{33} ɕa^{53}tɕaːi^{24}] 天麻麻亮

roongh xacjugt [ðoŋ^{33} ɕa^{53}tɕuk^{35}] 天蒙蒙亮

roxfaz [ðo^{31}fa^{11}] 看见，看得见

roxnyiel [ðo^{31}ȵiə^{24}] 听见

roxreeh [ðo^{31}ðe^{33}] 知道，看见

rumh [ðum^{33}] 租，税

saad [θaːt^{33}] 算计

sal [θa^{24}] 纸（这里指可用来操纸的构皮树）

sangc ndil [ɕaŋ^{53} ʔdi^{24}] 怎么好，怎么办

sianlwal [θiən^{24}wa^{24}] 花园

siec [θiə^{53}] 院子，院落

sisxih [θi^{35} ɕi^{33}] 四时

songcweangz [soŋ^{53}wɯəŋ^{11}] 祖王（按该方言点读音也可音译为“松王”）

swaans [θuaːn^{35}] 离开

waaih [waːi^{33}] 坏

waanl [waːn^{24}] 斧头

wab [wap^{33}] 枝丫

wadt [wat^{35}] 铲

wah [wa^{33}] 成熟，饱满

wanxxail [wan^{31}ɕai^{24}] 犁头

wanz [wan^{11}] 天，日

wanznix [wan^{11}ni^{31}] 今天

weangl [wɯəŋ^{24}] 补

weangzal [wɯəŋ^{11}ʔa^{24}] 王阿（乌鸦王）

weangzlingz [wɯəŋ^{11}liŋ^{11}] 猴王

weangznaz [wɯəŋ^{11}na^{11}] 王纳（田王）

weangzsauz [wɯəŋ^{11}sau^{11}] 王绍

weih lix maz [wei^{33} li^{31} ma^{11}] 为了什么

wois [woi^{35}] 奴仆，第一人称代词谦称

xaangz [ɕaːŋ^{11}] 两（重量单位）

xax [ɕa^{31}] 柴刀

xaxxoix [ɕa^{31}ɕoi^{31}] 孩子

xeeuhdaul [ɕeu^{33}tau^{24}] 过去，古代

xezsac [ɕɯ^{11} θa^{53}] 午时

xezsanl [ɕɯ^{11}θan^{24}] 申时

xezsec[ɕɯ^{11}θɯ^{53}] 巳时

xic [ɕi^{53}] 紫，发紫

xicyaangz [ɕi^{53}jaːŋ^{11}]（摹状词）形容明亮状

xih [ɕi^{33}] 繁衍，繁殖，产生，出现

xiz [ɕi^{11}] 让

xizfangx [ɕi^{11}faŋ^{31}] 粽子，粽粑

xonz [ɕon^{11}] 句

yix [ji^{31}] 议论

第二节 穆考

一、文献说明

本节选自布依族古籍文献《古谢经》，系丧葬仪式上吟诵的宗教经文。该文献流传于贵州省安顺市镇宁布依族苗族自治县普里村一带，民间有使用汉字记录布依语语音的抄本。20 世纪 80 年代后期经镇宁布依族苗族自治县民族部门干部王芳礼和当地布依族布摩韦绍熙、杨开佐根据抄本翻译整理，1994 年由贵州民族出版社出版。该文献共分八卷，第一卷“穆考（头经）”、第二卷“穆告（魂竿经）”、第三卷“穆翁（场坝经）”、第四卷“穆荡（请灵经）”、第五卷“穆近（转场经）”、第六卷“穆揆（祭灵经）”、第七卷“穆稳（咒牛经）”、第八卷“穆杂（过场经）”。其中第五和第八卷又分别再分为 16 个小节。《古谢经》为韵文体裁，主要为五言句，也有七言句、九言句甚至十一言句的。“古谢”（$ku^{13}çiə^{35}$）是布依语第三土语“做客”的意思，按布依族习俗，老人去世时要举行隆重的超度仪式，届时亲戚朋友前来悼唁，来客众多，所以有“古谢”之称。《古谢经》内容非常丰富，有的叙述了远古人类生活的艰辛以及不同族群之间的贸易往来，有的叙述了人从出生到死亡的各种经历以及父母和子女之间的骨肉亲情，有的叙述了布依族现代丧葬习俗的来历，等等。它反映了人们对灵魂不灭和祖先崇拜的宗教观念，也从另一个侧面反映了古代布依族劳动生产、民族历史和精神生活等多方面的内容，具有很高的学术价值。

“穆考”是镇宁《古谢经》中的第一卷。全文共 363 行，不分节。原抄本收藏于个人手中，形制和版式暂无法考证。整理本收入 1994 年贵州民族出版社的《古谢经》。“穆考”中的“穆”系布依语第三土语 mo^{33} 的音译，义为“经”，“考”为 $khau^{53}$ 的音译，义为“头”，因此“穆考”即“头经”，也就是“第一段经文”的意思。根据贵州省镇宁一带的丧葬习俗，这段经文是布依族经师在为死者举行超度仪式时在“灵房”小声念诵的，故又叫“密咒经”。经词叙述了布依族远古社会的生活状况。远古时代，世上没有发明火，人们过着群居的原始生活，人与人之间只有劳动分工的不同，没有高低贵贱之分，没有房子住，过着漂泊不定的生活，后来经过辛勤的劳动创造，生活终于稳定下来。经文还讲述了布依族与周边的各民族生活在一起，和睦相处，逐渐发展到了商品生产，有了市场贸易等，后来又逐渐形成了丧葬习俗，想象死者的亡灵在布摩的指引下返回到祖宗的地方。经文为韵文体，以五言句式为主，仅有少量七言句。整理本载于《古谢经》一书的第 1—33 页，采用原文、国际音标、汉语直译三对照，并附汉语意译。本节改编时，增加了标准布依文一行，国际音标记录的是文献所在地布依语实际读音。镇宁布依语与布依文方案标准点语音和词汇差别都比较大，因此，词汇表和总词汇表部分也保留了当地布依语的读音，仅用标准布依文进行了转写。此外，还对原书中一些较明显的讹误之处进行了校勘。首先，部分原文用字与其国际音标注音在读音上相去甚远，有些明显是错误的，如原文“射”之下标注 mak^{53}“重”，原文“丹”之下标注 ma^{35}“骂”等。其次，原文汉译不准甚至错误或前后不一致的地方较多，有些地方将一个词强行分开，按词素来标注汉义，如 $lak^{35}mo^{35}$ 是个双音节词，义为“雾”，标注为“黑 + 雾”；有些地方本为词组，又按词来标注，如 $tə i^{13}$ $ŋo^{53}$ 本为“丛林 + 芦苇”，被整个标注为“芦苇荡”等。前后不一致的如 fai^{53}“树”，前半部分为 fai^{53}，后半部分为 vai^{53}，按当地的实际读音，后者是正确的。本节除对上述情况予以更正以外，还对译文作了大量调整。

二、文献译注

穆 考

Mol Jauc

mu^{33} khau^{53}

经 头

头经

咒贯 未找 为
Xeeuhgoons fih xaaux fiz,
tɕiu^{13}kuan^{35} vəi^{13} tsɔ^{53} vəi^{11}
世前 未 造 火
以前未造火，

堂 地 旦 能 旦
Dangz dih deg ninz deg,
taŋ^{11} təi^{13} tɯk^{13} nin^{11} tɯk^{13}
到 地 坝 睡 坝
到哪儿就住哪儿，

滥 地 邓 能 邓
Labt dih dianh ninz dianh,
lak^{35} təi^{13} tun^{13} nɯn^{11} tun^{13}
黑 地 野外 睡 野外
哪儿黑就在哪儿睡，

撒指 拜 能 嗽
Sasegt bail ninz homc.
ɬa^{53}khɯk^{13} pai^{33} nɯn^{11} haːŋ^{53}
打哈欠 去 睡 扑
打哈欠就睡。[1]

咒贯 未找 唻
Xeeuhgoons fih xaaux lail,
tɕiu^{13}kuan^{35} vəi^{13} tsɔ^{53} lai^{33}
世前 未 造 梯坎
以前未造梯坎，

惰 唻 完 虫马
Dos lail fanz xaauzmax,
to^{35} lai^{33} van^{11} tsɔ^{11} ma^{53}
做 梯坎 齿 槽 马
砌坎像马槽，[2]

光 龙那 未 散
Gvaangl lungznax fih saans,
kuəŋ^{33} luŋ^{11}na^{53} vəi^{13} ɬaːn^{53}
贵人 舅舅 未 分
主客未分开，[3]

散 浪 门 卑你
Saans langl mengz bilnix.

ɬaːn^{53} laŋ^{33} məŋ^{11} pəi^{33}nəi^{53}
打算 跟 你 今年
今年才分开。

咒贯 未 找 元
Xeeuhgoons fih xaaux raanz,
tɕiu^{13}kuan^{35} vəi^{13} tsɔ^{53} zaːn^{11}
世前 未 造 房
以前未造房，

要 歪我 谷 操
Aul faixngox gueh saul,
ʔau^{33} vai^{53}ŋo^{53} ku^{13} ɬau^{33}
拿 芦苇 做 柱
拿芦苇做柱，[4]

要 歪尧 谷 斡
Aul faixrauz* gueh geg*,
ʔau^{33} vai^{53}zau^{11} ku^{13} kɯk^{13}
拿 苦竹 做 箍
拿苦竹做箍，

要 高斡 谷 硐
Aul gaulgaadt gueh dugt,
ʔau^{33} kau^{33}kɯt^{35} ku^{13} tuək^{35}
拿 藤葛 做 篾
拿葛藤当蔑条，

要 双孟 马 诧
Aul roonglmbogt* mal xah,
ʔau^{33} suəŋ^{33} ʔbok^{35} ma^{33} tsa^{13}
拿 叶 楸 来 垫
拿楸叶来垫，

要 双八 妈 汉
Aul roonglbyaz mal homs,
ʔau^{33} suəŋ^{33}pa^{11} ma^{33} haŋ^{35}
拿 芋荷叶 来 盖
拿荷叶来盖，

双八 汉 孟 猛
Roonglbyaz homs mog mianh.
suəŋ^{33}pa^{11} haŋ^{35} mok^{13}mian^{11}
芋荷叶 盖 被棉
芭蕉叶当棉被。

分 讨 纣 七宋
Wenl dauc zungs* sizsog*,
fɯn^{33} thau^{35} tsuŋ^{35} ɬi^{11}ɬok^{13}
雨 来 下 滴哒
雨水落滴哒，

讨 等 孟 卜皇
Dauc dumh mog buxweangz,
thau^{53} təŋ^{13} mɔk^{13} pəu^{53}vuŋ^{11}
来 淹 被 首领
淋湿首领的铺盖，[5]

分　讨　纣　七细
Wenl dauc zungs* sizsih*,
fɯn^{33} thau^{53} tsuŋ^{35} ɬi^{11}ɬi^{13}
雨　来　下　淅沥
雨来落淅沥，

讨　等　玉　卜皇
Dauc dumh yih buxweangz,
thau^{53} tən^{13} ji^{13} pəu^{53}vuŋ^{11}
来　淹　蜡染　首领
淋湿首领的蜡染衣，

若　等　弓　卜皇
Roh dumh gongl buxweangz,
zo^{13} təŋ^{13} kuəŋ^{33} pəu^{53}vuŋ^{11}
漏　淹　弓　首领
漏雨淹了首领的弓，

弓　冷　里　而　莞
Gongl langc lix lie[1] wangx*,
kuəŋ^{33} laŋ^{53} ləi^{53} lɯ^{53} vaŋ^{53}
弓　还　有　剩　把
只剩弓把露在外面，

若　等　笼　卜皇
Roh dumh lungc* buxweangz,
zo^{13} təŋ^{13} luəŋ^{53} pəu^{53}vuŋ^{11}
漏　淹　篓　首领
漏雨淹了首领的竹篓，

笼　冷　里　而　兴
Lungc* langclix liel riangl,
luəŋ^{53} laŋ^{53} ləi^{53} lɯ^{33} ɕiŋ^{33}
篓　还　有　剩　尾巴
只有竹篓的背带露在外面，

若　等　吉　卜皇
Roh dumh jiez buxweangz,
zo^{13} təŋ^{13} tɕiə^{11} pəu^{53}vuŋ^{11}
漏　淹　处　首领
漏雨淹了首领的住处，

吉　冷　里　而　地
Jiez langclix liel dih.
tɕi^{11} laŋ^{53}ləi^{53} lɯ^{33} təi^{13}
住处　还有　剩　地方
住处只剩一点干的地方。

若　等　闭　卜皇
Roh dumh bins buxweangz,
zo^{13} təŋ^{13} pin^{35} pəu^{53}vuŋ^{11}
漏　淹　簪　首领
漏雨淹了首领的簪子，

闭　冷　里　而　考
Bins langclix liel jauc,
pin^{35} laŋ^{53}ləi^{53} lɯ^{33} khau^{53}
簪　还　活　剩　头
只露出了簪子的头，

若　等　孬　卜皇
Roh dumh haux buxweangz,
zo^{13} təŋ^{13} ɣɔ^{53} pəu^{53}vuŋ^{11}
漏　淹　谷　首领
漏雨淹了首领的谷子，[6]

孬　冷里　而　兴
Haux langclix liel riangl,
ʔɔ^{53} laŋ^{53}ləi^{53} lɯ^{33} ɕiŋ^{33}
谷　还有　剩　穗
只有谷穗露在外面，

博　皇　骂　你年
Boh weangz ndas nicniangz*,
po^{13} vuŋ^{11} ʔda^{35} ni^{53}niaŋ^{11}
父　首领　骂　（摹状词）
首领的父亲骂声不断，

奺　皇　丹　你念
Baz weangz danl nicnianh,
pa^{53} vuŋ^{11} tan^{33} ni^{53}nian^{13}
妻子　首领　骂　（摹状词）
首领的妻子骂声连连，

堂　盆　拜　喷摆
Dangz beangz bail peansbaaic*,
taŋ^{11} pəŋ^{11} pai^{53} pun^{35}phɛ^{53}
全　世上　去　做生意
世人都去做生意，

儿　媒　拜　喷摆
Leg miz bail beansbaaic*,
lək^{13} məi^{11} pai^{33} pun^{35}phɛ^{53}
儿　不　去　做生意
儿子不去做生意，

堂　盆　拜　买卖
Dangz beangz bail maijmaiq,
taŋ^{11} pəŋ^{11} pai^{33} mai^{53}mai^{13}
全　世上　去　买卖
世人都去做买卖，

儿　媒　拜　买卖
Leg miz bail maijmaiq,
lək^{13} məi^{11} pai^{33} mai^{53} mai^{13}
儿　不　去　买　卖
儿子不去做买卖，

儿奈　无　皆　孤
Legnaih feax gaail guel,
lək^{13}nai^{13} vu^{53} kɛ^{33} ku^{33}
小孩　别人　卖　盐
别人的孩子去卖盐，

儿　媒　拜　皆　孤
Leg miz bail gaail guel,
lək^{13} məi^{11} pai^{33} kɛ^{33} ku^{33}
儿　不　去　卖　盐
自己孩儿不去卖盐，

秧埃 无 皆 坏
Ianglyeez* feax gaail waais,
ʔiaŋ^{33}jɛ^{11} vu^{53} kɛ^{33} fɛ^{35}
女儿 别人 卖 棉
别人的女儿去卖棉，

儿 媒 拜 皆 坏
Leg miz bail gaail waais,
lək^{13} məi^{11} pai^{33} kɛ^{33} fɛ^{35}
儿 不 去 卖 棉
自己的女儿不去卖棉，

儿 上 闵 獭 哀
Leg saangs* mbidt das ngaaix*,
lək^{13} saːŋ^{35} ʔbit^{35} tha^{53} ŋaːi^{53}
儿 上 犟 晒 仰睡
整天在家昏吃昏睡，

儿 上 改 獭 月
Leg saangs jaiz das yef,
lək^{13} saːŋ^{35} kai^{11} tha^{53} jiə^{11}
儿 上 爱 晒 月
整天在家打发时光，

汉 盛 厌 叉 皆
Hadt rens roongh xac gaail,
hat^{35} sɯn^{35} zuəŋ^{13} tsha^{53} kɛ^{33}
早 起 亮 等 卖
天一亮就起来等着赶场，

𦢊 夻岩 妈 坝
Wauh* hauxngaaiz mal bas,
vau^{13} ʔɔ^{53}ŋɛ^{11} ma^{33} pa^{35}
刨 早饭 来 嘴
早饭熟了就舀来吃，(7)

凹 夻岩 妈 鹅
Wauh hauxngaaiz mal hoz.
vau^{13} ʔɔ^{53}ŋɛ^{11} ma^{33} vo^{11}
捞 早饭 来 喉
早饭做好了就来吃。

夻 定 并 儿 拜
Haux dig* mbibt leg bail,
ɣɔ^{53} tik^{13} ʔbik^{35} lək^{13} pai^{33}
饭 装 竹饭盒 儿 去
饭盒装饭儿就走，

棒 定 买 儿 拜
Byagt dig* mbaaix leg bail.
pak^{35} tik^{13} ʔbɛ^{53} lək^{13} pai^{33}
菜 装 竹筒 儿 去
菜筒装菜儿就行。

堂 盆 拜 喷摆
Dangz beangz bail beansbaaic,
taŋ^{11} pəŋ^{11} pai^{33} pun^{35}phɛ^{53}
全 世上 去 做生意
世人都去做生意，

儿　门　拜　喷摆
Leg mengz bail beansbaaic,
lək^{13} mən^{11} pai^{33} pun^{35}phɛ^{53}
儿　你　去　做生意
你儿也去做生意，

堂盆　拜　买卖
Dangzbeangz bail maijmaiq,
taŋ^{11}paŋ^{11} pai^{33} mai^{53}mai^{13}
全世上　去　买卖
世人都去做买卖，

儿　门　拜　买卖
Leg mengz bail maijmaiq,
lək^{13} məŋ^{11} pai^{33} mai^{53}mai^{13}
儿　你　去　买卖
你儿也去做买卖，

儿奈　无　皆　孤
Legnaih feax gaail guel,
lək^{13}nai^{13} vu^{53} kɛ^{33} ku^{33}
小孩　别人　卖　盐
别人的儿子去卖盐，

儿　门　拜　皆　孤
Leg mengz bail gaail guel,
lək^{13} məŋ^{11} pai^{33} kɛ^{33} ku^{33}
儿　你　去　卖　盐
你的儿子也去卖盐，

秧埃　无　皆　坏
Ianglyeez feax gaail waais,
ʔiaŋ^{33}jɛ^{11} vu^{53} kɛ^{33} fɛ^{35}
女儿　别人　卖　棉
别人的女儿去卖棉，

儿　门　拜　皆　坏
Leg mengz bail gaail waais,
lək^{13} məŋ^{11} pai^{33} kɛ^{33} fɛ^{35}
儿　你　去　卖　棉
你的女儿也去卖棉，

儿　喷　拜　喷　吗
Leg beans bail beans mal,
lək^{13} pun^{35} pai^{33} pun^{35} ma^{33}
儿　做　去　做　来
儿子到处去做买卖，[8]

喷　堂　板　卜班
Beans dangz mbaanx buxbaanl,
pun^{35} taŋ^{11} ʔba:n^{53} pu^{53}pa:n^{33}
做　到　寨　补班
来到补班寨，[9]

喷　堂　元　卜别
Beans dangz raanz buxbiez,
pun^{35} taŋ^{11} za:n^{11} pu^{53}piə^{11}
做　到　家　补别
来到补别家，[10]

板　　卜班　以夜
Mbaanx buxbaanl yixies,
ʔbaːn^{53} pu^{53}paːn^{33} ji^{53}ʔiə^{35}
寨　补班　不睬
补班寨的人不理睬他，

元　卜别　起指
Raanz buxbiez jiz keg*,
zaːn^{11} pu^{53}piə^{11} tɕi^{11}khɯk^{13}
家　补别　锁　卡
补别家的人不给他开门，

板　　卜班　以亚
Mbaanx buxbaanl yicias*,
ʔbaːn^{53} pu^{53}paːn^{33} ji^{53}ʔia^{35}
寨　补班　不成
在补班寨买卖没做成，

元　卜哈　起指
Raanz buxhas jizkeg*.
zaːn^{11} pu^{53}ha^{35} tɕi^{11}khɯk^{13}
家　汉族　锁　卡
在汉族家生意没做成。

念　堂　念　逞　好
Ndiagt* dangz ndiagt* cenc hauc,
ʔdiak^{35} taŋ^{11} ʔdiak^{35} tshən^{53} hau^{53}
别人　到　别人　就　赶场
别人一到就去赶场，

儿　门　堂　媒　好
Leg mengz dangz miz hauc,
lək^{13} məŋ^{11} taŋ^{11} məi^{11} hau^{53}
儿　你　到　不　赶场
你儿子到了不赶场，

无　堂　无　逞　样
Feax dangz feax cenc* nangh,
vu^{53} taŋ^{11} vu^{53} tshən^{53} zaŋ^{13}
别人　到　别人　就　坐
别人到了就坐下来卖东西，

儿　门　堂　媒　样
Leg mengz dangz miz nangh,
lək^{13} məŋ^{11} taŋ^{11} məi^{11} zaŋ^{13}
儿　你　到　不　坐
你儿子到了不卖东西，

无　堂　无　逞　因
Feax dangz feax cenc ingl,
vu^{53} taŋ^{11} vu^{53} tshən^{53} ʔiŋ^{33}
别人　到　别人　就　倚靠
别人到了就做生意，

儿　门　堂　媒　因
Leg mengz dangz miz ingl,

lək^{11} məŋ^{11} taŋ^{11} məi^{11} ʔiŋ^{33}
儿 你 到 不 倚靠
你儿子到了不做生意，

卡 獭 邓 獭 占
Gal dac* ndiadt* dac* zanq*,
ka^{33} tha^{53} ʔdiat^{35} tha^{53} tsaːn^{35}
脚 摆 掂 摆 站
叉着腰来回溜达，

要 住 慕 歪袍
Aul xos mbos faixbauz,
ʔau^{33} tso^{35} ʔbəu^{35} vai^{53}pau^{11}
拿 放 筒 苦竹
把卖的东西放在苦竹篓，

卡 獭 邓 獭 占
Gal dac* ndiadt* dac* zanq*,
ka^{33} tha^{53} ʔdiat^{35} tha^{53} tsaːn^{35}
脚 摆 掂 摆 站
叉着腰到处游荡，

要 住 挠 歪我
Aul xos nauz* faixngox,
ʔau^{33} tso^{35} nau^{11} vai^{53} ŋo^{53}
拿 放 篓 树 芦苇
把卖的东西放在芦苇篓里，

哈 要 住 坝 善
Hax aul xos bas raabt,
ha^{53} ʔau^{33} tso^{35} pa^{35} tsɯk^{35}
想 拿 放 口 挑
想把它放在挑担口上，

住 坝 善 劳 碉
Xos bas raabt laaul dogt,
tso^{35} pa^{35} tsɯk^{35} lɔ^{33} tok^{35}
放 口 挑 怕 落
又怕它丢了，

哈 要 住 坝 碰
Hax aul xos bas boongh,
ha^{53} ʔau^{33} tso^{35} pa^{35} puəŋ^{13}
叫 要 放 口 箩
想把它放在背箩口上，

住 坝 碰 劳 伦
Xos bas boongh laaul lumz,
tso^{35} pa^{35} puəŋ^{13} lɔ^{33} ləŋ^{11}
放 口 箩 怕 忘记
又怕忘记了，

住 里 养 收 讨
Xos ndix qyaangx souy dauc
儿 妈
leg mal,
tso^{35} ʔdəi^{53} ʔjaːŋ^{53} səu^{33} thau^{53}
放 和 神刀 收 回

lək^{13} ma^{33}
儿 来
跟神刀放在一起儿带回来，[11]

住 里 乙收 幸 儿妈
Xos ndix iel souy xinq leg mal.
tso^{35} ʔdəi^{53} ʔi^{33} səu^{33} ɕin^{35}
放 和 药 收 信
lək^{13} ma^{33}
儿 来
跟药放在一起儿带回来。

妈 堂 用 堂 子
Mal dangz rug dangz siec,
ma^{33} taŋ^{11} zok^{13} taŋ^{11} ɬɯ^{53}
来 到 里屋 到 房边
来到院坝里，

妈 堂 子 堂 元
Mal dangz siec dangz raanz,
ma^{33} taŋ^{11} ɬɯ^{53} taŋ^{11} zaːn^{11}
来 到 房边 到 家
来到房屋内，

勾 乃 歪 住 嗽
Gul ndaix faix xos hanx,
kəu^{33} ʔdai^{53} vai^{53} tso^{35} ɣan^{53}
我 得 树 放 这
我把树木放在这里，

歪 已 弄 拜 了
Vaix yij ndugt bail leeux,
fai^{53} ji^{53} ʔduək^{35} pai^{33} liau^{53}
树 已 朽 去 了
树木已经朽烂了，

勾 乃 动 住 嗽
Gul ndaix dugt xos hanx,
kəu^{33} ʔdai^{53} tok^{35} tso^{35} ɣan^{53}
我 得 篾 放 这
我把篾条放在这里，

动 以 漫 拜 了
Dugt yic moonh bail leeux.
tok^{35} ji^{53} mon^{13} pai^{33} liau^{53}
篾 已 蛀 去 了
篾条已蛀坏了。

完勒 敬 媒 若
Ngonzlaez jidt* miz rox,
van^{11}la^{11} tɕit^{35} məi^{11} zo^{53}
天 哪 犯 不 知
哪天犯忌也不知道，

命 勒 利 媒 若
Mingh laez ndil miz rox.
miŋ^{13} la^{11} ʔdəi^{33} məi^{11} zo^{53}
命 哪 好 不 知
哪个命运好不好也不知道。

拜 卓 卜 地沙
Bail xoh bux selsal,
pai^{33} tso^{13} pəu^{53} ɬɯ^{33}ɬa^{33}
去 找 人 经师
去找经师看，

拜 卓 卜萨 汉
Bail xoh buxsal hams,
pai^{33} tso^{13} pəu^{53}ɬa^{33} haŋ^{35}
去 找 经师 问
去找经师问，

信 占 信 媒 占
Siangl* xaabt siangl* miz xaabt,
ɬiaŋ^{33} tsak^{35} ɬiaŋ^{33} məi^{11} tsak^{35}
该 遇 该 不 遇
该碰到时没碰到，

占 卜师 容 纳
Xabt buxsel* rongz naz,
tsak^{35} pəu^{53}ɬɯ^{33} zoŋ^{11} na^{11}
遇 经师 下 田
碰到经师正要下田，

占 卜萨 容 洞
Xabt buxsal* rongz dongh,
tsak^{35} pəu^{53}ɬa^{33} zoŋ^{11} tuəŋ^{13}
遇 经师 下 坝
碰到经师要去田坝，

儿 坝 躬 媒 挠
Leg bas nagt miz nauz,
lək^{13} pa^{35} nak^{35} məi^{11} nau^{11}
儿 嘴 重 不 说
儿嘴笨不说，

师 坝 毛 汉 贯
Sel bas mbaul hams goons,
ɬɯ^{33} pa^{35} ʔbau^{33} haŋ^{35} kuən^{35}
师 嘴 轻 问 先
巧嘴经师开口问，

讨 要 麻 宗 冒
Dauc aul maz soongl mbaaus?
tau^{35} ʔau^{33} ma^{11} ɬuəŋ^{33} ʔbɔ^{35}
来 要 啥 两 青年
两个青年来做什么？[12]

耗 麻 廖 宗 老
Haaus maz ndiaul soongl laaux?
hɔ^{35} ma^{11} ʔdiau^{33} ɬuəŋ^{33} lɔ^{53}
话 啥 一 两 老
您俩来问哪样？

媒 要 麻 逞 到
Miz aul maz xinl dauc,
məi^{11} ʔau^{33} ma^{11} tshən^{53} tau^{35}
不 要 啥 真的 回
不问什么话，

媒 耗 麻 逞 利
Miz haaus maz xinl ndoil,
məi^{11} hɔ^{35} ma^{11} tshən^{53} ʔdui^{33}
不 说 啥 真的 空的
不问什么事，

勾 乃 歪 住 噉
Gul ndaix faix xos hanx,
kəu^{33} ʔdai^{53} vai^{53} tso^{35} han^{53}
我 得 树 放 房屋
我把树木放在家里，

歪 勾 弄 拜 了
Faix gul ndugt bail leeux,
vai^{53} kəu^{33} ʔduək^{35} pai^{33} liau^{53}
树 我 朽 去 了
树木朽烂了，

勾 乃 动 住 噉
Gul ndaix dugt xos hanx*,
kəu^{33} ʔdai^{53} tok^{35} tso^{35} han^{53}
我 得 篾 放 房
我把竹篾放在家里，

动 勾 漫 拜 了
Dugt gul mod* bail leeux.
tok^{35} kəu^{33} mot^{13} pai^{33} liau^{53}
篾 我 蛀 去 了
竹篾被虫蛀坏了。

完勒 敬 媒 约
Ngonzlaez jidt miz rox,
van^{11}lɑ^{11} tɕit^{35} məi^{11} zo^{53}
天哪 犯 不 知
哪天犯忌不知道，

命 勒 利 媒 若
Mingh laez ndil miz rox.
miŋ^{13} lɑ^{11} ʔdəi^{33} məi^{11} zo^{53}
命 哪 好 不 知
哪个命运好不好也不知道。

叟 乃 歪 住 噉
Sul ndaix faix xos hanx*,
ɬəu^{33} ʔdai^{53} vai^{53} tso^{35} han^{53}
你们 得 树 放 房屋
你们把树木放在家里，

歪 叟 弄 拜 了
Faix sul ndugt bail leeux,
vai^{53} ɬəu^{33} ʔdok^{35} pai^{33} liau^{53}
树 你们 朽 去 了
你们的树木朽坏了，

叟 乃 动 住 噉
Sul ndaix dugt xos hanx*,
ɬəu^{33} ʔdai^{53} tok^{35} tso^{35} han^{53}
你们 得 篾 放 房屋
你们把竹篾放在家里，

动　叟 漫　拜　了
Dugt sul mod* bail leeux,
tok^{35} ɬəu^{33} mot^{13} pai^{33} liau^{53}
篾　你们 蛀　去　了
你们的竹篾被虫蛀坏了，

完勒　敬 媒　若
Ngonzlaez jidt miz rox,
van^{11}la^{11} tɕit^{35} məi^{11} zo^{53}
天 哪　犯　不　知
哪天犯忌也不知道，

命　勒 利 媒 若
Mingh laez ndil miz rox.
miŋ^{13} la^{11} ʔdəi^{33} məi^{11} zo^{53}
命　哪 好　不　知
哪个命运好不好也不知道。

完　卯　谷　完　利
Ngonz mauc gueh ngonz ndil,
van^{11} mau^{53} ku^{13} van^{11} ʔdəi^{33}
天　卯　做　天　好
卯日是吉日，

完辰　谷　完　礼
Ngonzxiz gueh ngonz lih*,
van^{11}tsəi^{11} ku^{13} van^{11} ləi^{13}
天辰　做　天　吉利
辰日是吉日，

为包　样　为包
Fiz byaul yiangh fiz byaul,
vəi^{11} pau^{33} zaŋ^{13} vəi^{11} pau^{33}
火　烧　像…样子 火　烧
火烧连火烧，

为包　拉　烂慕
Fiz byaul ndael labtmos,
vəi^{11} pau^{33} ʔda^{33} lak^{35}mo^{35}
火　烧　内　雾罩
火在云雾里烧，

老　债　山　拜　卓
Laaux fedt* ronl bail soh,
lɔ^{53} fɯt^{35} san^{33} pai^{33} ɬo^{13}
老 修　路　去　直
老人辟条路过去，

儿　债　路　拜　好
Leg fedt* ronl bail soh,
lək^{13} fɯt^{35} san^{33} pai^{33} ɬo^{13}
儿　修　路　去　进入
儿子修条路进去，

卜老　样　卜老
Buxlaaux yiangh buxlaaux,
pəu^{53}lɔ^{53} zaŋ^{13} pəu^{53}lɔ^{53}
老人　像…样子 老人
老人做老人的事，

卜 老 要 谷 棍
Buxlaaux aul gueh gunc,
pəu^{53}lɔ^{53} ʔau^{33} ku^{13} khun^{53}
老人 要 做 捆
老人把木柴捆成捆，

卜 羊 样 卜 羊
Buxreengz* yiangh buxreengz*,
pəu^{53}zaŋ^{11} zaŋ^{13} pəu^{53}zaŋ^{11}
青年人 像…样子 青年人
青年做青年的事，

卜 羊 棍 提 妈
Buxreengz* gead dez mal,
pəu^{53}zaŋ^{11} kut^{13} tɯ^{11} ma^{33}
青年人 扛 带 来
青年把木柴扛起来，

提 妈 旦 以 厌
Dez mal deg yic* red*,
tɯ^{11} ma^{33} tɯk^{13} ji^{53} zɯt^{13}
带 来 院坝 已 堆
扛来放在院坝堆成堆，

卜 老 样 卜 老
Buxlaaux yiangh buxlaaux,
pəu^{53}lɔ^{53} zaŋ^{13} pəu^{53}lɔ^{53}
老人 像…样子 老人
老人做老人的事，

三 嫐 笑 逞 约
Sanl wazsaus cenc rox,
łaːn^{33} va^{11} łau^{35} tshən^{53} zo^{53}
编 壁 笆 就 会
老人会编竹笆墙，

怪 嫐 我 逞 弁
Goih waz ngox cenc* banz,
koi^{13} va^{11} ŋo^{53} tshən^{53} pan^{11}
编 壁 芦苇 就 成
也会用芦苇编笆折，

贱 嫐 潭 逞 约
Sabt wazdangz* cenc* rox.
łiak^{35} va^{11} taŋ^{11} tshən^{53} zo^{53}
插 壁 墙 就 会
老人会插竹篱笆墙。

时 卯 谷 时 利
Xez mauc gueh xez ndil,
tsɯ^{11} mau^{53} ku^{13} tsɯ^{11} ʔdəi^{33}
时 卯 做 时 好
卯时是吉时，

时 卯 若 操 诗
Xez mauc qyol saulseil*.
tsɯ^{11} mau^{53} ʔjo^{33} łau^{33} səi^{33}
时 卯 起 柱 头
卯时立中柱。

媒　敬　麻　乜龙
Miz jidt maz meehluangz,
məi^{11} tɕit^{35} ma^{11} mie^{13} luŋ^{11}
不　犯　啥　母　龙
不犯什么龙神，

时　辰谷　时　利
Xez xiz gueh xez lih*,
tsɯ^{11} tsəi^{11} ku^{13} tsɯ^{11} ləi^{13}
时　辰　做　时　吉利
辰时是吉时，

时　辰若　操乜
Xez xiz qyol saulmeeh,
tsɯ^{11} tsəi^{11} ʔjo^{33} ɬau^{33} mie^{13}
时　辰　起　柱　母
辰时竖头柱，

媒　敬　麻　乜　厄
Miz jidt* maz meeh ngeah,
məi^{11} tɕit^{35} ma^{11} mie^{13} ŋɯ^{13}
不　犯　啥　母　龙
不犯什么虹神，[13]

厄　又宗　以埃
Ngeah qyus suanl icic*,
ŋɯ^{13} ʔiu^{35} ɬun^{33} ʔi^{53}ʔi^{53}
龙　在　园子　咿哟
虹神在园子里嬉戏，

龙　卧　海　闷妹
Luangz qyus haaic mbilmbigt*.
luŋ^{11} ʔiu^{35} hɛ^{53} ʔbi^{33}ʔbɯk^{35}
龙　在　海　叮动
龙神在大海里翻腾。

阮　里　歪　惰　干
Roonx ndaix faix dos gaab,
zuən^{53} ʔdai^{53} vai^{53} to^{35} kɯk^{13}
修　得　树　打　夹
剔树枝来做夹墙，

厌　里　坝　夺　娘
Rood ndaix bas dos ngaamz,
zuət^{13} ʔdai^{53} pa^{35} to^{35} ŋaːŋ^{11}
削　得　嘴　打　叉
削树枝来做木叉，

恒　唻　桑　旦道
Henc lail saangl degdaauz,
hən^{53} lai^{33} ɬaːŋ^{33} tɯk^{13}tɔ^{11}
爬　梯　高　层层
顺着高梯往上爬，

凝　四门　未登
Nyanz sis mengz fih dunl*,
nin^{11} ɬəi^{35} məŋ^{11} vəi^{13} tun^{33}
铜鼓 祭祀 你　未　讲
铜鼓祭祀的事未讲，

海 勾 登 雅 了
Haec gul dunl* yias*leeux,
hai^{53} kəu^{33} tun^{33} jia^{35}liau^{53}
让 我 讲 一下
让我给你讲，

卑月 门 未 夜
Bilndianl mengz fih yeeus,
pəi^{33}ʔdun^{33} məŋ^{11} vəi^{13} jie^{13}
年 月 你 未 看
你的年庚没有算，

半 里 养 又 沙
Bead* ndaix qyaangx qyus sal*,
pɯt^{13} ʔdai^{53} ʔjaːŋ^{53} ʔiu^{35} sa^{33}
拿 得 神刀 在 手上
神刀拿在手，

你 养 哈 妈 骂
Nix qyaangx hax mal mbas,
nəi^{53} ʔjaːŋ^{53} ha^{53} ma^{33} ʔba^{35}
这 神刀 给 来 肩
神刀扛在肩，

洒 挠 凹 挠 云
Sax nauz fah nauz nyanz,
ɬa^{53} nau^{11} va^{13} nau^{11} nin^{11}
我 讲 刀 讲 铜鼓
我念神刀咒铜鼓，

洒 挠 丁 挠 地
Sax nauz dianl nauz dih,
ɬa^{53} nau^{11} tin^{33} nau^{11} təi^{13}
我 讲 天 讲 地
我说坟山坟地，

洒 挠 朝 洞 朝
Sax nauz xaauz dogt xaauz,
ɬa^{53} nau^{11} tshɔ^{11} tok^{35} tshɔ^{11}
我 讲 槽 落 槽
我讲了一槽又一槽，(14)

朝 更 朝 比马
Xaauz genz xaauz bihmac,
tshɔ^{11} kən^{11} tshɔ^{11} pəi^{13}ma^{53}
槽 上 槽 豌豆
上槽种豌豆，

要 界麻 逞 马
Aul gaaismaz xunc mac?
ʔau^{33} kəi^{35}ma^{11} tshən^{53} ma^{53}
要 哪样 当 豌豆
拿什么当豌豆？

要 金案 逞 马
Aul jimlnganz xunc mac,
ʔau^{33} tɕin^{33} ŋan^{11} tshən^{53} ma^{53}
要 金 银 当 豌豆
拿金银当豌豆，

洒 挠 朝 洞 朝
Sax nauz xaauz dogt xaauz,
ɬa^{53} nau^{11} tshɔ^{11} tok^{35} tshɔ^{11}
我 讲 坝 落 坝
我说了一坝又一坝，

朝 蜡 朝 比堂
Xaauz lac xaauz bihdangz,
tshɔ^{11} la^{53} tshɔ^{11} pəi^{13}taŋ^{11}
坝 下 坝 蚕豆
下坝种蚕豆，

要 界 麻 逞 堂
Aul gaaismaz xunc dangz?
ʔau^{33} kəi^{35}ma^{11} tshən^{53} taŋ^{11}
拿 哪样 当 蚕豆
拿哪样当蚕豆？

要 金案 逞 堂
Aul jimlnganz xunc dangz,
ʔau^{33} tɕin^{33}ŋan^{11} tshən^{53} taŋ^{11}
拿 金银 当 蚕豆
拿金银当蚕豆，

四 高 堂 四 贯
Sis gaul dangz sis joongs,
ɬəi^{35} kau^{33} taŋ^{11} ɬəi^{35} kuəŋ^{35}
四 角 蚕豆 四 箩
坟四角放四个竹箩，

要 界麻 逞 贯
Aul gaaismaz xunc joongs?
ʔau^{33} kəi^{35}ma^{11} tshən^{53} kuəŋ^{35}
拿 哪样 当 箩
拿哪样当竹箩？

要 金案 逞 贯
Aul jimlnganz xunc joongs,
ʔau^{33} tɕin^{33}ŋan^{11} tshən^{53} kuəŋ^{35}
拿 金 银 当 箩
拿金银当竹箩，

洒 挠 朝 洞 朝
Sax nauz xaauz dogt xaauz,
ɬa^{53} nau^{11} tshɔ^{11} tok^{35} tshɔ^{11}
我 讲 槽 落 槽
我讲了一槽又一槽，

朝 班 让 班 况
Xaauz baanl* riangz baanl* gvaangs,
tshɔ^{11} paːn^{33} zaŋ^{11} paːn^{33} koŋ^{35}
槽 边 和 边 宽
山槽宽又广，

那 傍 浪 叉 门
Nac bangz laangh xac mengz,

na^{53} $paŋ^{11}$ $la:ŋ^{13}$ $tsha^{53}$ $məŋ^{11}$
面 布 宽 等 你
织宽幅的布给你，

洒 挠 朝 洞 朝
Sax nauz xaauz dogt xaauz,
$ɬa^{53}$ nau^{11} $tshɔ^{11}$ tok^{35} $tshɔ^{11}$
我 讲 槽 落 槽
我说了一槽又一槽，

朝 班 让 班 四
Xaauz baanl* riangz baanl* sis,
$tshɔ^{11}$ $pa:n^{33}$ $zaŋ^{11}$ $pa:n^{33}$ $ɬəi^{35}$
槽 边 和 边 四
山槽通四方，

那 界 怪 芜 四 叉 门
Nac gais gvaih fez sis xac mengz.
$na^{53}kai^{35}koi^{13}vu^{11}ɬəi^{35}tsha^{53}məŋ^{11}$
脸 鸡 给 筘 四 等 你
用雄鸡祭筘给你。

洒 挠 朝 洞 朝
Sax nauz xaauz dogt xaauz,
$ɬa^{53}$ nau^{11} $tshɔ^{11}$ tok^{35} $tshɔ^{11}$
我 讲 槽 落 槽
坟向山落在哪槽，

朝 耕 介 用望
Xaauz genl jais rogrood,
$tshɔ^{11}$ $kən^{33}$ kai^{35} $zok^{13}zot^{13}$
槽 吃 蛋 阳雀
向着有阳雀蛋的那一槽，

媒 耕 棒 奶 你，
Miz genl byagt baex nix,
$məi^{11}$ $kən^{33}$ pak^{35} $pɑ^{53}$ $nəi^{53}$
不 吃 菜 媳妇 这
不吃这个媳妇的菜，

马 耕 棒 奶 慕
Mec genl byagt baex mos,
$mɯ^{53}$ $kən^{33}$ pak^{35} $pɑ^{53}$ mo^{35}
要 吃 菜 媳 新
要吃新媳妇的菜，

尧 媒 卓 奶 你
Rauz miz zoh* baex nix,
zau^{11} $məi^{11}$ tso^{13} $pɑ^{53}$ $nəi^{53}$
我们 不 认 媳 这
我们不认这个媳妇，

里 马 卓 奶 浪
Nix mec zoh* baex langl.
$nəi^{53}$ $mɯ^{53}$ tso^{13} $pɑ^{53}$ $laŋ^{33}$
这 要 认 媳 后

现在要找另一个媳妇。

洒　挠　朝　洞　朝
Sax nauz xaauz dogt xaauz,
ɬa^{53} nau^{11} tshɔ^{11} tok^{35} tshɔ^{11}
我　讲　槽　落　槽
坟向山落在哪槽，

朝　耕　介　用 周
Xaauz genl jais rogjiux,
tshɔ^{11} kən^{33} kai^{35} zok^{13}tɕiu^{53}
槽　吃　蛋　画眉
向着有画眉蛋的那一槽，

媒　耕　周　奺　你
Miz genl jeul* baex nix,
məi^{11} kən^{33} tɕiu^{33} pɑ^{53} nəi^{53}
不　吃　拌饭　媳　这
不吃这个媳妇拌的饭，

马　耕　周　奺　慕
Mec genl jeul* baex mos,
mɯ^{53} kən^{33} tɕiu^{33} pɑ^{53} mo^{35}
要　吃　拌饭　媳　新
要吃另一个媳妇拌的饭，

尧　媒　卓　奺　你
Rauz miz zoh baex nix,
zau^{11} məi^{11} tso^{13} pɑ^{53} nəi^{53}
我们 不　认　媳　这
我们不认这个媳妇，

里　马　卓　奺　浪
Nix mec zoh baex langl.
nəi^{53} mɯ^{53} tso^{13} pɑ^{53} laŋ^{33}
这　要　认　媳　后
现在要认另一个媳妇。

饿 拜　羊　玷　吞
Os bail riangz jeemh ndunl,
ʔo^{35} pai^{33} zaŋ^{11} tɕiaŋ^{13} ʔdun^{33}
出　去　和　山丫　月亮
坟向着月亮升起的山丫，

若 黝　吞　棍　孃
Roxwaz ndunl gead naangz,
zo^{53}va^{11} ʔdun^{33} kut^{13} naːŋ^{11}
看 见　月亮　扛　孃
看得见月中的嫦娥，

饿 拜　羊　玷　叨
Os bail riangz jeemh ndaaul,
ʔo^{35} pai^{33} zaŋ^{11} tɕiaŋ^{13} ʔdɔ^{33}
出　去　和　山丫　星星
坟向着星星升起的山丫，

若 黝　叨　赏　盖
Roxwaz ndaaul saangl* doih.
zo^{53}va^{11} ʔdɔ^{33} saːŋ^{33} toi^{13}
看 见　星秀　舂　碓

看得见星星春碓。

在 蜡 邓 在 更
Sais lac degt sais genz,
ɬai^{35} la^{53} tɯk^{35} ɬai^{35} kɯn^{11}
官 下 追问 官 上
下面的官问上面的官，

丈 更 邓 丈 蜡
Xaangh genz degt xaangh lac,
tsaːŋ^{13} kən^{11} tɯk^{35} tsaːŋ^{13} la^{53}
匠人 上 追问 匠人 下
上边的匠人问下边的匠人，

那货 邓 那凸
Nachos degt nacgunz*,
na^{53}fo^{35} tɯk^{35} na^{53}kun^{11}
膝头 埃 膝头
上下来回不停地跑，

容 那 令 邓 了
Rungz nacn ndingl degt leeux.
zuŋ^{11} na^{53} ʔdiŋ^{33} tɯk^{35} liau^{53}
仡佬族 脸 红 打 了
红脸的仡佬族也问过了。

半 完 半
Byoonghngonz byoongh
难 吝
ndaadt ndingl,
puəŋ^{13}van^{11}puəŋ^{13} ʔdɯt^{35} ʔdiŋ^{33}
半天 半 日 红
正午日当头，

时云 时 难 恶
Xezringz xez ndaadt qyas,
tsɯ^{11}jiŋ^{11} tsɯ^{11} ʔdɯt^{35} ʔia^{35}
午时 时 日 恶
太阳火辣辣，

斩 干 子 容 纳
Xomc jobt ceic* rongz naz,
tshaŋ^{53} kak^{35} tshəi^{53} zoŋ^{11} na^{11}
戴 斗笠 叶 下 田
戴斗笠下田，

斩 干 萨 容 硐
Xomc jabt sal rongz dongh,
tshaŋ^{53} kɑk^{35} ɬa^{33} zoŋ^{11} toŋ^{13}
戴 斗笠 纸 下 坝
戴斗笠下坝，

冈 领 漫 汉 浪
Gaangl liangc mans* homs langl,
kaːŋ^{33} liŋ^{53} man^{35} haŋ^{35} laŋ^{33}
张 伞 蓝 遮 后
打蓝伞遮身，

门 卡 汉 晒 更
Mengz gah aangs xaais* genz,
məŋ^{11} ka^{53} ʔaːŋ^{35} ɕɛ^{35} kən^{11}
你 只 喜 潭 上
你只喜上潭，

近 比叭 廖 门
Jidt bixbaex ndeeul mengz,
tɕit^{35} pəi^{53}pɑ^{53} ʔdiau^{33} məŋ^{11}
妨害 哥媳 一 你
妨害哥和嫂，

门 卡 汉 晒 蜡
Mengz gah aangs xaais* lac,
məŋ^{11} ka^{53} ʔaːŋ^{35} ɕɛ^{35} la^{53}
你 只 喜 潭 下
你只喜下潭，

近 那 乜 廖 门
Jidt nac meeh ndeeul mengz,
tɕit^{35} na^{53} miə^{13} ʔdiau^{33} məŋ^{11}
妨害 辈 母 一 你
妨害你母亲，

晒 廖 恒 颠 从
Xaais* ndeeul henc deengl songz*,
ɕɛ^{35} ʔdiau^{33} hən^{53} tiaŋ^{33} ɬoŋ^{11}
潭 一 爬 着 扰
一潭鱼困扰，

红 廖 恒 颠 汉
Hongz ndeeul henc deengl aans,
hoŋ^{11} ʔdiau^{33} hən^{53} tiaŋ^{33} ʔaːn^{35}
潭 一 爬 着 稀泥
一潭尽稀泥，

将 占 将 媒 占
Deengl xabt deengl miz xabt,
tiaŋ^{33} tsak^{35} tiaŋ^{33} məi^{11} tsak^{35}
该 遇 该 不 遇
就该遇到的没有遇到，

占 朗龙 烧 任
Xabt lanjlongz siul remh,
tsak^{35} laːn^{53}luŋ^{11} səu^{33} zəŋ^{13}
遇 懒龙 收 租
遇到懒龙追租，

占 郎顿 出 妈
Xabt lanjdunh* col* mal,
tsak^{35} laːn^{53}tun^{13} tsho^{33} ma^{33}
遇 懒人 摸 狗
遇懒汉牵狗，

占 敢戛 邓 到
Xabt gaancgal* dez dauc,
tsak^{35} kaːn^{35}ka^{33} tɯ^{11} thau^{53}
遇 杆脚 带 来
遇赤脚人来，

占 卜告 廖 门
Xabt buxgaus ndeeul mengz,
tsak^{35} pəu^{53}kau^{35} ʔdiau^{33} məŋ^{11}
遇 人 旧 一 你
遇到你的一个熟人，

门 挠 门 桑 要
Mengz nauz mengz saangl rauh,
məŋ^{11} nau^{11} məŋ^{11} ɬaːŋ^{33} zau^{13}
你 说 你 高 些
你说你很高，

卜 廖 桑 多 门
Bux ndeeul saangl dol mengz,
pəu^{53} ʔdiau^{33} ɬaːŋ^{33} to^{33} məŋ^{11}
人 一 高 多 你
有人高过你，

门 挠 门 淡 要
Mengz nauz mengz dams rauh,
məŋ^{11} nau^{11} məŋ^{11} taŋ^{35} zau^{33}
你 说 你 矮 些
你说你很矮，

卜 廖 淡 多 门
Bux ndeeul dams dol mengz.
pəu^{53} ʔdiau^{33} taŋ^{35} to^{33} məŋ^{11}
人 一 矮 多 你
有人矮过你。

止 堂 止 冈 偾
Xiex dangz xiex gaangl headt,
tɕi^{53} taŋ^{11} tɕi^{53} kaːŋ^{33} fɯt^{35}
神 到 神 撑 腰
神到了就叉腰，(15)

止 堂 止 近 行
Xiex dangz xiex xians haangz,
tɕi^{53} taŋ^{11} tɕi^{53} tɕin^{35} ɣaːŋ^{11}
神 到 神 转 下巴
神到了就扭头，

偾 止 共 忍 腰
Headt xiex gungs lumc ees,
fɯt^{35} tɕi^{53} kuŋ^{35} ləŋ^{53} ʔie^{33}
腰 神 弯 像 轭
神的腰弯得像牛轭，

鹅 止 埃 能 嫩
Hoz xiex raiz lumc nengs*.
ɣo^{11} tɕi^{53} zai^{11} ləŋ^{53} nəŋ^{35}
脖 神 长 像 鹅颈
神的脖子长得像鹅颈。

耕 孬 簸 洞 道
Genl hauxbox dogt dauh,

kən^{33} ɣɔ^{53}po^{53} tok^{35} tau^{13}
吃　炒米　落　灰
吃掉灰里的炒米，

耕　夺戛　洞　丹
Genl hauxgas dogt ndanl,
kən^{33} ɣɔ^{53}ka^{35} tok^{35} ʔdan^{33}
吃　稻谷　落　地
吃掉在地上的谷子，

冷　奶　媒　洞　董
Ndunx naaiz miz dogt dungx,
ʔdən^{53} nie^{11} məi^{11} tok^{35} tuŋ^{53}
吞　痰　不　落　肚
吞口水难下肚，

冷　夺　媒　洞　列
Ndunx haux miz dogt lies*.
ʔdəi^{53} ɣɔ^{53} məi^{11} tok^{35} lie^{35}
吞　饭　不　落　喉
吃饭难下咽。

乜皇　见　媒　买
Meehweangz jeedt miz maix*,
mie^{13} vuŋ^{11} tɕiat^{35} məi^{11} mai^{53}
母亲　首领　痛　不　买
首领的母亲病不医，

乜皇　凯　媒　钱
Meehweangz jaic miz xeenz,
mie^{13} vuŋ^{11} khai^{53} məi^{11} tɕian^{11}
母亲　首领　病　不　钱
首领的母亲有病无钱医，

见　媒　买　丹　缗
Jeedt miz ndaix ndanl manz,
tɕiat^{35} məi^{11} ʔdai^{53} ʔdan^{33} man^{11}
痛　不　得　个　棉絮
病无棉被盖，

凯　媒　钱　丹　玩
Jaic miz xeenz ndaix mbons,
khai^{53} məi^{11} tsian^{11} ʔdai^{53} ʔuan^{35}
病　不　钱　个　铺
病床无铺盖，

如　勒　若　占　命
Ruf laez rox zaanl* mingh?
zu^{11} lɑ^{11} zo^{53} tsaːn^{33} miŋ^{13}
若　哪　会　算　命
哪个会算命？

拜　肘　妈　占　命
Bail xux mal zaanl* mingh,
pai^{33} tsəu^{53} ma^{33} tsaːn^{33} miŋ^{13}
去　接　来　算　命

接他来算命，

如 勒 若 信 欢
Ruf laez rox sins wanl?
zu^{11} lɑ^{11} zo^{53} ɬin^{35} fan^{33}
若 哪 会 喊 魂
哪个会喊魂？

拜 肘 妈 信 欢
Bail xux mal sins wanl.
pai^{33} tsəu^{53} ma^{33} ɬin^{35} fan^{33}
去 接 来 喊 魂
接他来喊魂。

劳 拜 兵 卜代
Laaul bail binl* buxdaais*,
lɔ^{33} pai^{33} pin^{33} pəu^{53}tɛ^{35}
怕 去 那 人经师
怕去找经师，

劳 拜 败 囊云
Laaul bail baaih naangzyinz*,
lɔ^{33} pai^{33} pɛ^{13} naːŋ^{11}jin^{11}
怕 去 那 巫师
怕找巫师算，

劳 拜 兵 干布
Laaul bail binl* jabtbuh*.
lɔ^{33} pai^{33} pin^{33} kak^{35}pəu^{13}
怕 去 那 斗笠
怕找巫婆算。

须 大路 门 拜
Sil daqluq mengz bail,
ɬəi^{33} ta^{35}lu^{13} məŋ^{11} pai^{33}
顺 大路 你 去
你顺大路走，

作 山 老 叟 拜
Soh ronl laaux sul bail.
ɬo^{13} san^{33} lɔ^{53} ɬəu^{33} pai^{33}
直 路 大 你们 去
顺着直路走。

宗 三 潭 稳达
Soongl saaml daanz unxdah,
ɬuəŋ^{33} ɬaːŋ^{33} taːn^{11} ʔun^{53}ta^{13}
二 三 寨 河对面
对门两三寨，

潭 廖 潭 卜丈
Daanz ndeeul daanz buxxaangh,
taːn^{11} ʔdiau^{33} taːn^{11} pəu^{53} tsaːŋ^{13}
寨 一 寨 人 匠
一寨是匠人，

宗 三 巷 稳 使
Soongl saaml haangh unx ric,
ɬuəŋ^{33} ɬaːŋ^{33} haːŋ^{13} ʔun^{53} həi^{53}
二 三 街 沟对面

那边两三条街，

巷 廖 巷 押养
Haangh ndeeul haangh yazqyamx,
haːŋ13 ʔdiau33 haːŋ13 za11ʔiaŋ53
街 一 街 巫婆
一街有巫婆，

叟 勒 代 山 更
Sul leg dais ronl genz,
ɬəu33 lək13 təi35 san33 kən11
你们 别 从 路 上
不要走上路，

山 更 山 半 马
Ronl genz ronl byaad max,
san33 kən11 san33 pɯt13 ma53
路 上 路 滑 马
上路会倒马，

山 蜡 山 半 怀
Ronl lac ronl byaad waaiz,
san33 la53 san33 pɯt13 vɛ11
路 下 路 滑 水牛
下路会倒牛，

里 条 街 条 路
Ndaix deeuz gaail deeuz luq,
ʔdai53 tiau11 kɛ33 tiau11 lu13
行 条 街 条 路
顺那街那路，

作 山 老 拜 更
Soh ronl laaux bail genz,
ɬo13 san33 lɔ53 pai33 kən11
直 路 大 去 上
朝大路上去，

好 山 翁 拜 廖
Hauc ronl hungl* bail ndeeus.
hau53 san33 huŋ33 pai33 ʔdiau35
走 路 大 去 高
顺大路上去。

叟 浪 代 街 更
Sul leg dais gaail genz,
ɬəu33 lək13 təi35 kɛ33 kən11
你们 别 从 街 上
不要走上街，

街 更 街 卜哈
Gaail genz gaail buxhas,
kɛ33 kən11 kɛ33 pəu53ha35
街 上 街 汉族
上街是汉族，

叟 浪 代 凹 蜡
Sul leg dais wah* lac,
ɬəu33 lək13 təi35 va11 la53
你们 别 从 面 下

不要走下边，

凹 蜡 凹 卜绵
Wah* lac wah* puxmianz,
va^{11} la^{53} va^{11} pəu^{53}miən^{11}
面 下 面 彝族
下边是彝族，

登 冈 元 卜丈
Ndunl jaangl raanz buxxaangh,
ʔdən^{33} kaːŋ^{33} zaːn^{11} pəu^{53}tsaːŋ^{13}
站 中 屋 匠人
站在匠人的家，

登 冈 巷 押养
Ndunl jaangl haangh yazqyamx,
ʔdən^{33} kaːŋ^{33} haːŋ^{13} za^{11} ʔiaŋ^{53}
站 中 街 巫婆
站在巫婆街，

登 獭念 好 占
Dinl dacndiadt* hauc zaanh*,
tən^{33} tha^{53}ʔdiat^{35} hau^{53} tsaːn^{13}
脚 开 踮 走 处
迈开腿就跑，

考 獭念 堂 元
Jauc dacndiadt* dangz raanz,
khau^{53} tha^{53}ʔdiat^{35} taŋ^{11} zaːn^{11}
头 摆开 踮 到 家
转头跑到家，

儿 坝 躲 媒 挠
Leg bas nagt miz nauz,
lək^{13} pa^{35} nak^{35} məi^{11} nau^{11}
儿 嘴 重 不 讲
儿嘴笨不说，

押 坝 毛 汉 贯
Yaz bas mbaul hams goons,
za^{11} pa^{35} ʔbau^{33} haŋ^{35} kuən^{35}
巫婆 嘴 轻 问 先
巫婆嘴巧问，

讨 要 麻 宗 冒
Dauc aul maz soongl mbaaus?
thau^{35} ʔau^{33} ma^{11} ɬuəŋ^{33} ʔbɔ^{35}
来 要 啥 两 青年
两青年来做啥？

好 麻 廖 宗 老
Haaus maz ndeeul soongl laaux?
hɔ^{35} ma^{11} ʔdiau^{33} ɬuəŋ^{33} lɔ^{53}
话 啥 一 两 老
您俩来问啥？

媒 要 麻 逞 闹
Miz aul maz zeny naus*,
məi^{11} ʔau^{33} ma^{11} tshən^{33} nau^{0}
不 要 啥 真的 罗

不要什么喽，

媒 耗 麻 逞 利
Miz haaus maz xunc ndoic*,
məi^{11} hɔ^{35} ma^{11} tshən^{53} ʔdui^{53}
不 话 啥 真的 空
不问什么事，

如 门 若 占 命
Ruf mengz rox zaans* mingh,
zu^{11} məŋ^{11} zo^{53} tsaːn^{35} miŋ^{13}
若 你 会 算 命
若你会算命，

肘 门 拜 占 命
Xux mengz bail zaans* mingh,
tsəu^{53} məŋ^{11} pai^{33} tsaːn^{35} miŋ^{13}
接 你 去 算 命
接你去算命，

如 门 若 信 欢
Ruf mengz rox sins* wanl,
zu^{11} məŋ^{11} zo^{53} ɬin^{35} fan^{33}
若 你 会 喊 魂
若你会喊魂，

肘 门 拜 信 欢
Xux mengz bail sins wanl.
tsəu^{53} məŋ^{11} pai^{33} ɬin^{35} fan^{33}
接 你 去 喊 魂
接你去喊魂。

勾 逞 若 占 命
Gul zeny rox zaans* mingh
逞台
zenydey,
kəu^{33} tshən^{53} zo^{53} tsaːn^{35} miŋ^{13}
我 真 会 算 命
tshən^{53}tɛ^{33}
真的
我真的会算命，

勾 逞 若 信 欢 逞台
Gul zeny rox sins wanl zenydey,
kəu^{33} tshən^{53} zo^{53} ɬin^{35} fan^{33}
我 真 会 喊 魂
tshən^{53}tɛ^{33}
真的
我真的会喊魂，

勾 汉 过 勾 贯
Gul hams gos gul goons,
kəu^{33} haŋ^{35} ko^{35} kəu^{33} kuən^{35}
我 问 代价 我 先
我先问报酬，

过 勾 乃 若 媒
Gos gul ndaix rox miz,
ko^{35} kəu^{33} ʔdai^{53} zo^{53} məi^{11}
代价 我 得 或者 不

报酬有没有，

勾 汉 歹 勾 贯
Gul hams daix gul goons,
kəu^{33} haŋ^{35} tai^{53} kəu^{33} kuən^{35}
我 问 代价 我 先
我先问酬金，

歹 勾 柴 若 冒
Daix gul xaiz rox mbaus?
tai^{53} kəu^{33} tsai^{11} zo^{53} ʔbo^{35}
代价 我 齐 或者 没有
酬金备齐没有？

过 麻 过 媒 乃
Gos maz gos miz ndaix,
ko^{35} ma^{11} ko^{35} məi^{11} ʔdai^{53}
代价 啥 代价 不 得
报酬早已准备，

歹 麻 歹 媒 柴
Daix maz daix miz xaiz,
tai^{53} ma^{11} tai^{53} məi^{11} tsai^{11}
代价 啥 代价 不 齐
酬金早已备齐，

元 宗 三 儿 闷
Raanz soongl saaml legmbegt,
zaːn^{11} ɬuəŋ^{33} ɬaːŋ^{33} lək^{13}ʔbɯk^{35}
家 二 三 女孩
主家有两三个女儿，

近 傍 嚣 住 歹
Jeenh bangz jeeul xos daix,
tɕin^{13} paŋ^{11} sau^{33} tsɔ^{35} tai^{53}
个 布 青 放 代价
织一匹青布给你当报酬，

朝 傍 在 住 歹
Sauz* bangz sais xos daix,
tsau^{11} paŋ^{11} ɬai^{35} tsɔ^{35} tai^{53}
匹 布 官 放 代价
用一匹官布当酬金，

旦 傍 汪 住 歹
Dab bangz hongl xos daix,
tɯk^{13} paŋ^{11} ʔuəŋ^{33} tsɔ^{35} tai^{53}
迭 布 绸 放 代价
用一叠绸缎作酬金，

傍 蒿汗 住 歹
Bangz hauchaans* xos daix.
paŋ^{11} hau^{53}haːn^{35} tsɔ^{35} tai^{53}
布 头等 放 代价
上等的布作礼物。

元 四 五 儿 哉
Raanz sis hac legsaail,
zaːn^{11} ɬəi^{35} ha^{53} lək^{13}ɬɛ^{33}
家 四 五 男孩

主家有四五个男儿，

近 孬纳 住 歹
Jidt* hauxnaz xos daix,
$tɕit^{35}$ $ʔɔ^{53}na^{11}$ $tsɔ^{35}$ tai^{53}
全 稻谷 放 代价
种稻谷作报酬，

花 孬易 住 歹
Wal* hauxrih xos daix,
fa^{33} $ʔɔ^{53}həi^{13}$ $tsɔ^{35}$ tai^{53}
全 旱谷 放 代价
用旱谷作酬金，

匮 金案 住 歹
Guih jimlnganz xos daix,
kui^{13} $tɕiŋ^{33}ŋan^{11}$ $tsɔ^{35}$ tai^{53}
柜 金 银 放 代价
柜里金银作礼品，

庶 干 斗 案 蒿
Sos gag* daux nganz haaul
住 歹
xos daix,
so^{35} kak^{35} tau^{53} $ŋan^{11}$ $hɔ^{33}$ $tsɔ^{35}$
瓢 舀 斗 银 白 放
dai^{53}
代价
舀瓢银子作礼物，

凹养 朝 榜骂
Fahqyaangx zoz* bangxmbas
住 歹
xos daix,
va^{11} $ʔjaːŋ^{53}$ $tsɔ^{11}$ $paŋ^{53}ʔba^{35}$ tso^{35}
神刀 扛 肩膀 放
tai^{53}
代价
拿祭神的宝刀作礼品，

过 门 别远 乃
Gos mengz beehranx* ndaix,
ko^{35} $məŋ^{11}$ $pie^{13}zan^{53}$ $ʔdai^{53}$
代价 你 这么多 得
报酬准备好了，

歹 门 别远 柴
Daix mengz beehranx xaiz.
tai^{53} $məŋ^{11}$ $pie^{11}zan^{53}$ $tsai^{11}$
代价 你 这么多 齐
酬金准备齐了。

过 勾乃 勾 拜
Gos gul ndaix gul bail,
ko^{13} $kəu^{33}$ $ʔdai^{53}$ $kəu^{33}$ pai^{33}
代价 我 得 我 去
得了酬金我就走，

歹 勾 柴 勾 厌
Daix gul xaiz gul qyaams.
tai^{53} kəu^{33} tsai^{11} kəu^{33} ʔjaːŋ^{35}
代价 我 齐 我 迈步
酬金齐了我就走。

押 止 妈 米妹
Yaz xiex mal mbilmbegt*,
za^{11} tɕi^{53} ma^{33} ʔbi^{33}ʔbɯk^{35}
巫婆 神 来 爽快
神巫爽快来，

押 止 位 底廷
Yaz xiex fih dicdingz*,
za^{11} tɕi^{53} vəi^{13} ti^{53}tiŋ^{11}
巫婆 神 未 快走
神巫快步走，

妈 堂 用 堂 子
Mal dangz rug dangz siec,
ma^{33} taŋ^{11} zok^{13} taŋ^{11} ɬɯ^{53}
来 到 内室 到 堂屋
神巫来到了厅堂，

妈 堂 子 堂 元
Mal dangz siec dangz raanz,
ma^{33} taŋ^{11} ɬɯ^{53} taŋ^{11} zaːn^{11}
来 到 屋 到 家
神巫来到了院坝，

奔 住 贡 押 耕
Haux xos joongs yaz genl,
ɣɔ^{53} tso^{35} koŋ^{35} za^{11} kən^{33}
饭 放 竹饭箩 巫婆 吃
拿饭放在箩给神巫吃，

巴 住 盆 押 幸
Byal xos panf yaz jibt.
pa^{33} tso^{35} phan^{31} za^{11} tɕik^{35}
鱼 放 盘子 巫婆 拣
拿鱼放盘给神巫吃。

肘 耕 未 肘 正
Xaaux genl fih xaaux jibt,
tsɔ^{53} kən^{33} vəi^{13} tsɔ^{53} tɕik^{35}
兴 吃 未 兴 拣
准吃不准包，

肘 幸 未 旧 了
Xaaux jibt fih qyus leeux,
tsɔ^{53} tɕik^{35} vəi^{13} ʔiu^{35} liau^{53}
兴 拣 未 有 了
谁包就完了，

押 逞 堂 坝兜
Yah cenc dangz basdul,
za^{11} tshən^{53} taŋ^{11} pa^{35}təu^{33}
巫婆 真的 到 门口
神巫走到门口，

门　　迳　堂　坝荡
Mengz cenc dangz pasdaangs,
mən^{11} tshən^{53} taŋ^{11} pa^{35}taːŋ^{35}
你　　真的　到　窗口
你就到窗口，

押　迳　堂　坝荡
Yaz cenc dangz basdaangs,
za^{11} tshən^{53} taŋ^{11} pa^{35}taːŋ^{35}
巫婆 真的　到　窗口
神巫就到窗口，

门　　密棒　　敬　唻
Mengz mbilmbegt* xianh lail,
mən^{11} ʔbi^{33}ʔbɯk^{35} tɕin^{13}lai^{33}
你　　爽快　　转　梯坎
你转到门槛，

押　迳　堂　半唻
Yaz cenc dangz mbagtlail,
za^{11} tshən^{53} taŋ^{11} ʔbak^{35}lai^{33}
巫婆 真的　到　石梯坎
神巫来到门槛，

门　　堂　虫　　代一
Mengz dangz xoongz dazidt,
mən^{11} taŋ^{11} tsuəŋ^{11} tai^{13}ʔit^{35}
你　到　桌　　第一
你到第一桌，

押　堂　桌　　代一
Yaz dangz xoongz dazidt,
za^{11} taŋ^{11} tsuəŋ^{11} tai^{13}ʔit^{35}
婆巫 到　桌　　第一
神巫到第一桌，

门　　堂　桌　　代二
Mengz dangz xoongz dazngih,
mən^{11} taŋ^{11} tsuəŋ^{11} tai^{13}ŋəi^{13}
你　到　桌　　第二
你到第二桌，

押　堂　桌　　代二
Yaz dangz xoongz dazngih,
za^{11} taŋ^{11} tsuəŋ^{11} tai^{13}ŋəi^{13}
巫婆 到　桌　　第二
神巫到第二桌，

门　　堂　桌　　代三
Mengz dangz xoongz dazsaaml,
mən^{11} taŋ^{11} tsuəŋ^{11} tai^{13}ɬaːŋ^{33}
你　到　桌　　第三
你到第三桌，

押　到　虫　　代三
Yaz dangz xoongz dazsaaml,
za^{11} taŋ^{11} tsuəŋ^{11} tai^{13}ɬaːŋ^{33}
巫婆 到　桌　　第三
神巫到第三桌，

门 堂 虫 代四
Mengz dangz xoongz dazsis,
məŋ^{11} taŋ^{11} tsuəŋ^{11} tai^{13}ɬəi^{35}
你 到 桌 第四
你到第四桌，

押 到 虫 代四
Yaz dangz xoongz dazsis,
za^{11} taŋ^{11} tsuəŋ^{11} tai^{13}ɬəi^{35}
巫婆 到 桌 第四
神巫到第四桌，

门 堂 虫 代五
Mengz dangz xoongz dazhac,
məŋ^{11} taŋ^{11} tsuəŋ^{11} tai^{13}ha^{35}
你 到 桌 第五
你到第五桌，

押 到 虫 代五
Yaz dangz xoongz dazhac,
za^{11} taŋ^{11} tsuəŋ^{11} tai^{13}ha^{53}
婆巫 到 桌 第五
神巫到第五桌，

门 堂 虫 代六
Mengz dangz xoongz dazrogt,
məŋ^{11} taŋ^{11} tsuəŋ^{11} tai^{13}sok^{35}
你 到 桌 第六
你到第六桌，

押 到 虫 代六
Yaz dangz xoongz dazrogt,
za^{11} taŋ^{11} tsuəŋ^{11} tai^{13}sok^{35}
巫婆 到 桌 第六
神巫到第六桌，

门 堂 虫 代七
Mengz dangz xoongz dazxadt,
məŋ^{11} taŋ^{11} tsuəŋ^{11} tai^{13}tsat^{35}
你 到 桌 第七
你到第七桌，

押 堂 虫 代七
Yaz dangz xoongz dazxadt,
za^{11} taŋ^{11} tsuəŋ^{11} tai^{13}tsat^{35}
巫婆 到 桌 第七
神巫到第七桌，

门 堂 虫 代八
Mengz dangz xoongz dazbeedt,
məŋ^{11} taŋ^{11} tsuəŋ^{11} tai^{13}piat^{35}
你 到 桌 第八
你到第八桌，

押 到 虫 代八
Yaz dangz xoongz dazbeedt,
za^{11} taŋ^{11} tsuəŋ^{11} tai^{13}piat^{35}
巫婆 到 桌 第八
神巫到第八桌，

门 堂 虫 代九
Mengz dangz xoongz dazguc,
mən^{11} taŋ^{11} tsuəŋ^{11} tai^{13}khəu^{53}
你 到 桌 第九
你到第九桌，

押 到 虫 代九
Yaz dangz xoongz dazguc,
za^{11} taŋ^{11} tsuəŋ^{11} tai^{13}khəu^{53}
巫婆 到 桌 第九
神巫到第九桌，

门 堂 虫 代十
Mengz dangz xoongz dazxib,
mən^{11} taŋ^{11} tsuəŋ^{11} tai^{13}tɕhik^{13}
你 到 桌 第十
你到第十桌，

押 到 虫 代十
Yaz dangz xoongz dazxib,
za^{11} taŋ^{11} tsuəŋ^{11} tai^{13}tɕhik^{13}
巫婆 到 桌 第十
神巫到第十桌，

门 堂 虫 十一
Mengz dangz xoongz xibidt,
mən^{11} taŋ^{11} tsuəŋ^{11} tɕhik^{13}ʔit^{35}
你 到 桌 十一
你到第十一桌，

押 到 虫 十一
Yaz dangz xoongz xibidt,
za^{11} taŋ^{11} tsuəŋ^{11} tɕhik^{13}ʔit^{35}
巫婆 到 桌 十一
神巫到第十一桌，

门 堂 虫 十二
Mengz dangz xoongz xibngih,
mən^{11} taŋ^{11} tsuəŋ^{11} tɕhik^{13}ŋəi^{13}
你 到 桌 十二
你到第十二桌，

押 到 虫 十二
Yaz dangz xoongz xibngih.
za^{11} taŋ^{11} tsuəŋ^{11} tɕhik^{13}ŋəi^{13}
巫婆 到 桌 十二
神巫到第十二桌。

儿 门 戾 硐我
Leg mengz lois dugtngox,
lək^{13} mən^{11} lui^{35} tok^{35}ŋo^{53}
儿 你 撕 篾芦苇
你儿划芦苇片，

海 勾 可 门 到
Haec gul koc mengz daaus,
ɣɑ^{53} kəu^{33} kho^{53} mən^{11} tɔ^{35}
让 我 唤 你 回
让我唤你回，

门 走 到 未 俄
Mengz xux daaus fih ho?
məŋ^{11} tsəu^{53} tɔ^{35} vəi^{13} ʔo^{53}
你 愿意 回 不 啊
你可愿意回？

儿 门 戾 硐 柴
Leg mengz lois dugtxaiz,
lək^{13} məŋ^{11} lui^{35} tok^{35}tsai^{11}
儿 你 撕 篾 齐
你儿划竹篾，

海 勾 埃 门 到
Haec gul raiz mengz daaus,
ɣɑ^{53} kəu^{33} zai^{11} məŋ^{11} tɔ^{35}
让 我 喊 你 回
叫我唤你回，

门 走 到 未 俄
Mengz xux daaus fih ho?
məŋ^{11} tsəu^{53} tɔ^{35} vəi^{13} ʔo^{53}
你 愿意 回 不 啊
你可愿意回？

儿 勾 戾 硐 我
Leg gul lois dugtngox,
lək^{13} kəu^{33} lui^{35} tok^{35}ŋo^{53}
儿 我 撕 篾 芦苇
我儿划苇片，

海 门 可 勾 到
Haec mengz koc gul daaus,
ɣɑ^{53} məŋ^{11} kho^{53} kəu^{33} tɔ^{35}
让 你 唤 我 回
让你唤我回，

勾 媒 到 里 了
Gul miz daaus nix leeux,
kəu^{33} məi^{11} tɔ^{35} nəi^{53} liau^{53}
我 不 回 这 了
我不回去了，

儿 勾 戾 硐 柴
Leg gul lois dugt xaiz,
lək^{13} kəu^{33} lui^{35} tok^{35} tsai^{11}
儿 我 撕 篾 齐
我儿划竹篾，

海 门 柴 勾 到
Haec mengz raiz gul daaus,
ɣɑ^{53} məŋ^{11} zai^{11} kəu^{33} tɔ^{35}
送 你 喊 我 回
叫你唤我回，

勾 媒 到 里 了
Gul miz daaus nix leeux.
kəu^{33} məi^{11} tɔ^{35} nəi^{53} liau^{53}
我 不 回 这 了
我不回去了。

山　介　怒　桃　花
Ranl gaais ndos daauz wal
谷　尾
gueh feax,
san^{33} kəi^{35} ʔdo^{35} tɔ^{11} fa^{33} ku^{13}
见　那　朵　桃　花　做
fɯ^{53}
稀饭
看见拿桃花煮稀饭，

山　介　亚　至　女
Sanl gaais yah jigt ngex*
谷　耕
gueh genl,
san^{33}kəi^{35}za^{13}tɕik^{35}ŋɯ^{53}ku^{13}kən^{33}
见　这　婆　懒　笨　做　吃
见懒婆在做饭吃，

勾　媒　温　麻　到
Gul miz unl* maz daaus,
kəu^{33} məi^{11} ʔun^{33} ma^{11} tɔ^{35}
我　不　愿　啥　回
我无啥心回，

宜　完　未　里　了
Nyiel ngonz fad nix leeux,
ni^{33} van^{11} vat^{13} nəi^{53} liau^{53}
听　天　未　这　了
听未日算了，

看　完　申　里　了
Gead* ngonz sanl nix leeux,
kɯt^{13} van^{11} ɬan^{33} nəi^{53} liau^{53}
看　了　申　这　了
看申日算了，

跪　马　墨　兜　拜
Goih max mag dul bail,
kui^{33} ma^{53} mak^{33} təu^{33} pai^{33}
骑　马　墨　我们　去
骑我黑马去，

卜　四　利　兜　拜
Buxses ndix dul bail,
pəu^{53}ɬɯ^{35} ʔdei^{53} təu^{33} pai^{33}
人　媒　跟　我们　去
媒人带我去，

跪　马　妹　兜　拜
Geih max mih* dul bail,
kui^{13} ma^{53} məi^{13} təu^{33} pai^{33}
骑　马　漂亮　我们　去
骑漂亮马去，

卜　四　利　兜　拜
Buxses ndix dul bail.
pəu^{53}ɬɯ^{35} ʔdei^{53} təu^{33} pai^{33}
人　媒　跟　我们　去
媒人带我们去。

界 荡 丹 孬 簸
Gais dagt* danl haux box,
kai^{35} tak^{35} tan^{33} ɣɔ^{53}po^{53}
鸡 叫 骂 饭 花米
鸡吃米花叫，

界 妥 丹 孬 岩
Gais doc danl haux ngaaiz,
kai^{35} tho^{53} tan^{33} ɣɔ^{53} ŋɛ^{11}
鸡 啄 骂 饭 早饭
鸡叫吃早饭，

界 开 山 拜 贯
Gais haail ronl bail goons,
kai^{35} hɛ^{33} san^{33} pai^{33} kuən^{35}
鸡 开 路 去 先
开路鸡先走，

界 荡 丹 孬 簸
Gais dagt* danl haux box,
kai^{35} tak^{35} tan^{33} ɣɔ^{53}po^{53}
鸡 叫 骂 饭 米花
鸡吃米花饭，

界 妥 丹 孬 云
Gais doc danl haux ringz,
kai^{35} tho^{53} tan^{33} ɣɔ^{53}jiŋ^{11}
鸡 啄 骂 饭 晌午
鸡叫吃午饭，

界 引 山 拜 贯
Gais yinx ronl bail goons.
kai^{35} jin^{53} san^{33} pai^{33} kuən^{35}
鸡 引 路 去 先
开路鸡先去。

洒样 样 洒样
Sacyiangz riangz sacyiangh,
ɬa^{53}zaŋ^{11} zaŋ^{11} ɬa^{53}zaŋ^{13}
祖宗 和 祖宗
祖宗和祖宗，

洒样 又 坎滥
Sacyiangh qyus gaamclabt,
ɬa^{53}zaŋ^{13} ʔiu^{35} kaːŋ^{53}lak^{35}
祖宗 在 洞黑
祖宗在黑洞中，

占 怒花 讨 走
Zaangs* ndoswal dauc xux,
tsaːŋ^{35} ʔdo^{35} fa^{33} thau^{53} tsəu^{53}
插 朵 花 来 接
捧鲜花来接，

洒样 样 洒样
Sacyiangz riangz sacyiangh,
ɬa^{53}zaŋ^{11} zaŋ^{11} ɬa^{53}zaŋ^{13}
祖宗 和 祖宗
祖宗和祖宗，

洒 样 又 坎 亮
Sacyiangh qyus gaamc roongh,
ɬa^{53}zaŋ^{13} ʔiu^{35} khaːŋ^{53} zuəŋ^{13}
祖宗 在 洞 亮
祖宗在明亮的山洞中，

占 怒 吼 讨 宜
Zaangs ndos houc* tauc nyiel,
tsaːŋ^{35} ʔdo^{35} həu^{53} thau^{53} ni^{33}
插 朵 花 来 听
吹唢呐来接，

吉 谷 吉 四 炮
Xiez gueh xiez sis bauh.
tɕi^{11} ku^{13} tɕi^{11} ɬəi^{35} pau^{13}
牛 做 牛 四 趵
祭牛四蹄蹦。

叭 代一门 你
Baex dazidt mengz nix,
pɑ^{53} təi^{13}ʔit^{35} məŋ^{11} nəi^{53}
媳妇 第一 你 这
你这大媳妇，

干 乙笼 歪 罡
Gamh illongx faix gaaml,
kaŋ^{13} ʔi^{33}loŋ^{53} vai^{53}kaːŋ^{33}
捏 花篓 树 黄果
持花篓柑树，

工 凝 躺 期卦
Jongl nyianz ndangl gilguas*,
koŋ^{33} nin^{11} ʔdaŋ^{33} khi^{33}khua^{35}
鼓 铜鼓 响 叮当
铜鼓响叮当，

门 落 凹 落 拜
Mengz loh* wah* loh* bail,
məŋ^{11} lo^{13} va^{13} lo^{13} pai^{33}
你 边 昏迷 边 去
你边看边走，

叭 代二 门 你
Baex dazngih mengz nix,
pɑ^{53} təi^{13}ŋəi^{13} məŋ^{11} nəi^{53}
媳妇 第二 你 这
你这二媳妇，

干 乙 笼 歪 杠
Gamh il longc faix gaangz,
kaŋ^{13} ʔi^{33} loŋ^{53} vai^{53} kaːŋ^{11}
捏 花 篓 树 香樟
持花篓香樟，

工 凝 躺 期指
Jongl nyianz ndangl gilgogt*,
koŋ^{33} nin^{11} ʔdaŋ^{33} khi^{33}khok^{35}
鼓 铜鼓 响 叮当
铜鼓响当当，

门 落 指 落 拜
Mengz dogt* egt *loh *bail.
məŋ^{11} tok^{35} ʔɯk^{35} lo^{13} pai^{33}
你 那 台衣 边 去
你穿衣服走。

门 卡 骂 元 更
Mengz gah mal raanz genz,
məŋ^{11} ka^{13} ma^{33} zaːn^{11} kən^{11}
你 摸 来 家 上
你摸来上家，

劳 元 更 耗 雅 门 店
Laaul raanz genz haaus qyas mengz diangh*,
lɔ^{33}zaːn^{11}kən^{11}hɔ^{35}ʔia^{35}məŋ^{11}tiaŋ^{13}
怕 家 上 话 坏 你 讲
怕上家讲你闲话，

门 卡 骂 元 蜡
Mengz gah mal raanz lac,
məŋ^{11} ka^{13} ma^{33} zaːn^{11} la^{53}
你 摸 来 家 下
你摸来下家，

劳 元 蜡 耗 亚 门 店
Laaul raanz lac haaus qyas mengz diangh*,
lɔ^{33} zaːn^{11} la^{53} hɔ^{35} ʔia^{35} məŋ^{11} tiaŋ^{13}
怕 家 下 话 坏 你 讲
怕下家讲你坏话，

顺 大路 拜 更
Sil daqluq bail genz,
ɬəi^{33} ta^{13}lu^{13} pai^{33} kən^{11}
顺 大路 去 上
顺大路往上走，

好 山 翁 拜 廖
Hauc ronl hungl* bail ndiaus*,
hau^{53} san^{33} huŋ^{33} pai^{33} ʔdiau^{35}
走 路 大 去 高
顺大路朝前走，

暴 亚 从 吉 勒
Bausyah songz jiezlaez.
pau^{35} za^{13} ɬuəŋ^{11} tɕi^{11}lɑ^{11}
祖母 归 处 哪
先祖在哪里。

暴 翁 又 吉 勒
Bausuangl* qyus jiezlaez,
pau^{35}ʔuəŋ^{33} ʔiu^{35} tɕi^{11}lɑ^{11}
祖先 在 处 哪
祖先在哪里，

门　拜　又　吉　远
Mengz bail qyus jiez ranx,
məŋ^{11} pai^{33} ʔiu^{35} tɕiə^{11} zan^{53}
你　去　住　处　哪
你去住那里，

穆　勾　了　勾　半
Mol gul leeux gul byag,
mo^{33} kəu^{33} liau^{53} kəu^{33} pak^{13}
经　我　完　我　静
经念完我歇，

养　勾　了　贱　𱟂
Qyaangx gul leeux sabt waz*,
ʔjaːŋ^{53} kəu^{33} liau^{53} ɬiak^{53} va^{11}
神刀　我　了　插　壁笆
神刀插壁笆，

门　拜　从　吉　远
Mengz bail songz jiez ranx.
məŋ^{11} pai^{33} ɬuəŋ^{11} tɕiə^{11} zan^{53}
你　去　归　处　那
你去归那里。

三、注释

（1）ɬa^{53}khɯk^{13} pai^{33} nɯn^{11} haːŋ^{53}，其中 haːŋ^{53}，对应于标准音点的 xom^{53}，本义为“扑倒”，即面朝下，nɯn^{11} haːŋ^{53}，指“面朝下睡”。这里指当时的人们坐卧起居条件很简陋。

（2）to^{35} lai^{33} van^{11} tsɔ^{11} ma^{53} 义为“砌的台阶像马槽一样不平整”，同样也是指人们的物质生活条件很差。

（3）kuəŋ^{33} luŋ^{11}na^{53} vəi^{13} ɬaːn^{53}，义为“地位高贵的人和外家的亲戚分不开”，指一个部落的人不论地位高低住在一起，共同生活，合为一个大家庭，没有主客之分。

（4）ʔau^{33} vai^{53}ŋo^{53} ku^{13} ɬau^{33} 义为“用芦苇当柱头”，指用芦苇搭建简单的草棚作为住所，说明生活条件很艰苦，并非真用芦苇来做房柱。

（5）thau^{53} təŋ^{13} mək^{13} pəu^{53}vuŋ^{11}，其中的 vuŋ^{11} 即汉语的“王”或“皇”的布依语音译，在布依族古籍中出现频率较高，主要指古代氏族、部落首领或国家的最高统治者即国王或皇帝，也指造物主。

（6）“𡚸”，自创字，“好”为布依语词“谷”的读音，“大”应为义符，但与“谷”语义上没有关联，疑为“米”之误，即应为“𥹸”。

（7）“嬲孬岩妈坝”，其中的“嬲”，读作 niǎo，与布依语词 wauh 的读音相差甚远，疑应为 nyabt “拈”，镇宁布依语读作 niak^{13}，下文的 wauh 记音汉字为“凹”。

（8）lək^{13} pun^{35} pai^{33} pun^{35} ma^{33}，其中的 pun^{35} 原文指“做生意、做买卖”。

（9）pun^{35} taŋ^{11} ʔbaːn^{53} pu^{53}paːn^{33}，其中的 pu^{53}paːn^{33} 为地名，也有可能是布依族的某种区域性称谓或某种民族的名称，待考。

（10）pun^{35} taŋ^{11} zaːn^{11} pu^{53}piə^{11}，其中的 pu^{53}piə^{11} 为地名，也有可能是布依族的某种区域性称谓或某种民族的名称，待考。

（11）tso^{35} ʔdəi^{53} ʔjaːŋ^{53} səu^{33} thau^{53} lək^{13} ma^{33}，其中的 ʔjaːŋ^{53} 为布依族布摩在宗教活动中使用的法器，形如马刀，过去多为铁制，日常生产生活中也可使用，但现在已很少出现在日常生产生活中，布摩在使用时临时用竹片或木板制成。

（12）tau^{35} ʔau^{33} ma^{11} ɬuəŋ^{33} ʔbɔ^{35}，hɔ^{35} ma^{11} ʔdiau^{33} ɬuəŋ^{33} lɔ^{53} 两句中的 ɬuəŋ^{33} ʔbɔ^{35} “两位青年”和 ɬuəŋ^{33} lɔ^{53} “两位老人”所指对象相同，如此称呼有尊重对方的意思。

（13）məi^{11} tɕit^{35} ma^{11} mie^{13} ŋɯ^{13}，其中的 ŋɯ^{13} 在布依语中有“龙”的意思，也指彩虹。

（14）“讲了一槽又一槽”，其中的“槽”为贵州汉语方言，指山谷，口语中称“槽子”。

（15）tɕi^{53} taŋ^{11} tɕi^{53} kaːŋ^{33} fɯt^{35}，其中的 tɕi^{53} 为“神、神灵”，原译本作“你”，明显有误。

四、词汇表（按音序排列）

aans [ʔaːn^{35}] 稀泥
baanl* [paːn^{33}] 边
bangxmbas [paŋ^{53}ʔba^{35}] 肩膀
bas boongh [pa^{35} puəŋ^{13}] 背篓口
bas mbaul [pa^{35} ʔbau^{33}] 巧嘴
bas nagt [pa^{35} nak^{35}] 嘴笨
bas raabt [pa^{35} tsɯk^{35}] 担子口
bauh [pau^{13}] 刨
bausuangl* [pau^{35}ʔuəŋ^{33}] 祖先，先人
bausyah [pau^{35} za^{13}] 祖宗

bead* [pɯt^{13}] 拿

beans [pun^{35}] 生意，买卖

beansbaaic* [pun^{35}phɛ^{53}] 做生意

bihdangz [pəi^{13}taŋ^{11}] 蚕豆

bihmac [pəi^{13}ma^{53}] 豌豆

bilndianl [pəi^{33}ʔdun^{33}] 年庚，年纪

bilnix [pəi^{33}nəi^{53}] 今年

bins [pin^{35}] 簪

bixbaex [pəi^{53}pɑ^{53}] 嫂

boh weangz [po^{13} vuŋ^{11}] 首领的父亲

boongh [puəŋ^{13}] 背篼

Buxbaanl [pu^{53}paːn^{33}] 补班（地名）

Buxbiez [pu^{53}piə^{11}] 补别（地名）

buxdaais* [pəu^{53}tɛ^{35}] 经师

buxgaus [pəu^{53}kau^{35}] 熟人，故人

buxhas [pəu^{53}ha^{35}] 汉族

buxmianz [pəu^{53}miən^{11}] 彝族

buxreengz* [pəu^{53}zaŋ^{11}] 青年

buxsal [pəu^{53}ɬa^{33}] 经师

buxsel* [pəu^{53}ɬɯ^{33}] 经师

buxselsal [pəu^{53}ɬɯ^{33}ɬa^{33}] 经师

byaad [pɯt^{13}] 滑

byag [pak^{13}] 静

byoonghngonz [puəŋ^{13}van^{11}] 半天，正午

cenc [tshən^{53}] 就

daanz [taːn^{11}] 寨

daauz [tɔ^{11}] ①（台阶的）级；②桃

dab [tɯk^{13}] 叠，摞

dac [tha^{53}] 晒

dac*ndiadt* [tha^{53} ʔdiat^{35}] 踱步，走，溜达

dac*zanq* [tha^{53} tsaːn^{35}] 站

dagt* [tak^{35}] 叫

daix [tai^{53}] 酬劳，酬金

dazbeedt [tai^{13}piat^{35}] 第八

dazguc [tai^{13}khəu^{53}] 第九

dazrogt [tai^{13}sok^{35}] 第六

dazsis [tai^{13}ɬəi^{35}] 第四

dazxadt [tai^{13}tsat^{35}] 第七

dazxib [tai^{13}tɕhik^{13}] 第十

deeuz [tiau^{11}] 条

deg[tɯk^{13}] ①坝；②院坝

diangh* [tiaŋ^{13}] 讲

dicdingz* [ti^{53}tiŋ^{11}] 快走

dig* [tik^{13}] 装

doc [tho^{53}] 啄

dol [to^{33}] 多

dugtngox [tuk^{35}ŋo^{53}] 芦苇片

dunl* [tun^{33}] 讲

ees [ʔie^{33}] 轭

egt * [ʔɯk^{35}] 台衣

faix gaaml [vai^{53}kaːŋ^{33}] 黄果树

faix gaangz [vai^{53} kaːŋ^{11}] 香樟树

faixbauz [vai^{53}pau^{11}] 苦竹

faixngox [vai^{53}ŋo^{53}] 芦苇

faixrauz* [vai^{53}zau^{11}] 苦竹（镇宁）

fanz [van^{11}] 齿

fedt* [fɯt^{35}] 修

fex [fɯ^{53}] 稀饭

gaab [kɯk^{13}] 夹，夹棍

gaamc roongh [khaːŋ^{53} zuəŋ^{13}] 明亮的山洞

gaamclabt [kaːŋ^{53}lak^{35}] 黑洞

gaancgal* [kaːn^{35}ka^{33}] 赤脚

gaangl [kaːŋ^{33}] 张开，撑开（伞）

gagt* [kak^{35}] 舀

gaulgaadt [kau^{33}kɯt^{35}] 藤葛

gead [kut^{13}] 扛

geg* [kɯk^{13}] 箍

geih max [kui^{13} ma^{53}] 骑马

gilgogt* [khi^{33}khok^{35}] 叮当

gilguas* [khi^{33}khua^{35}] 叮当（拟声词）

gongl [kuəŋ^{33}] 弓

gunc [khun^{53}] 捆

gungs [kuŋ^{35}] 弯

gvaangl [kuəŋ^{33}] 贵人

haail ronl [hɛ^{33} san^{33}] 开路

haamc [haːŋ^{53}] 扑，伏

haangh [haːŋ^{13}] 街巷

haangz [ɣaːŋ^{11}] 下巴

hanx [ɣan^{53}] 这

hauchaans* [hau^{53}haːn^{35}] 上等

hauxbox [ɣɔ^{53}po^{53}] 炒米

hauxnaz [ʔɔ^{53}na^{11}] 稻谷

hauxringz [ɣɔ^{53}jiŋ^{11}] 午饭

headt [fɯt^{35}] 腰

homs [haŋ^{35}] 盖，遮挡

hongl [ʔuəŋ^{33}] 绸缎

hongz [hoŋ^{11}] 潭

hungl* [huŋ^{33}] 大

ianglyeez* [ʔiaŋ^{33}jɛ^{11}] 女儿

icic* [ʔi^{53}ʔi^{53}]（摹状词）形容悠闲状

illongc [ʔi^{33}loŋ^{53}] 花篓

ingl [ʔiŋ^{33}] 靠，倚靠

jabtbuh* [kak^{35}pəu^{13}] 巫婆

jaic [khai^{53}] 病

jeedt [tɕiat^{35}] 痛

jeemh [tɕiaŋ^{13}] 山垭口

jeenh [tɕin^{13}] 匹，段

jeul* [tɕiu^{33}] 拌饭

jibt [tɕik^{35}] 拣

jidt* [tɕit^{35}] 犯

jigt [tɕik^{35}] 懒

jiz keg*[tɕi^{11}khɯk^{13}] 上锁

koc [kho^{53}] 唤

laangh [laːŋ^{13}] 宽

laaux [lɔ^{53}] 大，老（这里指老人）

labtmos [lak^{35}mo^{35}] 雾

lail [lai^{33}] 梯坎

langclix [laŋ^{53} ləi^{53}] 还有

leg naih [lək^{13} nai^{13}] 孩子

liangc [liŋ^{53}] 伞

lie^{1} [lɯ^{53}] 剩

lies* [lie^{35}] 喉

loh* [lo^{13}] 边

lois [lui^{35}] 剥，撕
lungc* [luəŋ^{53}] 竹篓
mag [mak^{33}] 墨（指黑色）
mans* [man^{35}] 蓝
manz [man^{11}] 棉絮
mauc [mau^{53}] 卯
mbaaix [ʔbɛ^{53}] 竹筒
mbagtlail [ʔbak^{35}lai^{33}] 石梯坎
mbas [ʔba^{35}] 肩
mbaus [ʔbo^{35}] 不
mbidt [ʔbit^{35}] 犟，执拗
mbilmbigt* [ʔbi^{33}ʔbɯk^{35}] ①爽快（摹状词，形容行走的状态）；②（摹状词，形容海水翻腾状）
mbons [ʔuan^{35}] 铺盖
mec [mɯ^{53}] 要，必须
meehluangz [mie^{13} luŋ^{11}] 龙母，龙神
meehweangz [mie^{13} vuŋ^{11}] 首领的母亲
mih* [məi^{13}] 漂亮
miz unl* [məi^{11} ʔun^{33}] 不愿
mod* [mot^{13}] 蛀
mog [mɔk^{13}] 被子
mog mianh [mok^{13}mian^{11}] 棉被
mol [mo^{33}] 经
moonh [mon^{13}] 蛀
naaiz [nie^{11}] 瘀
naangz [naːŋ^{11}] 嬢，小姐
naangzyinz* [naːŋ^{11}jin^{11}] 巫师
nac bangz [na^{53} paŋ^{11}] 布面，布幅
nacgunz* [na^{53}kun^{11}] 膝盖
nachos [na^{53}fo^{35}] 膝头
nacndingl [na^{53}ʔdiŋ^{33}] 红脸
naus* [nau^{0}] 喽
nauz [nau^{11}] 篓
ndaaul [ʔdɔ^{33}] 星星
ndangl [ʔdaŋ^{33}] 响
ndanl [ʔdan^{33}] 地
ndas [ʔda^{35}] 骂
ndeeus* [ʔdiau^{35}] 高
ndiagt* [ʔdiak^{35}] 别人
ndoic* [ʔdui^{53}] 空
ndoil [ʔdui^{33}] 空的
ndos houc* [ʔdo^{35} həu^{53}] 花朵
ndoswal [ʔdo^{35} fa^{33}] 花
ndugt [ʔduək^{35}] 朽
ndunl [ʔdun^{33}] ①月亮；②站
nengs* [nəŋ^{35}] 鹅颈
ngaaix* [ŋaːi^{53}] 仰睡
ngaamz [ŋaːŋ^{11}] 木叉
nganz haaul [ŋan^{11} hɔ^{33}] 白银
ngeah [ŋɯ^{13}] 虹神
ngex* [ŋɯ^{53}]（摹状词）形容懒的状态
ngonz fad [van^{11} vat^{13}] 未日
ngonz lih* [van^{11} ləi^{13}] 吉日
ngonz ndil [van^{11} ʔdəi^{33}] 吉日
ngonz sanl [van^{11} ɬan^{33}] 申日
ngonzlaez [van^{11}lɑ^{11}] 哪天

nicniangz* [ni^{53}niaŋ^{11}]（摹状词）形容骂的声音

nicnianh [ni^{53}nian^{13}]（摹状词）形容骂的声音

nyanz [nin^{11}] 铜鼓

os bail [ʔo^{35} pai^{33}] 出去

qyaams [ʔjaːŋ^{35}] 迈步

red* [zɯt^{13}] 堆

rogjiux [zok^{13}tɕiu^{53}] 画眉

rogrood [zok^{13}zot^{13}] 阳雀

rongz naz [zoŋ^{11}na^{11}] 下田

ronl laaux [san^{33} lɔ^{53}] 大路

rood [zuət^{13}] 削

roonglbyaz [suəŋ^{33}pa^{11}] 芋荷叶

roonglmbogt* [suəŋ^{33}ʔbok^{35}] 楸叶

roonx [zuən^{53}] 修剪（树枝）

ros [so^{35}] 瓢

rox [zo^{53}] 或者

roxwaz [zo^{53}va^{11}] 看见

rungz [zuŋ^{11}] 仡佬族

saangl* doih [saːŋ^{33} toi^{13}] 舂碓

saangs* [saːŋ^{35}] 上

saans [ɬaːn^{53}] ①散，分散；②编

sabt [ɬiak^{35}] 插

sacyiangz [ɬa^{53}zaŋ^{11}] 祖宗

sal* [sa^{33}] 手上

sanl [san^{33}] 见

sasegt [ɬa^{53}khɯk^{13}] 打哈欠

saul [ɬau^{33}] 柱

saulmeeh [ɬau^{33}mie^{13}] 母柱，头柱

saulseil* [ɬau^{33} səi^{33}] 中柱

sauz* [tsau^{11}] 匹，段

sax [ɬa^{53}] 我

selsal [ɬɯ^{33}ɬa^{33}] 经书（直译：书＋纸）

siangl* [ɬiaŋ^{33}] 当，该

sins wanl [ɬin^{35} fan^{33}] 喊魂

sis [ɬi^{35}] 祭祀

sis gaul [ɬəi^{35} kau^{33}] 四角

siul remh [səu^{33} zəŋ^{13}] 收租

sizsih* [ɬi^{11}ɬi^{13}]（摹状词）形容下雨的声音

sizsog* [ɬi^{11}ɬok^{13}]（摹状词）形容雨落的声音

songz [ɬuəŋ^{11}] 住宿，归宿

soongz* [ɬoŋ^{11}] 困扰

suanl [ɬun^{33}] 园子

unx ric [ʔun^{53} həi^{53}] 沟对面

unxdah [ʔun^{53}ta^{13}] 河对岸

waais [fɛ^{35}] 棉花

wah* [va^{11}] 边，面

wangx* [vaŋ^{53}] 把儿，柄

wauh* [vau^{13}] 刨

waz ngox [va^{11} ŋo^{53}] 芦苇笆折

wazdangz* [va^{11} taŋ^{11}] 竹篱笆墙

wazsaus [va^{11} ɬau^{35}] 竹篱笆墙

xaabt [tsak^{35}] 遇

xaais* [ɕɛ^{35}] 潭

xaauz [tshɔ^{11}] 槽

xaauzmax[tsɔ^{11} ma^{53}] 马槽

xah [tsa^{13}] 垫

xezringz [tsɯ^{11}jiŋ^{11}] 晌午，下午

xibidt [tɕhik^{13}ʔit^{35}] 第十一

xiex [tɕi^{53}] 神

xiez [tɕi^{11}] 黄牛

xoh [tso^{13}] 找

xomc [tshaŋ^{53}] 戴

xunc [tshən^{53}] 当，准

yazqyamx [za^{11}ʔiaŋ^{53}] 巫婆

yiangh [zaŋ^{13}] 像 …… 样子

yias*leeux [jia^{35} liau^{53}] 一下

yicias* [ji^{53}ʔia^{35}] 不成

yih [ji^{13}] 蜡染

yixies [ji^{53}ʔiə^{35}] 不理睬

zaangs [tsaːŋ^{35}] 插

zaanl* mingh [tsaːn^{33} miŋ^{13}] 算命

zoh* [tso^{13}] 认

zungs* [tsuŋ^{35}] 落

词汇总表（按音序排列）

（说明：本表中国际音标注音与文字形式不一致的为镇宁《古谢经·穆考》中的词汇。由于镇宁布依语与布依文标准音点读音差别较大，故保留其固有读音，我们在词条后或词条的相关义项之后加注【穆】以示区别。）

A

aadt* [ʔaːt^{35}] 嫩

aais [ʔaːi^{35}] 干枯

aangl wal [ʔaːŋ^{24} wa^{24}] 开花

aangs [ʔaːŋ^{35}] 高兴

aangs renz*ruax* [ʔaːŋ^{35} ðɯn^{11}ðua^{31}] 喜洋洋

aans [ʔaːn^{35}] 稀泥【穆】

aanx* [ʔaːn^{31}] 倒

aaux* [ʔaːu^{31}] 扳

adt* [ʔat^{35}] 壮

Alyaux* [ʔa^{33}jau^{31}] 了寨（地名）

ans [ʔan^{35}] 想要

aul [ʔau^{24}] 要，拿，用

aul haec [ʔau^{24} xaɯ^{53}] 拿给

B

baaih [paːi^{33}] 边，面，方

baaihlangl [paːi^{33}laŋ^{24}] 后面

baaihnac [paːi^{33}na^{53}] 前面

baaihndaanl [paːi^{33}ʔdaːn^{24}] 对面，对岸

baais [paːi^{35}] 拜

baaiz [paːi^{11}] 摆放，排

baangl [paːŋ^{24}] 帮

baangxbas [paːŋ^{31}pa^{35}] 山坡，山岗【穆】

baangxbol[paːŋ^{31}po^{24}] 山坡

baangxmbos [paːŋ^{31} ʔbo^{35}] 井边

baanl* [paːn^{33}] 边【穆】

Baanxguis* [paːn^{53}kui^{24}] 板贵（地名）

baauc [paːu^{53}] 保，保护

baaus [paːu^{35}] 报

bad [pat^{33}] 佛

baex [paɯ^{31}] 媳妇

bagt [pak^{35}] 插

bail [pai^{24}] 去

bailgenz [pai^{24} kɯn^{11}] 上去，往上

bailndael [pai^{24}ʔdaɯ^{24}] 往里走，进去

baiz [pai^{11}] 次，下（动量词）

bangh* [paŋ^{33}] 傍，依靠

bangxmbas [paŋ^{53}ʔba^{35}] 肩膀【穆】

bangz [paŋ^{11}] 布

banh* [pan^{33}] 积累

banl [pan^{24}] 分

banz [pan^{11}] 成，有

banz wenz [pan^{31} wɯn^{31}] 成人

banzianl [pan^{11}ʔian^{24}] 结怨

banzlumc [pan^{11}lum^{53}] 像，好像

banznix [pan^{11}ni^{31}] 如此，这样

bas [pa^{35}] ①口，嘴；②百；③劈开

bas boongh [pa^{35} puəŋ^{13}] 背篓口【穆】

bas mbaul [pa^{35} ʔbau^{33}] 巧嘴【穆】

bas mbungl [pa^{35} ʔbuŋ^{24}] 囤箩口

bas nagt [pa^{35} nak^{35}] 嘴笨【穆】

bas raabt [pa^{35} tsɯk^{35}] 担子口【穆】

basdaangs [pa^{35}taːŋ^{35}] 窗口

basdul [pa^{35}tu^{24}] 门

basgongc [pa^{35}kɔŋ^{35}] 拱门口

basnyih [pa^{35}ȵi^{33}] 百二

Basxangx* [pa^{35}ɕaŋ^{31}] 白层（地名）

bauh [pau^{13}] 刨【穆】

bausdal [pau^{35}ta^{24}] 外祖父，岳父

bausgvaangl [pau^{35}kwaːŋ^{24}] 布依族摩经中对男性死者的尊称，相当于“公子，先生”

bausuangl* [pau^{35}ʔuəŋ^{33}] 祖先，先人

bausxiex [pau^{35}ɕiə^{31}] 神，神仙

bausyah [pau^{35} za^{13}] 祖宗【穆】

baz [pa^{11}] 妻子（疑应为“父”）

baz gaus [pa^{11} kau^{24}] 原配，发妻

baz weangz [pa^{11} wɯəŋ^{11}] 王妻

bazhenz [pa^{11}xɯn^{11}] 做梦

beac [pɯə^{53}] 宿命

bead* [pɯt^{13}] 拿【穆】

beah hoongl [pɯə^{33}xoŋ^{24}] 绸缎衣服

beangz [pɯəŋ^{11}] 地方，天下

beangz feax [pɯəŋ^{11}fɯə^{31}] 他乡，外地

beangzdih [pɯəŋ^{11}ti^{33}] 人间

beangzgaus [pɯəŋ^{11}kau^{35}] 家乡，故乡

beangznix [pɯəŋ^{11}ni^{31}] 这一方，这一带

beans [pun^{35}] 生意，买卖【穆】

beansbaaic* [pun^{35}phɛ^{53}] 做生意【穆】

beas [pɯə^{35}] 芋头

beedt [pet^{35}] 八

beegt*sings [pek^{35}θiŋ^{35}] 百姓

beeh [pe^{33}] ①齐；②如，相当；③即使，虽然

beeh*nix [pe^{33}ni^{31}] 如此，这么多

beens [pen^{35}] 片

beensgab [pen^{35}kap^{33}] 棺材

beensguh [pen^{35}ku^{33}] 棺材

beenz [pen^{11}] 爬

benc [pɯn^{53}] 本

bens [pɯn^{35}]（给人）喂（饭）

bians [piən^{35}] 变

bians banz [piən^{35}pan^{11}] 变成

bib [pip^{33}] ①（往里）折；②躲

bidtgais [pit^{35}kai^{35}] 鸡鸭

bihdangz [pəi^{13}taŋ^{11}] 蚕豆【穆】

bihmac [pəi^{13}ma^{53}] 豌豆【穆】

bil [pi^{24}] 年，岁

bilbimh* [pi^{11}pim^{11}]（摹状词）指树摇摆

bilbyaauz* [pi^{11}pjaːu^{11}]（摹状词）指树摇摆

bildaul [pi^{24}tau^{24}] 前年

bilgoons bilndux [pi^{24}kon^{35} pi^{24} ʔdu^{31}] 前些年

biljail [pi^{24}tɕai^{24}] 久远

bilndianl [pəi^{33}ʔdun^{33}] 年庚，年纪【穆】

bilnix [pəi^{33}nəi^{53}] 今年【穆】

bilsunx* [pi^{33}sun^{31}] 年景

binc [pin^{53}] 翻

bingz [piŋ^{11}] 凭，凭借

binl [pin^{24}] 爬

bins [pin^{35}] 簪【穆】

bius [piu^{35}] 空

bixbaex [pəi^{53}pɑ^{53}] 嫂【穆】

bixdaaih [pi^{31}taːi^{33}] 大哥

bixjax [pi^{31} tɕa^{31}] 孤兄

bixnuangx [pi^{31}nuəŋ^{31}] 兄弟（姊妹）

biz [pi^{11}] 肥

boh [po^{33}] 父亲

boh weangz [po^{13} vuŋ^{11}] 首领的父亲【穆】

bohjeeuz [po^{33}tɕeu^{11}] 桥父

bohlungz [po^{33}luŋ^{11}] 舅父（比母亲大）

bohmeeh [po^{33}me^{33}] 父母

bohnax [po^{33}na^{31}] 舅父（比母亲小）

bohweangz [po^{33}wɯəŋ^{11}] 父王

bol [po^{24}] 山

Bolal [po^{33}ʔa^{33}] 坡阿（地名）

bolbaanz [po^{24}paːn^{11}] 斜坡

bolbas [po^{24}pa^{35}] 山坡

Bolsoz* [po^{24}θo^{11}] 坡撮（地名）

Bolxix* [po^{24}ɕi^{31}] 坡者（地名）

boongh [poŋ^{33}] ①（植物长势）茂盛；②（动物）跳跃；③背篓【穆】

bos [po^{35}] 吹

bux [pu^{31}] 人；（一）个（人）

bux noih [pu^{31} noi^{33}] 平民百姓

buxbaanl [pu^{31} paːn^{24}] 词义不清，从下一句的 buxbingh（病人）推测，可能也指“病人”

Buxbaanl [pu^{53}paːn^{33}] 补班（地名）【穆】

Buxbiez [pu^{53}piə^{11}] 补别（地名）【穆】

buxbingh [pu^{31}piŋ^{33}] 病人

buxdaais* [pəu^{53}tɛ^{35}] 经师【穆】

buxdaauh [pu^{31}taːu^{33}] 道士

buxgaus [pəu^{53}kau^{35}] 熟人，故人【穆】

buxhas [pəu^{53}ha^{35}] 汉族【穆】

buxjees [pu^{31}tɕe^{35}] 老人

buxlaaux [pu^{31}laːu^{31}] 老人，大人

buxlaez [pu^{31}laɯ^{11}] 谁

buxmianz [pəu^{53}miən^{11}] 彝族【穆】

buxmol [pu^{31}mo^{24}] 布摩（摩师，摩公）

buxqvax [pu^{31}ʔwa^{31}] 傻瓜（这里指老实人、老百姓）

buxreengz* [pəu^{53}zaŋ^{11}] 青年【穆】

buxsaail [pu^{31}θaːi^{24}] 男人

buxsal [pəu^{53}ɬa^{33}] 经师【穆】

buxsel* [pəu^{53}ɬɯ^{33}] 经师【穆】

buxselsal [pəu^{53}ɬɯ^{33}ɬa^{33}] 经师【穆】

buxses [pu^{31}θɯ^{35}] 媒人

buxweangz [pu^{31}wɯəŋ^{11}] 国王，大王

buxxaangh [pu^{31}ɕaːŋ^{33}] 匠人

buxxoongh [pu^{31}ɕoŋ^{33}] 老百姓

byaad [pɯt^{13}] 滑【穆】

byaaic [pjaːi^{53}] 走

byaail [pjaːi^{24}] 梢

byaailfal [pjaːi^{24}fa^{24}] 篱笆旁边

byac [pja^{53}] 雷

byag [pak^{13}] 静【穆】

byagt [pjak^{35}] 菜

byagtbyaz [pjak^{35}pja^{11}] 东南菜

byah [pja^{33}] 分别，分手，分离

byal [pja^{24}] 鱼

byaljaail [pja^{24}tɕaːi^{24}] 鱼名

byalraaiz [pja^{24}ðaːi^{11}] 花鱼

Byalwadt* [pja^{24}wat^{35}] 八河（地名）

byanc* [pjan^{53}] 遍

byangc [pjaŋ^{53}] 办丧事，超度

byaul [pjau^{24}] 烧

byogt [pjɔk^{35}] 弄醒，叫醒，催促

byoongc* [pjoŋ^{53}]（刺）穿，（扎）穿

byoonghhenz [pjoŋ^{33}xɯn^{11}] 半夜

byoonghngonz [puəŋ^{13}van^{11}] 半天，正午【穆】

byoonghronl [pjoŋ^{33}ðon^{24}] 半路

C

cenc [tshən^{53}] 就【穆】

D

daab [taːp^{33}] 板，木板

daaih [taːi^{33}] 大，太

daail [taːi^{24}] 死

daais [taːi^{35}] 外祖母，岳母

daaiz [taːi^{11}] 抬，托住

daamlhaaul [taːm^{24} xaːu^{24}] 白色的刀柄

daamlhac [taːm^{24}xa^{53}] 褐色刀柄

daamlnganz [taːm^{24}ŋan^{11}] 银制刀柄

daamlqyas [taːm^{24}ʔja^{35}] 锄把

daaml*xez [taːm^{24}ɕɯ^{11}] 当时

daangh* [taːŋ^{11}] 蹚水而过

daanz [taːn^{11}] ①坛；②寨【穆】

daaus [taːu^{35}] 回，返回，倒

daaus jauc [taːu^{35} tɕau^{53}] 转头，回头

daausmal [taːu^{35}ma^{24}] 回来

daaux [taːu^{31}] 抵

daauz [tɔ^{11}] ①（台阶的）级；②桃【穆】

dab [tɯk^{13}] 叠，摞【穆】

dac [tha^{53}] 晒【穆】

dac*ndiadt* [tha^{53} ʔdiat^{35}] 踱步，走，

溜达【穆】

dac*zanq* [tha^{53} tsaːn^{35}] 站【穆】

dadt [tat^{35}] 剪，截断

daez [taɯ^{11}] 守

dagt [tak^{35}] 舀

dagt* [tak^{35}] 叫【穆】

dah [ta^{33}] 河

daic [tai^{53}] ①哭；②捆，把，束

daih [tai^{33}] 袋

dais [tai^{24}] 走，过，经过

daix [tai^{53}] 酬劳，酬金【穆】

dal [ta^{24}] 外祖父，岳父

daml [tam^{24}] 就（饭），下（饭）

dams [tam^{35}] 低，矮

damx [tam^{31}] 刚刚

damz [tam^{11}] 塘

damznaz [tam^{11}na^{11}] 田土

danc [tan^{53}] 穿

dangc [taŋ^{53}] 竖，立

dangllongz [taŋ^{24}loŋ^{11}] 灯笼

danglngonz [taŋ^{24}ŋon^{11}] 太阳

dangs [taŋ^{35}] 捎口信，嘱咐

dangz [taŋ^{11}] ①到；②全部，整个

danl [tan^{24}] 骂，咒

das [ta^{35}] 晒

daslaab [ta^{35}laːp^{33}] 晒冬，晒垡

dauc [tau^{53}] ①生，长；②来；③下（雨、蛋）

dauc wenl [tau^{53} wɯn^{24}] 下雨

dauh [tau^{33}] 灰

dauh xiclaz [tau^{33} ɕi^{53} la^{11}] 草木灰

daux [tau^{31}] 斗

daz [ta^{11}] 纺（棉）

daz waais [ta^{11} waːi^{35}] 纺棉花

dazbeedt [tai^{13}piat^{35}] 第八【穆】

dazguc [tai^{13}khəu^{53}] 第九【穆】

dazhac [ta^{11}xa^{35}] 第五

dazidt [ta^{11}ʔit^{35}] 第一

dazngih [ta^{11}ŋi^{33}] 第二

Daznyaauh* [ta^{11}n̥aːu^{33}] 打料（地名）

dazraaix [ta^{11}ðaːi^{31}] 真的

dazrogt [tai^{13}sok^{35}] 第六【穆】

dazsaaml [ta^{11}θaːm^{24}] 第三

Dazseml* [ta^{11}θɯm^{24}] 打春（地名）

dazsis [tai^{13}ɬəi^{35}] 第四【穆】

dazxadt [tai^{13}tsat^{35}] 第七【穆】

daz*xel [ta^{11}ɕɯ^{24}] 放心

dazxib [tai^{13}tɕhik^{13}] 第十【穆】

deeb* [tep^{33}] 草束

deel [te^{24}] ①那；②他、她、它

deeml [tem^{24}] 和，跟，与

deengc* [teŋ^{53}] 坎

deengl [teŋ^{24}] ①（打）中，（打）着；②是

deeuh [teu^{33}] 十斤

deeuz [teu^{11}] ①逃；②条【穆】

deg[tɯk^{13}] ①坝；②院坝【穆】

degsoh [tɯk^{35}θo^{33}] 讨人爱

degt [tɯk^{35}] ①打；②追问

degtsag [tɯk^{35}θak^{33}] 杀戮

degxangz [tɯk^{33}ɕaŋ^{11}] 讨人嫌

denl* [tɯn^{24}] 口弦

denz [tɯn^{11}] 词义不清，可能是为与上句 vɯn^{11} 押韵而配用的音节。

dez [tɯ^{11}] ①带；②用

dez ruez [tɯ^{11} ðuə^{11}] 撑船

dez saz [tɯ^{11}θa^{11}] 撑筏

dez*dux* [tɯ^{11}tu^{31}] 木桩

dezraaix [tɯ^{11}ða:i^{31}] 真的

dezsaaih* [tɯ^{11}θa:i^{33}] 清闲

dezxonz [tɯ^{11}ɕon^{11}] 相信

diab [tiəp^{33}] 踩

diangh* [tiaŋ^{13}] 讲【穆】

diangz [tiəŋ^{11}] ①糖；②蜜蜂

diangz*saaih* [ti:ŋ^{11}θa:i^{11}] 亭赛（地名）

dianh [tiən^{33}] 野外

dianl [tiən^{24}] ①提到，讲到；②谈论；③天

dianlgaangl [tiən^{33} ka:ŋ^{33}] 天罡

dianlhah* [tiən^{24}xa^{33}] 天下

dicdingz* [ti^{53}tiŋ^{11}] 快走【穆】

dig* [tik^{13}] 装【穆】

dih [ti^{33}] ①坟墓；②地

dih* jac [ti^{33} tɕa^{53}] 秧苗丛，秧田

dih* jams* [ti^{33} tɕam^{35}] 染米草丛

dingh [tiŋ^{33}] 一定

dingz .....dingz ....[tiŋ^{11}...tiŋ^{11}] 一边 ... 一边 ...

Dingz*gangl* [tiŋ^{11}kaŋ^{33}] 顶江（地名）

dinl [tin^{24}] 脚

dinlxiangz [tin^{24}ɕiəŋ^{11}] 墙脚

dis* [ti^{35}] 盼望

doc [to^{53}] ①都；②钉，打桩；③就；④啄【穆】

dogt [tɔk^{35}] ①落；②撒（种）

dogt* [tɔk^{35}] 送（本义“落，掉”）

dogtdaadt [tɔk^{35} ta:t^{35}] 落悬崖

dogtnaais [tɔk^{35}na:i^{35}] 气馁

doh [to^{33}] 读

doh* reez* [to^{33}ðe^{11}] 牲口

dois [toi^{35}] 对，双，队

doix [toi^{31}] 碗

dol [to^{33}] 多【穆】

dongh [tɔŋ^{33}] 田坝

doodt[tot^{35}] 脱，脱落

dos [to^{35}] ①马蜂；②制造，制作

duc [tu^{53}] 赌

duezal [tuə^{11}ʔa^{24}] 乌鸦

duezbux [tuə^{11}pu^{31}] 公的

duezdagt [tuə^{11}tak^{35}] 蚂蚱，蝗虫

duezfaangz [tuə^{11}fa:ŋ^{11}] 词义同 faangz

duezgais [tuə^{11}kai^{35}] 鸡

duezngeaz [tuə^{11}ŋɯə^{11}] 蛇

duezwenz [tuə^{11}wɯn^{11}] 人

dug [tuk^{33}] 苔

dugt [tuk^{35}] 篾

dugtngox [tok^{35}ŋo^{53}] 芦苇片【穆】

dul [tu^{24}] ①门；②我们

dul dinl [tu^{24} tin^{24}] 门脚

duldaangs [tu^{24}taːŋ^{35}] 窗门

dullauz [tu^{24}lau^{11}] 楼门

dulraanz [tu^{24}ðaːn^{11}] 房门

dulsianl [tu^{24}θiən^{24}] 园门

dulxiangz [tu^{24}çiəŋ^{11}] 寨门

dumh [tum^{33}] ①野莓；②淹

dungx [tuŋ^{31}] ①互相；②肚子

dungx soh [tuŋ^{31} θo^{33}] 相互朝向，相依

dungxaul [tuŋ^{53}ʔau^{33}] 相互结合

dungxbaiz [tuŋ^{31}pai^{11}] 同时，一起

dungxbanl [tuŋ^{31}pan^{24}] 互分，一起分

dungxdegt [tuŋ^{31}tɯk^{35}] 互相打斗

dungxdoih [tuŋ^{31}toi^{33}] 同伴，结伴；同路

dungxdos [tuŋ^{31}to^{35}] 接连，相连

dungxfanz [tuŋ^{31}fan^{11}] 互相砍杀

dungxgac [tuŋ^{31}ka^{53}] 相互拼杀

dungxral* [tuŋ^{31}ða^{24}] 相聚

dungxsaans [tuŋ^{31}θaːn^{35}] 共同商量

dungxsingl [tuŋ^{31}θiŋ^{24}] 相争

dungxsuans [tuŋ^{31}θuən^{35}] 商量

dunl* [tun^{33}] 讲【穆】

dux [tu^{31}]（一）堵（墙），（一）壁

duz [tu^{11}] 熟透

duz* [tu^{11}] 守

E

eengs* [ʔeŋ^{35}] 和，跟，与

ees [ʔe^{35}] ①白米饭；②轭【穆】

eeux [ʔeu^{31}] 粮仓，房子

eeuxhaux [ʔeu^{31}xau^{31}] 粮仓

eeuxraanz [ʔeu^{31}ðaːn^{11}] 家

egt * [ʔɯk^{35}] 台衣【穆】

el* [ʔɯ^{24}] 中意

ens [ʔɯn^{35}] 别的，另外的

F

faangl [faːŋ^{24}] 方向

faangz [faːŋ^{11}] ①鬼，亡魂，亡灵（指死者）；②（一）个（年轻人）

faanh [faːn^{33}] 万

fad [fat^{33}] 腰带

faix [fai^{31}] 树

faix gaaml [vai^{53}kaːŋ^{33}] 黄果树【穆】

faix gaangz [vai^{53} kaːŋ^{11}] 香樟树【穆】

faixbauz [vai^{53}pau^{11}] 苦竹【穆】

faixloil [fai^{31}loi^{24}] 棉竹

faixngox [vai^{53}ŋo^{53}] 芦苇【穆】

faixrauz* [vai^{53}zau^{11}] 苦竹（镇宁）【穆】

fal [fa^{24}] 篱笆

fanl liz [fan^{33} li^{11}] 分厘

Fanl*xis* [fan^{24}çi^{35}] 范许（人名）

fanz [fan^{11}] ①砍；②齿【穆】

fanz gaul [fan^{11}kau^{24}] 磨角

fanzxail [fan^{11}çai^{24}] 犁齿

faz [fa^{11}] 铁

fead [fɯət^{33}] 翅膀

feangh*dungl* [fɯəŋ^{31}tuŋ^{33}] 东方

feangz [fɯəŋ^{11}] 稻草

feax [fɯə^{31}] 别人，他人，人家

fedt* [fɯt^{35}] 修【穆】

feec* [fe^{53}] 一种野草

fengz [fɯŋ^{11}] 手

fenl*ringz [fɯn^{24}ðiŋ^{11}] 午饭

fenz [fɯn^{11}] 柴

fenz* [fɯn^{11}] 解读，解说

fex [fɯ^{31}] ①（一）顿（饭）；②稀饭【穆】

fez [fɯ^{11}] 筘

fih [fi^{33}] 没有，未

fihlaiz[fi^{33}lai^{11}] 没有

fiz [fi^{11}] 火

fizdangl [fi^{11}taŋ^{24}] 灯火

foonx [fon^{31}] 黑

fuz [fu^{11}] 浮

fuz* [fu^{11}] 荒芜

G

gaab [kɯk^{13}] 夹，夹棍【穆】

gaabt [kaːp^{35}] 交接

gaail [kaːi^{24}] ①卖；②街

gaailxex [kaːi^{24}ɕɯ^{31}] 买卖，生意

gaais [kaːi^{35}] 个，块（泛化量词）；……的（相当于汉语的结构助词）

gaaismaz [kaːi^{35}ma^{11}] 什么

gaaisrauz [kaːi^{35}ðau^{11}] 我们

gaamc [kaːm^{53}] 岩洞

gaamc roongh [khaːŋ^{53} zuəŋ^{13}] 明亮的山洞【穆】

gaamclabt [kaːŋ^{53}lak^{35}] 黑洞【穆】

gaanc* [kaːn^{53}] 赶

gaancgal* [kaːn^{35}ka^{33}] 赤脚【穆】

gaangc Gunl* [kaːŋ^{33}kun^{24}] 讲汉话

gaangc Meenz* [kaːŋ^{53} men^{11}] 讲彝语

gaangc Qyaix [kaːŋ^{53}ʔjai^{31}] 讲布依话

gaangl [kaːŋ^{33}] 张开，撑开（伞）【穆】

gaanz* [kaːn^{11}] 季节

gaauc [kaːu^{53}] 樟树

gabt [kap^{35}] 青蛙，蛤蟆

gac [ka^{53}] 杀

gac gais [ka^{53} kai^{35}] 杀鸡

gadt [kat^{35}] 咬，啃

gadt jic*jux* [kat^{35} tɕi^{33}tɕu^{53}] 发出啃咬的声音

gagt* [kak^{35}] 舀【穆】

gah [ka^{33}] ①只有，只是；②价，价钱

gaic* [kai^{53}] 弓

gaic*lians* [kai^{53}liən^{35}] 弓箭

gail* [kai^{24}] 黄栀子

gais [kai^{35}] 鸡

gais foonx [kai^{35} fon^{31}] 黑鸡

gais haaul [kai^{35} xaːu^{24}] 白鸡

gais hanl [kai^{35} xan^{24}] 鸡叫

gais mais [kai^{35} mai^{35}] 紫红鸡

gal [ka^{24}] ①支，支系；②脚，腿

gal* [ka^{24}] 藏

galdungl [ka^{24} tuŋ^{33}] 东方

galgenz [ka^{24}kɯn^{11}] 北方

gallac [ka^{24}la^{53}] 下支，南方

galndael [ka^{24}ʔdaɯ^{24}] 西方

galroh [ka^{24}ðo^{33}] 东方

gamh [kam^{33}] ①固执；②压，盖；③拿，捏

gaml [kam^{24}] 握，拿

ganl [kan^{24}] ①头巾；②斤

gauc [kau^{53}] 看

gaul waaiz [kau^{24} waːi^{11}] 水牛角

gaul xiez [kau^{24} ɕiə^{11}] 黄牛角

gaulgaadt [kau^{33}kɯt^{35}] 藤葛【穆】

gaus [kau^{35}] 旧；自己

gead [kut^{13}] 扛【穆】

geanz* [kɯən^{31}] 撒

geaz [kɯə^{11}] 处

geazdeel [kɯə^{11}te^{24}] 那里

geazlaez [kɯə^{11}laɯ^{11}] 哪里

geazmos [kɯə^{11}mo^{35}] 别处

geazndil [kɯə^{11}ʔdi^{24}] 好的地方

Geengcseengz* [keŋ^{55}θeŋ^{11}] 金井（地名）

geengs* [keŋ^{35}] 把（量词）

geg* [kɯk^{13}] 箍【穆】

geih max [kui^{13} ma^{53}] 骑马【穆】

gel* [kɯ^{24}] 尽

genl [kɯn^{24}] 吃

genl liangz [kɯn^{24} liəŋ^{11}] 吃粮

genl rumh [kɯn^{24} ðum^{33}] 吃租（即靠收租过日子）

genz [kɯn^{11}] 上，上边

genz jeeuz [kɯn^{11}tɕiu^{11}] 桥上

genzmbenl [kɯn^{11}ʔbɯn^{24}] 天上

ges [kɯ^{35}] 锯

gex* hams [kɯ^{31} xam^{35}] 追问

gilgogt* [khi^{33}khok^{35}] 叮当【穆】

gilguas* [khi^{33}khua^{35}] 叮当（拟声词）【穆】

goc* [ko^{53}] 就

gogt [kɔk^{35}] 根

gogt byal [kɔk^{35} pja^{24}] 山崖脚，山崖下

gogt mbenl [kɔk^{35} ʔbɯn^{24}] 天脚

goih [koi^{33}] ①做，制造［俗］；②骑

goih max [koi^{33}ma^{31}] 骑马

gol [ko^{24}] 棵

goleedt [ko^{24}ʔet^{35}] 巴芒草

golfaaiz [ko^{24}faːi^{11}] 斑竹

golfaix [ko^{24}fai^{31}] 树

golgaauc [ko^{24}kaːu^{53}] 樟树

golgaul [ko^{24}kau^{24}] 树藤

golhaux [ko^{24}xau^{51}] 稻谷

golhaz [ko^{24}xa^{11}] 茅草

goljungl* [ko^{33}tɕuŋ^{33}] 青杠树

golngaaih [ko^{24}ŋaːi^{33}] 艾草

golsaauh* [ko^{24}θaːu^{33}] 马桑树
gongcngol [kɔŋ^{53}ŋo^{24}] 木钩
gongl [kuəŋ^{33}] 弓【穆】
gons [kɔn^{35}] 断
Goonc*wul* [kon^{53}wu^{24}] 关无（人名）
goons [kon^{35}] 从前，先
gos [ko^{35}] 酬金
goz [ko^{11}] 弯
guangc [kuaŋ^{53}] 亿
guc [ku^{53}] 九
gud [kut^{33}] ①挖掘；② 低
gudt [kut^{35}] 蕨草
gueh [kuə^{33}] 做
gueh lauc [kuə^{33} lau^{53}] 做酒，酿酒
gueh xianz [kuə^{33} ɕiən^{11}] 闲聊
guehbaanh [kuə^{33}paːn^{33}] 分散
guehhaux [kuə^{33}xau^{31}] 种粮
guehhoongl [kuə^{33}xoŋ^{24}] 干活
guehleeux [kuə^{33}leu^{31}] 完全
guehqyas [kuə^{33}ʔja^{35}] 生气，发威，发怒
guehqyus [ku^{33}ʔju^{35}] 怎么
guehraanz [ku^{33}ðaːn^{11}] 建立家庭
guehxix [kuə^{33}ɕi^{31}] 解乏，解困，解闷
guehyeeux* [kuə^{33}jeu^{31}] 扯谎
guel [kuə^{24}] 盐
guih [kui^{33}] 柜
gul [ku^{24}] 我
gumh [kum^{33}] 窿谷
gunc [khun^{53}] 捆【穆】
gungs [kuŋ^{35}] 弯【穆】
gungz*doh* [kuŋ^{11}to^{33}] 碰钉子
gunl max [kun^{24} ma^{31}] 兵马
gvaail [kwaːi^{24}] 乖，聪明
gvaangl [kuəŋ^{33}] 贵人【穆】
gvaangs [kwaːŋ^{35}] 宽
gvaanl gaus [kwaːn^{24} kau^{35}] 原配丈夫
gvaauc* [kwaːu^{53}] 山岗
gvaaus [kwaːu^{35}] 嫁妆（主要指衣物）
gval [kwa^{24}] ①抓；②锅
gvas [kwa^{35}] 过
gvas dah [kwa^{35} ta^{33}] 过河
gvas xeeuh [kwa^{35} ɕeu^{33}] 过一辈子
gvih [kwi^{33}] ①跪；②柜子
Gvisxul* [kwi^{35}ɕu^{24}] 贵州（地名）

H

haaic [xaːi^{53}] 海
haail [xaːi^{24}] 开
haail daoq[xaːi^{33}tau^{24}] 开道
haail ronl [hɛ^{33} san^{33}] 开路【穆】
haaiz [xaːi^{11}] 鞋
haaizliangz [xaːi^{11}liəŋ^{11}] 凉鞋
haaiznsabt* [xaːi^{11}θap^{35}] 布鞋
haaiznyuz [xaːi^{11}ȵu^{11}] 草鞋
haaizsal [xaːi^{11}θa^{33}] 纸鞋
haamc [xaːm^{53}] ①跨，跨过；② [haːŋ^{53}] 扑，伏【穆】
haangh [haːŋ^{13}] 街巷【穆】

haangz [ɣaːŋ^{11}] 下巴【穆】

haans* [xaːn^{35}] 追寻

haansfaz [xaːn^{35}fa^{11}] 王兄

haansweangz [xaːn^{35}wɯəŋ^{11}] 安王

haaul [xaːu^{24}] 白

haaus [xaːu^{35}] 话，讲话

hadt [xat^{55}] ①竹鼠；②早上

hadt hamh [xat^{35} xam^{33}] 早晚

hadtnix [xat^{35}ni^{31}] 今晨

hadtxoh [xat^{35}ɕo^{33}] 明早

haec [xaɯ^{53}] 给，让

hamh [xam^{33}] 晚，夜晚

hamhnix [xam^{33} ni^{31}] 今晚

hams [xam^{35}] 问

hamz [xam^{11}] 苦，恨

hanl [xan^{24}] ①（鸡）鸣；②紧

hans [xan^{35}] 咸

hanx [ɣan^{53}] 这【穆】

has [xa^{35}] ①嫁；②汉人

has gax [xa^{35} ka^{31}] 汉族商人

has* [xa^{35}] 大官

hauc [xau^{53}] 进，进入

hauchaans* [hau^{53}haːn^{35}] 上等【穆】

haul [xau^{24}] 臭

haux [xau^{31}] 饭，粮食；稻谷

haux xaux [xau^{31}ɕau^{31}] 早稻

hauxbox [ɣɔ^{53}po^{53}] 炒米【穆】

hauxbux [xau^{31}pu^{31}] 雄秧苗

hauxdaix [xau^{31} tai^{31}] 供食（顶雇佣金的粮食）

hauxgas [xau^{31}ka^{35}] 谷子，稻谷

hauxhugt [xau^{31}xuk^{35}] 玉米

hauxmbongs [xau^{31}ʔbɔŋ^{35}] 荞子

hauxnaz [ʔɔ^{53}na^{11}] 稻谷【穆】

hauxngaaiz [xau^{31}ŋaːi^{11}] 早饭（实为中午饭）

hauxrih [xau^{31}ði^{33}] 旱谷

hauxringz [ɣɔ^{53}jiŋ^{11}] 午饭【穆】

hauxrus* [xau^{31}ðu^{35}] 玉米

hauxsaanl [xau^{31}θaːn^{24}] 大米

hauxsianl [xau^{31}θiən^{24}] 籼米

hauxwangl [xau^{31}waŋ^{24}] 红稗

hauxweangc [xau^{31} wɯəŋ^{53}] 小米

hauxwuz [xau^{31}wu^{11}] 粮田

hauxxauz [xau^{31}ɕau^{31}] 晚饭

haz [xa^{11}] ①茅草；②要，将要

headt [fɯt^{35}] 腰【穆】

heenx [xen^{31}] 啃

henc [xɯn^{53}] 从下往上走，升

hens* [xɯn^{35}] 繁荣，兴旺

henz [xɯn^{11}] 夜晚

hes [xɯ^{35}] 干

hingl [jiŋ^{24}] 声

his sianl [xi^{35}θiən^{24}] 仙气

hob*loh* [xɔp^{33}lo^{33}] 盘旋，转悠

hoc [xo^{53}] 穷

hoh [xo^{33}] 节

homs [haŋ^{35}] 盖，遮挡【穆】

hongl [ʔuəŋ^{33}] 绸缎【穆】

hongz [hoŋ^{11}] 潭【穆】

hoobllianh [xop^{33}liən^{33}] 棺材

hoobloh [xop^{33}lo^{33}] 棺材

hoonglnaz [xɔŋ^{24}na^{11}] 田里的活路，种田季节

hoongs [xoŋ^{35}] 间，房间

hoongz [xoŋ^{11}] 响

hos [xo^{35}] ①膝盖；②贺

hoz [xo^{11}] 喉

hungl* [huŋ^{33}] 大【穆】

I

iadtnaais [jat^{55}naːi^{24}] 歇气，休息

ianglyeez* [ʔiaŋ^{33}jɛ^{11}] 女儿【穆】

icic* [ʔi^{53}ʔi^{53}]（摹状词）形容悠闲状【穆】

icqyax [ʔi^{53}ʔja^{31}]（摹状词，文中指“砍斑竹发出的响声”）

icqyuaix [ʔi^{53}ʔjwai^{31}]（摹状词，文中指“砍芦苇发出的响声”）

idt [ʔit^{35}] 一

iel [ʔiə^{24}] 药

ies [ʔiə^{35}] 完结，作罢

ies ringzringz [ʔiə^{35} ðiŋ^{11}ðiŋ^{11}] 肚子因为饥饿而咕咕响

illongc [ʔi^{33}loŋ^{53}] 花篓【穆】

ims [ʔim^{35}] 饱

ingl [ʔiŋ^{33}] 靠，倚靠【穆】

ins [ʔin^{35}] 回想，追溯

is [ʔi^{35}] 要是，若是

J

jaail [tɕaːi^{24}] 衰，衰退

jaaiz [tɕaːi^{11}] 嚼

jaangl [tɕaːŋ^{33}] 中间

jaangl beangz [tɕaːŋ^{24} pɯəŋ^{11}] 地方

jaangl gumz [tɕaːŋ^{24} kum^{11}] 洼地

jaangl ronl [tɕaːŋ^{24} ðɔn^{24}] 路中间，半路

jaangl xul [tɕaːŋ^{24} ɕu^{24}] 城里，城市

jaanglbas [tɕaːŋ^{24}pa^{35}] 山间

jaanglhadt [tɕaːŋ^{24}xat^{35}] 早晨

jaanglhamh [tɕaːŋ^{24}xam^{33}] 夜晚

jaanglhenz [tɕaːŋ^{24}hɯn^{11}] 深夜

jaanglngonz [tɕaːŋ^{24}ŋon^{11}] 白天

jaanglraanz [tɕaːŋ^{24}ðaːn^{11}] 堂屋

jabtbuh* [kak^{35}pəu^{13}] 巫婆【穆】

jad [tɕat^{33}] ①送，催促；②嚼

jaec [tɕaɯ^{53}] 近，靠近

jaic [khai^{53}] 病【穆】

jail [tɕai^{24}] 远

jais [tɕai^{35}] 鸡蛋

jaiz [tɕai^{11}] 想，爱

jangl [tɕaŋ^{24}] 装

jangs [tɕaŋ^{35}] 枝

janh [tɕan^{33}] ①段；②苋草

janhjanh* [tɕan^{33}tɕan^{3}]（摹状词）指忙碌、无头绪的状态

jas [tɕa^{35}] 炕架

jauc [tɕau^{53}] 头

jaucgenz [tɕau^{53}kɯn^{11}] 上头，上席

jaucneengz [tɕau^{53} neŋ^{11}] 顶部，高处

jaul [tɕau^{24}] 活，活的

jaul* [tɕau^{24}] 支

jauz [tɕau^{31}] 求

jeec manh* [tɕe^{53}man^{33}] 解闷

Jeecxaec* [tɕe^{31}ɕaɯ^{53}] 者相场（赶十二地支的“子”日）

jeedt [tɕiat^{35}] 痛【穆】

jeemh [tɕiaŋ^{13}] 山垭口【穆】

jeenh [tɕin^{13}] 匹，段【穆】

jeenl [tɕen^{24}] 臂

jeeuz [tɕeu^{11}] 桥

jeeuzbangl*[tɕiu^{11}paŋ^{24}] 桥棒

Jeeuz*lingz* [tɕeu^{11}liŋ^{11}] 桥良

Jeexsax [tɕe^{31}θa^{35}] 马场（地名，于十二生肖“马”日赶的乡村集市）

jeul* [tɕiu^{33}] 拌饭【穆】

jiangz [tɕiəŋ^{11}] 锅桩，三脚

jianh [tɕiən^{33}] 绸缎

jibt [tɕik^{35}] 拣【穆】

jic [tɕi^{53}] 几

jiclaail [tɕi^{53}laːi^{24}] 多少

jidt* [tɕit^{35}] 犯【穆】

jiez [tɕiə^{11}] 处

jiez bauz [tɕiə^{11}pau^{11}] 长芦苇的地方

jiez faaiz [tɕiə^{11} faːi^{11}] 长斑竹的地方

jiez ndeeul [tɕiə^{11}ʔdeu^{24}] 一处

jiezlaez [tɕiə^{11}laɯ^{11}] 哪里，何处

jieznix [tɕiə^{11}ni^{31}] 这里

jigt [tɕik^{35}] 懒【穆】

jil [tɕi^{24}] 柏树

jiml [tɕim^{24}] 金

jimlhongz [tɕim^{24}hoŋ^{11}] 金红

jimlnganz [tɕim^{24}ŋan^{11}] 金银

jincjaangl [tɕin^{53}tɕaːŋ^{24}] 中间

jings [tɕiŋ^{35}] 敬

jis [tɕi^{35}] ①枝，树枝；②朋友

jis dab* [tɕi^{35} tap^{33}] 树枝弯，弯的树枝

jiuz*dimz* [tɕiu^{11}tim^{11}] 贮存

jiz keg*[tɕi^{11}khɯk^{13}] 上锁【穆】

jobt [tɕɔp^{35}] 斗笠

jol [tɕo^{24}] 托，拜托

jongl [tɕɔŋ^{24}] 鼓

jongs [tɕɔŋ^{35}] 件

joonc [tɕon^{53}] 收集，集中

joongs [tɕoŋ^{35}] 竹篮

jux* [tɕu^{31}] 段（时间）

K

koc [kho^{53}] 唤【穆】

L

laail [laːi^{33}] 多

laangh [laːŋ^{13}] 宽【穆】

Laangzsuc* [laːŋ^{11}θu^{53}] 郎所（地名）

laauh [laːu^{33}] 本义为“逛，游荡”，文中只是为与上句的 daaus 押韵而配的一个音节，无实义。

laauh luangs [laːu^{33} luəŋ^{35}] 串寨，串门

laanhbyaans* [laːn^{31}pjaːn^{35}] 碎片

laaul [laːu^{24}] 怕

laaux [laːu^{31}] 大

laaux [lɔ^{53}] 大，老（这里指老人）【穆】

laauz [laːu^{11}] 油（动物脂肪）

lab [lap^{33}] 塞，装

labt [lap^{35}] 黑，黑暗

labt dinz*ninl* [lap^{35} tin^{11}nin^{24}] 黑沉沉

labtmos [lak^{35}mo^{35}] 雾【穆】

labyiangh [lap^{33}jiəŋ^{33}] 样样，各种各样

lac [la^{53}] 下

lacbyal [la^{53}pja^{24}] 岩下

Lacbyal* [la^{55}pja^{33}] 下岩（地名）

lacdaangs [la^{53} taːŋ^{35}] 窗下，窗前

lacdih [la^{53}ti^{33}] ①地下；②时间

laceeux lacyiz* [la^{53}ʔeu^{31} la^{53}ji^{11}] 房屋下面

Lac*goongl* [la^{53}koŋ^{24}] 鲁贡（地名）

lacmbenl [la^{53}ʔbɯn^{24}] 天下

lacndanl [la^{53}ʔdan^{24}] 地上

lacriangh [la^{53}ðiəŋ^{33}] 地面，地下

laez [laɯ^{11}] 哪

lag [lak^{33}] 深

laic [lai^{53}] 看

lail [lai^{24}] ①流；②梯坎【穆】

laiz [lai^{11}] 小块

lams* [lam^{35}] 沉陷，下沉

lamxlings [lam^{31}liŋ^{35}] 坦然

langc [laŋ^{53}] 才

langclix [laŋ^{53} ləi^{53}] 还有【穆】

langl [laŋ^{24}] ①跟，和；②后

lauc [lau^{53}] 酒

laus [lau^{24}] 及，赢，胜过，超过

lauz [lau^{11}] 楼

leeul [leu^{24}] 亮槁（照明用的易燃材料，如松枝，经过加工处理的向日葵杆等）

leeux [leu^{31}] ①或者，还是；②全部

leeux beangz [leu^{31}pɯəŋ^{11}] 整个地方

leeux raanz [leu^{31}ðaːn^{11}] 全家

leeuxlil* [leu^{31}li^{24}] 完全

leg [lɯk^{33}] ①儿子；②别，不要（gecleg 的简略形式）

leg naih [lək^{13} nai^{13}] 孩子【穆】

leg sianl [lɯk^{33}θiən^{24}] 仙子

legbag [lɯk^{33}pak^{33}] 萝卜

legbih [lɯk^{33}pi^{33}] 豌豆

legbyaauz [lɯk^{33}pjaːu^{11}] 懒豆

legjeeux [lɯk^{33}tɕeu^{31}] 野葱，藠头

leglaanl [lɯk^{33}laːn^{24}] 子孙，外甥

leglaanz* [lɯk^{33}laːn^{11}] 蓝靛

legmbegt [lɯk^{33}ʔbɯk^{35}] 女孩

legsaail [lɯk^{33}θaːi^{24}] 男孩

legwenz [lɯk^{33}wɯn^{11}] 人

leh [lɯ^{33}] 换，交换

lengc [lɯŋ^{53}] 才，刚刚

lengclix [lɯŋ^{53}li^{31}] 还有

lex*nyenl* [lɯ^{31}n̥ɯn^{24}] 面具

lex*yah [lɯ^{31}ja^{33}] 妇人

liamzliamz [liəm^{11}liəm^{11}] 悄悄

liangc [liŋ^{53}] 伞【穆】

liangz [liəŋ^{11}] 梁

lians [liən^{35}] 箭

lianz [liən^{11}] 连，和，与

lie^{1} [lɯ^{53}] 剩【穆】

lies* [lie^{35}] 喉【穆】

linc [lin^{53}] 机灵

linc* [lin^{53}] 翻

lings [liŋ^{35}] 陡

lingz [liŋ^{11}] 猴子

linl* [lin^{24}] 翻

lix [li^{31}] ①仍然，还；② 活，生，有

lix ndeeul [li^{31} ʔdeu^{24}] 还醒着

lix qyus [li^{31} ʔju^{35}] 还在

liz [li^{11}] 离别

liz*laanz* [li^{11}laːn^{11}]（摹状词）指快速行走的样子

logt [lɔk^{35}] 水车

loh* [lo^{13}] 边【穆】

lois [lui^{35}] 剥，撕【穆】

lol*gans* [lo^{24}kan^{35}] 精干

longx [lɔŋ^{31}] 箱

longz [lɔŋ^{11}] 罩，笼

loongx [loŋ^{11}] 大箱

lox [lo^{31}] 骗，哄骗

lu [lu^{0}] 啰

luangs [luəŋ^{35}] 村子，寨子

luangz [luəŋ^{11}] 龙

luanh [luan^{33}] 乱

luanhdoons* [luən^{33}ton^{35}] 乱腾腾

luanhlux* [luən^{33}lu^{31}] 乱纷纷

luanl [luan^{24}] 死，病死

lueh [luə^{33}] 坑

lumc [lum^{53}] 如

lumz [lum^{11}] 忘，忘记

lungc* [luəŋ^{53}] 竹篓【穆】

lungffuj [luŋ^{11}fu^{53}] 龙虎

lungz [luŋ^{11}] 舅爷（母亲的哥哥）

lungznax [luŋ^{11}na^{11}] 舅舅，舅爷（指母亲的后家）

lungzsiangs [luŋ^{11} θiəŋ^{35}] 词义不清，待考。

lunh [lun^{33}] 论，谈论

lunz [lun^{11}] 同辈家庭成员中排行最小的，这里转喻情人

M

maaih [maːi^{33}] 正好，恰逢

maanh [maːn^{33}] 辣

maanz [maːn^{11}] 情妹

mac [ma^{53}] 长，长大

mag [mak^{33}] 墨（指黑色）【穆】

maic [mai^{53}] 要，必须
mail [mai^{24}] 线
maixmbegt [mai^{31}ʔbɯk^{35}] 妇女，女人
mal [ma^{24}] 来
mallac [ma^{24}la^{53}] 下来，往下
mangh [maŋ^{33}] 粗
mans* [man^{35}] 蓝【穆】
manz* [man^{11}] 棉絮【穆】
manz* [man^{11}] 薯
mas [ma^{35}] ①果子，水果；②泡
masaail [ma^{53}ʔaːi^{24}] 果名
masndingl [ma^{35}ʔdiŋ^{24}] 红果
masndoongs [ma^{35}ʔdoŋ^{35}] 果名
maswanl [ma^{35}wan^{24}] 果名
mauc [mau^{53}] 卯【穆】
max [ma^{31}] 马
maz [ma^{11}] 什么
mbaais [ʔbaːi^{35}] ①礼物，祭品；②罐子
mbaaix [ʔbɛ^{53}] 竹筒【穆】
mbaangl [ʔbaːŋ^{24}] 薄
mbaans [ʔbaːn^{35}]（镰刀）缺口（这里指颗粒有缺损的谷粒）
mbaanx [ʔbaːn^{31}] 寨子，村寨
mbaaus [ʔbaːu^{35}] 小伙，情人（男）
mbadt [ʔbat^{35}] 饿
mbael [ʔbaɯ^{22}] 叶子
mbaelraul [ʔbaɯ^{24}ðau^{24}] 枫香叶
mbagtlail [ʔbak^{35}lai^{33}] 石梯坎【穆】
mbanl* [ʔban^{35}] 捻，搓
mbas [ʔba^{35}] 肩【穆】
mbaul [ʔbau^{24}] 轻
mbaus [ʔbo^{35}] 不【穆】
mbaus* rox [ʔbau^{31}ðo^{31}] 不知道
mbenl [ʔbɯn^{24}] 天
mbenl labt [ʔbɯn^{24}lap^{35}] 天黑
mbenlndanl [ʔbɯn^{24}ʔdan^{24}] 天地
mbibt [ʔbip^{35}] 竹饭盒
mbidt [ʔbit^{35}] ①扭；②犟，执拗【穆】
mbilmbigt* [ʔbi^{33}ʔbɯk^{35}] ①爽快（摹状词）形容行走的状态；②（摹状词）形容海水翻腾状【穆】
mbinl [ʔbin^{24}] 飞
mbins [ʔbin^{35}]（不饱满的）谷粒
mboc*soh* [ʔbo^{35}θo^{33}] 莫说
mbogt [ʔbɔk^{35}]（水）退，（水）变浅
mbons [ʔuan^{35}] 铺盖【穆】
mbos [ʔbo^{35}] ①筒；②井
mbos* [ʔbo^{35}] 干涸，天旱
mbousxaangl[ʔbou^{31}ɕaːŋ^{33}] 尚未
mbuanl*mbuanl* [ʔbuən^{24}ʔbuən^{24}] 纷纷
mbungl [ʔbuŋ^{24}] 米箩
meangx [mɯəŋ^{31}] 网
mec [mɯ^{53}] 要，必须【穆】
meeh [me^{33}] 母亲
meehlangl [me^{33}laŋ^{24}] 后母
meehluangz [mie^{13} luŋ^{11}] 龙母，龙

神【穆】
meehnax [me^{33}na^{31}] 舅母
meehndux [me^{33}ʔdu^{31}] 前母
meehweangz [me^{33}wɯən^{11}] 王母
meehweangz [mie^{13} vuŋ^{11}] 首领的母亲【穆】
Meenx*guz [mɛn^{31}ku^{11}] 珉谷（地名）
meenzxul [men^{11}ɕu^{24}] 珉州
meeuz [meu^{11}] 禾苗，季，年
meeuz gaus [meu^{11}kau^{35}] 上一年的庄稼，陈粮
meeuz heenc [meu^{11}xen^{53}] 成熟的粮食
meeuz liangh [meu^{11} liəŋ^{33}] 年把，一两年
meeuz yeeul [meu^{11}jeu^{24}] 青苗
mengz [mɯŋ^{11}] 你
mih* [məi^{13}] 漂亮【穆】
mingh [miŋ^{33}] 命
miz [mi^{11}] 不
miz unl* [məi^{11} ʔun^{33}] 不愿【穆】
mizlix [mi^{11}li^{31}] 没有
mizqyus [mi^{11}ʔju^{35}] 没有
mod ndoongs [mɔt^{33}ʔdoŋ^{35}] 亮蚁
mod* [mɔt^{13}] 蛀【穆】
modndingl [mɔt^{33}ʔdiŋ^{24}] 红蚁
mog [mɔk^{13}] 被子【穆】
mog mianh [mok^{13}mian^{11}] 棉被【穆】
mol [mo^{33}] 经【穆】
moonh [mon^{13}] 蛀【穆】
mos [mo^{35}] 新
mozsah [mo^{11}sa^{33}] 垫
mul [mu^{24}] 猪
myaaiz [mjaːi^{11}] 咬（破）
myaec [mjaɯ^{53}] 别，不要（mizhaec 的合音）
myanh [mjan^{33}] 烂，碎
myaus [mjau^{35}] 猫

N

naail [naːi^{24}] ①问候；②称为，叫作
naaisnos* [naːi^{35}no^{35}] 灰心
naaiz [nie^{11}] 痰【穆】
naamhnaz [naːm^{33}na^{11}] 田土
naamhrees [naːm^{31}ðe^{35}] 沙子
naangz [naːŋ^{11}] 孃，小姐【穆】
naangzyinz* [naːŋ^{11}jin^{11}] 巫师【穆】
naanl [naːn^{24}] 水麻柳
naanz [naːn^{11}] ①久；②难
naaus [naːu^{35}] 永远
nac [na^{53}] 脸
nac bangz [na^{53} paŋ^{11}] 布面，布幅【穆】
nac naz [na^{53} na^{11}] 田里边
nac rih [na^{53} ði^{33}] 地里边
nac* [na^{53}] 不如
nacbyas [na^{53}pja^{53}] 额头
nacgunz* [na^{53}kun^{11}] 膝盖【穆】
nachos [na^{53}fo^{35}] 膝头【穆】
nacmos [na^{53}mo^{35}] 新面孔，陌生

nacndingl [na^{53}ʔdiŋ^{33}] 红脸

nad [nat^{33}] 粒（量词）

nadhaux [nat^{33} xau^{31}] 米粒

nagt [nak^{35}] 思考，想

nah [na^{33}] 獭

nais* [nai^{35}] 耗子，老鼠

nangh [naŋ^{33}] 坐

naus* [nau^{0}] 喽【穆】

nauz [nau^{11}] ①说，讲；②篓【穆】

nax [na^{31}] 舅舅（母亲的弟弟）

naz [na^{11}] 田

nazaans [na^{11}ʔaːn^{24}] 稀泥田

nazdongh [na^{11}tɔŋ^{33}] 坝子田

nazlaaux [na^{11}laːu^{31}] 大田

nazlueh [na^{11}luə^{33}] 洼子田

nazluh* [na^{11}lu^{33}] 雒田

naznaih [na^{11}nai^{33}] 小田

nazrauz [na^{11}ðau^{11}] 石板田

nazxeeh [na^{11}ɕe^{33}] 泡冬田

Nazxiz* [na^{11}ɕi^{11}] 坡厂（地名）

ndaadt [ʔdaːt^{35}] ①热，烫；②太阳；③（蜂）螫

ndaaix [ʔdaːi^{53}] 麻

ndaangl [ʔdaːŋ^{24}] 身体

ndaanglgaus [ʔdaːŋ^{24} kau^{35}] 自己，自身

ndaaul [ʔdɔ^{33}] 星星【穆】

ndael [ʔdaɯ^{24}] 内，里边

ndael mbos [ʔdaɯ^{24} ʔbo^{35}] 井里

ndagt [ʔdak^{35}]（睡）着

ndagtndaul [ʔdak^{35}ʔdau^{24}] 疙疙瘩瘩的菜

ndail dah [ʔdaɯ^{24} ta^{33}] 河中，河里

ndaix [ʔdai^{31}] 得，得到

ndal [ʔda^{24}] ①安装；②铺，摆

ndaml [ʔdam^{24}] 栽

ndaml haux [ʔdam^{24}xau^{31}] 种粮

ndamlnaz [ʔdam^{24}na^{11}] 栽秧

ndangl [ʔdaŋ^{33}] 响【穆】

ndanl [ʔdan^{24}] ①个（量词）；②地【穆】

ndanlbol [ʔdan^{33}po^{33}] 山坡

ndanldianh [ʔdan^{24}tiən^{33}] 山上，野外

ndanlfuc* [ʔdan^{24}fu^{53}] 府城

ndanljingl [ʔdan^{24}tɕiŋ^{24}] 京城

ndanlnyenh* [ʔdan^{24}ȵɯn^{33}] 神笼

ndanlxoongz [ʔdan^{24}ɕoŋ^{11}] 桌子

ndas [ʔda^{35}] 骂【穆】

ndeeul [ʔdeu^{24}] 一

ndeeus* [ʔdiau^{35}] 高【穆】

ndiagt* [ʔdiak^{35}] 别人【穆】

ndianl [ʔdiːn^{24}] 月

ndianlngih [ʔdiən^{24}ŋi^{33}] 二月

ndianlnianz [ʔdiən^{24}niən^{11}] 岁月，时间

ndianlxiangl [ʔdiən^{24}ɕiəŋ^{24}] 正月

ndidthanq [ʔdit^{35}xan^{35}] 阳光

ndiex [ʔdiə^{31}] 躲

ndil [ʔdi^{24}] ①好；②胆

ndil ndooml* [ʔdi^{24} ʔdom^{24}] 好看

ndiljaiz [ʔdi^{24}tɕai^{11}] 美丽，可爱

ndillianh [ʔdi^{24}liən^{33}] 立即

ndilnyah [ʔdi^{24}ȵa^{33}] 生气

ndingl [ʔdiŋ^{24}] 红

ndings [ʔdiŋ^{35}] 倒（水），斟（酒）

ndiuc* [ʔdiu^{53}] 乖巧

ndix [ʔdi^{31}] 和，跟，与

ndoic* [ʔdui^{53}] 空【穆】

ndoil [ʔdoi^{33}] ①坎，坡，台地；②空的【穆】

ndol [ʔdo^{24}] 酒曲，酒药

ndongl [ʔdɔŋ^{24}] 树林，森林

Ndonglmoh* [ʔdɔŋ^{24}mo^{33}] 弄磨（地名）

Ndonglsaangl* [ʔdɔŋ^{24}θa:ŋ^{24}] 弄桑（地名）

ndoongs [ʔdoŋ^{35}] 亮，明亮

ndoongx [ʔdoŋ^{31}] 硬

ndoonx [ʔdon^{31}] 钻

ndos [ʔdo^{35}] ①花，（一）朵（花）；②骨头

ndos houc* [ʔdo^{35} həu^{53}] 花朵【穆】

ndosbangz [ʔdo^{53}paŋ^{11}] 衣缝

ndosbeah [ʔdo^{53}pɯə^{33}] 衣缝

ndoswal [ʔdo^{35} fa^{33}] 花【穆】

nduanl* [ʔdu:n^{24}] 圆

nduec* [ʔduə^{53}] 家业

ndugt [ʔduək^{35}] 朽【穆】

ndungs [ʔduŋ^{35}] 硬

ndunl [ʔdun^{33}] ①月亮；②站【穆】

ndunx [ʔdun^{31}] 吞

ndux [ʔdu^{31}] 首次，初次

neemh* [nem^{33}] 众

neh [nɯ^{33}] 想

nengs* [nəŋ^{35}] 鹅颈【穆】

ngaaih [ŋa:i^{33}] 容易

ngaaix* [ŋa:i^{53}] 仰睡【穆】

ngaaiz [ŋa:i^{11}] 早饭

ngaaiz roomh [ŋa:i^{11} ðom^{33}] 早饭

ngaamz [ŋa:ŋ^{11}] 木叉【穆】

ngaangxnac [ŋa:ŋ^{31}na^{53}] 仰脸

nganhnganh [ŋan^{33}ŋan^{33}] 马上，立即

nganz [ŋan^{11}] 银

nganz haaul [ŋan^{11} hɔ^{33}] 白银【穆】

ngaul* [ŋau^{24}] 吼

ngaz [ŋa^{11}] ①芽；②牙

ngeah [ŋɯ^{13}] 虹神【穆】

ngeengl [ŋeŋ^{24}] 斜着，侧着

ngex* [ŋɯ^{53}]（摹状词）形容懒的状态【穆】

ngih [ŋi^{33}] 二（文中指二月）

ngog* [ŋɔk^{33}] 勾头

ngol [ŋo^{24}] 咽

ngonz [ŋɔn^{11}] 天，日，白天

ngonz fad [van^{11} vat^{13}] 未日【穆】

ngonz lih* [van^{11} ləi^{13}] 吉日【穆】

ngonz ndil [van^{11} ʔdəi^{33}] 吉日【穆】

ngonz sanl [van^{11} ɬan^{33}] 申日【穆】

ngonzlaez [van^{11}lɑ^{11}] 哪天【穆】

ngonzngonz [ŋɔn^{11}ŋɔn^{11}] 天天

ngonznix [ŋɔn^{11}ni^{31}] 今天

ngonzxoh [ŋɔn^{11}ɕo^{33}] 明日，明天

ngoonz* [ŋon^{11}] 看，追溯，追寻

ngvaaih [ŋwaːi^{33}] 歪，斜，倾斜

ngvih [ŋwi^{33}] 核，仁，籽

nianz [niən^{11}] 年

nicniangz* [ni^{53}niaŋ^{11}]（摹状词）形容骂的声音【穆】

nicnianh [ni^{53}niən^{13}]（摹状词）形容骂的声音

ninz [nin^{11}] 睡【穆】

ninzlabt [nin^{42}lap^{35}] 睡着

nix [ni^{31}] 这

noh [no^{33}] 肉

nos*gongl [no^{35}kɔŋ^{24}] 弓弩

nuangxlunz [nuəŋ^{31}lun^{11}] 小弟

nyamz [ȵam^{11}] 赶紧，赶忙

nyangl [ȵaŋ^{24}] 乱

nyangz [ȵaŋ^{11}] 娘

nyanz [nin^{11}] 铜鼓【穆】

nyas [ȵa^{35}] 时候，时段，季节

nyib [ȵip^{33}] 缝纫

nyiec [ȵiə^{53}] 嫩草

nyiel [ȵiə^{24}] 听

Nyihidt* [ȵi^{33}ʔit^{35}] 岩鱼

nyihnyianh [ȵi^{33}ȵiən^{33}]（摹状词）形容骂的声音

nyihnyungh [ȵi^{33}ȵuŋ^{33}]（摹状词）形容骂的声音

nyingz [ȵiŋ^{11}] 射

nyud [ȵut^{33}] ①植物的嫩芽；②月（古借词）

O

os [ʔo^{35}] 出

os bail [ʔo^{35} pai^{33}] 出去【穆】

os fanl*fanl* [ʔo^{35} fan^{24}fan^{24}] 纷纷出来

Q

qyaams [ʔjaːŋ^{35}] 迈步【穆】

qyaangx [ʔjaːŋ^{31}] 马刀，大刀

qyagt* [ʔjak^{35}] ①怂恿；②踩

qyams* [ʔjam^{35}] 拜访，拜

qyans [ʔjan^{35}] 伸，放

qyas [ʔja^{35}] ①坏，不好；②凶，恶，厉害

qyaux [ʔjau^{31}] 举

qyisngax [ʔi^{35}ŋa^{31}]（摹状词）文中形容世人饿死的惨状

qyol [ʔjo^{24}] ①举，抬；②竖起，立起

qyus [ʔju^{35}] 住，在

R

raabt [ðaːp^{46}] 挑，担子

raabtngih [ðaːp^{35}ŋi^{33}] 一担二

raabtsaaml [ðaːp^{35}θaːm^{24}] 一担三

raaih [ðaːi^{33}] 块，片（田、地的计量单位）

raaix [ðaːi^{31}] 真的

raaiz [ðaːi^{11}] ①写；②花；③花斑，纹路；④些

raaml [ðaːm^{24}] 抬

raangz [ðaːŋ^{11}] 笋

raangz muh* [ðaːŋ^{11} mu^{33}] 粗壮的竹笋

raanz [ðaːn^{11}] 家，房子

raes* [ðaɯ^{35}] 色，颜色

ragt [ðak^{35}] 断

rais [ðai^{35}] 耙（田）

raiz [ðai^{11}] ①长；②叫，唤，喊

ral [ða^{24}] ①我；②找

ramh* [ðam^{33}] 遮

ramx [ðam^{31}] 水

ramxdumh [ðam^{31}tum^{33}] 水淹，洪水

ramxraaiz [ðam^{31}ðaːi^{11}] 露水

ramxraangs [ðam^{31}ðaːŋ^{35}] 安心

rangl [ðaŋ^{24}] 筛子

ranh [ðan^{33}]（用刀或锯）裁

ranl [ðan^{24}] 见

rauc [ðau^{53}] 热

rauh [ðau^{33}] 些

rauz [ðau^{11}] 我们

red* [zɯt^{13}] 堆［穆］

reeg [ðek^{33}] 细

reemc [ðem^{53}] 烧

reengl* [ðeŋ^{24}] ①千；②牲口

reengx [ðeŋ^{31}] 旱

reengz laaux [ðeŋ^{11}laːu^{31}] 力气大

reenz byal [ðɛn^{11} pja^{24}] 陡崖，崖壁

reeuz* [ðeu^{11}] 带，引

rengz [ðɯŋ^{11}] 露出

renh [ðɯn^{33}] 认

renx* [ðɯn^{31}] 碎

riabt [ðiəp^{35}] 蚊帐

riad [ðiət^{33}] 浇，盖

riangl [ðiəŋ^{24}] ①穗；②尾巴

rianglxangh [ðiəŋ^{24}ɕaŋ^{33}] 秤尾

riangz [ðiəŋ^{11}] 和，跟，与

rianz [ðiən^{11}] 震动

rib [ðip^{33}] 收

ric [ði^{53}] 沟

Ric*qyax [ði^{53}ʔja^{53}] 依哑（地名）

Ricrais* [ði^{53}ðai^{35}] 里赖（地名）

riez [ðiə^{11}] 舔

rih [ði^{33}] 地

rihbaangx* [ði^{33}paːŋ^{31}] 山坡地

rihhaz [ði^{33}xa^{11}] 茅草地

ril [ði^{24}] 你们

riml [ðim^{24}] 满

riml* [ðim^{24}] 牲畜

ringh*mingz [ðiŋ^{33}miŋ^{11}] 清明

ringz [ðiŋ^{11}] 晌午，午饭

rinl [ðin^{24}] 石，石头

riul* [ðiu^{24}] 季

riul*suans*[ðiu^{24}θuən^{35}] 恐慌

riuz [ðiu^{11}] 炭

rogeens [ðɔk^{33}ʔɛn^{35}] 燕子

rogjiux [zok^{13}tɕiu^{53}] 画眉【穆】

roglaic [ðɔk^{33}lai^{53}] 麻雀

rogrood [zok^{13}zot^{13}] 阳雀【穆】

rogt [ðɔk^{35}] 六

roh [ðo^{33}] ①窝；②渗漏；③外面，外边

roix [ðoi^{31}] 旧的

rongc [ðɔŋ^{53}] 胆汁

rongl fangx[ðɔŋ^{24} faŋ^{31}] 粽叶（专门为包枕头粽而栽的一种植物）

rongz [ðɔŋ^{11}] ①窝；②下（从上往下走）

rongz naz [zoŋ^{11}na^{11}] 下田【穆】

ronl [ðɔn^{24}] 路

ronl laaux [san^{33} lɔ^{53}] 大路【穆】

rood [zuət^{13}] 削【穆】

roongh [ðoŋ^{33}] 亮，明亮

roongh sacjaail [ðoŋ^{33} sa^{53}tɕaːi^{24}] 天麻麻亮

roongh xacjugt [ðoŋ^{33} ɕa^{53}tɕuk^{35}] 天蒙蒙亮

roonghndianl [ðoŋ^{33}ʔdiən^{24}] 月亮

roonglbyaz [suəŋ^{33}pa^{11}] 芋荷叶【穆】

roonglmbogt* [suəŋ^{33}ʔbok^{35}] 楸叶【穆】

roonx [zuən^{53}] 修剪（树枝）【穆】

ros [ðo^{53}] ①织机上的布；②瓢【穆】

rox [ðo^{31}] ①知道；②或者【穆】

roxfaz [ðo^{31}fa^{11}] 看见，看得见

roxnyiel [ðo^{31}ȵiə^{24}] 听见

roxreeh [ðo^{31}ðe^{33}] 知道，看见

roxwaz [zo^{53}va^{11}] 看见【穆】

roz [ðo^{11}] 干，干枯

ruanc* [ðuən^{11}] 老鼠

ruc [ðu^{53}] 穗

rug [ðuk^{33}] 卧室

rumh [ðum^{33}] 租，税

rungs [ðuŋ^{35}] 松

rungz [zuŋ^{11}] 仡佬族【穆】

runs [ðun^{35}] 起

S

saad [θaːt^{33}] 算计

saaiz* [ɕaːi^{11}] 如果

saaml [θaːm^{24}] 三

saaml jaf [θaːm^{24}tɕa^{31}] 三甲

saaml jiml [θaːm^{24}tɕim^{24}] 三金

saaml mauc [θaːm^{24} mau^{53}] 三卯

saamlyinl* [θaːm^{24}jin^{24}] 三元

saangl [θaːŋ^{24}] 高，高处

saangl* doih [saːŋ^{33} toi^{13}] 舂碓【穆】

saangs* [saːŋ^{35}] 上【穆】

saangx [saːŋ^{31}] 大象

saanl [θaːn^{24}] ①米；②编

saans [ɬaːn^{53}] ①散，分散；②编【穆】

saauh [θaːu^{33}] 犹如

saaul [θaːu^{24}] 姑娘，情人（女）

saauldoh* [θaːu^{24}to^{33}] 情妹

saauljaaus* [θaːu^{24}tɕaːu^{35}] 情妹

saaulnyaaux* [θaːu^{24}ȵaːu^{31}] 情妹

saaux [θaːu^{31}] 竹竿

sab [θap^{33}] 塞

sab* [θap^{33}] 塞，靸

sabt [ɬiak^{35}] 插【穆】

sac [θa^{53}] 纺车

sacbib [θa^{53} pip^{33}]（摹状词）指黑的状态

sacyiangz [ɬa^{53}zaŋ^{11}] 祖宗【穆】

sael[θaɯ^{24}] 干净

sag [θak^{33}] 刀鞘

sagt [θak^{35}] 色

sais [θai^{35}] 官

saisrumh [θai^{35}ðum^{33}] 税官

sal [θa^{24}] ①纸；②纸（这里指可用来操纸的构皮树）

sal xeenzwenh [θa^{24} ɕen^{11}wɯn^{33}] 冥纸钱

sal* [sa^{33}] 手上【穆】

sams [θam^{35}] 些

sanc [θan^{53}] ①根（量词）；②枝

sangc ndil [saŋ^{53} ʔdi^{24}] 怎么好，怎么办

sanl [san^{33}] 见【穆】

sasegt [ɬa^{53}khɯk^{13}] 打哈欠【穆】

sas*jengz* [sa^{35}tɕɯŋ^{11}] 闲聊

sauh* [θau^{33}] 眺望

saul [ɬau^{33}] 柱【穆】

saulmeeh [ɬau^{33}mie^{13}] 母柱，头柱【穆】

saulseil* [ɬau^{33} səi^{33}] 中柱【穆】

sauz* [tsau^{11}] 匹，段【穆】

sax [ɬa^{53}] 我【穆】

sebt [θep^{35}] 插

sel [θɯ^{24}] 字

sel baoq [θɯ^{24} pau^{24}] 字报

seljingl [θɯ^{24}tɕiŋ^{24}] 经书

selmingh [θɯ^{24}miŋ^{33}] 八字，命书

selsal [ɬɯ^{33}ɬa^{33}] 经书【穆】

ses [θɯ^{35}] 媒，做媒，媒人

sez [θɯ^{11}] 像，如，好似

siangl [θiəŋ^{24}] 箱子

siangl* [ɬiaŋ^{33}] 当，该【穆】

sianl [θian^{24}] 仙

sianlwal [θian^{24}wa^{24}] 花园

siec [θiə^{53}] 院子，院落

siecraanz [θiə^{53}ðaːn^{11}] 屋檐

sil [θi^{24}] 顺着，沿着

sillangl [θi^{24}laŋ^{24}] 随后

sings [θiŋ^{35}] 姓

sinl wal loongs [θin^{24} wa^{24} loŋ^{35}] 意思不详。根据上下文，应该是亡灵进入极乐世界用来护身，或用来开辟通道。

sins wanl [ɬin^{35} fan^{33}] 喊魂【穆】

sis [θi^{35}] ①四；②祭祀【穆】

sis gaul [ɬəi^{35} kau^{33}] 四角【穆】

sis xaaic [θi^{35} ɕaːi^{53}] 四方，四面

sisnguad [θi^{35}ŋuət^{33}] 四月

sisxih [θi^{35} ɕi^{33}] 四时

siul remh [səu^{33} zəŋ^{13}] 收租【穆】

sizsih* [ɬi^{11}ɬi^{13}]（摹状词）形容下雨的声音【穆】

sizsog* [ɬi^{11}ɬok^{13}]（摹状词）形容雨落的声音【穆】

soh [θo^{33}] 直，顺着

sois [θoi^{24}] 洗

soiz [θoi^{11}] 枕头

songcweangz [soŋ^{53}wɯəŋ^{11}] 祖王（按该方言点读音也可音译为“松王”）

songs [θɔŋ^{35}] 送

songz [ɬuəŋ^{11}] 住宿，归宿【穆】

soongl [θoŋ^{24}] 两，二

soongl rauz [θoŋ^{24} ðau^{11}] 我俩

soongz* [ɬoŋ^{11}] 困扰【穆】

suangh*ndaangl [ɕwaːŋ^{24}ʔdaːŋ^{24}] 打扮

suangl [θuaŋ^{24}] 沟

suanl [ɬun^{33}] 园子【穆】

suc [θu^{53}] 主

sucraanz [θu^{53}ðaːn^{11}] 主家，主人家

sueh* [θuə^{33}] 出

sul [θu^{24}] 你们

sunc [θun^{53}] 接，衔接

sungcdinh [θɔŋ^{33}tin^{33}] 仲定

sus* [ɕu^{35}] 放置

swaans [θuaːn^{35}] 离开

U

uns [ʔun^{35}] 嫩

uns* [ʔun^{35}] 安心

unx ric [ʔun^{53} həi^{53}] 沟对面【穆】

unxdah [ʔun^{53}ta^{13}] 河对面【穆】

W

waad* [waːt^{33}] 挽

waaic [waːi^{53}] 涉水

waaih [waːi^{33}] 坏

waail [waːi^{24}] 水坝

waais [fɛ^{35}] 棉花【穆】

waais naz [waːi^{35}na^{11}] 田里的棉花

waais ngvih [waːi^{35} ŋwi^{33}] 棉核，棉籽

waaisndanl [waːi^{35} ʔdan^{24}] 棉桃

waaiz [waːi^{11}] 水牛

waanl [waːn^{24}] ①香；②斧头

waanz [waːn^{11}] 还

wab [wap^{33}] 枝丫

wadt [wat^{35}] 铲

wah [wa^{33}] 成熟，饱满

wah* [va^{11}] 边，面【穆】

wail [wai^{24}] 支脉

wal [wa^{24}] 花，花的

wal ngox [wa^{24}ŋo^{31}] 芦苇花

Walgongc* [wa^{24}kɔŋ^{53}] 小花江（地名）

wallimz* [wa^{24}lim^{31}] 花林

walnganz [wa^{24}ŋan^{11}] 银花

walraanz [wa^{24}ðaːn^{11}] 花界

Wangfjiangy [vaŋ^{42}tɕiəŋ^{33}] 王姜

wangx* [vaŋ^{53}] 把儿，柄【穆】

wangz [waŋ^{11}] 潭

Wangzdais [waŋ^{11}tai^{24}] 王代

wanl [wan^{24}] 魂

wanlhaux [wan^{24}xau^{31}] 谷种，谷魂

wanlwenz [wan^{24}vɯn^{11}] 人种

wanlxaaiz [wan^{24}ɕaːi^{11}] 棺材

wanl*xeeuh* [wan^{24}ɕeu^{33}] 吉卦

wanx*doc* [wan^{31}to^{35}] 棒槌

wanxxail [wan^{31}ɕai^{24}] 犁头

wanz [wan^{11}] 天，日

wanznix [wan^{11}ni^{31}] 今天

wauh* [vau^{13}] 刨【穆】

waz ngox [va^{11} ŋo^{53}] 芦苇笆折【穆】

wazdangz* [va^{11} taŋ^{11}] 竹篱笆墙【穆】

wazsaus [va^{11} ɬau^{35}] 竹篱笆墙【穆】

weangc [wɯəŋ^{53}] 小米

weangl [wɯəŋ^{24}] 补

weangz [wɯəŋ^{11}] 王，国王

weangzal [wɯəŋ^{11}ʔa^{24}] 王阿（乌鸦王）

weangzlingz [waŋ^{11}liŋ^{11}] 猴王

weangznaz [wɯəŋ^{11}na^{11}] 王纳（田王）

weangzsauz [wɯəŋ^{11}sau^{11}] 王绍

weanl[wɯən^{24}] 歌，唱歌

weih lix maz [wei^{33} li^{31} ma^{11}] 为了什么

weil*laez [wei^{24}laɯ^{11}] 哪个，谁

wenl [wɯn^{24}] 雨

wenz [wɯn^{11}] 人

wenzbeangz [wɯn^{11}pɯəŋ^{11}] 人们，世人

wenzrauz [wɯn^{11}ðau^{11}] 我们人类，人们

widt [wit^{35}] 贴

wil* ramh*goons [wi^{24} ðam^{33}kon^{35}] 前辈人

wil*ramh*langl [i^{24} ðam^{33}laŋ^{24}] 后辈人

woic [woi^{53}] 挂

woic ros [woi^{53}ðo^{35}] 牵线

wois [woi^{35}] 奴仆，第一人称代词谦称

woiz* [woi^{11}] 盖子

X

xaabt [tsak^{35}] 遇【穆】

xaail [ɕaːi^{24}] 灾

xaais* [ɕɛ^{35}] 潭【穆】

xaaiz [ɕaːi^{11}] 剪裁

xaaizjunl*[ɕaːi^{11}tɕun^{33}] 财君

xaaizsuc [ɕaːi^{11}ɕu^{53}] 财主

xaangh [ɕaːŋ^{33}] 匠人

xaangz [ɕaːŋ^{11}] 两（重量单位）

xaaux [ɕaːu^{31}] ①兴，造，建；②开始；③才

xaauz [tshɔ^{11}] 槽【穆】

xaauzmax[tsɔ^{11} ma^{53}] 马槽【穆】

xac [ɕa^{53}] 等

xadt [ɕat^{35}] 七

xah [tsa^{13}] 垫【穆】

xail [ɕai^{24}] 犁（地）

xaiz [ɕai^{11}] 齐

xaizxibt* [ɕai^{11}ɕip^{35}] 齐全

xamzreeul [ɕam^{11}ðeu^{24}] 玩笑

xangc*nix [ɕaŋ^{53}ni^{31}] 这样，如此

xangc*qyus [ɕaŋ^{55}ʔju^{24}] 如何，怎样

xangh [ɕaŋ^{33}] 称

xanglgaaus [ɕaŋ^{24}kaːu^{35}] 卦板

xangz [ɕaŋ^{11}] 层

xans diauz[ɕan^{35}tiau^{11}] 物件，东西

xanz [ɕan^{11}] 窄

xaus* [ɕau^{24}] 看见

xaux* [ɕau^{31}] 放

xauz [ɕau^{11}] 晚饭

xax [ɕa^{31}] ①稀；②如果；③柴刀

xaxnauz [ɕa^{31}nau^{11}] 若是

xaxxoix [ɕa^{31}ɕoi^{31}] 孩子

xax*yungx* [ɕa^{31}juŋ^{31}] 茶荣

xaz [ɕa^{11}] ①丛，蔸，窝；②茶

xeel [ɕe^{24}] 丢，留，给

xeenz [ɕen^{11}] 钱

xeeuh [ɕeu^{33}] 辈

xeeuhdaul [ɕeu^{33}tau^{24}] 过去，古代

xeeuhgoons [ɕeu^{33}kon^{35}] 过去，从前，古代

xel [ɕɯ^{24}] 心

xes* [ɕɯ^{35}] 热

xex [ɕɯ^{31}] 买

xez [ɕɯ^{11}] 时

xez goons [ɕɯ^{11}kon^{35}] 过去，从前

xez mauc [ɕɯ^{11}mau^{53}] 卯时

xeznix [ɕɯ^{11}ni^{31}] 这时，现在

xeznyanz [ɕɯ^{11}ȵan^{11}] 寅时

xezringz [tsɯ^{11}jiŋ^{11}] 晌午，下午【穆】

xezsac [ɕɯ^{11} θa^{53}] 午时

xezsanl [ɕɯ^{11}θan^{24}] 申时

xezsec[ɕɯ^{11}θɯ^{53}] 巳时

xezxiz [ɕɯ^{11}ɕi^{11}] 辰时

xiabt [ɕiəp^{35}] 接，嫁接

xiangl [ɕiəŋ^{24}] 节日

xiangl xibhac [ɕiəŋ^{24} ɕip^{33}xa^{53}] 中秋节（八月十五）

xiangl xibsis [ɕiəŋ^{24} ɕip^{33}θi^{35}] 中元节，七月十四,七月半

xianl [ɕiən^{24}] 千

xianlngih [ɕiən^{24}ŋi^{33}] 一千二

xians [ɕiən^{35}] 转

xib [ɕip^{33}] 十

xib jic [ɕip^{11}tɕi^{53}] 十几

xibhac [ɕip^{33}xa^{53}] 十五

xibidt [tɕhik^{13}ʔit^{35}] 第十一【穆】

xibngih [ɕip^{33}ŋi^{33}] 十二

xic [ɕi^{53}] 紫，发紫

Xic*yaangl* [ɕi^{53}jaːŋ^{24}] 习秧（地名）

xicyaangz [ɕi^{53}jaːŋ^{11}]（摹状词）形容明亮状

xieh [ɕiə^{33}] 信，相信

xiex [ɕiə³¹] ①神【穆】；②约，请
xiex [tɕi⁵³] 神
xiez [tɕi¹¹] 黄牛【穆】
xih [ɕi³³] ①就；②繁衍，繁殖，产生，出现
xih*jauz [ɕi³³tɕau¹¹] 祈求
xingc [ɕiŋ⁵³] 请
xinh [ɕin³³] 清醒
xinl [ɕin²⁴] 真，真的
xix [ɕi³¹] 现在（xeznix 的合音）
xix* [ɕi³¹] 想，考虑
xiz [ɕi¹¹] 让
Xiz*byal* [ɕi¹¹pja²⁴] 习岜（地名）
xizfangx [ɕi¹¹faŋ³¹] 粽子，粽粑
Xizsiangh* [ɕi¹¹θiːŋ³³] 者相大寨（地名）
xizyux [ɕi¹¹ju³¹] 情侣
xoh [ɕo³³] ①朝，向；②找【穆】
xoix [ɕoi³¹] 个，位（量词）
xolidt [ɕo²⁴ʔit³⁵] 初一
xomc [tshaŋ⁵³] 戴【穆】
xongl [ɕɔŋ²⁴] 口袋，包
xongz [ɕɔŋ¹¹] 丛，窝，蔸
xonz [ɕɔn¹¹] 句
xonz gaangc [ɕɔn¹¹kaːŋ⁵³] 话，话语
xood [ɕot³³] 结束，完成
xoongh [ɕoŋ³³] 洞
xoongz [ɕoŋ¹¹] 桌子
xos [ɕo³⁵] 放，存放，放置
xuangs [ɕuəŋ³⁵] 留，放
xuangs waaiz [ɕuəŋ³⁵waːi¹¹] 放牛（水牛）
xuangsxel [ɕuəŋ³⁵ɕɯ²⁴] 放心
xudt [ɕut³⁵] 淡
xul [ɕu²⁴] 州
Xulmux* [ɕu²⁴mu³¹] 花江（地名）
xunc [tshən⁵³] 当，准【穆】
xunz [ɕun¹¹] 玩，游玩
xux [ɕu³¹] ①接；②愿意，肯

Y

yaauz [jaːu¹¹] 跑
yac*lox* [ja⁵³lo³¹] 沙滩
yah [ja³³] ①女人，妇女；②妻子；③奶奶
yah waaiz [ja³³ waːi¹¹] ①放牛人的妻子；②老变婆
yahdaais [ja³³taːi³⁵] 外祖母，岳母
yahmaais [ka³³maːi³⁵] 寡妇
yahnaangz [ja³³ naːŋ¹¹] 布依族摩经中对女性死者的尊称，相当于“女士，小姐”
yah* wal raanx* [ja³³ va²⁴ ðaːn³¹] 花山神
yazqyamx [za¹¹ʔiaŋ⁵³] 巫婆【穆】
yeeuc [jeu⁵³] 牙齿
yeeuh [jeu³³] 叫，喊
yeeus [jeu³⁵] 看，望
yeh* [jɯ³³] 又

yiangh [jiəŋ^{33}] ①种，样，类；②像……样子

yianghlaez [jiəŋ^{33}laɯ^{11}] 怎么，怎样

yianghnix [jiəŋ^{33}ni^{31}] 这样

yianh [jiən^{33}] 递，给

yias*leeux [jia^{35} liau^{53}] 一下【穆】

yic*woms* [ji^{53}wom^{35}]（摹状词）指石头被烈日灼烧熔化的状态

yicias* [ji^{53}ʔia^{35}] 不成【穆】

yidbadt [jit^{33}pat^{35}] 扫帚

yiez [jiə^{11}] 遮，遮盖，遮掩

yih [ji^{33}] ①解开；②蜡染【穆】

yinx ronl [jin^{31}ðon^{24}] 引路

yinx* [jin^{31}] 备齐

yiuf [jiu^{42}] 管

yix [ji^{31}] 议论

yixies [ji^{53}ʔiə^{35}] 不理睬【穆】

yiz [ji^{11}] ①（小型）粮仓；②遮掩，掩盖，盖住

yomc [jɔm^{33}] 担

yongsbeah [jɔŋ^{35}pɯə^{33}] 衣物

yongzwongz* [jɔŋ^{11}wɔŋ^{11}] 熔化貌

youq [jəu^{24}] 又

Yungx*gaml* [juŋ^{31}kam^{24}] 神龛

yux [ju^{31}] 友，情侣

yuz [ju^{11}] ①油；②游

Z

zaangs [tsaːŋ^{35}] 插【穆】

zaanl* mingh [tsaːn^{33} miŋ^{13}] 算命【穆】

zoh* [tso^{13}] 认【穆】

zungs* [tsuŋ^{35}] 落【穆】

zungy [tsuŋ^{33}] 盅

参考文献

柏果成、黎汝标:《贵州荔波县布依族傩戏》, 中华艺术论丛（第9辑）, 上海：同济大学出版社，2009年。

陈玉平:《人生通过仪式及其戏剧展演——贵州荔波布依族“做桥”仪式探微》,《贵州民族学院学报》（哲学社会科学版）, 2012年第2期。

顾朴光、潘朝霖、柏果成编:《中国傩戏调查报告集》, 贵阳：贵州人民出版社，1992年。

贵州省安顺地区民族事务委员会、镇宁布依族苗族自治县民族事务委员会编:《古谢经》, 贵阳：贵州民族出版社，1992年。

贵州省民族事务委员会古籍整理办公室、黔南州民族委员会编，黎汝标、黄义仁等翻译整理:《布依族古歌》, 贵阳：贵州民族出版社，1998年。

李云飞:《布依族傩戏探秘》,《贵州民族研究》, 1990年第1期。

张凤:《布依族古文字研究的现状及价值》,《贵州民族大学学报》（哲学社会科学版）, 2013年第3期。

张公瑾、黄建明主编:《中国少数民族古籍珍品图典》, 北京：中国社会科学出版社，2018年。

周国茂著:《摩教与摩文化》, 贵阳：贵州人民出版社，1995年。

周国茂编:《布依族温经》, 北京：民族出版社，2013年。

周国炎:《“方块布依字”及其在布依族宗教典籍传承过程中的作用》,《中央民族大学学报》（哲学社会科学版）, 2002年第5期。

周国炎著:《贵州布依族地区地名及其语言学研究》, 贵阳：贵州大学出版社，2021年。

后　记

布依族古籍文献包括口碑文献和古文字文献两大类，其中蕴含着丰富的布依族社会历史和文化资源，是研究布依族古代社会历史文化以及布依族与周边民族交流交融的宝贵的资料库。在布依族古文字文献中，绝大多数是以汉字或类汉字作为记音符号记录并在布依族地区民间流传的宗教祭祀经文抄本和与生活习俗相关的傩戏唱本。布依族利用汉字或类汉字传承本民族的文化，这本身就是历史上民族交流交融的最好例证。21 世纪初以来，在贵州省荔波县有关部门的努力下，先后有多本布依族古籍入选国家珍品古籍名录，引起了学界和政府有关部门对布依族古籍文献和古文字的高度重视，挖掘、抢救和保护民族古文字文献提上了政府部门的议事日程。布依族古籍文献的发掘和整理工作自 20 世纪 80 年代就已经开始，随着调研工作的进一步深入，散落在各地民间的布依族文献逐步得到发掘整理，并陆续出版，如 20 世纪 90 年代问世的《古谢经》《安王与祖王》和《布依族古歌》，21 世纪初以来出版的《布依嘱咐经》《布依母嘱文》以及《布依族温经》等。这些古籍文献的出版发行将布依族古籍文献的发掘整理和翻译出版推向了一个高潮，为学界进一步研究布依族历史文化提供了宝贵的素材。由于出版印刷技术和编译者个人水平等方面的原因，早年出版的一些书无法让读者全面、准确地了解和认识布依族古籍文献，尤其是古文字文献的真正面貌，只能让人们从有限的角度去对文献中的内容开展研究，极大地限制了全方位研究的进一步开展。因此，编辑一本既适合普通读者了解布依族古文字文献概貌，又能够为全面研究布依族古文字文献提供素材的古籍读本十分必要。作为全国少数民族古籍工作“十四五”规划重点项目、中央民族大学“双一流”建设项目的“中国少数民族古文字文献选读丛书”为我们实现这一愿望提供了一个很好的平台。本书严格遵守丛书的编辑要求，选取了布依族方块古文字文献中九篇比较有代表性和可读性的文献，采取五行对照的形式，进行了精准的翻译和详细的注释，每篇文后附有词汇表，最后附有总词汇表，有利于学界从语言学和文献学的角度对布依族古文字文献进行深入的研究。本书得以及时完稿，首先需要感谢的是该丛书的主编张铁山教授，正是因为张教授的多次敦促和鞭策，才使得笔者从其他琐碎的事务中抽身，全身心地投入到该书的选编工作。在早期的资料搜集和整理工作中，2020 级语言学及应用语言学专业硕士生班仕琴、谯金亚、胡慧敏、张焕然、乔畅等同学做了大量工作，在此一并表示感谢。

周国炎

2023 年 11 月 30 日